物流业与金融业协同发展研究
——以京津冀为例

耿立艳　张占福　胡　瑞　著

2020—2021 年度河北省社会科学基金项目资助（编号：HB20YJ054）

科　学　出　版　社
北　京

内 容 简 介

本书在分析京津冀物流业与金融业发展状况的基础上，综合运用各种相关学科的理论与方法，从定量角度对京津冀物流业与金融业的相互作用、内在关联性、协同机制、协同程度、协同效率、发展趋势等方面进行分析与论证，并提出推进京津冀两业协同发展的对策建议。本书突破以往研究局限于国家、省域的层面，运用计量经济学、灰色系统理论、人工智能等的新兴方法，基于协同学、系统动力学、耗散理论，以及耦合协调理论的理论框架，研究京津冀物流业与金融业的协同发展问题，为区域物流业与金融业的研究提供一种崭新的思路和研究方法。

本书可作为物流业、金融业、物流金融业的理论研究者、管理者和实践者参考用书，也可以作为高校相关专业本科生和研究生的教材。

图书在版编目（CIP）数据

物流业与金融业协同发展研究：以京津冀为例 / 耿立艳，张占福，胡瑞著. —北京：科学出版社，2022.6

ISBN 978-7-03-070003-2

Ⅰ. ①物… Ⅱ. ①耿… ②张… ③胡 Ⅲ. ①物流-金融业务-研究-华北地区 Ⅳ. ①F259.272

中国版本图书馆 CIP 数据核字（2021）第 203042 号

责任编辑：郝 悦 / 责任校对：王晓茜
责任印制：张 伟 / 封面设计：有道设计

科学出版社 出版
北京东黄城根北街 16 号
邮政编码：100717
http://www.sciencep.com
北京建宏印刷有限公司 印刷
科学出版社发行 各地新华书店经销
*
2022 年 6 月第 一 版 开本：720 × 1000 B5
2022 年 6 月第一次印刷 印张：20 1/4
字数：410000

定价：198.00 元

（如有印装质量问题，我社负责调换）

前　言

近年来，经济全球化进行得如火如荼。在此背景下，各区域间竞争愈发激烈，科技的发展实现了机械化大生产，社会的发展积累了社会财富，人们的需求层次逐渐提高，在市场经济方面体现出来的则是对三大产业的需求出现倾斜。需求拉动市场，市场影响资本走向，产业结构必然需要调整，所以区域间竞争由依托第一产业、第二产业，逐步靠拢于发展第三产业。而物流业是第三产业中冉冉升起的一颗明星，七大职能贯穿于整个供应链条的始终，是一种高度复合型的产业，并且它也是企业的第三利润源泉，物流已经成为评判企业竞争力的重要方面。

21 世纪以来，中国物流业发展迅速。人们的生活和工作都离不开物流业，政府也认识到物流业对金融业乃至国家战略的重要性。于是，政府相继出台了一些政策，2017 年，国务院颁布了《新一代人工智能发展规划》等多个文件，提出要发展智慧物流，推进产业自动化升级。与此同时，国家邮政局等十部门联合颁布了《关于协同推进快递业绿色包装工作的指导意见》(以下简称《指导意见》),《指导意见》明确了“十三五”期间快递业绿色包装工作要实现的三大目标取得明显效果，科技创新和应用水平大幅提升，治理体系日益完善。市场监管总局等八部门联合印发《关于加强快递绿色包装标准化工作的指导意见》，该文件明确指出，到 2022 年，要全面建立严格有约束力的快递绿色包装标准体系，逐步完善标准与法律政策协调配套的快递绿色包装治理体系，支撑快递包装绿色化、减量化、可循环取得显著成效。国家在注重将物流绿色化的同时，也主张大力发展供应链。2018 年，商务部颁布了《关于开展供应链创新与应用试点的通知》。除此之外，城乡物流体系建设对经济的影响备受关注，2019 年，交通运输部等部门颁布了《关于深化交通运输与邮政快递融合 推进农村物流高质量发展的意见》以促进乡村物流体系建设及乡村金融业的发展。我国政府对物流业有多方面的期许，其中一直被关注的是物流降本增效问题。2017 年，国务院办公厅颁布了《关于进一步推进物流降本增效促进实体经济发展的意见》。2019 年，国家发展和改革委员会（以下简称国家发改委）、交通运输部颁布了《关于做好物流降本增效综合改革试点工作的通知》。2020 年，国家发改委等部门颁布了《关于做好 2020 年降成本重点工作的通知》。这些政策的发布不但有利于物流业的降本增效，同时也有利于促进金融业的发展。物流业与金融业的关系密不可分，物流业是金融业发展的基础，无论是运输、装卸、储存、信息流通等，均依托于该地区的物流业。基于资金流通的金融业常伴随着交易的发生，涉及物品所有权的转移，而实体所有权的转移通常依靠物流来实现。一方面，完善的物流体系保障了国家经济保持高速良性运转，保护了地区内产品合理流通、及时流动，保证了产品价值及经济秩序不被破坏；另一方面，物流业的发展又离不开金融业的支持，物流业是依附于交易活动而产生的派生活动，货物交易产生的差额便是物流业的盈利，有了这些盈利，物流业可以更好地进行扩大再生产，实现规模经济，发展科技，科学地进行物流活动。物流业凭借金融交易发展自身，建设物流基础设施，以便能够更好地对金融交易进行服务；金融业因物流业提升自身核心竞争力，同时创造更多交易额促进物流业发展。如果物流业与金融业不能并驾齐驱，受影响的不仅仅是其自身。当物流业的发展跟不上金融业发展时，物流业的交易与当地金融业的交易不匹配，当地金融业将丧失其物流业的竞争力，当物流业的服务达不到要求时，当地金融业会引进外部物流业，新引进的物流业与该地区内的产业结构有可能不匹配，造成资源的浪费。当金融业跟不上物流业发展时，金融业只是物流业交易的派生活动，导致物流业不活跃，基于此情况，当地物流业将引进外部金融业，这会对该地区内部金融业造成冲击，形成恶性循环。如今经济全球化速度加快，各个地区间竞争愈发激烈，完善的物流体系与充足的金融交易将成为影响一个地区竞争力的重要因素。地区内物流业与金融业相互合作，密切联系已是大势所趋，应尽量形成物流业与金融业相互促进、彼此成就的良性循环，增强地区的整体竞争力。

京津冀位于东北亚中国地区环渤海心脏地带，是中国北方经济规模最大、最具活力的地区，更是凭借独特的政治文化优势和强大的研发能力，成为我国重要的经济增长中心之一。同时，京津冀地区又是物流中心的集合地，是航空、火车等交通汇集的枢纽，这些物流中心以北京市为中心，服务范围辐射华北及东北等地区。北京市经济发达，产业结构丰富，物流需求较大，对周边地区的货物供应有长期的依赖性。河北省地处华北沿海地区，有优越的交通区位条件，东临渤海，内环京津，拥有秦皇岛港、唐山港、黄骅港等多个港口。物流产业处于快速发展阶段，目前已构成连接省内 11 个城市和联通其他 30 个省区市共 100 多个城市的运输网络。天津市是北方国际航运核心区、国际航空物流中心，物流园区的规划布局面向国际，服务于天津市建设国际贸易门户和“一带一路”的国际物流需求。天津市有天津市航空物流区、天津市保税物流园区、天津东疆保税港区、天津港集装箱物流中心、经济技术开发区保税物流中心、天津港散货物流中心、西堤头镇陆路港物流园共 7 个国际性物流园区。然而京津冀三省市有着不对等的政治地位，这使得更多和更优质的金融资源聚集在北京市和天津市，金融资源分配失衡。一方面，物流业在京津冀地区有很好的发展条件，并且物流业的发展能够促进京津冀金融业的发展；另一方面，京津冀金融业的发展又能够进一步促进京津冀物流业的发展，京津冀物流业与金融业协同发展，相互促进，形成良性循环，能够提高京津冀地区的整体竞争力。本书以物流业发展相关理论、金融业发展相关理论、协同学与耗散理论为指导，基于京津冀物流业与金融业发展状况，系统研究京津冀物流业与金融业的协同发展问题。理论上，本书能够为京津冀物流业与金融业的协同发展提供理论基础和论证分析；实践上，本书有助于各地区政府从京津冀一体化角度对发展现代物流业和金融业进行统筹规划与指导。本书对于推动京津冀地区产业结构优化与升级，实现地区物流业与金融业的健康、持续、协同发展具有重要现实意义。

京津冀物流业的发展正处于起步阶段，其物流业与金融业的协同发展进程相对缓慢，互动机制尚未形成，这对京津冀物流业和金融业的发展是十分不利的。本书的总体目标是，在总结国内外物流业与金融业协同发展相关理论的基础上，运用物流业发展理论、金融业发展理论、协同学理论、系统动力学理论及耗散理论，对京津冀物流业与金融业的协同发展进行讨论，并就其发展状况、相互关系、协同状态、发展趋势、对策建议等方面的内容展开深入研究，力求使其成为加快京津冀物流业从传统型向现代型转变的推动力之一。

1. 本书内容

（1）绪论。讨论界定物流、物流业、金融、金融业的内涵及特征，阐述物流业发展相关理论、金融业发展相关理论、协同学理论、系统动力学理论、耗散理论、耦合协调理论，以及国内外物流业与金融业研究发展趋势，为后续的研究奠定基础。

（2）京津冀物流业与金融业发展状况。从运输基础设施、运输结构、物流业供需状况与布局四个方面分析京津冀物流业的发展状况；从金融总量、金融业固定资产投资、金融业结构三个方面分析京津冀金融业的发展状况。

（3）京津冀物流业与金融业发展关系研究。在分析物流业与金融业联系的基础上，构建京津冀物流业与金融业的互动作用模型，分析京津冀物流业与金融业的互动作用。在分析影响京津冀物流业发展的金融因素与影响京津冀金融业发展的物流因素的基础上，选取京津冀物流业、金融业衡量指标，运用灰色关联分析法定量分析京津冀金融业发展对物流业发展的影响程度，以及京津冀物流业发展对金融业发展的影响程度。

（4）京津冀物流业与金融业协同发展实证研究。首先，分析京津冀物流业与金融业协同发展的动力机制和保障机制。其次，构建京津冀物流业和金融业的评价指标体系，采用熵权法确定指标的权重，通过耦合协调度评价模型测算北京市、天津市、河北省三地区，以及京津冀的物流业与金融业耦合协调度，分析京津冀两业耦合协调程度。最后，以时间和空间为决策单元，利用数据包络分析法研究北京市、天津市、河北省三地区，以及京津冀的物流业与金融业协同效率。

（5）京津冀物流业与金融业预测研究。从传统与智能预测方法两个方面介绍物流业与金融业的预测方法，基于最小二乘向量机与随机惯性权重粒子群优化算法，构建最小二乘支持向量机-随机惯性权重粒子群优化算法预测模型，预测京津冀物流业与金融业未来发展趋势。

（6）京津冀物流业与金融业协同发展对策研究。从配套环境、协同发展观念、风险、人才、融资、信用体系与信息化水平七个方面分析京津冀物流业与金融业协同发展过程中存在的问题；根据京津冀物流业与金融业协同发展的总体思路，从完善法规环境、发挥政府部门作用、提出风险对策、加强人才培养、设立基金、加强信用体系建设与物流信息化建设七个方面提出促进两者协同发展的对策建议。

（7）总结与展望。全面总结本书的研究成果，对今后的研究前景进行展望。

2. 本书方法

（1）文献研究法。在阅读大量国内外有关物流业、金融业、物流业与金融业发展状况、物流业与金融业发展关系、京津冀物流业与金融业发展规模等相关文献资料基础上，分析和总结了物流业与金融业的相关理论、相互作用机理、协同发展理论等，作为理论分析与实证研究的基础。

（2）跨学科研究法。将物流学、金融学、协同学、系统动力学、耗散理论、耦合协调理论、计算机与信息技术、智能预测理论等多个学科的理论与方法综合交叉运用，可以提高研究成果的科学水平与理论价值，全面研究京津冀物流业与金融业的协同发展问题。

（3）定性分析与定量研究相结合。在定性分析京津冀物流业与金融业内在联系、协同作用基础上，根据京津冀实际数据，运用数学建模方法结合计算机技术，研究京津冀物流业与金融业之间的相互关系、协调程度、协同效率、未来发展趋势等。定性分析与定量分析相结合的方法，可以使研究结果更全面、更合理。

（4）理论分析与实证研究相印证。本书先从理论上分析物流业、金融业的相关理论，以及京津冀物流业与金融业的协同发展状况。在理论分析的基础上，实证研究京津冀物流业与金融业的协同发展状况。理论与实证相印证，可以提高研究成果的实用性与应用价值。

3. 本书创新

（1）构建京津冀物流业与金融业互动作用模型。将京津冀物流业增加值设为因变量、金融业指标设为自变量，构建京津冀物流业与金融业的互动作用模型，分析北京市、天津市、河北省三地区，以及京津冀两业之间的互动作用关系。

（2）研究京津冀物流业与金融业发展的关联性。选定京津冀物流业增加值作为系统特征行为序列，将年末存款余额、年末贷款余额、保险收入、保费支出、股票市价总值、金融业固定资产投资、金融业增加值、金融业城镇就业人口八项金融业指标设为相关因素序列，通过灰色关联分析法定量分析京津冀金融业发展与京津冀物流业发展的关联程度。选定京津冀金融业增加值作为系统特征行为序列，将公路里程、高速公路里程、铁路营业里程、物流业增加值、物流业就业人员、物流业固定资产投资六项物流业指标设为相关因素序列，通过灰色关联分析法定量分析京津冀物流业发展与京津冀金融业发展的关联程度。

（3）测算京津冀物流业与金融业协调度与协同效率。基于熵权法建立京津冀物流业和金融业两个子系统的序参量测算指标体系，再应用耦合协调模型构建京津冀物流业与金融业协同演化模型，测算北京市、天津市、河北省三地区，以及京津冀物流业与金融业的耦合协调度；分别以时间和空间为决策单元，利用数据包络分析模型，计算出北京市、天津市、河北省三地区，以及京津冀的物流业与金融业协同效率。

（4）构建最小二乘支持向量机–随机惯性权重粒子群优化算法预测模型。针对交叉验证（cross-validation，CV）法选取最小二乘支持向量机参数的局限性，通过随机惯性权重粒子群优化算法选取最小二乘支持向量机最优参数，构建基于随机惯性权重粒子群优化算法的最小二乘支持向量机预测模型。利用该模型预测京津冀物流业与金融业指标的发展趋势。

4. 本书资助与作者分工

本书是2020—2021年度河北省社会科学基金项目“京津冀物流业与金融业协同发展研究”（编号：HB20YJ054）的最终研究成果。同时，本书也得到河北省高校人文社会科学重点研究基地石家庄铁道大学工程建设管理研究中心的资助。

本书由耿立艳（石家庄铁道大学教授、南昌理工学院客座教授）、张占福（石家庄铁道大学四方学院工程师）和胡瑞（石家庄铁道大学研究生）撰写完成，最后由耿立艳对全书进行审阅、修改和定稿。

由于研究时间的限制，以及作者精力、知识能力及研究水平的有限性，书中难免存在不足，敬请广大读者批评指正！

目　　录

第1章 绪 论

1.1 物流业发展相关理论

1.1.1 物流

1. 物流的起源和发展

物流是社会经济发展到一定阶段的产物，其发展经历了漫长的历史过程。20世纪以前，人们对物流活动的认识还停留在较低的层次，并未对其进行科学的概括。直到20世纪初，人们才对物流活动进行了总结与升华，系统地提出了物流的概念。从20世纪初到现在一个多世纪的时间内，物流概念的产生和发展经历了如下三个阶段。

第一阶段，从20世纪初到20世纪50年代，物流概念产生、形成的阶段。在这个阶段，物流活动只是在美国的局部范围展开，只有少数的人从事物流活动，对物流概念的意见也不统一，主要有两种观点：一种是营销学派的实体分配概念。1915年，美国市场营销学者Shaw在*Some Problems in Marketing Distribution: Illustrating the Application of a Basic Philosophy of Business*一书中就提到了物流一词，并指出市场分销中存在两类活动，一类是创造需求，另一类是物资实体配送，这两类活动是不同的，但是在市场分销中却是互相平衡、互相依赖的（Shaw，1915）。另一种是美国军官Baker在其所著的*Military and Munitions Transport*（《军队和军需品运输》）一书中，从军事后勤的角度提出的logistics（物流）的概念，认为“与军备的移动与供应有关的战争艺术的分支叫作物流”。第二次世界大战（以下简称二战）中盟军军事人员、物资、装备的制造供应、战前配置与调运、战中补给与养护等军事后勤活动使得物流和系统分析的方法得到有效应用。同时，战时积累的大量军事后勤保障理论与实践经验，形成和丰富了物流方面的理论与方法。这些理论与方法在战后被广泛应用到军事以外的其他领域（邵扬，2009）。

第二阶段，从20世纪50年代到20世纪80年代中期，分销物流学阶段。分销物流的概念在这个阶段得到了发展并占据了统治地位，从美国走向了全世界，形成了一个比较统一的物流概念，形成和发展了物流管理学，也形成了物流学派、物流产业和物流领域。著名的美国经营学家Drucker在*Fortune*（《财富》）上发表了题为“The economy's dark continent”（《经济的黑色大陆》）一文，他将“物流”比作“一块未开垦的处女地”，提出物流是降低成本的最后领域。20世纪60年代，关于后勤管理与商业物流的理论思想开始向加拿大、日本等国传播（杨玉金，2012）。日本在物流经济价值方面的研究更为深入，甚至还组织了“流通技术专业考察团”在美国各地进行实地考察，并且于1958年在《流通技術》(《流通技术》）杂志上刊登了《労働生產性報告 33 号》(《劳动生产率报告 33 号》)。20世纪70年代，日本早稻田大学的西泽修教授提出了著名的“第三利润源泉”学说与“物流冰山”学说，他在《流通費》(《流通费》）一书中，把改进物流系统称为尚待挖掘的“第三利润源泉”（王国华，2004）。

第三阶段，从20世纪80年代中期到现在，现代物流学阶段。随着物流业的发展，物流除了分销领域还包括物资供应、企业生产、企业分销及企业废弃物再生等全领域。大众采用了后勤学派的“物流”概念，但是，这时“物流”的概念更加强调物流活动的集约化、一体化、集成化、信息化和现代化。不单单是军队物资供应调度上的物流问题，还包括企业供、产、销的全范围的物资管理和物流问题，深化发展了军事后勤学的物流概念。

2. 物流的定义

物流的产生和发展随着社会经济的进步而不断深化和延伸。物流包含的活动纷繁多样，加之人们观察、分析、认识物流活动的角度不同，每个国家引入物流概念的时间不同，这导致每个国家对物流内涵的理解也存在一定的不同。

1）美国对物流的定义

1963年，美国物流管理协会对物流的概念有了系统的认识，其总结的定义是，“物流是为了计划、执行、控制原材料、在制品库存及制成品从起源地到消费地有效率地流动而进行的两种或多种活动的集成。这些活动可能包括但不仅限于顾客服务、需求预测、交通、库存控制、物料搬运、订货处理、零件及服务支持、工厂及仓库选址、采购、包装、退货处理、废弃物回收、运输、仓储管理等”（贾玉敏，2014）。1986年，美国物流管理协会对物流定义进行了修改，将“physical distribution”替换为“logistics”并对其进行了重新定义：“物流是对货物、服务及相关信息从起源地到消费地的有效率、有效益的流动和储存进行计划、执行和控制，以满足顾客要求的过程。该过程包括进项、去向、内部和外部的移动以及以环境保护为目的的物料回收。”2007年，该协会对物流管理做出了如下解释：“物流管理是供应链管理的一部分，以满足客户需求为目的，对货物、服务和相关信息在原产地和消费地之间的正向和反向流动与存储进行规划、实施和控制。”

2）日本对物流的定义

日本最初把它翻译成“物的流通”，后来由日本著名学者平原直改为“物流”。1965年，日本政府在文件中正式采用“物流”这个术语。1981年，日本通信综合研究所在编制的《日本物流ハンドブック》(《日本物流手册》)中对物流的定义是，“物流是物质资料从供给者向需要者的物理转移，是创造时间性、场所性价值的经济活动。从物流的范畴来看，包括包装、装卸、保管、库存管理、流通加工、运输、配送等活动”（郁星，2016）。2002年，日本标准学会以日本工业标准的形式，对与物流相关的词汇做出两个明确的定义。第一，将物流定义为物质资料从供应者到需求者进行的时间的、空间的移动过程的活动。一般认为是对包装、输送、保管、装卸、搬运、流通加工及与此相关的情报等各项功能进行综合管理的活动。在不同的对象领域有特定的不同称呼：供应物流、生产物流、销售物流、回收物流等。第二，将物流活动的目标定位于充分满足需要，同时要解决保护环境等方面的社会问题，在此前提下追求高水平地、综合地完成包装、输送、保管、装卸、搬运、流通加工及相关情报等各项工作，以谋求在供应、生产、销售、回收等各个领域实现一体化、一元化的经营活动。

3）欧洲对物流的定义

1994年，欧洲物流协会发表的 *The Language of Logistics*（《物流术语》）中对物流的定义是：“物流是在一个指定的系统内对人员或货物的运输、安排和相关的支持活动的规划、实施和控制，以此达到特定的目的的一系列活动”（徐勇谋，2003）。

4）中国对物流的定义

20世纪70年代末至90年代初，“物流”这个词语分别从日本和欧美传入我国，并应用于我国的物资经济领域。2001年，我国国家标准《物流术语》（GB/T 18354-2001）对物流领域的主要名词概念都有了明确的定义。其中物流的定义为：“物品从供应地向接收地的实体流动过程。根据实际需要，对运输、储存、装卸、搬运、包装、流通加工、配送、信息处理等基本功能实施有机结合。”

从上面关于不同时期、不同国家对于物流概念的阐述可以看到，不同国家对物流概念的界定是具有一定差异性的，但是其中也包含如下的共同点。

（1）物流概念的形成和发展与社会化大生产、劳动分工，以及产品市场营销、企业管理的不断进步密切相关。

（2）物流概念与物流实践活动最早始于军事后勤，但它未被仅仅限定在商业或者军事领域。在公共企业和私人企业的运行和管理过程中，物流管理的理念和方法具有较强的适用性。

（3）无论是 physical distribution，还是 logistics，在对物流内涵的讨论中，不同国家都强调“实物的顺畅流动”这一核心内涵。

（4）物流的核心功能主要有产品运输、产品储存、产品装卸、产品包装、产品流通加工、产品配送及产品售后信息处理等基本内容。

3. 物流的分类

基于不同的物流对象、物流目的、物流方向及物流范围，可以从不同的角度、采用不同的标准对物流进行分类（张中强，2008）。

1）按照物流系统性质分类

物流可分为宏观物流和微观物流。宏观物流是指国民经济范围内、社会再生产各过程之间、国民经济各部门之间及国与国之间的物流。微观物流主要是指企业物流，专门研究微观主体企业内部的物流活动。

2）按照物流组织主体分类

物流可分为第一方物流、第二方物流与第三方物流、第四方物流、第五方物流。第一方物流（first party logistics）指卖方，生产者或者供应方组织的物流活动。这些组织的主要业务是生产和供应商品，但为了其自身生产和销售的需要而进行物流网络及设施设备的投资、经营与管理。总的来说，由制造商或生产企业自己完成的物流活动称为第一方物流。第二方物流（second party logistics）指买方，销售者或流通企业组织的物流活动。这些组织的核心业务是采购并销售商品，为了销售业务需要而投资建设物流网络，物流设施和设备，并进行具体的物流业务运作组织和管理。第三方物流（third party logistics）不同于买方和卖方，是由专业物流企业组织的物流活动。所谓专业物流企业，是指专门从事物流服务的企业。一般意义的第三方物流公司还应该是独立的、同第一方和第二方物流相比具有明显资源优势的物流公司。第四方物流（fourth party logistics）主要是指由咨询公司提供的物流咨询服务。咨询公司应物流公司的要求为其提供物流系统的分析和诊断，或提供物流系统优化和设计方案等（陈姗姗等，2021）。第五方物流（fifth party logistics）指由物流信息服务商提供的物流信息服务。包括提供更大的地理区域内更多的行业、更多的企业供应链物流信息的搜集、设计、整理、分析、开发、集成和推广等（张万学等，2016）。

3）按照物流活动的空间分类

物流可分为国际物流和区域物流。国际物流是指伴随着国际经济交往、贸易活动及其他国际交流发生的物流活动，它是国内物流的延伸和进一步扩展，是跨国界的、流通范围扩大的物的流动。相对于国际物流而言，一个国家或一个地区、一个城市的物流属于区域物流。

4. 物流的基本功能

物流的基本功能是指为了有效地达到最终的经济目的，物流活动所具备的基本能力，通过物流活动的有效组合，能够最大限度地发挥物流的总体功能，以满足客户的需求（赵莉，2013）。

1）运输

运输是物流系统中最重要的功能要素之一，其主要职能是实现物质实体由供应方向需求方的空间移动，克服供需之间的空间距离，创造商品的空间效用。同时，运输是物流的中心环节，被称为国民经济的动脉和现代物流产业的支柱，其主要提供产品的转移和临时储存两大功能。

2）仓储

从生产和消费两方面来看，不同类型的产品有不同的产销规律，生产节奏和消费节奏也不可能完全保持一致。仓储可以消除生产和消费之间的时间间隔，产生时间功效。同时，仓储保管还具有价格调整的功能，防止产品过多导致的价格暴跌或产品短缺造成的价格飞涨，因此，仓储具有以调整供需为目的的时间调整和价格调整的双重功能，协调生产与消费之间的关系。

3）包装

包装是在商品输送或保管过程中，为保证商品的价值和形态而从事的物流活动，具有保护物品、便利储存和运输的职能。从功能上看，包装分为运输包装和销售包装，前者的作用在于方便运输、保护物品，后者的作用在于美化商品、促进销售和方便消费。

4）装卸、搬运

装卸、搬运是指在物流过程中对货物进行装入、卸出、堆垛、取货、理货分类或完成与之相关的作业。一般来说，装卸侧重于原地的物质移动；而搬运则侧重于有一定距离的活动，装卸、搬运是输送和储存物资过程中必要的物流活动。

5）配送

配送是指从物流起点至用户的一种送货形式，配送环节属于支线运输，灵活性、适应性和服务性都较强，能将支线运输与小搬运统一起来，使运输过程得以优化和完善。配送是物流的一种特殊的、综合的活动形式，它已几乎包括了物流的所有职能，是物流的一个缩影或是某一范围内物流全部活动的体现。

6）流通加工

流通加工是流通中的一种特殊形式，是指物品从生产地到消费地过程中，为促进销售或合理利用资源而进行的一些辅助性加工活动，包括包装、分割、计量、分拣、组装、改装、配套、价格贴付、标签贴付等业务。流通加工主要是为了弥补生产过程中加工能力的不足，使产品能够满足顾客或本企业的需要，衔接产供双方，将加工在物流过程中完成，使其成为流通过程中的重要组成部分。

7）信息处理

物流信息和运输、仓储、配送等各个环节都有密切的联系，在物流活动中起着神经系统的作用。物流信息处理是对与商品数量、质量、作业管理相关的物流信息，以及与订货、发货和货款支付相关的商流、资金流信息的收集、加工、整理与传递，其目的在于保证情报信息的可靠性和及时性，使物流活动能有效地进行。

1.1.2　物流业

1. 物流业的产生

“产业”的概念是伴随着 18 世纪后半期资本主义大机器工业的出现而产生的，其概念边界相当模糊，其定义和划分是为特定的经济目的而服务的。在英文中，产业、行业、工业等都可以称为 industry。在产业经济学中对产业的定义为：“产业是国民经济中以社会分工为基础，在产品和劳务的生产和经营上具有某些相同特征的企业或单位及其活动的集合”。事实上，物流业的产生和发展是社会分工不断深化和经济持续发展到一定阶段的产物（马天山，2005）。

20 世纪 50～70 年代，西方发达国家的企业中普遍出现了物资管理和产品分销的新业务。企业开始逐渐注重对物流活动的科学管理，这极大地降低了企业的运营成本。进入 20 世纪 80 年代，随着经济全球化的深入和专业化分工的不断发展，一些发达国家和地区，掀起了一场物流革命。在物流革命中，人们不断探索如何对各种物流功能、要素等进行整合。物流管理活动逐渐分化出来，形成了一个独立的企业部门。这一分化活动由企业内部逐渐扩展到整个行业，形成了物流系统。随着分工水平的不断提高，物流系统得到了进一步的发展，变成了为企业和消费者提供专业化物流服务的企业，这就是所谓的“第三方物流”企业。物流服务也就是把产业化的物流资源进行整合而形成的一个全新产业。物流业中的物流资源不是简单的叠加，而是一种整合，可以起到一加一大于二的协同效应（杨帆，2011）。

2. 物流业的定义

物流活动在生活中随处可见，在实践活动中，物流业已经成为重要的产业之一，但国内外学术界对物流业的概念却还没有取得一个公认的定义。不同的国家、学者和机构对物流业定义给出了各自的观点。

1）物流业的界定

美国物流管理协会最先对物流业进行界定：“物流产业包括上游供货业、运输代理业、仓储业、铁路行业、物流咨询行业、水运行业、航空业、海运业、小包裹运输业、仓储业、港口业、第三方物流业、多式联运业、包装业等。”中国物流与采购联合会常务副会长、研究员丁俊在《正确认识物流、物流产业、物流管理等基本概念》一文中提出，“物流产业是物流资源产业化而形成的一种复合型或聚合型产业，物流资源包括运输、仓储、装卸、搬运、包装、流通加工、配送信息平台等，这些资源产业化就形成了运输业、仓储业、装卸业、包装业、加工配送业、物流信息业等”。我国2014年9月发布的《物流业发展中长期规划（2014—2020年）》中对物流业的界定是：“物流业是融合运输、仓储、货代、信息等产业的复合型服务业，是支撑国民经济发展的基础性、战略性产业。”2019年3月1日，国家发改委等部门联合发布的《关于推动物流高质量发展促进形成强大国内市场的意见》中强调，物流业是支撑国民经济发展的基础性、战略性、先导性产业（纪红任等，2007）。

2）物流业的产业主体

从物流业的形成规律来看，物流业是劳动专业化分工不断深化的结果。物流业的出现导致许多曾经的非核心业务从企业生产经营活动中分离出来，物流活动就是其中之一。生产企业为不断增强市场竞争力，将企业的资金、人力、物力投入到其核心业务上，寻求劳动社会化分工协作带来的效率最大化。如果将生产企业中的物流业务委托给专业的第三方物流公司，可以极大地降低企业的流动资本。这样，物流业作为独立产业的可能性就产生了。所以，物流业作为一个产业而独立发展起来是社会化经济发展和劳动分工的必然产物。我们可以认为“第三方物流”企业的集合才是真正意义上的物流业。

3）物流业的定位

物流业作为国民经济中一个较为新兴的行业。在宏观经济增长和转型的过程中，物流业充当了宏观经济新增长点的角色，此外，物流业本身也是产业经济中重要且不可或缺的一个组成部分；物流业的中观定位是各个行业商品顺畅流通的保障，也是流通业的基础；物流业的微观定位是企业的“第三利润源泉”。

1.1.3 物流业发展理论

1. 马克思的物流业发展理论

马克思的物流业发展理论主要集中在其经典著作《资本论》中，虽然马克思在《资本论》中并没有直接提出物流业发展理论，但《资本论》中对流通费用、交通运输业的作用、流通创造空间价值和时间价值等方面的深刻和系统的论述，其实就是其物流业发展理论。

1）物流业创造场所价值

马克思的《资本论》称作为物流业重要组成部分的交通运输业“根本不使用原料而只使用生产工具，运输业所出售的东西，就是场所的变动。它产生的成效，是和运输过程即运输业的生产过程不可分离地结合在一起的”，即物流业不创造新产品，但它通过场所变动创造价值。物流业将生产地、中转地和消费地连接起来，促进了区际联系，创造了场所价值。马克思认为：“物品的使用价值只是在物品的消费中实现，而物品的消费可以使物品的位置变化成为必要，从而使运输业的追加生产过程成为必要。”（吴庄莹，2004）物流业能够扩大市场范围，使消费突破场所限制。他认为运输是联结社会生产、分配、交换和消费各个环节的纽带。它存在于社会生产的方方面面，是社会物质生产和经济活动的一般条件。即可以认为物流是生产、分配、交换和消费的纽带，是社会化大生产正常进行的必备条件。

2）物流业能够促进生产力发展

马克思认为，“工农业生产方式的革命，尤其使社会生产过程的一般条件即交通运输工具的革命成为必要。正像以具有家庭副业的小农业和城市手工业为枢纽的社会所拥有的交通运输工具，完全不能再满足拥有扩大的社会分工、集中的劳动资料和工人及殖民地市场的工厂手工业时期的生产需要，因而事实上已经发生了变革一样，工厂手工业时期遗留下来的交通运输工具，很快又成为具有狂热的生产速度和巨大的生产规模、经常把大量资本和工人由一个生产领域投入另一个生产领域并具有新建立的世界市场联系的大工业所不能忍受的桎梏”（崔向阳，2005）。当物流业的发展能够满足生产需要时，就能够促进实体经济发展；当物流业的发展滞后于经济时，就会阻碍实体经济发展。

马克思一直重视物流基础设施和设备对生产力发展的重要作用，他指出改良交通运输工具是发展一般生产力的范畴。“交通运输工具的改良，会绝对缩短商品的移动期间”，一个中间产品能以什么样的速度作为生产资料投入另一个过程，取决于交通工具的发展（夏春玉，1997）。因此，物流基础设施和设备的改良、物流时间的节约能够促进生产力的发展，促进当地金融业的充分发展。

3）物流业能够创造时间价值

马克思认为资本的流通时间，会限制资本的生产时间，也会限制它的价值增值过程，限制的程度与流通持续的长短成比例。流通的时间约等于零或近于零，资本的职能就越大，资本的生产效率就越高，它的自行增值就越大。这里，马克思所讲的流通时间完全可以理解为物流时间，因为物流周期的结束是资本周转的前提条件。物流时间越短，资本周转时间越短，增殖速度越快，即高效的物流可以节省时间，加速资本和货物周转，创造时间价值。马克思指出，“随着运输工具的发展，不仅空间运动的速度加快了，而且空间距离在时间上也缩短了”（马克思和恩格斯，1975）。物流业发展能够促进时空压缩效应的发挥，进而扩大物流空间经济联系范围，缩短物流所用时间。

4）物流费用的降低能够优化资源配置

马克思在《资本论》第二卷第六章和第三卷第十七章中，以流通费用范畴为基础，建立了马克思的流通费用理论。马克思指出运输费用是流通费用的一部分，流通费用是指“资本从商品向货币实现形态转换时所需要的费用。这种形态转换包含了社会劳动的物质变换，因此需要商品在空间的流通即实际移动”（马克思和恩格斯，1975）。“商品在空间的流通”即物流。流通费用区分为纯粹流通费用和生产性流通费用，前者是与价值运动相关的费用，后者是与使用价值运动相关的费用，两类流通费用的性质及其补偿方式是完全不同的。第一，纯粹流通费用是指由商品转化为货币或由货币转化为商品、对商品交换起中介作用所必需的费用，包括买卖费用、簿记费用和货币费用等。这部分费用不能形成社会财富，只会影响资源配置的效率。第二，生产性流通费用是指由在流通过程中继续进行生产过程所带来的费用，或者说，它的生产性质被流通的性质掩盖起来了，具体包括保管费、运输费用等。这部分费用可以形成社会财富，对资源配置具有积极作用。

概括起来看，马克思的物流业发展理论的主要内容有：第一，物流业能够直接创造价值，物流业创造场所价值，能够扩大市场范围；第二，物流基础设施和设备的改良，能够促进生产力发展；第三，物流成本的降低，能够促进生产力发展；第四，物流业能够通过节约时间，创造时间价值，通过缩短空间距离，创造空间价值；第五，物流业是联结社会生产、分配、交换和消费各个环节的纽带，是社会化大生产顺利进行的重要条件。

2. 西方的物流业发展理论

1）生产性服务业相关理论

依据我国国家统计局《生产性服务业统计分类（2019）》，物流业属于生产性服务业的范围。因此，生产性服务业的相关理论是物流业发展理论的基础理论之一。生产性服务业是为企业的生产和商务行为、政府管理提供服务的产业。明确生产性服务业的发展阶段可以为物流业的发展提供指导，明确生产性服务业与制造业之间的互动关系，可以使物流业更好地发挥其为生产服务的功能，进而促进物流业对其他产业的关联性、融合性和带动性作用的发挥（钟韵和阎小培，2003）。

第一，生产性服务业的发展阶段论。依据外部化程度差异，可以将生产性服务业的发展分为种子期、成长期和成熟期三个发展阶段。在种子期，生产企业的生产性服务由企业内部满足，生产性服务业的外部化程度较低；在成长期，生产企业的生产性服务需求增加，生产性服务业开始外部化进程；在成熟期，生产性服务业分工逐步细化，生产企业对生产性服务业的质量要求更高。

第二，产业互动论。生产性服务业与制造业的关系，可以用产业互动论来说明。该理论认为，生产性服务业与制造业之间具有密切关联，二者是相互促进、相互推动的关系。随着生产性服务业专业化程度的提升，制造业越来越多的隐性需求逐步转换为显性需求，进一步提升制造业对生产性服务业的需求，进而形成良性循环。

2）物流成本相关理论

物流成本是指物流各个环节中所耗费的物化劳动和活劳动的货币表示。学者对物流业发展的相关研究是从物流成本的相关理论开始的。物流成本的代表性理论具体有黑暗大陆理论、物流冰山理论、物流成本中心理论及物流利润中心理论，具体如表 1.1 所示。

表 1.1　有关物流成本的主要理论

序号	主要理论	理论主要观点
1	黑暗大陆理论	著名的管理学权威 Ducker 在 1962 年发表的“The economy’s dark continent”中，将物流比作“尚未开发的处女地”，认为“流通是经济领域里的黑暗大陆”，是人们降低成本的最后边界。“黑暗大陆”意指物流活动具有很强的模糊性，是人们尚未完全认识的领域，这一领域存在着研究和实践开发的极大潜力，他呼吁人们高度重视流通及物流管理（卢锐和许彩国，2006）
2	物流冰山理论	日本早稻田大学西泽修教授最早提出物流冰山理论，他潜心研究物流成本时发现，现行的财务会计制度和会计核算方法都不可能掌握物流费用的实际情况，人们所看到的物流费用，与实际物流支出之间存在巨大差异，他用冰山水面以上部分与水面以下部分的巨大体积差异这一特性来比拟这一现象，并称其为“物流冰山”。物流成本就是一座冰山，沉在水面以下我们看不到的黑色区域是我们看不见的物流成本
3	物流成本中心理论	该理论来源于黑暗大陆理论和物流冰山理论，认为物流活动是企业成本的重要来源，也是企业成本控制应该关注的要点，强调物流是“降低成本的宝库”。物流成本中心理论主要研究物流成本的优化，如何通过物流管理降低企业运营成本、流通成本等
4	物流利润中心理论	二战后，日本早稻田大学学者西泽修教授于 1970 年在其著作《流通費》中首次提出“第三利润源泉”理论。通常人们把依靠技术进步降低原材料的消耗，即物质资源的节约称为“第一利润源泉”，将依靠技术革新提高劳动生产率，即劳动消耗的降低，称为“第二利润源泉”。他认为物流领域是继第一利润源泉自然资源、第二利润源泉人力资源之后的第三利润源泉，进入到 20 世纪中期以后，由于受科技发展和管理水平等客观条件的限制，依靠廉价原材料和劳动力的两个利润源泉的发掘潜力已经越来越小，但物流业作为连接生产者和消费者的重要流通渠道，物流费用的降低，可以为企业带来直接和间接的利润，成为“第三利润源泉”

3. 物流业发展的其他理论

1）商物分离理论

物流科学存在的前提是商物的分离，“商”指商流，就是商业贸易行为，实际是商品通过交换产生价值的易物行为，是商品的拥有权从一方变为另一方的过程，流动的是商品所有权证书，且通过货币交易实现。“物”指物流，是商品以实体形式的流通。商流按照自有体系和规则运行；物流按照自己的规则运行，实现各自的流动体系，互不交叉、互不干扰。商物流通创造了需求，提高了流通效率，保证了流通的畅通，解决了生产者与消费者之间的矛盾，成为物流及物流管理的研究基础。

2）物流服务中心理论

物流服务中心理论起源于二战时期形成的“军事后勤理论”，物流服务中心理论认为，物流活动的最终目的并不在于为企业节约成本或增加利润，而在于提高企业对顾客的服务水平，满足客户多样化的需求，进而强化企业的市场竞争能力。物流服务中心理论着重强调物流的服务保障功能，借助于物流的服务保障功能，企业可以通过整体能力的增强来压缩企业生产经营总成本，继而拓展企业的获利空间，增加企业的利润。该理论认为，提升客户服务能力是企业从整体上节约成本、占领市场份额、提升整体竞争力的重要途径。

3）物流战略中心理论

物流战略中心理论把物流放在了很高的位置，该理论认为物流将会影响到企业的生存和发展，对企业的长期发展带来深远的影响。企业在发展的过程中不应该只看到物流的暂时效益，应该着眼于长远的目标。美国学者鲍尔·索利斯在其著作 *Logistical Management: The Integrated Supply Chain Process*（《物流管理：供应链过程的一体化》）中指出，物流的战略整合是一个企业成功的基础，企业为了获得领先优势，应该将以预估为基础的运作理念转移到以反应为基础的运作理念上来。领先优势的地位成就通常意味着一个公司能够同时使用各种物流战略去满足特定的主要客户的要求。基于物流战略中心理论，很多学者从供应链的角度提出了“即时物流战略”“一体化物流战略”“网络化物流战略”“物流战略投资”“物流战略技术开发”“物流战略联盟”等（陈书明，2013）。

4）物流供应链管理理论

Kraljic（1983）在 *Harvard Business Review*（《哈佛商业评论》）发表了题为“Purchasing must become supply management”（《采购必须纳入供应链管理》）一文，文中最早提出了供应链管理概念。到了20世纪90年代，美国物流管理协会对供应链管理的定义为“以提高企业个体和供应链整体的长期绩效为目标，对传统的商务活动进行总体的战略协调，对特定公司内部跨职能部门边界的运作和在供应链成员中跨公司边界的运作进行的战术控制过程”（沙颖和钟伟，2015）。随着全球化及信息化的发展，面对产品寿命周期缩短和消费者需求更加个性化、多样化的趋势，供应链管理理论开始将链条的所有企业视为一个统一的、不可分割的整体，持续关注供应链上各个企业分担的供应、生产、分销及销售功能的协调和优化。物流的供应链管理强调整体的、一体化的规划、组织、协同及控制，以实现整体供应链的增值。

5）物流效益悖反理论

在很多领域都存在效益悖反现象，在物流领域中，效益悖反也普遍存在，它是物流领域内部矛盾的反映和体现。物流效益悖反理论认为，物流的若干功能要素之间存在着交互损益的矛盾，即物流系统中某一个功能要素优化和利益发生的同时，必然存在系统中的另一个或另几个功能要素的利益损失，反之也是如此。这是一种“此涨彼消、此盈彼亏”的现象。这种现象将会使整个物流系统的效率低下，严重阻碍物流系统的发展。因此，在进行物流活动时，必须要采用系统论作为指导，综合权衡各功能、各环节的效益，以实现整体最优（桂寿平，2004）。

6）绿色物流理论

20 世纪 90 年代中期，有学者提出了绿色物流理论。绿色物流建立在可持续发展、生态经济学、生态伦理学和循环经济等理论的基础上。物流系统与外界环境之间存在着密切的联系，是联系生态系统和经济系统的重要纽带。一个完整的物流系统涉及生产、分配、消费三大领域，为了更好地协调这三大领域，绿色物流要克服物流研究中的“阻塞”现象，即将原来开环型物质单向流动模式（资源—产品—废弃物排放）改变为闭环型物质流动系统（资源—产品—再生资源）。绿色物流理论能够很好地适应当今世界的发展，对降低物流业对环境的影响、提高资源利用率具有很好的指导作用（王长琼，2004）。

1.2　金融业发展相关理论

1.2.1　金融

1. 金融的定义

金融本身是一个宽泛而复杂的概念，随着经济与金融的发展，金融概念本身的内涵和外延都在发生着巨大的变化。世界贸易组织对金融的定义为“由金融服务工作者提供的、任何有关金融性质的服务，包括银行行业、证券行业、保险行业及其他金融活动”。百科全书对金融的定义为“金融是货币流通和信用活动及它们相关的经济活动的全称”。

总的来说，金融是有关资金融通和货币流通活动的统称。从狭义上讲，金融是指货币流通和信用分配活动的总和。从广义上讲，金融是指全社会货币资金的筹集、分配、融通、使用和管理活动的总和，它包括资金的财政分配活动和信用分配活动，财政分配具有无偿性和强制性，信用分配则具有有偿性和自愿性。

2. 金融的复杂性

与金融概念的宽泛相比，金融另一个显著的特点就是金融的复杂性。客观认识金融的复杂性，是研究金融及与金融相关问题的基础。随着现代市场经济、金融业与金融市场的快速发展，金融本身变得日益复杂，其复杂性主要表现在以下三个方面（闫肃，2012）。

1）货币的复杂性

随着现代金融业的发展，货币的形态与功能均发生了巨大的变化。货币的形态从金属货币到纸币再到目前的电子货币，货币的概念目前已涵盖了现金、活期存款、自动转账账户、证券交易资金账户等。随着现代金融市场的不断扩大，现代的货币作为金融交易的工具，在很大范围内已脱离了与实体经济的联系，形成了规模远大于实体经济的虚拟经济体系，货币从最初的实物交易工具演变成虚拟交易的主体，并产生了独立于实物的供求关系。

2）金融产品的复杂性

随着货币形态与功能的演变，产生了大量的金融产品，但与传统意义上的商品截然不同的是，金融产品的价格并不完全受供求关系、制造成本等因素的影响，而与金融产品交易主体的信心、情绪及对未来的预期等诸多复杂因素相关，并且在金融衍生品保证金制度、卖空等交易机制的支持下，金融产品的供应量和交易量几乎可以到无穷大，这种扩张速度根本无法用供求关系与价格杠杆等传统经济学理论来解释，这大大增加了金融产品的复杂性。随着金融产品规模的不断扩大，任何一个小的情绪波动与变化都有可能导致金融市场的连锁反应并最终酿成金融危机。

3）金融风险度量的复杂性

在金融市场中，衡量金融产品的两个基本要素是收益与风险，而这两项因素本身均缺乏确定的标准。金融产品收益的参照一般是无风险利率，但无风险利率自身也是金融产品，随着利率变动而无序地变动，绝大多数交易者很难对其精确把握。而对风险的度量则更加复杂，因为不同的交易者在不同的交易时期，对风险的态度和承受能力截然不同，因此很难对金融风险做一个明确的衡量，而这种不确定的风险衡量标准正是金融市场本身面临的最大风险。

1.2.2 金融业

1. 金融业的定义

金融业是指有权限经营各种金融商品、从事金融活动的机构总和，包括银行业、保险业、证券业、期货业、信托业和租赁业等与资金融通密切相关的一些特殊行业。该行业以货币形式的金融产品为经营对象，为国民经济和其他产业部门提供金融服务。金融业事关一国社会的稳定和经济发展的全局，可以反映国民经济的整体运行和个体状况，是社会经济能够良好运转的基本前提和支柱。

首先，金融业经营的金融商品是金融资源的有机结合，具有非物质化的特点。其次，金融业就其行业归属而言，属于服务业，但它是特殊的服务业，以金融产品为载体向国民经济生产的各环节提供金融服务，其收益体现为手续费或利息。金融业为生产环节提供融资服务，为交换环节提供支付中介服务，为分配环节提供融资服务，并且根据金融市场的需求不断创新金融产品，而金融监管会影响金融产品的创新速度。最后，金融业由特殊的企业群体构成，经营需要具有实体形式的公司作为载体。银行业以银行为载体，证券业以证券公司为载体，保险业以保险公司为载体，信托投资业以信托投资公司为载体等。金融业依托具体实体公司为国民经济和其他产业的发展提供金融服务（吕鹰飞，2012）。

2. 金融业的起源

充分了解金融业的起源对我们认识金融业的特点及主要功能等其他方面，有着重要的帮助，以下主要从古代金融业的起源与现代金融业的起源两个阶段来探讨金融业的起源（黄达，2009）。

1）古代金融业的起源

据史料记载，西方金融业起源于公元前2000年巴比伦寺庙和公元前6世纪希腊寺庙的货币保管和收取利息的放款业务。公元前5世纪到公元前3世纪，雅典和罗马先后出现了银钱商和类似银行的商业机构。

我国金融业，起源于公元前256年以前周代出现的办理赊贷业务的机构，《周礼》称之为“泉府”。南齐时出现了以收取实物作抵押进行放款的机构“质库”，即后来的当铺，当时由寺院经营，至唐代改由贵族垄断，宋代时出现了民营质库。明朝末期钱庄曾是金融业的主体，后来又陆续出现了票号、官银钱号等其他金融机构。

总的来说，不管是西方金融业还是我国金融业，受经济水平及生产方式的制约，金融业的规模都不大，并且产品及业务模式单一。

2）现代金融业的起源

随着西方工业文明的兴起，现代金融业在西欧诞生了。1694年，英国建立了第一家股份制银行——英格兰银行，这为现代金融业的发展确立了最基本的组织形式。随着主要资本主义国家工业化的发展，金融业也取得了突飞猛进的发展，逐步形成了以银行业、信托业、保险业、证券业等为主体的现代金融体系，对资本的积聚和生产的集中起到了巨大的推动作用。在现代经济体系中，金融业对经济增长有着至关重要的影响。

A. 现代商业银行业的起源

现代商业银行业的起源有两种说法，一种是依据意大利的银行产生历史而提出的“货币兑换业起源说”，它认为现代银行的出现是从汇兑功能开始的；另一种是根据英国金匠业的演变史而提出的“金匠业起源说”。它认为现代银行是从储蓄功能开始的，银行体系可以将信用货币的数量放大，实物货币就做不到这一点，这正是现代银行业“货币创造”机制的起源。

B. 现代保险业的起源

现代保险业的产生源于保障海上运输安全的需要。1347年10月23日，热那亚商人勒克维伦开立了世界上第一张保险单，该保险单承担了“圣克维拉”号船从热那亚至马乔卡的航程保障。它表明海上保险是现代保险业最早的险种，也是现代保险业诞生的标志。

C. 现代证券业的起源

1602年，随着第一家现代意义上的股份有限公司的成立，荷兰出现了买卖股票的交易市场。由于当时证券数量非常少，并没有出现专门从事证券交易的市场。直至18世纪末到19世纪初，随着证券发行数量的不断增加与经济的不断发展，欧美各国的证券交易所相继成立，专门性证券交易所的出现极大地促进了证券业的发展。

综上所述，现代金融业的起源与发展，与货币、信用及经济发展都是密切相关的。一方面，现代金融业通过货币的汇兑与信用的创造，极大地促进了商品的流通与经济的发展；另一方面，将货币与信用创造这一本应由国家承担的功能交由一个以追求利润为目标、以负债经营为特点的私人产业来执行，本身就蕴涵着巨大的风险。

3. 金融业的特性

1）指标性

通过对金融业相关数据的统计分析，能够了解到国民经济综合情况和社会经济主体的运营情况。金融业不仅能够对经济进行宏观的反映，也能够对经济进行微观的反映。金融业是国民经济的晴雨表，金融业的发展与成熟情况也是一个国家经济发展的重要体现。

2）效益依赖性

金融业作为中间服务商，能不能产生并获得收益，取决于国民经济的总体效益及其他产业部门的发展状况，政府相关管理政策对金融业的效益影响较大。

在经营过程中，金融业主要对实体经济、政府和其他金融机构具有极强的效益依赖性，主要体现在以下三个方面（胡旸，2014）。

A. 金融业对实体经济的效益依赖性

亚当·斯密认为，国家的财富不是货币的数量，而是其人民的生产能力。他的观点揭示了金融业虽然能够实现资源和财富的跨期分配，但其经济效益最终还是取决于物质生产部门的收益和国民经济总体效益，从本质上来说，金融业是一个非物质性产业，金融业的最终效益无法脱离经济的基本面与实体经济的发展。

B. 金融业之间的效益依赖性

金融机构之间因清算而必须保持的资金往来使所有金融机构紧密地联系在一起，金融市场的复杂性和清算支付系统构成了极为复杂的相互连带网络，形成了金融机构间极强的资金依赖。

C. 金融业对政府的效益依赖性

金融业对国家信用与政府救助具有极强的依赖性。首先，金融机构高负债经营必须依赖政府信用做保障；其次，一旦金融危机爆发，金融业自身很难通过正常的市场调节机制来恢复正常，而必须依靠政府机构的信用与资金援助才能恢复正常经营。

3）垄断性

金融业是巨额资金汇聚的产业，涉及社会的各个行业、单位和个人。因此，金融业一直都是政府作为主体进行宏观调控，金融业不仅在存贷款方面相对垄断，而且由于进入金融业的资金相对其他行业来说较多，其在人员管理方面要求较高。政府一直严格监管金融业，金融机构的成立及经营管理等一系列活动，不能够随便进行，需要国家相关部门的审核批准。

4）高风险性

金融业内普遍存在大量的资本金，这些资金涉及经济主体中的多个单位和个人，金融业的业务涉及国民经济各产业部门，调度和配置全社会的资金，任何经营上的微小错误都可能导致“多米诺骨牌效应”，对国民经济正常运行造成严重的影响。

5）高负债性

相较于其他产业，金融业基本上都是自有资金比率较低，主要依赖金融信贷的支持，呈现杠杆经营与负债经营的特点。银行业有着明显的高负债性，其经营完全是负债经营，先吸收存款后发放贷款，先有负债业务后有资产业务，在全社会范围内进行资金的配置。

6）同质性

金融业是一个承载社会金融功能的特殊产业，所以政府及相关部门会采取各种措施以保证金融功能的同质性与稳定性，这就使得许多金融企业的金融工具和经营方式也是相同的。金融业的这种同质性会对金融业造成两种后果。一种是不断地膨胀其自身的资产规模，由于产品与服务的同质性，金融机构的利润增长在很大程度上依赖扩张规模带来的规模性效应；另一种是金融机构不断地借助金融创新等手段来越过监管以获取更高的收益。由于其自身高负债性、高杠杆率的经验特性，这两种结果无疑均会不断增大金融业的风险。

7）脆弱性

美国经济学家明斯克在1963年发表的一篇著名论文“Can ‘it’ happen again?”（《“它”会再次发生吗？》），标志着金融业脆弱性理论的诞生。此后，明斯克对金融危机进行了深入研究，形成了如今的“金融不稳定假说”。该假说认为，私人信用创造机构，特别是商业银行和其他相关的贷款人的内在特性使得其不得不经历周期性危机和破产浪潮，银行部门的困境又被传递到经济体的各个组成部分，产生经济危机。

金融合约所包含的信息不能应对跨期交易产生的不确定性，当不确定性增加导致金融合约的承诺出现问题时，金融交易就面临中断的风险。同时，商业银行通过吸收短期存款向企业、个人发放长期贷款，并且只保留低比例准备金的经营模式，本身就存在陷入流动性危机的可能性。这些都是金融业脆弱性的具体表象。

8）二重性

金融业的二重性主要体现在两个方面。一方面，金融业本身是构成社会经济运转的诸多产业之一，它追求自身利润的最大化、消耗资源并创造价值；另一方面，金融业经营的产品——货币与信用，却是虚拟的，并且由于货币与信用直接依附于国家信用，在客观上造成金融业承载的社会金融功能，又是公共性的，这种公共性决定了金融业自身经营的结果，不仅关系到金融业自身，而且直接影响到其他所有产业的正常经营。此外，由于金融市场的存在使得金融业可以脱离实体经济，通过商业银行、证券、保险、信托等子行业，形成一个虚拟的经济循环，从而使金融业自身形成了一个实体与虚拟经济的双重循环产业。应当指出的是，这种二重性的后果之一是金融业寻求国家信用来追求自身利润，这是造成金融复杂性与金融风险的根源之一。

4. 金融业的经营原则

金融业在国民经济中扮演着不可或缺的角色。为了保证金融机构及消费者的权益，维护社会经济稳定健康发展，金融业需遵循安全性、收益性与流动性三大原则。安全性是金融业进行经营活动最重要的原则，同时，金融业致力于资产负债管理以谋求利润的最大化，并且需要能够随时满足客户的需求。所以，金融机构的经营需要兼顾安全性、收益性与流动性三大基本原则。但是，这三项基本原则之间却存在着内部的矛盾，所以金融业在考虑其资产组合时，必须在这三项原则下找到一个均衡点。除了上述三大基本原则之外，金融机构经营上需要遵循成长性及效率性原则（Morisi，1996）。

1）安全性原则

安全性原则又称为偿债性原则，指金融机构必须维持良好的偿债能力及健全的资本结构，是金融业内各种资产负债组合的先决条件和基本原则。金融机构必须充实自有资本以健全其财务结构，并维持适当的资产负债组合，避免因利率、汇率的波动而遭受损失，影响经营的安全性。

2）流动性原则

流动性是指金融机构为应付可能发生的资金需求，其所持的可用资金、可以迅速变现的资产及迅速从外界借入资金的能力。必要的流动性除可支付一定的资金以外，也可以维持消费者及一般社会大众对金融机构的信任。此外，还可以维持与客户的良好关系，避免因应付资金需求变现资产而产生的损失。所以，流动性对于金融业非常必要。若流动性太高，则意味着闲置资金过多，可能使金融业的获利能力下降；反之，流动性太低，则可能使金融机构在变现过程中遭受不必要的损失。

3）收益性原则

金融业和一般企业一样，追求利润的最大化。金融机构是否具有较强的盈利能力，不仅影响该机构的信用地位，还能够反映该机构的偿债能力，以及其是否具备永久经营的能力与价值。同时，金融机构的经营者应当避免获利的较大波动，应在追求稳健的原则下，追求经营利润的最大化。

4）成长性原则

金融机构应当在安全性、流动性与收益性的三大原则下，通过衡量本身资金的多少、市场利率走势及各种经济形势的变化，制定出有利于自身利益的成长策略，以达到促进自身业务量健康快速增长的目的。

5）效率性原则

效率性原则是指金融机构经营需要效率化，这里主要指的是将资金运用、设备投资和从业人员配置进行最优组合，以达到提高经营生产力的目的。

5. 金融业的主要功能

随着社会经济和金融业的不断发展，金融业的功能也在不断地更新和增加，金融业的功能主要可以归纳为以下八个方面。

1）促进资金融通

金融业的资金融通功能主要指的是金融机构通过市场机制将资金由资金供给方转移到资金需求方，使得社会资金的使用效率最大化。金融业的资金融通主要分为两个方面，一是动员储蓄，二是促进投资。储户的储蓄可以促进投资，同时在有效地利用投资机会的同时，金融中介也可以向社会储蓄者提供更高的回报。金融业在资金融通方面存在以下五个优势。一是金融产业通过规模化的经济效应，可以有效降低资金的交易成本与交易费用；二是可以分散个别投资项目的风险；三是可以解决长期投资的资金来源问题；四是有助于解决资产的流动性问题；五是可以提供专业化项目的风险评估、投资收益测算、技术与市场等方面的可行性等专业化的投资评估服务。

2）结算和支付

在市场经济的环境下，交易成本是经济发展面临的一个重要难题。而商品的结算和支付成本又是交易成本的重要组成部分，建立一个有效的、适应性强的交易和支付系统不仅是社会经济发展的基本需要，也是提高经济运行效率的一个重要手段。随着科技的发展，互联网与通信技术的快速发展，在全世界中，金融跟商品交易都实现了电子化交易，这大大降低了交易成本，提高了经济运行的效率。

3）投融资服务

持续稳定的投融资活动有利于促进经济的稳定增长，金融业凭借着自身在资金量大、信息掌握快等方面的优势，通过专业化的投融资服务，为投资者提供一种与投资者共担风险的机制，使社会资本的投资配置更有效率。金融业的投融资服务主要有三个方面：投资项目风险评估与控制、对项目流动性风险的管理和对项目的可行性进行更专业化的评估。

4）分散风险

金融业的分散风险功能是指对风险进行交易、分散和转移，由于信息不对称和交易成本的存在，如果社会风险不能找到一种交易、转移和抵补的机制，社会经济的运行不可能顺利进行。金融业通过规模化的经营效应，能够有效避免发生概率小但损失大的非系统性风险，使该非系统性风险降到可接受的水平。

5）资产管理

随着货币投放量的不断增加与商业银行货币与信用创造功能的不断增强，通货膨胀加剧、货币贬值现象日益突出，在这种状况下，通过合理的投资渠道实现资产的保值增值成为所有货币与资产持有者应对现代金融体系下货币不断贬值现象的客观需要，由于现代金融市场的复杂性与波动性，以及各种投资工具、投资渠道的专业性，大部分的货币与资产持有者只有通过专业机构进行专业化的投资，才能实现自身资产的保值增值。这种情况下，专业化的资产管理成为金融机构的重要职能并在社会存量财富的管理上发挥了重要的作用。

6）聚集资源

金融体系对闲散资金的集聚，能够为没有办法储蓄、投资的个人或企业提供机会。通过对股票市场的股份分割和银行的储蓄功能，可以聚集财富，形成大笔的资本来满足投资的需要。

7）信息提供

金融体系提供的利率、汇率、股票价格等信息，通过媒体公布给社会公众，能够帮助其做出更为准确的投资选择。

8）解决激励问题

金融体系通过引入抵押、担保等第三方保障机制和期权、期货等利益捆绑式的衍生金融产品，将市场中信息不对称及委托代理机制的负面效应降到最低。

1.2.3 金融业发展理论

1. 金融深化理论

美国经济学家 Shaw（1973）在其著作 *Financial Deepening in Economic Development*（《经济发展中的金融深化》）中提出金融深化的概念，这标志着金融深化论的形成。他的研究对象主要是发展中国家的金融机构，并认为金融深化是指政府减少甚至放弃对金融的过多干预，实现金融自由化，使利率与汇率都能反映真实的供求状况并有效地控制通货膨胀，使得金融与经济能够良性互动和协同发展，从而造就一个高度发达和具有竞争性的金融体系，使金融在经济中占据主导地位。金融深化一般表现为三个层面：一是金融规模的不断扩大；二是金融工具、金融服务、金融机构的优化和升级；三是金融市场体系的完善和健全，金融资源的优化配置和充分利用。这三个层次的金融深化互为因果关系，相互影响、相互制约。金融深化对经济发展具有以下四个效应。

1）收入效应

货币余额并不是社会财富，实际货币余额的增长也并不是社会收入，所以，在 Shaw 看来，收入效应是指实际货币余额的增长，是指社会货币化程度的提高对实际国民收入的增长所产生的影响。并且 Shaw 认为，收入效应是既包括正收入效应也包括负收入效应的双重效应。正收入效应是由于货币行业服务对国民经济具有促进作用而产生的；负收入效应则是由于货币供应需要耗费实物财富和劳动，从而减少可用于国民收入生产的实际资源而产生的。

2）储蓄效应

金融深化的储蓄效应主要表现在两个方面：一方面，金融深化引起实际国民收入的增加，在储蓄倾向一定的条件下，社会储蓄总额也将按一定比例相应增加；另一方面，金融深化提高了货币的实际收益率，引导了人们的储蓄行为，使得整个经济储蓄倾向得到了提高。

3）投资效应

金融深化的投资效应主要表现在两个方面：一是储蓄效应增加了投资的总额；二是金融的增长提高了投资的效率。

4）就业效应

货币实际收益率的上升导致了投资者资金成本的提高，因此投资者将倾向于用劳动密集型的生产代替资本密集型的生产以节约资本的使用。这就使得社会的就业率得到提高，通过以劳动密集型的生产替代资本密集型的生产，既可以使社会的剩余劳动力得到充分利用，也可以使有限的资本得到更合理的配置和更有效的运用。

2. 金融抑制理论

美国经济学家Mckinnon（1973）在其*Money and Capital in Economic Development*一书中提出了金融抑制理论。他在书中对金融抑制的阐述为："一个国家或地区政府对金融活动施加过多的干预，金融市场机制不能充分发挥应有的作用，导致金融市场和金融体系发展滞后或不健全，受到压抑的金融阻碍该国或地区的经济发展，并且形成恶性循环。"在对许多发展中国家的金融体系及经济发展情况进行研究后发现，许多发展中国家存在严重的金融抑制，这使得市场机制无法充分发挥作用。这些国家的金融抑制主要表现在六个方面：一是国家政府管制存贷款利率，高通货膨胀率导致实际利率很低甚至为负；二是资金流出与资金流入并存；三是货币需求对利率无弹性；四是政府实行信贷配给，出现腐败；五是银行金融机构效率低下；六是本币高估。因此，发展中国家不应照搬发达国家的经济理论，而应该从自身的实际情况出发，通过金融自由化来消除金融抑制，同时配合贸易自由化、税制合理化及正确的相关政策等，才能使经济向前发展。

3. 金融约束理论

早期金融抑制论的观点主要是政府对金融市场的价格和数量管制，导致资源配置扭曲，从而阻碍经济增长。20世纪七八十年代，拉美和亚洲一些国家金融自由化改革的失败引发了对金融深化理论的反思与质疑。20世纪90年代以来，以Stiglitz和Weiss（1981）为代表的新凯恩斯主义经济学家们利用内生增长理论的最新成果对金融深化理论做出了进一步的阐述。从不完全信息市场的角度提出金融约束理论，重新审视了金融体制中的放松管制与加强政府干预的问题。金融约束理论认为，金融抑制与深化模型存在许多缺陷和局限，金融深化理论所倡导的金融自由化改革需要很严格的前提条件，提出的政策主张过于激进和理想化，转型国家和发展中国家通常不具备金融自由化所需的先决条件。金融约束理论的核心观点是，在宏观经济环境是稳定的、通货膨胀率较低并且是可预测的等前提条件下，由存款监管、市场准入限制等组成的一整套金融约束政策是有助于促进经济增长的。该理论认为，适当的金融约束能够在一定程度上促进经济的发展，如在欠发达国家中，其金融体系也较为落后，政府应当在宏观经济稳定，尤其是通货膨胀率较低等前提条件下，采取一系列金融约束措施，包括金融管理法治化、取消信贷配给、金融资产价格市场化、金融机构竞争自由化等，为金融部门和生产部门创造获取超额收益的机会，以缓解金融机构和企业部门由于信息不对称而导致的激励问题，从而推动金融深化和经济增长。但同时，政府采取的选择性干预应该是随着金融深化程度而动态调整的。随着金融业的发展，政府应逐步放松金融约束，以促进经济向自由市场过渡。尽管金融约束与金融抑制都表现为政府对金融业的管制，而且在控制的手段和内容上基本相同，但它们却有本质的区别，主要表现在以下两个方面。

1）政府是否试图通过征收通货膨胀税从私人部门攫取租金收益

在金融抑制下，政府规定较低存贷款利率的同时并没有有效控制通货膨胀，导致实际利率为负，政府对私人部门征收通货膨胀税，私人部门的利益转移给政府；在金融约束下，由于金融约束是在良好的宏观环境、较低的通货膨胀率和正的实际利率条件下实行的，政府不从私人部门攫取租金，而且有意识地为金融部门和生产企业创造租金机会，即金融约束所产生的租金是在私人部门内部流转，从储蓄部门流向金融部门和生产企业，政府没有租金。

2）政策随着金融约束程度不断调整

金融约束程度会随着经济发展而进行不断的动态调整，金融约束的广度和深度会随着金融深化的加深而下降。在金融发展初期，金融约束的程度较高，在金融发展的高级阶段，金融约束程度降低甚至一些金融约束取消，到金融发展的一定阶段，金融约束退出历史舞台而进入金融自由化时代。金融约束是为了摆脱金融抑制，实现金融和经济的发展。

4. 金融效率理论

在生活中，效率一般指的是经济活动中要素投入与经济产出之间的比例关系。金融效率指的是金融作为一种稀缺资源的配置效率，也就是金融要素投入与相应的经济产出之间的比例关系。金融效率可以分为宏观金融效率和微观金融效率。

宏观金融效率主要是指金融部门、金融市场对国民经济发展的作用效率；微观金融效率主要是指经济活动的金融部门或金融产业等金融主体的运行效率、经营效率，或是指金融系统内部各部门间的资源配置效率。宏观效率和微观效率是相互作用、相互影响的统一整体。宏观金融效率的提升可以通过促进实体经济增长、扩大金融需求，进而促进微观金融效率的提升。与此同时，微观金融效率的提升可以通过提高社会交易效率，进而推动宏观金融效率的提升。

5. 金融结构理论

美国经济学家 Goldsmith（1969）在其著作 *Financial Structure and Development*

中，通过对金融发展的过程及规律的研究，提出了“金融发展的实质就是金融结构变化”这一核心思想，进而被认为是金融结构理论的创始人。他认为，金融发展就是金融结构由初级向高级转化的过程，包括金融工具的多元化和金融机构的多样化。一个国家或地区的金融结构可以从金融工具、金融服务、金融机构等金融元素的存在、规模、形式及性质等方面体现出来，在不同的发展时期会有不同的金融结构。金融发展实质上是金融结构不断变化发展的结果，通过研究一个国家金融结构的演变过程能够准确地把握一个国家金融的发展水平和发展趋势。

1）金融工具

我国根据自身金融发展状况，组织制定了本国证券及相关金融工具的分类标准。为了简化，可以将种类繁多的金融工具抽象划分为两大类，即债权证券和股权证券。其中，根据贷款对象又可以将债权证券归纳为三类：对国内金融部门的债权、对国内非金融部门的债权、对国外的债权。

2）金融机构

金融机构是发行和交易各类金融工具的主体，其最基本的两个特征如下：一是高杠杆的经营模式；二是强大的信用创造能力。这两个基本特征一般通过机构种类、资本结构等方面表现出来。一个国家或地区金融机构化程度的高低可以由其金融资产总额在各部门间的分布状况反映出来。

3）金融市场

金融市场是完成货币借贷等交易活动的场所和金融工具发挥作用的载体，分为货币市场和资本市场两类。金融结构的三个基本方面有着密切的联系，金融市场为金融机构的交易活动提供了场所，同时合理有效地配置了金融工具与社会资源。

1.3　协同学理论

在管理学中，“协同”这一理念最早出现在 1965 年安索夫所写的 *Corporate Strategy*（《公司战略》）中。安索夫提出的战略协同理论，阐述了基于协同理念的战略如何作为纽带连接公司多元化业务，从而使公司更充分地利用现有优势开拓新的发展空间。此后，协同这一基本理念在日后的社会发展中被不断加以学习与应用。

协同学是一门新兴的边缘学科，许多人认为它是研究社会科学和自然科学的达尔文主义。协同学发展的时间虽然不长，但是它的应用领域已经涉及了诸如激光学、生物学、经济学、社会学、生态学等。与此同时，协同学还是系统科学的一个重要分支，协同学一词来源于希腊文，意为“协调合作之学”，即是关于系统中各个子系统之间相互竞争、相互合作的科学。它以系统论、信息论、控制论、相变论等现代科学成果为基础，吸取了结构耗散理论的大量成功经验，采用统计学和动力学相结合的方法，研究系统在涨落和非线性作用下产生的协同效应，从而自发形成时间、空间和功能的自组织有序结构（哈肯，1989），揭示了各种系统从无序到有序转变的共同规律。协同学指出，一个稳定的系统，它的子系统都是按照一定的方式协同地活动、有次序地运动的。协同学研究对象是自然界和社会中的系统，所有的系统都可以分为若干个子系统，在一定条件下子系统之间往往是具有协同作用的，子系统之间的协同作用受相同原理的支配，而与子系统的性质无关。对一般原理的不断研究促进了协同学这门新兴学科的建立与发展。

德国斯图加特大学理论物理学教授哈肯是协同学的创始人。1960 年，哈肯开始研究激光理论，发现激光是远离平衡态自组织系统的典型例子。研究中，他采用了与朗道理论不同的方法，把统计学和动力学结合起来，建立了一套与众不同的激光理论。他认为，激光原子是自组织行动的。激光通过自组织产生一种有秩序的状态，于是无序的运动转为有秩序的运动。在激光器的光场中，优先发射的光波，迫使其他受激光电子按照自己的波长振荡以使自身得到增强。这样每个新的受激的光电子都在此光波的轨道上有节奏地共同振荡，由此而产生了激光。这个优先的光波决定着激光的秩序。1972 年，哈肯教授运用突变论的成果，在序参量存在势函数的情况下，对序参量方程从无序到有序的演化进行了归类，由此形成了协同学的理论框架。1977 年，哈肯教授正式提出了协同的新概念，他接受了平衡相变理论中对序参量概念的定义和绝热消去的原理，采用概率论、随机理论建立起序参量演化的主方程，以信息论、控制论为基础解决了有序结构形成的自组织理论问题（李湘洲，1997）。同年，*Synergetics*（《协同学》）专著出版，标志着协同学作为一门学科正式建立起来。协同学最初只限于研究一个非平衡的开放系统在宏观尺度上是如何形成空间有序或时间有序的，但有些相变不仅仅是达到时空有序。1978 年，哈肯教授把协同学内容进一步扩大到功能有序，对远离平衡态的从无序到有序的转变做了更深入的探讨。1979 年，哈肯教授又进一步研究了混沌现象，混沌是指由决定性方程所描述的不规则运动。一个远离平衡态的开放系统，当外参量的变化达到某一阈值时可以从无序达到有序，从有序达到新的有序，但是当外参量继续增大而达到某种限度时，系统便从无序走向混沌。对混沌现象的研究使协同学进入一个纵深的阶段。1981 年，哈肯教授把协同学运用于宇宙学领域，指出在宇宙系统中也显现有序结构，也可以用协同学的理论加以解释。这一切表明，无论是宇观系统，还是宏观和微观系统，只要它们是开放系统，就可以在一定的条件下呈现出非平衡的有序结构。因而，它们都可以成为协同学的研究内容（孙玲，2009）。

协同学认为，千差万别的系统，尽管其属性不同，但在整个环境中，各个系统间存在着相互影响而又相互合作的关系。其中也包括通常的社会现象，如不同单位间的相互配合与协作，部门间关系的协调，企业间相互竞争的作用，以及系统中的相互干扰和制约等。大量子系统组成的系统，在一定条件下，由于子系统的相互作用和协作，这种系统会发展演变，呈现新的宏观结构。协同学的研究内容，可以概括为：研究从自然界到人类社会各种系统的发展演变，以及转变所遵守的共同规律，应用协同学方法，可以把已经取得的研究成果，类比拓宽于其他学科，为探索未知领域提供有效的手段，还可以用于找出影响系统变化的控制因素，进而发挥系统内子系统间的协同作用。协同学成为软科学研究的重要工具和方法的一个主要原因是，它揭示了物态变化的普遍方程式，随机状态参量和控制变量之间相互作用把系统从它们的旧结构状态驱动到新结构状态，并且确定应实现的那个新结构状态（新组态）。这种物态变化可以扩展到许多学科，并且试图对似乎完全不同的学科之间增进“相互了解”和“相互促进”这种系统的演化过程，首先当外参量发生改变并达到一定程度时，系统原来的平衡就变得不稳定了，这种不稳定性是产生信息结构的先决条件。这时系统的发展过程同时有决定性的和随机性的两种因素的作用。它们决定着系统将要达到什么样的平衡。也就是说系统演化是偶然性和必然性因素共同起作用的结果，偶然性是指混乱无序状态中出现哪种萌芽状态是偶然的；而必然性是指一旦包含某种萌芽状态的参量被大多数子系统响应的时候，系统演化到这种状态的新结构就是必然的。那么此时这个参量就被称为序参量。所以，在处理系统演化或自组织形成的问题时，就需要把动力学与随机理论有机地结合起来。

协同学采用系统动力学的综合思维模式，通过对不同子系统的同构类比，提出了多维相空间理论，并且建立有相应的数学模型和处理方案，在从宏观到微观的过渡过程中，实现不同性质特殊系统从无序到有序转变的共性。物流业与金融业协同发展目标是构成二者共同的工作整体，形成物流业—金融业协同复合系统。本书将协同学理论应用于物流业与金融业的研究中，考察京津冀物流业与金融业的协同程度。

1.3.1　序参量

序参量这个概念，最早是物理学家朗道为描述连续相变而引入的一个概念，即指示新结构出现、判别连续相变及某些相变有序结构的类型和有序程度的概念工具。哈肯将它当作处理自组织问题的一般判据，即代替熵的概念。在哈肯看来，不论什么系统，如果某个参量在系统演化过程中具有从无到有的变化，并且能够指示出新结构的形成，它就是序参量。

和朗道的相变理论相比，哈肯所提出的序参量概念的内容更加丰富、立体且具有深度。在协同学里，非常重要的一点便是将序参量视为宏观参量，而不是大家所认为的微观参量。序参量是大量子系统集体运动的宏观整体模式，所以序参量就是为描述系统整体行为而引入的宏观参量。一方面，序参量是系统内部大量子系统集体运动的产物；另一方面，序参量一旦形成后又起着支配或役使子系统的作用，主宰着系统的整体演化过程。所以序参量既是子系统合作效应的表征和度量，又是系统整体运动状态的度量。正如哈肯所说，从信息观点看来，序参量起着双重作用，它通知各原子如何行动；此外，它又告诉了观察者系统的宏观有序态情况。而整个系统的运动过程则是子系统相互竞争、相互协同，产生序参量，序参量反过来支配子系统，子系统伺服序参量的过程。另外，许多系统在以上过程中形成了不止一个序参量，往往有多个序参量在系统的时间演化过程中形成，这些序参量之间可能具有合作的关系，也可能具有相互竞争的关系。种类不同及相互间错综复杂的关系造成了相互区别、千差万别的系统。因此，如果存在多个序参量，那么它们之间仍然存在着竞争与合作，以及由这种竞争、协同带来的系统演化。

在远离平衡状态的系统中，子系统总是存在着自发的无规则独立运动，同时又受到其他子系统对它的共同作用，即存在着子系统之间关联而形成的协同运动。在临界点前，子系统之间的关联弱到不能束缚子系统独立运动的程度，因此子系统本身无规则的独立运动起着主导作用，系统呈现无序状态。随着控制参量的不断变化，当系统靠近临界点时，子系统之间形成的关联便逐渐增强，同时子系统无规则的独立运动在相对变弱，当控制参量达到“阈值”时，子系统之间的关联和独立运动从均势转变到关联、起主导作用。因此，在系统中便出现了由关联所决定的子系统之间的协同运动，出现了宏观结构或类型。一般的相变是子系统间具有不同聚集状态之间的转变，不同的相变具有明显的有序和无序性。

系统的相变是突然发生的，这是一种临界现象。标志相变出现的参量就是序参量。序参量便是系统相变前后所发生的突出标志，它表示着系统的有序结构和类型，是所有子系统对协同运动的贡献总和，也是子系统介入协同运动程度的集中体现。在相变前，序参量应为零，在临界点，序参量随着系统有序程度的增加而急剧增大。

正确选择序参量会给问题的处理带来极大的方便。序参量来源于子系统间的协同合作，同时，序参量又起着支配子系统行为的作用。其中，协同包含着两层含义：一是子系统之间的协同合作产生宏观的有序结构；二是系统在临界点处，有时会有几个序参量同时存在，此时序参量之间也会自动协调，它们合作起来、协同一致地控制系统，系统的宏观结构由几个序参量共同来决定。这里，序参量之间的协同合作决定着系统的有序结构。然而，随着控制参量的继续变化，处于合作中的几个序参量的地位和作用也在变化，序参量之间的竞争也日趋激烈，一旦控制参量达到一个新的阈值，最终只有一个序参量单独控制系统。实质上，从子系统之间的协同运动来看，是系统达到了更高一级的协同，即更高一层的有序。协同形成结构，竞争促进发展，这是相变过程中的普遍规律。

1.3.2 自组织

在解释什么是自组织时，哈肯以一群工人为例，说明了组织与自组织的本质区别。如果每个工人在工头发出的外部命令下按完全确定的方式行动，称为组织，或严格地说，是有组织的行为。显然，经过这样调整后的行为，会导致生产某种产品的联合行动。如果没有外部命令，而是靠某种相互默契，工人们协同工作，各尽其责来生产产品，称为自组织（曾文涛，2005）。

因此，系统自组织是指一个远离平衡的开放系统，在外界环境的变化与内部子系统及构成要素的非线性作用下，系统不断地层次化、结构化，自发地由无序状态走向有序状态或由有序状态走向更为有序状态。自组织理论认为，系统产生自组织现象需要满足一定的条件：一是开放性，与外界有能量、物质、信息交换；二是远离平衡态，系统处于非平衡状态；三是非线性，系统各元素之间的相互作用存在一种非线性机制；四是突变，过程突变使系统结构、模式趋变；五是涨落，系统依靠参量涨落发生巨变，从而达到新的稳定态，这种参量可以是外部的也可以是内部的；六是正反馈，系统靠正反馈机制使涨落得以放大，从而为系统演化成具有新的结构、功能的新系统创造条件。

从系统协调的角度看，系统的自组织即子系统之间或系统要素之间的协调。协调作用和协调度决定了系统在达到临界区域时走向何种序与结构，或称决定了系统由无序走向有序的趋势。由协同学可知，系统由无序走向有序的机理关键在于系统内部序参量之间的协同作用，它左右着系统相变的特征与规律。需要指出的是，系统的相变结果不一定走向新的有序，也可能走向无序。因此，研究物流业与金融业系统协调的特性，把握系统协调的程度，以促使系统向更为有序转化，成为复合型非线性物流业与金融业复合系统管理的内容之一（王伟等，2010）。

从无序状态转变为具有一定结构的有序状态，或者从有序状态转变为新的有序状态，首先需要环境提供能量流和物质流作保证，也就是说控制参量达到阈值时，这种转变才成为可能，这是必要的外部条件。然而，系统在相变前后的外部环境并未发生质的变化，也就是系统并未从环境中得到怎样组织起来、形成什么样的结构，以及如何来维持发展这种结构的信息，因此这是在一定的环境条件下由系统内部自身组织起来，并通过各种形式的信息反馈来控制和强化着这种组织的结果，这种组织称为自组织。

简而言之，协同学所指的自组织是指一个系统在内在机制的驱动下，自发从无序向有序、从低级有序向高级有序方向发展的过程。自组织理论是协同学的核心理论。

1.4 系统动力学理论

“系统”一词来源于拉丁语“systema”，有“群”和“集合”的含义，近年来，我国学者对系统科学展开了广泛而深入的研究，认为系统是一个有组织和被组织化的整体，其中包含诸多相互关联的要素，系统把考察的事务和对象看成相互关联、相互依赖、相互制约、相互作用的运行整体，并且系统各个组成部分的运动规律是由各个部分建立的整体特性所决定的，整体特性是各个组成部分相互关系总和的统一性结果。系统动力学是分析研究信息反馈系统的科学，强调系统、整体的观点和联系、发展、运动的观点，是沟通自然科学与社会科学、认识与解决系统问题的综合性学科。

1.4.1 系统动力学发展历程及主要观点

1. 系统动力学发展历程

系统动力学的发展历程主要有三个阶段。

第一阶段：20 世纪 50 年代，系统动力学创立初期被称为工业动态学，主要应用于工业企业经营管理等方面问题的研究。1958 年，福瑞斯特在 *Harvard Business Review* 上发表了奠基之作。1961 年，出版著作 *Industrial Dynamics*（《工业动力学》），而后又出版 *Principles of Systems*（《系统原理》）、*Urban Dynamics*（《城市动力学》）等著作。

第二阶段：20 世纪 70～80 年代为发展成熟期。福瑞斯特的学生梅多斯应用系统动力学建立了 WORLD Ⅱ、WORLD Ⅲ模型，并在 1971 年罗马俱乐部发表了名为“Limits to growth”（《增长的极限》）、“Towards the balance of the world”（《趋向全球的平衡》）、“World dynamics”（《世界动力学》）等研究报告（龚志起等，2011），且“Limits to growth”被誉为“70 年代的爆炸性杰作”，引起了世界广泛的关注。

第三阶段：20 世纪 80 年代至今。系统动力学和人工智能技术，已被广泛应用于解决各种复杂的问题，从物理学到生物学和心理学，从公司战略到 HIV 病毒和人体免疫系统之间的斗争，从全球变暖到组织改革，系统动力学（system dynamics，SD）法在全球范围内得到了广泛的传播。

系统动力学的产生已超过 50 多年，经历了成长、发展和逐渐成熟的各个时期，其理论与应用研究涉及众多学科和领域，并且结合了先进的计算机技术。系统动力学分析、解决问题的方法是定性分析和定量模拟的完美统一，通过系统内部机制和微观结构的分析，对系统整体进行数量化建模，然后运用计算机技术来模拟系统内部结构及其动态行为，并分析两者之间的关系，最后探讨解决问题的方案。由此可见，系统动力学模型可以被认为是实际系统的实验室，尤其适用于非线性复杂大系统（郭艳蕾，2008）。

2. 系统动力学的主要观点

系统动力学的研究对象主要是社会、经济、生态等复杂系统及其复合的各类复杂大系统，为处理高非线性、大规模社会经济复杂系统的难题提供了有效的思想、方法和手段。近几十年来在西方经济的实践中取得了丰厚的硕果。Meadows 等（1992）将技术进步等因素引入系统动力学的世界模型，完成了对世界模型的修改。从此，系统动力学越来越多地被研究人员采纳，用以研究复杂系统。孙希华和高志强（1996）对区域发展中的各种主要因素的反馈关系进行精简，建立了济南的可持续发展对策研究系统动力学模型。王艳等（1998）将人口、教育、科技投入等模块纳入系统动力学仿真模型的社会部分，建立了中国可持续发展的系统动力学仿真模型。

有些看法认为，社会科学与自然科学的根本不同在于，社会科学不能像自然科学那样进行可控的实验。系统动力学则认为，只要充分发挥人们的聪明才智与实践中掌握的知识与技术，有可能建立较完善、高效的社会经济模型，并通过借助计算机可以进行社会科学的模拟实验工作。系统动力学作为社会科学“实验室”的一种实践手段，在对经济系统进行分析和实验时，通常基于非稳定性、非平衡性进行分析。系统动力学关于社会经济的主要观点略述如下。

首先，一般在对社会经济进行分析时，通常会根据其固有性质将其视为稳定系统，然而在实际中，社会经济系统具有非稳定、非线性、有界系统的行为特性，而只有少数社会经济系统是稳定系统。系统动力学是基于国民经济系统为非平衡系统假设进行的研究。美国麻省理工学院 1972 年建立的美国国家社会经济模型就是在此假定基础上建立的。

其次，社会经济系统内部的非平衡是绝对的，平衡是相对的。系统与其外部环境、系统内部各组成部分之间应保持相应的、合理的数量关系，实现在结构和功能两方面的协调，只有如此，方有可能得到长期的社会、经济效益最大化。系统动力学强调按照非平衡、动态的观点对这一类系统进行研究。

再次，系统动力学处理解决复杂系统的方法是定性和定量相结合、综合与推理相结合。数量模型作为定量分析的主要手段，也是社会科学“实验室”化的工具。一方面，在系统分析中，通过数学模型的定量分析可以支持定性分析，使二者相辅相成；另一方面，这使人们可以通过数量模型来学习系统思考的方法，使系统思考成为改善人们脑力模型的有力工具。

最后，社会经济系统的发展机制是复杂的。二战结束后，全球的社会经济正经历工业信息社会的转变。随着社会的急剧变迁、经济的巨大增长、科学技术的飞速进步，国家与国家之间、区域与区域之间，国家与区域之间在劳动力、物资、信息等方面的相互交换能力和规模达到了空前水平。系统动力学发展观认为，推动复杂社会经济系统发展的直接原因来自系统内部。这种发展是进化的，是由较低级的旧结构向较高级的新结构转变，且其发展有不可逆和不稳定性，“旧稳—失稳—新稳”的演进过程会永恒地发展下去，以实现系统结构向复杂化、高级化的升级。

基于系统动力学的主要观点，可以得出系统动力学适合用于分析与处理具有长期性、周期性与处理精度要求不高等特点的复杂问题。经济增长与产业系统的发展变化及生态系统的平衡等都呈现周期性规律，并可通过较长时期的观察来分析，在这些社会经济问题分析的过程中，数据不足及某些参数的量化是常遇到的棘手问题，但系统动力学可以借由各要素间的因素关系及有限数据等进行一定程度的推算分析，这使得系统动力学模型在经济系统领域得到了广泛应用。

1.4.2　系统边界的确定

现实的经济社会是复杂多变、难以确定的，然而当用抽象的观点来描述现实社会时，可将其变为许多个事物之间各种相互作用的关系的组合。系统则是指由若干相互作用、相互联系的要素组成的，具有一定规律的整体，是现实社会的一个抽象。在一定环境中，通过反馈机制将输入的物质、信息进行处理加工后用输出的新物质、信息进行调节控制的有机整体叫作系统，如图 1.1 所示。根据研究问题和目标的不同，系统和环境都是相对而言的。金融与物流系统既可以看作一个相对独立的系统，也可以看作宏观经济系统中的一个子系统。

系统动力学在社会经济研究中的建模仿真主要是以认识、检验和仿真预测为目的，通过选择合适参数实现优化调控，为政策制定提供依据。在系统边界方面，由于经济社会是一个开放系统，前人在研究过程中，也是通过不断拓宽研究边界来完善建模。根据建模目的不同，其对应的系统边界也不同，只有在明确系统边界后才可以确定内生变量和外生外量。

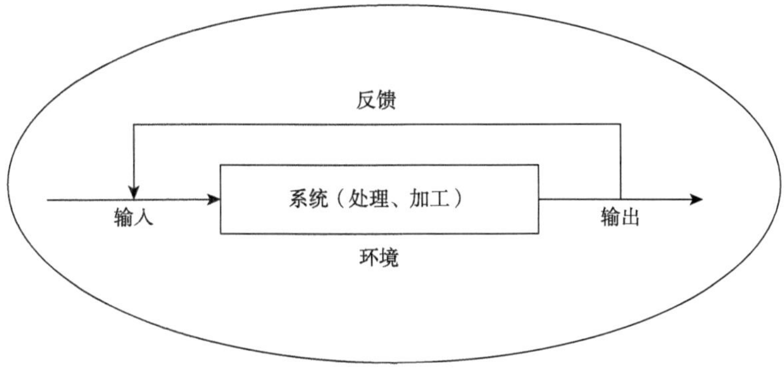

图 1.1 系统的定义

系统动力学注重内生变量的解释。内生变量指的是从系统内部产生，通过模型中变量之间的交互作用产生系统动态的变量。通过定义系统如何构筑及交互的规则，可以探索与此决策规则对应的行为模式，并且研究如何改变规则和结构，这些行为将如何变化。作为对比，一个依赖于外生变量的理论，用其他已假设的变量来解释所要求变化的变量动态。系统动力学对内生变量的关注不意味着模型中不能包含其他任何的外生变量，只是要求外生变量相对较少，并且要求仔细检查每个外生变量在系统模型中所处的状态，以确保事实上系统内部的反馈机制没有从外生变量中获取任何的能量，否则就应该把该外生变量归纳到内生变量中来（李丽萍，2012）。

1.4.3 系统动力学的核心、工作原理及过程

1. 系统动力学的核心

系统动力学理论的基本观点体现了其唯物系统辩证观的特点。系统动力学理论强调系统观、要用联系发展的眼光看问题、区分主要矛盾及实践是检验真理的唯一标准。

首先，系统是客观的、普遍的、无所不在的。大到宇宙，小到微观世界都是由系统构成的。系统可以包含若干子系统，若干相互关联、制约的系统又可以构成更大的系统。工业动力学是系统动力学应用的初期阶段，1958 年，福瑞斯特在对工业企业系统进行分析时，指出只有处理好信息流、物资流、资金流、人力流和设备流之间的相互作用关系才能促进企业发展。同时指出，企业之间的相互关系并不取决于单个部分的性质，而取决于整体。之后，1964 年，他指出工程技术仅仅是管理系统中的一部分，工程上最重要的问题是管理系统。到 60 年代，系统动力学已在各领域得到广泛应用，其以“系统”作为主要特征，受到了管理学科

与系统学科的广泛关注与青睐（张中强，2011）。

其次，系统动力学运用辩证的联系和发展观，将任一系统的整体与部分看作相互作用的关系。系统内外部之间的信息反馈联系与系统的变动、发展是不可分离的。内部的联系是系统得以发展的动力，而外部的联系是系统运动的客观条件。此外，随着时间的推移，系统会由低级化向高级化发展、演变。

再次，系统动力学在分析系统问题时，需要确定主要变量和由它们组成的主要回路。主要回路的性质及其相互作用对系统的行为特征与模式起主要作用。而且主要部分与非主要部分在适当的条件下是可以相互转换的。

最后，系统动力学在定性分析的基础上，通过建立数学模型对系统进行定量分析，形成由浅至深的上升型的认识和解决问题的过程。在此基础上，系统动力学强调以客观事实来检验模型，使模型在实践中检验其可靠性和有效性。

2. 系统动力学的工作原理及过程

系统动力学认为，系统的结构决定了系统的行为。因此，系统动力学对问题的解决就是在满足一定约束条件的前提下寻找最优的系统结构进而获得最优的系统行为方案的过程。其中系统结构优化主要包括参数优化、结构优化和边界优化。系统动力学处理问题主要包括四个过程，如图 1.2 所示。

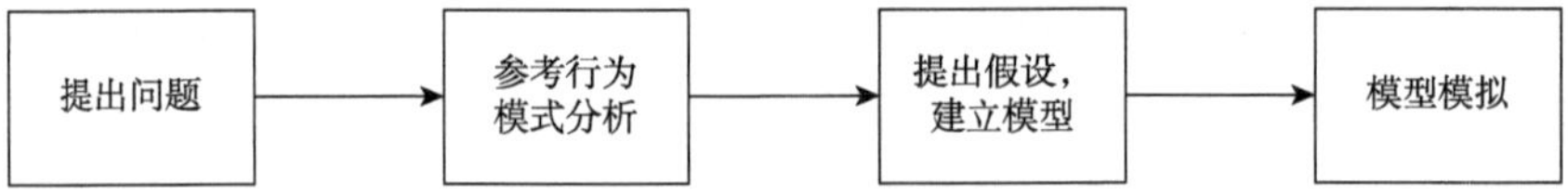

图 1.2　系统动力学处理问题过程

首先，提出问题。即确定建模目的，搞清楚需要研究的问题。

其次，参考行为模式分析。对事件及客观的行为进行分析，确定系统行为的期望模式，并将其作为改进系统结构和行为的目标模式。

再次，提出假设，建立模型。根据系统的客观行为，提出建模假设。在此基础上，得到系统的因果关系图和系统流程图、要素之间的定量关系及参数界定。

最后，模型模拟。根据模型目标和实际需要，对参数进行调整，运行模拟仿真，获得最优系统结构。

1.4.4　系统动力学的特点及适用性

1. 系统动力学的特点

系统动力学模型相当于实际系统中生态、经济及社会等复杂大系统的“实验室”，建立规范的数学模型是系统动力学解决问题的特点，从系统内部结构出发建立数学模型，利用计算机仿真技术，对系统结构功能和动态行为之间的关系进行分析，最后找出解决问题的方法。从理论体系上说，系统动力学具有以下特点（宏江，2013）。

（1）系统动力学是一门用于研究具有高阶次、多变量、非线性、多反馈及复杂时变性等系统问题的学科，可以从宏观层面和微观层面研究多层次和多部门的复杂大系统。

（2）系统动力学主要以开放的系统为其主要研究对象，分为生命系统和非生命系统。这一方法被广泛应用于分析复杂而缺少数据信息的系统问题。同时，灵敏度分析和信息反性检验，通过对系统进行反复调试，确保其稳健性、可操作性和合理性。

（3）系统动力学是运用系统分析、综合推理、定性与定量相结合的方法解决问题，将结构、功能和历史的方法统一起来。它主要利用计算机模拟技术构建动态仿真模型，这一过程包括创建系统方程式及绘制系统流图。之后运行模型进行仿真试验和有效性检验，如果该模型通过检验，则能够据其制定科学的决策和提出合理的建议。

（4）模型规范化。规范的模型是系统动力学中最引人注目的特点之一，根据系统基本结构的组成分类变量，在辅助方程中可能存在定性、半定性或半定量的描述。模型的规范化有利于清晰地进行思想沟通，有利于剖析问题和假设政策实验，有利于处理复杂的系统问题，可以找出假设中存在的凌乱，避开人们直观上的差错、情绪上的偏颇或言辞上的含糊。

（5）系统动力学的建模过程是一个学习和调研的过程，有助于运用各类资料、数据及人们的知识经验，有助于实现建模人员、专家群体和决策者的结合，有助于汲取和融汇系统学科之间的理论精髓。

（6）在对未来的预测上，系统动力学强调的是提供具有长期效力的发展策略，而不是对未来发展趋势和具体情况的精准预测，因此它是一种有条件的预测。

（7）在系统动力学中，其研究对象被划分为相互联系、相互影响的多个子系统。从整体出发，代替过去只考虑单一要素的研究视角，对各个子系统之间可能存在的动态因果关系进行分析研究，梳理其复杂的联动关系，解决其巨系统问题。

2. 系统动力学的适用性

系统动力学模型相当于实际系统的“实验室”，系统动力学模型适用于对信息反馈系统的结构、行为及功能之间的动态关系进行分析研究。系统动力学以其独有的特点，广泛应用于生态、社会及经济等系统，以及复合的各类复杂系统的研究，对社会系统的未来行为进行模拟，提出相应的战略决策（胡玉奎，1988）。

1）系统动力学适用于解决周期性的问题

在社会经济系统中经常出现周期性的波动，社会经济系统的周期性波动可以分为外生周期性波动和内生周期性波动。外生周期性波动学认为经济系统的周期性波动行为是由经济系统以外的因素造成的，而内生周期性波动学认为经济系统的周期性波动行为是经济系统内部自身的原因。系统动力学模型可以很好地描绘出社会经济系统的周期性波动特征。

2）系统动力学适用于解决长期性的问题

系统动力学仿真可以延长仿真时间，能有效地模拟具有较大惯性的社会经济系统。

3）系统动力学适用于解决精度要求不高、数据不足的问题

在研究社会经济系统时，有时会存在数据不足或参数难以量化的问题，由于社会经济系统中存在多项反馈环，使得系统行为的模式对参数没有一定的敏感性，在这种情况下，虽然缺乏数据，但只要估计的参数在允许范围内，仍可以对系统的行为趋势、波动周期、行为模式、相位超前与滞后等问题进行模拟。

4）系统动力学适用于解决非线性、高阶及时变等问题

复杂的社会经济系统很难以线性的形式表示，往往是具有非线性、高阶次及时变性等特点的问题，常规的线性规划方法很难解决，系统动力学应用计算机仿真技术，为获取完整的信息提供有效的解决方法。系统动力学通过建立数学模型模拟系统，对系统的动态特征和各个变量之间的反馈和相互作用进行分析。

1.4.5 系统动力学模型特点和应用范围

1. 系统动力学模型特点

系统动力学模型主要具有以下特点（王其藩，1994）。

（1）可以包含多达上千个变量。

（2）借助系统动力学模型，可以通过把握结构来认识系统，而不是仅仅依靠数据。

（3）它是实际系统的实验室，可以有效实现人机配合来寻求最优的系统结构，其中既包含了主观分析、判断和评价等，也包括了计算机的计算、模拟功能，实现对系统的模拟仿真。

（4）模型可以对具有非线性、高阶次和多重反馈的复杂系统进行模型仿真，预测其在未来某一时期的状态。

2. 系统动力学模型应用范围

系统动力学模型的应用，主要有以下几种。

（1）生长型动力学模型，用于研究疾病预防、研究生态保护等的动力学模型。

（2）用于研究工业企业发展战略工业模型。

（3）用于研究某一区域发展的区域模型。

（4）用于研究城市发展的城市模型。

（5）用于研究国家政治、经济、社会发展等情况的国家模型。

（6）用于研究全球发展的世界模型。

1.4.6 系统动力学建模的主要步骤

1. 系统动力学建模原则

模型是描述现实系统的，因而它是源于实际、反映实际的。通过对客观实际进行抽象和总结构建出的模型，体现了建模者对客观世界探索和总结的成果。在系统动力学中，构建模型是最为关键的一个环节，构建系统动力学模型的主要原则如下（贾仁安和丁荣华，2002）。

（1）在分析系统结构的过程中，需要充分考虑系统的复杂性，对系统结构进行正确的分析与分解。

（2）在建模过程中，应当搞明白为什么建模、建模中需要解决的重要问题。同时，始终关注要素之间的关系，而不是要素本身。建模的结果应当具有实际应用价值，能够为实际活动提供借鉴。

（3）建模中需要考虑的问题只有两类：时变性问题和要素之间的反馈问题。

（4）系统动力学模型并不是要解决模型中的全部问题，而只是解决其中的某些问题，因此建模过程中需要有所取舍和侧重，不能对客观事实进行一成不变的模仿。

（5）建模的目的是对现实活动进行模拟仿真，提供有效的解决方案。因此，能够提供一个切实可行的优化方案是检验所建模型是否成功的标准。为了建模而建模，过分追求模型的完美是不对的。

2. 系统动力学建模步骤

采用系统动力学方法对研究模型进行构建必须包含以下基本步骤（彭志磊，2011），系统动力学建模流程如图 1.3 所示。

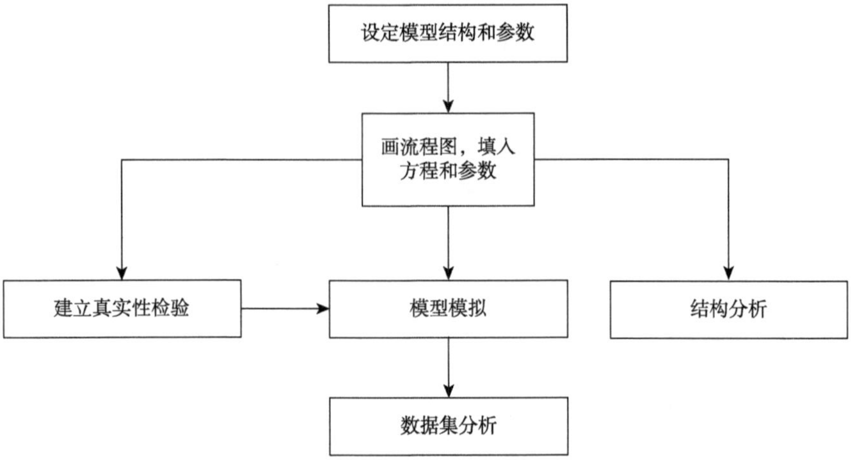

图 1.3　系统动力学建模流程

1）明确建模的目的

根据研究对象自身特点和调研数据，分析出所要解决的具体问题，进而将构建模型的目的确定。

2）划分系统边界，并分析因果关系

首先在确定构建模型目的之前，对基础资料进行搜集和梳理，划分出整个巨系统的边界。之后采用定性的研究方法分析各变量，将系统变量中与需要解决问题紧密相关的变量逐一列出，而对所要解决的问题影响不大的变量则可以不列入考察范围。同时确定模型中预测时间的范围和步长。基于系统的实际情况，厘清其和各子系统的复杂关系，并为其划分层次及定义变量。根据系统信息对所有子系统的变量及各变量之间的因果关系和反馈机制进行分析，进而对其回路间的反馈关系做一个初步的判断。

3）绘制系统结构图

首先，建立模型边界图表。其次，在清楚了解系统的总体结构之后，对系统的反馈机制进行剖析，绘制出因果循环图。最后，绘制系统流程图。流程图能够清楚直观地描绘出系统的基本结构，图中的“栈”和“流”分别代表物质与信息在系统中的积累与流动。

4）构建系统动力学模型

在对系统的反馈机制、回路和结构等进行分析之后，可进一步判定变量的类型及其数学关系，并为变量设定参数值，进行系统方程式的构建，在此过程中需要结合趋势外推模型、线性回归模型等统计模型才能完成。

5）模型的模拟分析和检验测试

在运用构建的系统模型对系统在预测时段内的运行状况进行仿真模拟时，必须通过灵敏度分析和有效性检验对系统进行反复调试，从而对模拟结果进行验证，与此同时还应该保证模型的稳健性、合理性和可操作性。系统的测试过程大致分为三步：第一，为了排除机制上的错误而进行的机制错误测试；第二，用于对模型中较为隐晦的缺陷进行甄别和修正的稳健性测试；第三，为了检验模型与设定模型结构和参数中的参考行为模式是否相互吻合而进行的参考行为模式测试。

6）模型的评估和应用

对系统设计和评估进行改进时，改变模型结构和策略规则、调控参数等是较为有效的方法。根据不同的仿真结果进行不同方案的设计。然后分别利用不同的策略运行各种系统方案，根据不同的响应及效果来对各方案进行不断的调试和改进，可找到能够优化和解决系统问题的方法，进而为决策者提供建设性的策略和建议。

1.5 耗散理论

1.5.1 耗散结构理论的基本内涵

著名物理学家普利高津在1969年把开放系统的概念引入热力学第二定律中，并将其发展，建立了耗散结构理论。普利高津主张以非平衡状态下的熵为起点，将对热力学平衡态的研究延伸至远离平衡态，并顺利解释了远离平衡态时，物理系统依然具有能成为有序状态的能力。基于此，他将耗散结构概述为：在系统开放的前提下，系统内部与外部系统存在不间断的物质与能量交换。如果其处于远离平衡态，当系统内部某一参数达到或者超过临界值时，随机出现的涨落将被无限放大，导致系统有很大的概率发生质变，使其向时间或者空间上的稳定状态进行演变并最终形成较为有序的结构（周巧凤，2017）。

1.5.2 耗散结构的形成条件

耗散结构的产生不是无条件的，归纳起来有以下五个方面（杨笠，2018）。

1. 开放系统

系统的开放度可分为孤立、封闭、开放三种类型。孤立、封闭的系统，不与外界进行物质、能量、信息的交换，其系统内的熵只会逐渐积累，不会减少，当达到极大值时，系统会变得紊乱甚至崩溃。故只有系统保持一定的开放程度，才能实现与外部系统间的信息和物质的交换，从而削减系统内部的熵增，维持系统的生存。

2. 远离平衡态

远离平衡态与近平衡态是相对的概念。热力学中把系统分为三种状态：平衡态、近平衡态、远离平衡态。普利高津在耗散结构论中提到，平衡态是一种定态，其最终结果依然是无序。而处于近平衡态的系统，在出现短暂的偏离后依旧会处于平衡态中。换句话说，系统必须突破近平衡区的界限而远离平衡，才能促进系统内部各要素发挥潜能从外界吸收更多负熵，以探寻新的更高级的耗散结构。

3. 涨落现象

涨落也被视作系统的非稳定性，是指系统中某个变量或行为的变动对平均值产生影响，导致系统偏离原来的状态。涨落的发生具有偶然性和随机性，它不存在于平衡态中。当系统处于近平衡态时，会出现短暂的扰动，即使存在一些消极影响，也一般会被系统不断平复。而针对远离平衡态的系统而言，临界值附近的一些“小涨落”都有可能放大为“巨涨落”，引起系统突变而形成另一种稳定状态，从而诱发耗散结构的出现。

4. 非线性相互作用

系统内部的相互作用机理指的是各个子系统的相互影响不是单纯的线性关系，系统内的各要素以网格状的方式相互联系并相互影响。当系统中出现涨落现象时，非线性机制对其产生抑制作用，从而使得系统内各元素间的相互作用稳定到新的耗散结构上。

5. 突变

系统在临界点时，原来的结构失去稳定性，并产生一种新的稳定结构，系统的涨落作用在其中起到了关键的作用。这种系统在临界点因涨落作用而导致系统状态明显的大幅度变化叫作突变。

1.6 耦合协调理论

1.6.1 耦合理论

1. 耦合的定义

耦合这一概念起源于物理学领域，最初是指数个电路元件或是电网络的输入和输出紧密地配合、彼此影响，并且能量会通过相互作用从一侧传递到另一侧的一种现象。1994年，耦合一词首先被我国学者任继洲和张贵提出，现在多出现在分析多个系统关系的文章中，反映系统间影响程度的强弱，以表示各个子系统之间的一种良性互动关系（程艺，2019）。现代的学者一般将耦合定义为两个或两个以上的系统、模块通过各种相互作用、相互影响不断磨合之后所达到的一种协调发展的状态，也指各个子系统在良性的互动下所形成的一种动态关联关系。耦合现象具有以下三个特点：①不同的系统是"相互独立"的，但是这种独立并非绝对独立；②耦合系统内各子系统之间存在着交流和联系；③各子系统之间及系统内部的要素之间存在着相互作用和影响。

对耦合概念含义的解读主要有以下五个方面。

1）整体性

耦合并不是一些完全不相关的几个元素进行交互，耦合的含义要求各种要素按某些规则形成系统来作为参与的主体部分。

2）联系性

耦合的含义要求所有的要素必须是相互关联且形成系统性存在的，因此不能对没有要素存在、相对封闭的系统进行耦合研究。

3）多样性

耦合的含义要求所有的要素要以彼此关联和信息间可以自由流动为原则，且以此可以形成多个不同的组合方式。

4）协调性

耦合的含义要求所有的要素能够在彼此之间的作用下，突破原有组合方式，发展成为新的各要素间合作互补的一个良性系统。

5）动态性

耦合的含义指出每个系统彼此间的相互作用并不是一成不变的，伴随着时间的变化及各要素的改变，彼此的相互作用也会随之发生改变。

2. 我国古代的耦合思想

春秋时期《墨子·经说上》，"名实耦，合也"，意即名实应相符合，表达的是对立统一的概念。现代汉语所表达的耦合即来源于此（牟秀文，2013）。将具有西方色彩的当代物理学中的"coupling"和具有东方色彩的古代语言学中的"耦合"这两个词，通过"语义上溯"的方法整合出一个专门概念。"耦合"表达了要素各自独立但又互相影响的状态。

东汉时期《说文解字·耒部》中对"耦"的解释为"耦，耒广五寸为伐，二伐为耦"。耦，形声字，"耒"指翻土的工具，"禺"意为两边一夹角，"耦"则表示两人各在一边，农具在夹角处。古文中的耦耕、耦犁、耦俱无猜等词语中，"耦"

都有“两个”的含义。

北宋时期，王安石在其著作《洪范传》中提出了“耦中有耦”的重要哲学命题。“盖五行之为物，其时，其位，其材，其气，其性，其形，其事，其情，其色，其声，其臭，其味，皆各有耦”，“耦之中又有耦焉，而万物之变遂至于无穷”。“耦”即“对”。意为一切事物的矛盾对立面中仍有其对立面，揭示了世界处于无穷无尽矛盾之中的状况，对立面的对立和统一推动世界的永恒发展。

在我国古代，耦合作为一种唯物主义哲学观念，经过各个时期的发展，表达的是二元对立但又统一的观念。

3. 物理学中的耦合理论

物理学中的耦合，《现代汉语词典（第 7 版）》将这种现象解释为“如放大器级与级之间信号的逐级放大量通过阻容耦合或变压器耦合；两个线圈之间的互感是通过磁场的耦合”。表达的是两个或两个以上的系统、运动或物体之间通过某种介质产生相互促进或抑制的作用。耦合度表示系统各要素之间的关联程度，耦合协调度则表征了系统相互协调的程度。耦合度决定了在到达临界值时，系统将走向何种结构。系统由无序走向有序的关键在于系统内部序参量之间的协同作用，它左右着系统相变的特征与规律，而耦合度正是这种协同作用的度量（孙平军等，2012）。

4. 耦合的种类

现有研究中，耦合理论在概率论、电子学、物理学、计算机科学中的应用较多，耦合的种类也有多种，物理学与计算机学科领域将耦合分为以下几类。

非直接耦合：多个系统或模块之间没有直接关系，通过主系统或主模块的控制和调用来实现各子系统或子模块之间的联系。

数据耦合：组成不同系统的模块之间或同一系统内部组成的模块之间，通过简单参数来交换输入与输出信息的耦合被称为数据耦合。

标记耦合：标记耦合是指不同系统之间或者同一系统内部的一组模块通过参数表传递记录信息。这个记录不是简单变量，而是某一数据结构的子结构。其实传递的是这个数据结构的地址。

控制耦合：如果系统之间或是系统内部的模块是通过传送开关、标志、名字等方式控制信息，明显地对其他模块进行控制和选择的功能，把这种耦合称为控制耦合。

外部耦合：是指一组模块全部访问同一全局简单变量，这种全局简单变量不同于全局数据结构，而且全局变量的信息不是通过参数表进行传递的。

公共耦合：如果一组模块全部访问同一个公共数据环境（全局数据结构、共享的通信区、内存的公共覆盖区等），则这些模块之间的耦合就称为公共耦合。

内容耦合：是指一个模块对另一个模块的数据直接进行修改或操作，或者直接转入另一个模块。此时，被修改的模块完全依赖于修改它的模块。

多场耦合：多个物理场（温度场、应力场、湿度场等）相互叠加，将这些物理场之间的互相作用称为多场耦合。

5. 耦合的应用

在不同学科研究中，系统内部及不同系统彼此之间互相作用、互相影响的现象十分普遍。目前，关于耦合的概念在交通、地理、流体力学、经济等学科领域已经得到了一定的应用。在人文地理学研究中，耦合指的是一种在城市空间结构中各要素之间由于存在着高度的关联性以致联合起来的现象；在经济学领域研究中，耦合的目的是降低成本的投入，提高产出，但在具体表现形式上存有不同程度的差异；在交通运输经济领域研究中，特别是在资源配置研究方面，耦合表现为人工交通资源与内在的交通区位及自然交通资源在地理空间上能够基本保持一致，只有在这种状态下才能使得交通基础设施的建设费用和运行成本实现最小化，从而提高综合运输体系的运输效率，实现社会经济的正向发展。

6. 耦合度

耦合度是定量测量系统或者要素相互影响和相互作用程度的指标，反映系统或体系之间彼此作用的程度。其值的大小能够反映两个系统间关联性的强弱，耦合度的大小变化决定系统由无序走向有序或者由有序走向无序的变化过程。若耦合度值逐步变小，两个系统之间的相互作用就逐步减弱，系统逐步向不良的无序状态靠近，若耦合度值逐步变大，两个系统之间的相互作用就逐步增强，系统逐步向良好的有序方向靠近（王芳菲，2016）。

耦合度只能说明系统之间的作用强度，不能反映其相互间的协调情况和发展水平。有时，可能耦合度在两个区域是相当的，但由于受区域不同的生态环境状况、不同的社会经济发展水平的影响，一个可能是在高水平的协调，另一个则可能是在低水平的协调，因此需要计算系统间的耦合协调度。

1.6.2　协调理论

1. 协调的定义

协调的含义在各个学科系统中往往有着不同的理解，甚至有时在同一学科系统中，其解释也并不统一。比如经济学对于它的解释就有两种：其中一种解释是协调指经济系统最终呈现出来的较为均衡的一个状态，然而另一种解释则是认为经济系统达到这种均衡状态的过程称为协调，即一种侧重的是结果，另一种则认为是过程。另外，在管理学中往往强调管理的手段及实现的过程。而从系统科学对于它的解释中可以看出，此时的协调则被认定为是良性的周期性情况，它的产生旨在实现系统的总体目标，是不同要素间协作的结果。

2. 协调理论内涵

系统的协调理论产生于大系统控制研究，由于国民经济各部门中普遍存在的相互配合与共同发展的需要，协调原理广泛被用于国民经济系统及软科学系统。

系统的协调是把各子系统组合成一个整体，是化零为整的过程，因而是系统分解的逆过程。系统的协调以系统的分解为前提，没有分解就不需要协调。系统的分解又以系统整体为前提，目的是达到最优协调。

协调理论是用活动的依赖关系描述流程的。一个流程包含两个以上的活动，活动之间必然存在着某种关系。构成流程的活动数量、各活动的协调方式、各活动之间的逻辑关系不同，流程的形式也不一样。协调是和依赖、冲突有关的一个概念，它是对活动依赖的管理。组成流程的活动之间一般存在资源共享、执行的先后顺序、并发约束和结构上的层次性等关系，每一种关系都有协调机制解决，从而在活动实现各自子目标的同时，流程得以完成（刘长新等，1997）。

流程的协调方法会影响活动的逻辑关系。借助通信、网络和共享数据库等信息技术，为完成给定的目标，流程的形式在某种程度上取决于管理活动与资源之间依赖的协调机制活动之间的协调，主要靠一些信息处理活动完成。信息技术的发展为流程的改进提供了一些有效的协调工具和技术活动依赖关系及协调方法的对应规则，也为流程的描述和再设计提供了启发。

3. 协调发展的基本原则

根据朗文词典的解释，协调的目的是使部分融入整体、带来好的影响，它不但涉及整体与部分的关系，也涉及部分之间的关系（白华和韩文秀，2000）。协调至少应该满足以下原则。

1）优选主要目标

协调的多要素影响现实决定了协调过程必然是多目标的，虽然协调的多个目标都是为协调过程服务的，但协调过程在一定阶段存在各种资源的有限性、各种限制要素的客观性，必然导致目标之间在一定阶段存在一些矛盾。相互矛盾的情况在协调过程中普遍存在，当出现这种情况时，协调目标的制定应该优先考虑主要目标，只有主要目标实现，才有可能形成足够的资源解决其他矛盾。

2）协调目标统筹考虑

协调概念本身包含许多个要素的相互作用关系，所以多目标协调的标志之一是多目标统筹兼顾。统筹即在计划规划过程中综合各方面要素的影响和相互作用关系。统筹兼顾的直接表现是：首先，考虑每一个规划目标对协调过程的重要性和意义，并分析其影响要素及相互作用。其次，对目标在一定阶段的重要程度和实现的可能性进行分析，特别是分析每个目标实现所需的客观条件。最后，根据实际条件将各种发展目标按照重要程度、实现先后顺序列出方阵，由决策者最终决策。

3）一个目标建立不应以牺牲另一个目标为代价

在制定协调目标发展时一个目标建立不应以牺牲另一个目标为代价。但两个或多个目标存在矛盾时，可将重要目标作为重点和优先实现的目标，但不应以牺牲另一个目标为代价。应该以发展重要目标的相关因素来带动辅助目标的发展。

4）短期目标服从于长期目标

协调的另一个标志是短期目标服从于长期目标，协调过程中的各种影响要素自身发展规律有很大的差异，一些要素发展具有一定的时间迟缓性，其对时间的敏感性不太明显，相应的协调目标也具有相似的特点。而另一些影响协调过程的要素则具有时间敏感性，即协调在一个阶段不能保持，则在另一个阶段无法实现，相应的协调目标也具有这样的特征。所以，要确定短期目标和长期目标，短期目标的建立必须服从长期目标。

5）协调的各种目标要达到一种动态平衡

协调目标有一致的最终目标也有阶段性矛盾，所以协调发展过程是在各种要素相互平衡的基础上建立的，规划协调目标时应在保持相互关联性的基础上达到一种动态平衡。

4. 协调理论的依据

关于协调理论的哲学依据主要表现在下列两个方面。

1）物质世界统一性原理是协调论重要的哲学依据

马克思主义认为，客观世界是统一的，但这种统一是有差别的统一，是多种因素统一于一个有机整体。因此，所谓统一就是多样性、差别性中的统一，多样性是统一性的前提和基础。自然界统一性多种多样，不仅有纵向深层次的悬殊的各种大统一和小统一，还有横向水平的大统一和小统一，有不同等级、不同层次的各种物质运动形式之内或运动形式之间的统一。

2）对立统一规律是协调论的基础

对立统一规律认为，世界上的一切不论是在自然界还是人类社会中的事物都是对立统一体。协调本身包含差异、对立和矛盾，在没有对立、没有差异的物质内部是谈不上协调的。所以，协调必须以差异、对立为前提。协调中既有相互适应，又充满着相互作用和矛盾斗争，在一定的条件下适应和矛盾会向各自相反的方向转化。在每一次相互转化过程中会出现一种特殊的具有新质的、协调一致的整体，这是一个稳定、平衡、具有新功能的整体（袁旭梅和韩文秀，1998）。

5. 协调的特点分析

根据协调的含义，协调具有如下的特点。

1）协调是以实现共同目标为目的的。没有共同目标，就无从组织协调，共同目标主要表现为某一总体的规模、速度、数量关系或某种社会生产或生活活动的运行、成果和效益等。

2）协调是以各有关现象或事物为系统因素的。共同目标的实现是以各系统、各种现象或事物、各项工作间的进度、数量发展变动及有关比例关系是否相互适应、相互促进为基本条件的，只有全面掌握和科学划分总体中的系统、现象或事物和工作，并形成多层次、多方面协调体系才能组织好协调工作。

3）协调是以组织各系统、各现象或事物及各项工作在实现总体目标过程中的相互适应、相互配合、相互协作和相互促进为要求的。各系统间、各种现象或事物间及各项工作间数量规模相互适应，发展速度相互配合，数量比例关系合理，工作进度相互促进，各种活动相互协作，从而形成相互统一的力量。在各自完成本身目标的同时确保实现共同的总体目标（叶效鹏，1998）。

4）协调是相对的。它需要在完成总体目标的进程中根据实际发展情况对各系统、各现象或事物的目标随时加以不断调控和修订，以保证总体目标的实现。从一定意义上说，绝对的协调是不存在的，协调总是相对的、基本的。

5）协调是可以计量的。协调作为各种事物间发展变动或静止状态的表现可以用数学语言来表达，因而它可以通过各种定量研究分析方法来计量，并用数学形式来编制模型，以特定的指标来表明其协调程度。

6. 协调与协调发展

协调是在多个要素间或是子系统间相互协作和影响所形成的一种良性的循环情况，因此往往将协调作为要素或者系统健康发展的保证。也正是因此可以看出，协调发展理论的提出并不只是在强调子系统要处于最佳的发展状态，而更重要的是强调子系统彼此之间的协调发展状态，而且可以看出，这个过程并非一成不变，反而是一个持续的动态过程，以期达到全面发展的最终目的。

7. 耦合协调度

耦合协调度是根据不同要素或者子系统之间的彼此作用来衡量其良性耦合程度的指标。它体现的是整个系统的耦合协调发展程度，数值越大，则认为研究的整个系统有序发展的趋势越强，数值越低，则认为子系统间的影响程度越低，发展的无序性越明显（陈云霞，2019）。耦合协调度的含义是衡量数个系统间彼此影响和磨合直至实现健康协调发展的指标，可见，这个过程同样是动态的，系统在相互作用下不只是会趋于协调，也有可能子系统之间会相互抵制，致使整个系统发展的进度很慢，甚至出现停滞和倒退的现象。

1.7 国内外物流业与金融业研究发展趋势

1.7.1 国内外物流业研究发展趋势

1. 国外物流业研究发展趋势

现代物流业发展比较先进的美国、日本等发达国家对于物流领域的研究主要集中于企业这一微观层面，侧重于探讨作为经济活动的物流与企业之间的关系，以及作为企业利润源泉工具的物流对于企业的战略意义。相应地，实证研究多于理论研究，即通过研究为企业提供优化策略。微观层面上与物流业相关的研究，通常是利用数量化的技术工具，从案例视角研究全球性供应链的设计、设施选址、物资配置和协调等问题；而对物流业较为宏观的研究，则更多关注物流影响因素、物流网络和企业物流能力等问题。

根据相关文献资料，国外对物流领域的研究，主要包括以下四个方面。

1）政府在物流业发展中的角色与职能问题研究

Kouvelis 和 Rosenblatt（2002）研究了全球供应链管理的方法，尤其是设施投资、交通和地区交易、企业的税收，通过考察这些内容，明确了政府在基础物流设施投资中所应发挥的作用。Ramanathan 等（2014）探讨了射频识别技术在英国物流中的应用，运用问卷调查的方法从英国的物流公司收集数据，研究结果表明，射频识别技术的可用性对该技术的采用有积极的影响，政府支持能够积极调节射频识别技术可用性和射频识别采用之间的关系。Witkowsk 和 Kiba-Janiak（2014）以波兰为例，论述了地方政府在城市物流发展中的作用，阐述了城市物流理论，介绍了不同角色的利益相关者，在此基础上，建立了以地方政府为城市物流政策制定者的协同过程模型，研究结果表明，地方当局与其他利益相关方合作不力。

2）城市及机场物流业的影响因素研究

Cardenas 等（2017）研究了城市物流业商品最后一英里[①]的收集和交付问题，提供了每个领域的定义、分类，并描述其目标、利益相关者及地理和功能范围，

① 1 英里=1.609 344 公里。

指出每个领域的规划范围是不同的，利益相关者的地理和功能范围可以相互关联，不同领域商品最后一英里的收集和交付方法不同。Sakai 等（2017）以东京为例，探究了城市物流业系统的空间重组情况及城市物流业系统对城市的影响，利用 2003 年和 2013 年的货运综合调查数据，分析了在东京都市圈广泛分散趋势下发生的物流业重组对卡车运输效率的影响，研究结果表明，物流业设施向外迁移的负面影响与增加的平均运输负荷和有效的物流业设施空间分布相互抵消。Larrodé 等（2018）探究了影响机场航空货运物流业发展的潜在因素，使用层次分析法创建了一个分析模型，并将该模型应用于对萨拉戈萨机场的实证分析，研究结果表明，萨拉戈萨机场应集中改进有助于其业务增长的可能领域，以增加吸引航空公司和航空货运活动的潜力；建立的货运机场价值评估模型对任何类似的机场都完全有效。

3）物流业设施发展优化与多样性研究

Raimbault 等（2012）研究了巴黎地区物流设施的多样性，其通过对所选取地区的普查，记录了这些地区物流设施的多样性，研究结果表明，包裹服务终端和配送中心是依托于道路通达性的设施，内陆港口是基础设施政策和工业实践的结果，物流地点的多样性揭示了在大都市范围内起草和实施物流规划项目的复杂性。Miodrag 等（2012）探讨了大型物流业设施的资源管理问题，设计了一种控制大型物流业设施或工厂场地的模块化软件工具，采用科学的方法来提高物流业设施的产能利用率。Sakai 等（2020）研究了不同区位下物流设施的发展，分析了影响物流设施选址的主要区位特征，如分区法规、批发工作可达性、人口密度和高速公路可达性，以及这些特征在不同活动类别下的异质性。

4）物流业能力研究

de Marco 等（2014）以迪拜物流走廊为例，基于系统动力学和计算机模拟的方法构建了一个新的模型，该模型不仅能用作一个判断决策正确与否的工具，还可以用来预测未来港口和机场的物流能力，而且该模型能够检测出产能瓶颈，有助于产能投资规划和调度，研究结果表明，该方法具有很强的可行性，并且它在预测容量增长方面非常准确。Crainic 等（2016）提出了一种基于渐进式对冲思想的启发式算法，该算法包含先进的策略来加速搜索，探讨了在不确定参数和经济环境下，不同市场变化对企业容量计划和现货市场容量追索权的影响。Arsić 等（2020）研究了物流业能力对中小企业经济可持续性的影响，采用线性回归研究方法，对塞尔维亚 340 家中小企业的样本进行了物流业能力关键影响因素的测量，这些因素不仅关系到中小企业在供应链中的地位，还关系到中小企业自身发展，研究结果表明，物流业能力所有权可以通过偿债能力和盈利能力对中小企业的经济可持续性产生影响。

2. 国内物流业研究发展趋势

国内关于物流业的研究是在引进、吸收国外物流理论和实践经验基础上开展的。在定性分析不断深入的同时，定量研究也在其基础上逐步发展起来。概括起来，国内有关物流业的研究内容可概括为六个方面：物流业发展研究、物流业规划研究、物流业竞争力研究、物流业需求研究、物流业能力研究及物流业系统研究。

1）物流业发展研究

物流业的发展研究主要涉及物流业发展对策研究、物流业发展模式研究、物流业发展水平评价研究等。

A. 物流业发展对策研究

宋润宇（2020）通过对中国（河南）自由贸易试验区开封片区物流业发展状况的研究，指出该地区物流业发展存在的三个问题，包括：前期发展规划不足，物流配套设施尚不完善；缺乏与艺术品保税仓相对应的特色物流企业；物流专业人才存在缺口。并提出了中国（河南）自由贸易试验区开封片区物流业的发展对策，包括：全面统筹规划并加快国际物流港等设施建设；增设相关配套物流企业；多方面引进物流相关人才。耿爽爽等（2020）分析认为，我国农村电商物流还存在的问题，包括：物流基础设施不完备，农产品上行乏力；物流网点少，配送成本高、效率低；冷链物流体系不健全，“最初一公里”运输损耗多；物流企业各自为政，缺乏资源共享；物流信息化水平低，无法实现全程跟踪；物流专业人才引进难、留住难。并针对这些问题，提出了相应对策建议，包括：全方位打造农村电商“智慧物流”供应链体系；多手段推动农村电商“冷链物流”体系建设；多渠道完善物流人才培育和引进体系。林燕婷和李友林（2020）通过建立多元线性回归预测模型，对厦门市未来五年的货物运输量进行了预测，在分析预测结果的基础上，提出了厦门市物流业未来发展的对策，主要包括：加强交通基础设施建设，扩大社会固定资产投资力度；将物流业打造成“一带一路”的重点发展产业；构建社会化共享型的高效物流系统。

B. 物流业发展模式研究

夏冠群（2018）总结了六种港口物流业的发展模式，主要包括国际航运中心模式、区域物流体系模式、区域联动——保税港区物流模式、独立物流中心模式、港口物流网络布局模式、港口供应链战略联盟模式，并以深圳市为例，分析了深圳港的港口物流业发展状况，并且基于以上研究运用层次分析法进行定量分析，结果表明，深圳港应整合自身实力水平，建设港口物流体系模式，之后逐步向国际航运中心模式过渡。冯春和杨波（2019）指出，电子商务环境下我国生鲜农产品物流业的总体要求是保证生鲜农产品的质量，并列举了我国生鲜农产品物流配送的四种主要模式，包括：生鲜农产品生产企业的自配模式；资源共享配送模式；

第三方专业配送模式；线下仓储集中配送模式。介绍了电子商务环境下生鲜农产品发展“云物流”模式的优势，提出了发展生鲜农产品“云物流”的保障措施。吴孟霖（2019）指出，大数据时代下我国物流业发展的问题包括：成本费用高；资源信息共享程度低；行业标准不统一。认为物流业中应用物联网和云计算的意义主要是提升信息传送速度和优化感知性，并提出了物流业发展模式的构建策略，包括：构建完善的物流服务信息体系结构；建立合理的集合模式；灵活开发应用层发展模式。

C. 物流业发展水平评价研究

刘雷和滕稳稳（2019）针对当前物流业发展水平评价方法存在指标权重易受人为因素干扰的缺陷，将熵值法与灰色评价理论相结合，构建了灰色–熵权物流业发展水平评价模型，以贵州省物流业发展状况作为样本进行实证分析，结果表明，所提出的物流业发展评价指标体系和评价方法具有科学性，是合理、可行的。陈雪莹和段瑞娟（2020）通过对比分析社会物流统计指标体系和绿色物流统计指标体系的构成与核算方法，结合前人的研究成果，基于评价指标体系构建的基本原则，从物流业基础设施、物流业发展水平，以及能源与环境三个方面选取指标，构建模糊物元评价模型对宁夏的绿色物流业进行实证研究，结果表明，宁夏绿色物流的发展水平呈现波动增长的趋势，在物流业基础设施和发展水平方面都有所提升，但在能源与环境方面还存在着改进的空间。王晓宇和黄铭（2020）运用熵权法与灰色关联法分析了安徽省物流发展水平，结果表明，物流业需求状况是影响安徽省物流发展的关键因素；物流业基础设施、产业结构是物流发展的保障力；信息化程度、物流效率和物流配送能力为物流发展奠定基础；经济水平、物流业贡献、物流业规模是物流发展的坚强后盾；物流业人力资源状况是物流发展的推动力。马光霞（2020）采用突变级数法评价了我国物流业的发展水平，并利用探索性空间数据分析法研究了我国物流业的溢出效应，结果表明：我国东西部物流业发展不平衡，呈现“东强西弱”的现象，且差异性与关联性并存；我国科技创新对物流业的发展起主导作用，经济改革和对外开放起辅助作用；对外开放作为物流业发展的隐形支柱，其对物流业发展有正向空间溢出效应；而基础建设对物流业发展起阻碍作用。

2）物流业规划研究

物流业规划研究主要涉及物流业的规划理论、规划原则、规划内容、规划方法、规划评价、规划应用、规划问题等方面的研究，代表性研究成果如下。

张启贤和宋秀金（2018）运用因子分析和聚类分析的方法，对福建省三明市物流规划进行实证分析，结果表明，三明市 12 个县（市、区）可划分为 3 类；三明市各县（市、区）物流发展存在较大差异；并进一步综合三明市各县（市、区）的地理位置分布、交通状况、区域经济和生产链的分布等情况，规划出三明市三大区域物流，即南部区域物流、北部区域物流和中部区域物流，形成结构合理、高效完备的区域物流体系。李雪地（2019）通过对昆明市物流业发展规划评价指标体系构建的必要性分析，指出了构建评价指标体系的优点，包括：可以较好地弥补规划编制数据依据有效性和准确性不足的问题；可以提高物流规划制定工作的公众参与度；可以对规划优劣及规划效果做出更加科学合理的判断；可以为规划的优化完善提供理论依据。邢虎松（2020）指出，城市物流业规划存在的主要问题，包括：物流业规划属性定位不准确、规划层级低；规划主管单位分散，缺少统一主管部门；规划重点内容没有反映物流新业态和新问题。提出了充分发挥物流业引导约束作用的对策，包括：把物流业规划纳入城市整体发展规划；地方政府要作为物流业规划的主管单位；增强城市物流业规划的前瞻性、全面性。梁仁鸿等（2021）分析了大同市物流业的发展状况，从通道建设、节点建设、物流企业、物流资源及标准化推广五个方面对物流业发展的适应性进行了分析，在明确规划目标的基础上，指出了物流业的功能，包括：为承接产业转移、加强区域合作提供支撑；为各县（市、区）产业发展提供物流服务。最后从物流通道规划与物流节点规划两个方面提出了大同市物流业的规划方案。李浩等（2021）通过对城市物流业规划情况的分析，结合对物流业发展客观规律的研究，构建了产业贡献值和地区吸引力的双向指标评价模型，并对潢川县大别山多式联运物流园规划进行了实证分析，结果表明，双向指标评价模型对园区产业规划中的重点产业进行了评价选择，符合产业发展的客观规律，具有较好的实用价值。

3）物流业竞争力研究

物流业竞争力研究主要涉及物流业竞争力影响因素、评价指标、评价方法等方面的研究，代表性研究成果如下。

梁昌勇等（2018）基于物流业竞争力评价指标的模糊性和不确定性，提出了一种基于改进灰色关联分析和模糊物元的评估方法，选取了安徽省16个城市的实际数据进行了实证分析，得出各城市的实际水平和理想水平之间的灰色关联度，将其划分为3个竞争层次，分析每个层次的地市在发展物流业竞争力中面临的问题并提出建议。岳琪（2019）认为物流业竞争力评价体系应从物流基础设施建设、市场化程度、信息化程度、物流行业人力资源状况、城市化程度和产业结构六个方面进行构建，运用灰色关联分析法、熵权法、主成分分析法对我国的31个省区市2016年和2011年的地区物流竞争力分别进行评价，并应用系统聚类分析法将31个省区市2016年地区物流竞争力划分为三个层级。张沛爽（2019）从宏观环境、区域经济、基础设施、集疏运能力四方面构建了物流业的竞争力评价指标体系，采用因子分析方法对天津港的物流业竞争力进行了评价，通过评价结果可知，盈利能力、成长能力、营运能力、偿债能力是影响物流企业竞争力的主要因素，最后提出相应建议来提升天津港物流业的竞争力。

4）物流业需求研究

物流业需求研究主要是研究如何选择合适的方法对物流业需求进行有效的预测，代表性研究成果如下。

范思遐和吴斌（2018）提出了一种基于复合核模的预测模型，首先利用全局核函数与局部核函数分别训练参训样本，根据训练结果动态提取复合核模底层函数，将底层核函数进行非线性组合，其次利用该复合核模对训练样本进行在线解析，并对测试样本进行预测检验，最后利用我国物流运输的相关统计数据进行案例分析，分析结果表明，基于复合核模的预测模型能从数据源头增强样本的解析性能与非线性学习能力，并能提高预测模型的预测精度，增强预测模型的泛化性能。于博等（2018）分析了云南省物流业的发展状况，选取了云南省 2009～2017年的货物量和货物周转量两个指标，基于指数平滑法预测法对云南省未来几年物流业的需求量进行了预测。预测结果表明，该方法为了解云南省物流业的发展情况提供了数据来源，对相关的物流企业制订战略目标、降低成本、提高效率及提高企业的竞争力具有一定的参考价值。郭子雪等（2019）利用了组合预测法对河北省物流业的人才需求进行了预测，运用三角模糊数确定组合预测法中各单项预测的模糊权重，建立基于最小预测误差值为目标函数的物流业人才需求模糊组合预测模型，并通过参数估计给出预测模型的最优解，在此基础上运用河北省物流人才就业数据进行实证分析，预测结果表明，河北省物流人才需求呈持续增长趋势，物流人才需求缺口呈扩大趋势。蔡婉贞和黄翰（2019）提出了一种基于多层前馈-径向基函数神经网络的组合预测模型，首先采用多层前馈与径向基函数两种神经网络方法分别建立单项预测子模型，然后依据各子模型的预测结果赋予不同权重，进一步构建加权组合预测模型，再以汕头港为例，通过矩阵实验室软件对港口物流业的需求量进行仿真预测，仿真结果表明，组合预测模型较单一预测模型具有更高的预测精度，可为港口今后物流业的发展规划提供参考。赵亚雄和唐立新（2019）构建了湖北省物流业需求的预测指标，采用粗糙集理论的属性对预测指标进行了简约化处理，运用多元回归对湖北省物流业的需求进行了分析预测，预测结果表明，社会消费品零售总额、地区生产总值和第一产业产值对湖北货运量影响最为明显，未来几年湖北物流业的需求将持续增长。

5）物流业能力研究

物流业能力研究主要涉及物流业能力分析、物流业能力评价、物流业能力与金融业关系等方面的研究，代表性研究成果如下。

田媛和卢建昌（2012）以河北省的 11 个城市为物流节点，选取了河北省 2011年物流业的相关数据，利用主成分分析法得到了河北省各地区的物流业能力得分排名，并使用主成分聚类的定量分析方法对河北省各地区物流业的发展能力进行综合评价并分类，结果表明，制度政策、市场经济的氛围对当地物流业发展有较大的影响；地理位置是影响物流业发展的重要因素。邹辉等（2017）分析了影响物流业能力的因素，分别从物流经济指标、物流基础设施、物流业务量、物流综合竞争力四个方面构建了物流业能力的评价指标体系，同时建立网络分析法评价模型，计算出各指标权重系数，结果表明，通过网络分析法可以科学有效地对物流业能力各指标的重要程度进行分析评价。周泰等（2017）在分析物流业能力构成要素的基础上，建立了包含目标层、要素层、指标层三个层次共计16个指标的评价指标体系，选取中国西部12个省区市的物流业能力作为研究对象，运用理想点法对它们的物流业能力进行了实证分析，结果表明，理想点法计算简便，计算结果直观、清晰，有较好的可操作性和实用价值。胡玉洲和麦健清（2017）基于经验数据研究了佛山市物流业能力与金融业能力之间的互动关系，在此基础上运用系统动力学理论进行了建模和仿真研究，仿真结果表明，佛山市的物流业能力和金融业能力互为因果关系，佛山市物流业能力的投资对三次产业的贡献度从大到小依次是第二产业、第三产业、第一产业。李林汉等（2019）介绍了国内外对于物流业能力的研究状况，基于京津冀2007～2016年相关的经济数据，采用主成分分析法和马尔可夫残差灰色模型对京津冀物流业的能力进行了评价和预测，结果表明，京津冀地区2007年至2016年物流业能力的发展总体平稳；旅客周转量、客运量是制约河北省物流业能力提升的重要指标。王小丽和李昱彤（2020）从经济发展质量、物流创新能力、物流协调能力、物流绿色发展能力和物流共享能力五个维度构建物流业能力的测评指标体系，并基于熵权模糊物元模型对2017年河南省18个地市的物流业能力进行实证分析，结果表明，高质量发展下河南省的物流业发展水平不均衡，各分项物流业能力的差异明显。张旭等（2020）从物流人才、物流基础设施、物流产出规模、物流发展环境等四个方面构建了物流业能力的评价指标体系，以中国20个省区市的相关数据为样本，基于云概率优势关系方法进行了评价，并据此从“综合水平–波动”和“投入–产出”两方面对样本分类，结果表明，在物流业能力的水平和波动方面，各地区及省区市差异显著，具有不同的驱动因素与薄弱环节，分属不同类型。

6）物流业系统研究

物流业系统研究主要涉及物流系统优化、物流系统演化机理等方面的研究，代表性研究成果如下。

温卫娟等（2016）介绍了北京市物流业系统的特点，探讨了京津冀协同发展背景下北京物流的发展形势，指明了京津冀协同背景下北京物流发展的要求，提出了京津冀协同背景下北京物流业系统的重构策略，为京津冀物流业的协同发展提供理论依据和决策支持。吴亚超等（2017）运用生态学和复杂性科学相结合的方法，分析了物流业生态系统耗散结构的特性，研究了物流业生态系统的耗散结构失稳及演化分岔机理，进而建立基于布鲁塞尔模型的演化方程，对物流业生态系统耗散结构的演化过程及调控影响因素进行分析，为物流业可持续发展规律的科学认识、产业调控政策制定等提供决策依据。戢晓峰等（2017）基于复杂系统理论，对物流系统脆弱性的概念进行了界定，构建了物流业系统脆弱性的概念模型，在分析了物流业系统脆弱性影响因素的基础上，提出了脆弱性评价指标体系及综合评价模型，并对中国 31 个省区市物流业系统脆弱性的空间分异特征进行了实证研究，实证结果表明，全国层面的物流业系统脆弱性两极分化的空间分异特征显著，具有明显的“西高东低”特征。徐剑等（2019）基于物流业系统的构成与功能等属性，以及所构建的能够揭示物流系统的评估指标体系，将熵权法与双基点法相结合，以发挥这两种方法赋权与双基点设定的双重客观性，在较大客观程度上进行判别，对于提出相关调节与控制策略有较大的技术性支持，最后将评估方法应用到沈阳市物流系统状态及水平评估中，验证了该方法的科学、客观及准确性，同时有针对性地提出了沈阳市物流系统的调控对策建议。尚娟（2019）基于复合系统理论，构建了物流业系统的协同度模型，并对京津冀物流业的协同程度进行了实证分析及评价，结果表明，京津冀各地区的物流业发展协同程度会随着物流基础设施建设、物流发展水平、物流需求规模、科研力量等呈现出不同程度的差异性；该系统评价体系的建立，为物流协同发展政策、方针和制度的制定提供了有效的理论依据。贺琳（2020）基于对物流业系统空间演化特征的分析，建立了物流空间关联调度的综合体系结构模型，采用了供应链关联规则项挖掘的方法进行物流系统空间演化特征分析，提取了物流系统空间演化特征量，对提取的特征信息采用大数据信息融合方法，进行物流系统空间规划调度的动态规划设计，实现了物流系统空间演化特征关联调度，结果表明，采用该方法进行物流系统空间演化特征关联调度的自适应性较好，空间规划能力较强，提高了物流调度的效率。

1.7.2　国内外金融业研究发展趋势

1. 国外金融业研究发展趋势

1）金融业风险研究

Cerchiello 和 Giudici（2016）基于金融业市场价格中包含的信息，构建了一个新的金融业系统风险模型，使用了两种不同来源的数据来评估金融业系统风险模型的准确性，结果表明，该模型可以进一步阐明金融业机构之间的相互关系。Silva 等（2017）通过对金融业风险相关文献的系统分析，对金融风险的研究类型、方法类型、研究对象、方法、空间范围、时间范围、背景、重点、使用的数据类型和结果等 10 个类别进行了评价。Fisher 和 Yao（2017）基于性别差异，探讨了不同性别人群的金融业风险容忍度，结果表明，个体变量在性别和风险容忍度之间起调节作用的是收入不确定性和净资产。

2）金融业协同研究

Semeraro 等（2013）研究了欧洲-地中海在科学、技术和创新方面长期合作的财政协同效应前景，提出了一种能够确保这种合作一直进行的新治理方法，为重新思考欧洲-地中海科技创新合作政策和工具提供思考的依据。Luciano 和 Wihlborg（2018）研究了银行附属机构组织中的财务协同效应和系统性风险，探讨了约束对杠杆的影响和政策含义。Shabbir（2018）研究了伊斯兰小额融资组合与各种结构性融资解决方案之间的协同效应，提出构建一种新的商业模式，它结合了结构性融资解决方案的协同效应，使伊斯兰银行与现有的微型金融服务提供商携手合作，结果表明，这一拟议的商业模式将使现有小额信贷行业的融资能力提高三分之二。

3）金融业数字化研究

Ozili（2018）讨论了金融业的数字化对金融业的普惠稳定性的影响，指出了金融业数字化和金融业普惠对金融服务用户、数字金融服务提供商、政府和经济的好处，以期通过金融业的数字化提高发展中国家金融业的普惠性。Babarinde 等（2020）采用了桌面研究的方法，研究了金融业的数字创新对尼日利亚银行业提供服务的影响，结果表明，数字世界正在迅速变化，对银行业产生了全方位的影响；并建议银行业努力跟上数字创新的步伐，以满足客户对金融业的数字化需求。Moşteanu（2020）从 2020 年 1 月以来在区域和全球范围内发生的金融机构和人口教育水平的快速变化入手，运用询问的方式，分析了金融业和商业交易的运作模式，结果表明，数字化有助于企业降低运营成本、改善组织结构。

4）金融业与政府关系研究

Coker 和 Adams（2012）采用了定性分析的研究方法，探讨了在缺乏财政自主权、腐败和对地方事务不当干涉的背景下，地方政府委员会对其财政的管理，结果表明，尼日利亚的地方政府没有管理好其自身的财政，并提出相应对策，具体包括：将完整的财政自主权授予地方议会；废除联合地方政府委员会账户系统；安排可靠的官员在地方政府委员会中掌管事务。Modlin（2012）探讨了独立审计员对县级政府财政的影响，调查了北卡罗来纳州独立审计员在政府管理中的表现，调查结果表明，大多数县政府存在许多审计问题，包括冗长的审计过程、较低的审计费用、没有能力雇用更多会计师或会计专家，以及政府规模较小。Owen 等（2018）探讨了在高收入和低收入国家中，公共部门对赠款、股权、债务和新形式的众筹融资的作用，结果表明，需要建立一个金融业生态系统，以确保低碳投资的互补形式在地方、国家和国际范围内相互连接。

2. 国内金融业研究发展趋势

1）互联网金融研究

A. 互联网金融风险研究

张存萍（2019）探讨了互联网金融风险的发展历程，对互联网金融在其他行业的传导性进行了细致梳理，并且基于互联网金融风险的成因及传导机制，从法律制度体系、防控预警机制、社会信用体系、监管制度建设、准入退出机制等方面提出了防范互联网金融风险的对策建议。董小君和石涛（2020）基于2015～2018年国内8个互联网金融风险“重灾区”的月度面板数据，从信用风险、流动性风险及市场风险三个维度，度量了国内互联网金融风险重灾区的等级及风险类别，并利用面板向量自回归模型对该地区互联网金融风险的影响要素进行了实证分析，结果表明，国内互联网金融风险处于高风险及以上等级，信用风险问题更加突出；金融深化程度高且风险高的地区集中在北京、上海、广州等东部经济发达地区；金融深化程度低且风险高的地区集中于中部及西部地区。李竹薇等（2021）选取了互联网金融和三大传统金融的行业指数为研究指标，从波动性信息提取、联合分布尾部相依结构估计、条件在险价值计算等方面，系统研究新旧四个金融行业之间的广义动态风险溢出效应，研究结果表明，新旧金融行业间的风险溢出水平随时间而变化，风险从互联网金融向传统金融的传导更为迅速。

B. 互联网金融监管研究

张晓朴（2015）分析了互联网金融的本质属性及发展规律，梳理和借鉴了国际互联网金融的监管经验，并针对当前我国互联网监管存在的问题，提出了相应的对策建议，包括对于互联网金融这样一类新出现的金融业态，金融监管应当体现开放性、包容性、适应性；坚持鼓励和规范并重、培育和防险并举，维护良好的竞争秩序、促进公平竞争；构建包括市场自律、司法干预和外部监管在内的三位一体安全网，维护金融体系稳健运行。尹海员和王盼盼（2015）介绍了我国互联网金融的发展模式及监管状况，指出我国互联网金融存在着操作平台法律地位模糊、欺诈现象较普遍、立法滞后、监管体系不统一、监管力度难以把握等缺陷；在借鉴美国监管经验的基础上，从明确监管主体及监管立场、监管模式和原则、内外部控制与协调、动态监管与风险保护、互联网金融信息披露等五个方面提出了构建我国互联网金融监管体系的设想。兰虹等（2019）通过大数据技术，分析了中国第三方支付、P2P网络贷款、股权众筹融资等互联网金融运作模式的发展趋势；从大数据发展的视角对互联网金融行业存在的风险及问题进行了研究，阐述了金融风险会增加社会成本的新观点；并基于此，提出了互联网金融创新的监管措施，包括推进大数据立法建设，利用大数据实现协同监管，引入人工智能监管；建立大数据征信，加强大数据国际监管合作；完善消费者权益保障机制。

C. 互联网金融运作模式研究

赵峰等（2019）基于互联网金融与实体经济的内在联系，提出了互联网金融服务于实体经济四种典型的运作模式，包括互联网化的金融、互联网化的投资与融资平台、第三方支付及大数据金融和云计算金融；并以此为基础，对互联网金融服务于实体经济的效应进行了分析。林莉芳（2019）研究了我国农村互联网金融的运作模式，指出我国农村互联网金融存在信用体系建设不健全、金融人才匮乏以及金融监管不足等问题，并针对我国农村互联网金融的运作模式中存在的问题，提出了相应的对策建议，包括丰富农村金融基础数据、健全并完善农村征信体系、加强行业监管力度、加快深化农村互联网金融运行机制改革。孙可等（2020）介绍了我国互联网金融的三种主要运作模式，包括电商金融、P2P网络贷款和众筹金融。基于这三种运作模式存在的安全性问题，提出：互联网金融要与传统金融融合，借鉴商业银行风控模式；建立互联网金融商业模式，强化资金的担保和银行托管；向移动互联网金融方向发展，提高企业受益空间。

2）金融业创新研究

彭红枫等（2016）基于演化博弈理论，分析了监管机构对合规金融业创新的激励机制，研究了金融业创新与激励型监管在相互博弈中的策略选择，并借助理论建模和数值模拟两种方法来分析二者的"演化稳定策略"，研究结果表明，金融机构和监管机构的博弈结果，在一种情形下不存在演化稳定策略；在三种情形下存在演化稳定策略，其中的一种情形是最优的演化稳定策略：金融机构合规创新，监管机构进行监管。权飞过和王晓芳（2017）分析了我国供给侧结构性改革面临的经济环境，结合供给侧结构性改革的目标，研究了金融业创新对供给侧结构性改革的重要影响，利用联立方程模型检验了金融业创新、技术创新和经济增长之间的相互关系，结果表明，金融创新对提高企业技术创新和推动经济增长并无显著作用。王方宏和杨海龙（2020）基于我国自贸试验区金融业创新立足于现有制度、因地制宜、多点突破、稳妥推进等特点，系统梳理了我国自贸试验区金融业创新方案中的金融业改革创新任务，总结了自贸试验区金融业创新的案例特点，提出了对我国自贸试验区金融业创新的展望，包括推进既定的金融改革开放试点任务、采取"自下而上"的方式、强调服务实体经济、各区金融创新突出自身特色。庞敏和夏周培（2020）系统探析了金融业创新影响产业结构升级的机制和作用路径，构建了多维产业结构升级指标，利用我国2003～2018年的省级面板数据进行了实证检验，检验结果表明：金融业创新不仅能促进产业结构升级，还能有效推动产业结构的高级化和合理化发展；金融创新主要通过技术创新效应、消费需求效应和资本配置效应作用于产业结构升级。刘秀光（2017）比较了中国和西方金融业创新的环境、路径和内容，分析了20世纪80年代前后西方国家的金融业创新案例，并与中国正在进行中的金融业创新进行了对比，比较结果表明，西方国家金融业创新的逻辑起点与宏观经济不景气及自由化思潮相关，而中国金融业创新的根本目的是建立与社会主义市场经济相适应的金融体系。

3）金融业发展研究

A. 金融业发展对策研究

贾小卫和于树会（2012）通过对河北省金融业发展状况的分析，指出河北省金融业发展的外部约束条件主要是国家对金融业的严格监管，指出了河北省金融业发展的问题，包括缺乏高端人才、新型金融业机构的发展不足、证券市场融资偏少。并提出发展河北省金融业的相应对策，包括：加强和完善金融业发展的战略，激活农村金融；推动企业在资本市场直接融资；大力发展产业金融、消费金融。周飞媚（2019）基于对粤港澳大湾区三大自贸区金融业发展状况及扶持政策的分析，提出发展自贸区金融业发展的对策建议，包括：强化金融业对城市发展重要性的认识，着力推进金融业发展的自上而下顶层设计；整合金融业资源，鼓励促进金融业集聚；切实发挥区位优势，对接借力三大自贸区金融业的创新合作。江元和唐婧（2019）基于深圳经济特区与浦东新区金融业发展的经验，探讨了雄安新区金融业发展的机遇与对策，并针对雄安新区金融业的发展状况，提出相应的对策建议，包括积极打造河北省金融业机构的总部经济、开展综合化经营试点、通过财政补贴和拿地优惠政策吸引金融业人才、为区内金融机构上市开启绿色通道、打造区内信息共享的资产交易平台。乔瑞（2020）通过回顾内蒙古自治区经济发展的历程，分析总结了金融业支持对内蒙古自治区经济发展的贡献，指出了内蒙古自治区金融业支持经济发展存在的问题，包括金融业发展滞后、金融业支持实体经济能力及创新能力不够；在此基础上，提出了促进内蒙古自治区金融业支持地方经济的对策建议，包括大力推动绿色金融业的发展、加大对实体经济发展的支持力度、优化金融业环境、加快金融业体制改革。赵元鹏（2019）通过对自贸港背景下海南省金融业发展的研究，指出了海南金融业发展中存在的问题，包括海南经济基础薄弱、海南金融业体系结构单一、风险把控不足、中小微企业在资金筹集方面存在壁垒、金融业高端人才欠缺。并针对上述问题提出了相应的对策建议，包括完善金融业基础设施的建设，扩大对外开放，加快深化金融业改革，构建多层次资本市场，引入大资本企业，同时加大对中小微企业的融资政策优惠，大力引进技术过硬的专业人才，整合社会资源，构建联合征信数据库。

B. 金融业发展模式研究

李慧明（2020）介绍了金融业协同发展模式的类型及选择依据，从两个方面考虑京津冀金融业协同发展模式的选择，包括京津冀金融业发展水平及三地差异、京津冀金融业协同发展程度；在此基础上，从政府协调、金融合作、信息共享、环境保障四个方面，提出了京津冀金融业协同发展机制的设计。邵四华（2007）分析了滨海新区金融业管理的状况，从发展规划、战略定位、品牌树立、经营条件、政策扶持、管理格局、生态环境七个方面，指出了滨海新区金融业管理存在的问题，认为滨海新区金融业发展模式的选择可以从六个方面进行考虑，包括金融产品模式、金融市场模式、金融制度创新体系、组织体系、管理体系和金融环境建设体系。于谨凯和李宝星（2007）分析了现代金融服务业的内涵、特征及统计评价指标体系，介绍了青岛市金融服务业的发展状况，在借鉴国内外金融服务业发展模式的基础上，提出了青岛市发展现代金融业的对策模式，包括：建立区域金融中心；实行错位发展，鼓励金融机构创新；积极引进新兴金融工具和金融机构；强化金融街区的规划建设，打造青岛市金融聚集区；深化体制改革，大力加快资本市场的发展，发展民间金融；完善金融服务业发展的外部环境。

C. 金融业发展水平研究

熊晓炼和周迎丰（2016）分析了西南地区金融业发展的态势，并从金融规模、金融结构和金融效率三个维度构建了评价金融业发展水平的指标体系，采用因子分析法对 2007～2015 年西南六省区市金融业发展水平进行了综合评价和比较分析，结果表明，西南地区金融业发展水平由金融规模相对重要向金融结构和金融效率相对重要变化；金融业发展水平受制于经济基础条件。高一铭等（2020）运用分布动态学方法、空间计量方法等，构造了金融业高质量发展指数，并分析其时空分布特征，多维度综合评价我国金融业的高质量发展水平，研究结果表明，金融业的发展质量不断提高，产出效率持续上升，但投入效率相对偏低；金融业发展的区域差异逐步缩小，但不平衡不充分发展仍是常态；金融业发展的稳定性总体改善，但实现可持续发展仍面临较多挑战。赵恒鑫等（2020）通过对昆山市金融业发展状况的调查和相关数据的整理，结合理论和实际，从动力变革、质量变革、效率变革、产业升级、结构优化、区域协调六个方面，构建了昆山市金融业高质量发展的评价指标体系，树立发展导向，引导昆山市金融业向高质量方向发展。

4）金融业竞争力研究

罗苑玮和乔博（2016）从金融业显示性竞争力、经济发展竞争力、开放竞争力、基础设施竞争力四个方面建立了金融业竞争力评价指标体系，运用因子分析方法对广西的金融业竞争力水平进行实证比较分析，实证结果表明，广西综合金融业竞争力的整体水平不高。龙泽海等（2016）构建了能够反映金融竞争力的综合评价指标体系，基于因子分析模型，对中国各区域的金融业竞争力进行了测度与比较研究，结果表明，我国金融竞争力呈现出发展不均衡、地域差别较大的特点；区域经济金融发展水平对区域金融业竞争力的影响巨大。孟宇婷（2019）基于对金融业环境和金融业体系的分析，构建了适合评价我国东部地区省区市金融业竞争力的评价指标体系，运用主成分分析法进行静态分析，采用时间序列分析法进行动态分析，并比较、融合两种分析的结论，总结出了我国东部 10 个省区市的金融竞争力情况，并提出了提升我国东部地区省区市金融业竞争力的对策建议。

5）金融业与经济关系研究

郑磊和汪旭晖（2015）基于对金融业外国直接投资影响东道国经济增长的内部机理分析，选取了1999～2013年的面板数据，实证分析了金融业外国直接投资对亚洲主要国家经济增长的影响，结果表明，金融业国际直接投资能够通过资本渠道加速东道国金融系统竞争；外资银行进入东道国有利于提高自身的效率配置；金融业国际直接投资对实体部门存在较强的信号效应；金融业国际直接投资能够带来显著的溢出效应。彭俞超和彭丹丹（2018）基于121个国家的面板数据，采用能够克服内生性的两阶段系统估计方法，对金融业的相对盈利性与经济增长关系进行了实证分析，实证结果表明，金融业相对盈利性与经济增长之间存在稳健的倒“U”形曲线关系；采用不同收入水平和金融危机前后的子样本检验，均不改变上述结论；较高的金融业盈利性能够促进金融业的深化而推动经济增长。毛毅（2020）基于2003～2018年我国31个省区市的面板数据，分析了金融业与实体经济行业间工资差距对中国经济增长的影响，结果表明，现阶段中国金融业与实体经济行业间的工资差距已越过其“最优水平”，从而在总体上抑制了经济增长；经济落后的西部地区及人力资本相对缺乏和对金融业有更高偏好地区的经济增长更易受到金融业与实体经济行业间工资差距的负面影响。钱龙（2013）利用中国金融业与实体经济的年度数据，运用在险价值模型对我国金融业与实体经济之间的互动发展关系进行了实证分析，结果表明，我国金融业与实体经济存在单向的格兰杰原因；金融业与实体经济之间的双向促进机制在我国并不存在；我国实体经济发展主要来自自身力量推动，金融业没能充当推动实体经济发展的角色。

1.7.3 国内外物流业与金融业关系研究发展趋势

1. 国外物流业与金融业关系研究发展趋势

1）供应链金融研究

Lam等（2019）探究了供应链金融举措对服务供应商市场价值的影响，考察了具有鲜明特征的供应链资金计划对服务提供者市场价值的影响，采用事件研究方法分析了2008～2018年（第一季度）中国市场上宣布的177项供应链资金计划，结果表明，当非银行的投资者宣布供应链金融计划时、当服务提供商提供合作的供应链金融服务时，以及当服务提供商升级现有的供应链金融服务而不是引入新的供应链金融服务时，市场价值的增长明显更高。Pellegrino等（2019）从供应链的视角，探讨了商品价格波动对供应链金融的挑战，通过仿真分析，探讨了两种供应链风险管理策略在降低商品价格波动方面的有效性。Rahaman 等（2020）研究了供应链权力对银行融资的影响，就企业与其供应商的经济联系如何影响企业自身外债的融资拨备进行了全面的分析，结果表明，供应链权利对控制产品市场的竞争力具有较强的鲁棒性，供应链使企业能够更好地控制其自身的库存。

2）物流基础设施与金融业关系研究

Bensassi 等（2015）基于西班牙 2003～2007 年物流基础设施与金融业的相关数据，构建了一个以物流基础设施指标作为解释变量的贸易增广引力模型，用以估计 19 个西班牙地区对 64 个目的地双边进出口贸易的流动情况，结果表明，物流基础设施的建设对货物贸易的流动很重要。Munim 和 Schramm（2018）探究了港口基础设施质量和物流效率对国民经济的影响，选取了 91 个拥有海港的国家，通过构建结构方程模型对港口的基础设施质量和物流效率进行了实证分析，结果表明，港口基础设施的质量，有助于提高发展中国家港口物流的绩效，使其产生更高的经济增长；然而，随着发展中国家变得更加富裕，这种联系就会减弱。Popkova 和 Sergi（2020）探究了数字经济对俄罗斯物流运输的综合影响，结果表明，区块链、大数据、物联网、虚拟现实、人工智能等工业 4.0 数字技术在交通运输和物流领域的应用前景广阔；数字化是最大限度提高运输和物流效率的最佳方案。

3）交通运输与金融业关系研究

Nassani 等（2017）分析了金砖国家在库兹涅茨曲线框架下的金融、运输、能源和增长因素，采用了面板固定效应回归来观察在一段时间内变化的截面标识符之间未建模的异质性，结果表明，运输服务和工业增加值都会增加化石燃料能源的消耗，而金融因素、环境价格和可再生能源消耗会减少化石能源的消耗。Yoshino 等（2019）探讨了民营金融进入供水和内河运输领域的途径，研究结果表明，通过降低对农村用户的收费，帮助当地农民将产品销售到市场，可以增加该地区的税收收入。Kovalchuk（2020）基于铁路运输融资的特点和基本原则，对乌克兰铁路的运输融资情况进行实证分析，结果表明，铁路运输资金在铁路运输工作中发挥着重要的作用，没有资金，企业的工作就不可能进行，特别是在使用节能技术的情况下。

2. 国内物流业与金融业关系研究发展趋势

国内有关物流业与金融业的研究起步相对较晚，最早开始于 20 世纪 80 年代关于经济联系与运输联系共存发展的探讨。这些研究为探索物流业与金融业之间的关系提供了新的思路和理论方法。我国对物流业与金融业的相关研究内容主要涉及以下三个方面。

1）物流业与经济发展关系研究

赵晓敏和佟洁（2019）基于中国 2000～2017 年物流业与经济的统计年鉴，基于综合评价建立向量自回归模型，分析物流业与经济发展之间的互动关系，结果表明，中国经济发展水平对物流业的正向影响显著；经济发展水平是物流业的单向格兰杰原因。王玥（2019）分析了滇桂黔三省（区）物流业与区域经济的发展状况，描述了滇桂黔三省（区）物流业与区域经济增长的关系，提出了促进滇桂黔三省（区）物流业发展与区域经济增长的对策建议，包括加强政府的政策引导、推动物流企业的信息化发展、加强物流基础设施建设。顾淑红和周燕蓉（2019）选取了 2001～2016 年广西货运量与各项经济指标，运用了灰色综合评价法来分析广西区域物流与地方经济之间的关系，结果表明，广西区域物流与区域经济的关联度较高，其中农业产值是影响广西区域物流发展的关键因素。他们提出了发展广西区域物流的对策与建议，包括完善农村物流交通网络、建设农产品物流园区、引进先进的冷链物流技术、搭建农产品物流信息平台。杨扬和纪有福（2019）通过分析城市物流与城市经济的相互影响，基于改进的熵值法构建了耦合协调度模型，定量分析了滇中城市的物流系统发展水平和经济系统发展水平及两大系统的耦合协调水平，结果表明，滇中城市的物流和经济耦合协调度在逐渐上升，但依然很低。李晓惠（2019a）分析了新疆物流产业的发展水平，探究了物流与经济发展的内在机理，应用皮尔森相关性系数和多元线性回归方法对新疆物流与经济增长关系进行了实证分析，结果表明，物流增加值和货运量对新疆经济增长具有显著作用，而货运周转量和物流网络里程对经济增长的作用并不明显。孟现娣（2020）基于 2008～2017 年贵州省物流业的相关数据，对贵州省物流业发展的综合水平进行了评价，构建了物流业综合发展水平与经济增长之间的计量模型，对贵州省物流业发展与经济增长之间的关系进行了实证分析，结果表明，贵州省物流业综合水平呈现明显的递增趋势，且物流业发展对地区经济产生较强的关联带动作用。

2）物流业与金融业互动关系研究

杨宏伟和孙善祥（2015）基于新疆 1978～2013 年的时间序列数据，通过建立向量自回归模型，实证分析了新疆物流业与金融业两大产业之间的内在关系。结果表明，新疆金融业和物流业存在长期单项因果关系；物流业对金融业的促进作用显著；金融业对物流业发展的贡献程度较低；物流业和金融业没有形成良性的协调发展关系。胡锦娟（2015）选取了广东省 1984～2013 年物流业和金融业的相关指标数据，基于协整理论和格兰杰因果检验，对广东省现代物流业与金融业的关系进行了实证分析，结果表明，两者之间存在着长期稳定的关系，现代物流业的发展与金融规模之间存在单向的因果关系，与金融效率之间不存在显著的因果关系。李燕（2019）选取了我国“一带一路”沿线 18 个省区市 2008～2017 年物流业与金融业的相关数据，运用灰色关联分析，对物流业与金融业的联动度、联动影响因子和发展水平进行了研究，结果表明，物流业与金融业的发展大致同步，协调性一般。

3）物流业与金融业协同发展研究

黄明凤和郭凯江（2017）运用了综合指数模型测算新疆2005～2014年物流业和金融业的发展指数，在此基础上，通过灰色系统预测模型分别对物流指数与金融指数进行预测，并采用距离协调度模型评估其协调发展的状况，结果表明，物流业与金融业的发展水平均呈不断上升趋势，但其耦合协调度仍处于轻度失调状态。张建军和赵启兰（2018）选取了中国1991～2016年能够反映物流业与金融业发展水平的相关数据，通过构建动态耦合协调度模型来系统研究物流业与金融业协调发展的关系，并在此基础上采用典型相关分析法研究影响两业协调的关键因素，结果表明，中国物流业与金融业的协调性经历了从不协调到勉强协调再到协调的变化过程。夏云鹏等（2018）选取了福建省1997～2016年物流业与金融业发展的相关数据，确定了评估物流业与金融业发展水平的指标体系，通过构建向量自回归模型来分析物流业与金融业发展的内在联系。结果表明，福建省物流业的发展对金融业的发展具有显著的正作用；金融业发展并未有效推动物流业的发展；物流业与金融业之间没有形成良好的协同发展关系。储雪俭和钱赛楠（2019）采用耦合协调度模型分别测算出2003～2017年我国物流业与金融业的耦合关联度和协调度，运用灰色关联度分析了两者耦合效应中的关键因素，结果表明，我国物流业与金融业之间的耦合协调水平不断上升，经历了由失调到良好协调的状态改变；铁路营运里程、物流业就业人口数量、物流业投入产出比、社会融资规模和存贷比是物流业与金融业相互作用的关键因素。

矫利艳和王秀繁（2019）通过对我国现代金融业与物流业融合发展状况进行分析，指出了现代金融业与物流业融合发展的困难和问题，在此基础上提出坚持政策、理念、改革、信息化技术、合作平台的推动，促进现代金融业与物流业融合发展。张含和尹盼盼（2019）基于物流业与金融业协同发展的视域，从理论上对陕西省物流业、金融业协同发展的必要性进行了探讨，运用了灰色关联模型来测算物流业、金融业与陕西经济增长的关联度，并基于此，提出了相应对策建议，包括积极整合和开发物流金融产品、基于物流园区发展物流金融、完善物流金融业务配套服务。李晓惠（2019b）研究了物流业与金融业的互动关系，基于2003～2017年物流业与金融业的相关数据，构建了动态耦合协调度模型来分析我国金融业与物流业的耦合协调度，结果表明，随着时间变化，物流业与金融业综合评价指数均持续稳定上升；物流业和金融业经历了从失调衰退逐步过渡到基本协调，最后达到高度协调的过程。孙润等（2020）选取了河北省2009～2017年物流业与金融业宏观数据，应用哈肯模型构建了河北省物流-金融业协同演化方程，基于势函数上的点到稳定点的距离得出协同度值，结果表明，2012～2016 年河北省物流子系统与金融业子系统的协同发展趋势变动显著，2016～2017 年协同度值趋于平稳，河北省物流-金融综合系统将向更高级协同状态演化。耿立艳等（2020）基于熵值赋权法和耦合协同法分析了 2009～2017 年河北省物流业与金融业耦合协同发展关系，结果表明，交通运输、仓储及邮政业城镇单位就业人数和金融业城镇单位就业人数对河北省物流业和金融业发展的贡献程度最高，河北省物流业的发展速度快于金融业，但两业的发展关联程度一直较高，协同发展水平经历了四个阶段：濒临失调、勉强协调、中级协调、良好协调。

1.8 本 章 小 结

本章是整个研究的理论基础，全面系统地阐述了物流业与金融业的相关理论。①介绍了物流与物流业的起源和内涵，以及物流业的分类和基本功能，探讨了物流业发展理论，包括马克思的物流发展理论、西方物流业发展理论及物流业发展的其他理论。②归纳了金融与金融业的内涵，阐述了金融的复杂性，讨论了金融业的起源、特性、经营原则及主要功能，总结了金融业发展理论中的金融深化理论、金融抑制理论、金融约束理论、金融效率理论和金融结构理论。③归纳总结了协同学理论的发展历程和内涵，介绍了序参量的发展历程，并与朗道的相变理论进行比较，指出了正确选择序参量的好处，并从系统的角度对自组织的概念进行了探讨。④阐述了系统动力学的发展历程及主要观点，详尽探讨了系统动力学的核心、工作原理及过程，对系统边界的确定进行了说明，在此基础上，比较分析了系统动力学及系统动力学模型的特点和适应范围；给出了耗散理论的内涵，探讨了耗散结构的形成条件。⑤从耦合理论与协调理论两方面叙述了耦合协调理论，介绍了耦合及耦合度的含义，回顾了我国古代的耦合思想，讨论了物理学中的耦合理论，并对耦合的种类和应用进行了总结；归纳了协调与协调理论的内涵，指出了协调发展的基本原则，提出了协调理论的依据，分析了协调的特点，叙述了协调与协调发展、耦合协调度的概念。⑥阐述了国内外物流业与金融业研究发展趋势。国外对物流业的研究主要包括：政府在物流业发展中的角色与职能问题研究；城市及机场物流业的影响因素研究；物流业设施发展优化与多样性研究；物流业能力研究。而国内对物流业的研究主要是物流业发展研究、物流业规划研究、物流业竞争力研究、物流业需求研究、物流业能力研究及物流业系统研究。国外对金融业的研究主要集中在金融业的风险、协同、数字化及金融业与政府的关系上，而国内对金融业的研究主要集中在五个方面，包括互联网金融研究、金融业创新研究、金融业发展研究、金融业竞争力研究、金融业与经济关系研究。国外对物流业与金融业关系的研究，包括供应链金融研究、物流基础设施与金融业关系研究、交通运输与金融业关系研究；而国内对物流业与金融业关系的研究，包括物流业与经济发展关系研究、物流业与金融业互动关系研究、物流业与金融业协同发展研究。

第 2 章　京津冀物流业与金融业发展状况

习近平总书记强调:“实现京津冀协同发展,是面向未来打造新的首都经济圈、推进区域发展体制机制创新的需要，是探索完善城市群布局和形态、为优化开发区域发展提供示范和样板的需要，是探索生态文明建设有效路径、促进人口经济资源环境相协调的需要，是实现京津冀优势互补、促进环渤海经济区发展、带动北方腹地发展的需要，是一个重大国家战略，要坚持优势互补、互利共赢、扎实推进，加快走出一条科学持续的协同发展路子来。”[①]而随着《京津冀协同发展规划纲要》《京津冀协同发展交通一体化规划》等政策的不断推进，京津冀协同发展战略步入了全新的阶段，京津冀物流业也朝着一体化的方向不断迈进。

在京津冀物流业不断推进的同时，京津冀金融业也有了显著的发展。2018 年 11 月 18 日，中共中央和国务院发布的《中共中央 国务院关于建立更加有效的区域协调发展新机制的意见》中明确指出，建立以中心城市引领城市群发展、城市群带动区域发展新模式，推动区域板块之间融合互动发展[②]。由于金融业具有推动社会资本自由配置的能力，这使得金融业往往能对相关区域的地区经济带来直接的影响。因此，将金融业的优化与京津冀发展的状况相结合，可以更好地分析三地间的发展规律，探究其发展前景。

物流业作为连接区域活动的纽带，对于支撑京津冀间产业要素的流动转移、促进京津冀三地经济发展有着重要作用；金融业作为区域经济发展的风向标，同样对分析评估京津冀产业结构变化及经济增长前景起到关键作用。本章通过对京津冀三地间物流业、金融业发展状况进行分析，探讨京津冀三地的运输结构调整

① 《打破“一亩三分地” 习近平就京津冀协同发展提七点要求》，http://jhsjk.people.cn/article/24485849 [2022-02-24]。

② 《中共中央 国务院关于建立更加有效的区域协调发展新机制的意见》，http://www.gov.cn/zhengce/2018-11/29/content_5344537.htm[2019-11-17]。

方向与经济发展变化。

2.1　京津冀物流业发展状况

根据《京津冀协同发展规划纲要》中对京津冀区域发展的战略定位可知，北京市物流业的定位是通过创新引领智慧物流；天津市物流业的定位是打造以北方国际航运为核心的国际物流和高端物流；河北省物流业的定位是基于承接京津产业转移为基础的现代商贸物流重要基地。随着政策法规的不断推行、基础设施的不断完善，物流业在支撑京津冀地区打造具有国际竞争力产业集群的同时，也不断巩固着京津冀协同发展的根基。

为更好地分析京津冀地区物流业的发展状况，本节首先从公路运输、铁路运输、水路运输、航空运输、管道运输出发，分析京津冀地区的运输基础设施和运输结构；然后探讨京津冀物流业的供需状况与布局状况。

2.1.1　京津冀运输基础设施

1. 北京市运输基础设施分析

1）公路运输

A. 普通公路

表 2.1 列出了 2009～2017 年北京市公路里程及增长率，图 2.1 给出了 2009～2017 年北京市公路里程曲线图。根据表 2.1 和图 2.1 可以看出，2009～2017 年，北京市公路里程呈现稳定增长趋势，从 2009 年的 2.0755 万公里增长到 2017 年的 2.2226 万公里，增加了 0.1471 万公里，但增长率整体上呈现波动下降的趋势，从 2010 年的 1.73%下降到 2017 年的 0.91%。由此可以看出，2009～2017 年北京市公路里程逐年上升，但增长幅度正在逐渐放缓。

表 2.1　2009～2017 年北京市公路里程及增长率

年份	公路里程/万公里	增长率
2009	2.0755	—
2010	2.1114	1.73%
2011	2.1347	1.10%
2012	2.1492	0.68%
2013	2.1673	0.84%

续表

年份	公路里程/万公里	增长率
2014	2.1849	0.81%
2015	2.1885	0.16%
2016	2.2026	0.64%
2017	2.2226	0.91%

注：公路里程数据取自《北京统计年鉴 2019》，http://nj.tjj.beijing.gov.cn/nj/main/2019-tjnj/zk/indexch.htm[2020-11-11]；增长率数据是根据原始数据计算得出

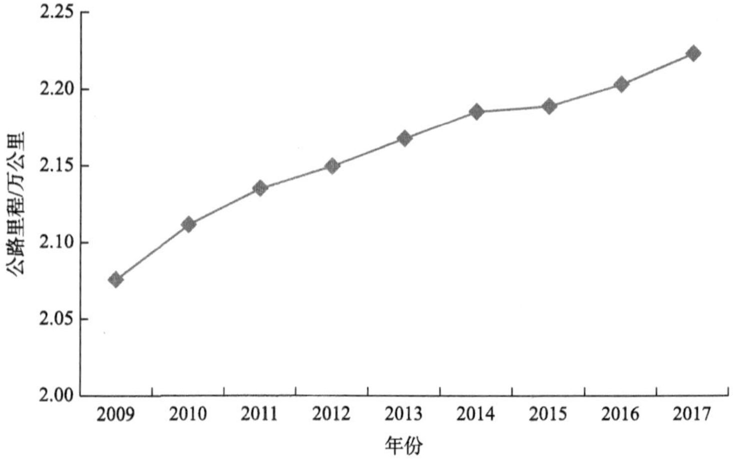

图 2.1 2009～2017 年北京市公路里程曲线图

表 2.2 列出了 2009～2017 年北京市公路网密度及增长率，图 2.2 给出了 2009～2017 年北京市公路网密度柱状图。由表 2.2 结合图 2.2 可以看出，2009～2017 年，北京市公路网密度呈现先下降后上升的波动变化趋势，先从 2009 年的 11.1586 公里/万人减少到 2015 年的 10.0829 公里/万人，之后又有所上升，2017 年达到 10.2391 公里/万人。相应地，北京市公路网密度的增速从 2010～2015 年的负增长（−3.55%到−0.71%），转变为 2016 年和 2017 年的正增长（0.53%和 1.01%），这可能是北京市人口流动性造成的。

表 2.2 2009～2017 年北京市公路网密度及增长率

年份	公路网密度/（公里/万人）	增长率
2009	11.1586	—
2010	10.7620	−3.55%
2011	10.5752	−1.74%

续表

年份	公路网密度/（公里/万人）	增长率
2012	10.3861	−1.79%
2013	10.2483	−1.33%
2014	10.1548	−0.91%
2015	10.0829	−0.71%
2016	10.1367	0.53%
2017	10.2391	1.01%

注：公路网密度数据由国家统计局网站相关数据计算得出；增长率数据是根据原始数据计算得出

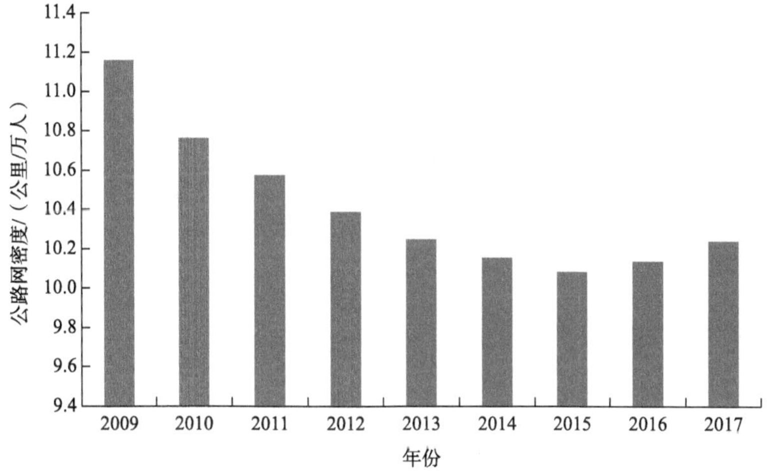

图 2.2　2009～2017 年北京市公路网密度柱状图

B. 高速公路

表 2.3 列出了 2009～2017 年北京市高速公路里程及增长率，图 2.3 给出了 2009～2017 年北京市高速公路里程曲线图。由表 2.3 结合图 2.3 可以看出，2009～2017 年北京市高速公路里程呈现增长趋势。从 2009 年的 0.0884 万公里增长到 2017 年的 0.1013 万公里，共增长 0.0129 万公里，其中，2013 年、2015 年和 2017 年三年高速公路里程分别与上一年持平，其他年份增速波动变化较大，增长率维持在 1.00%到 6.39%。

表 2.3　2009～2017 年北京市高速公路里程及增长率

年份	高速公路里程/万公里	增长率
2009	0.0884	—
2010	0.0903	2.15%

续表

年份	高速公路里程/万公里	增长率
2011	0.0912	1.00%
2012	0.0923	1.21%
2013	0.0923	0
2014	0.0982	6.39%
2015	0.0982	0
2016	0.1013	3.16%
2017	0.1013	0

注：高速公路里程数据取自《北京统计年鉴 2019》，http://nj.tjj.beijing.gov.cn/nj/main/2019-tjnj/zk/indexch.htm [2020-11-11]；增长率数据是根据原始数据计算得出

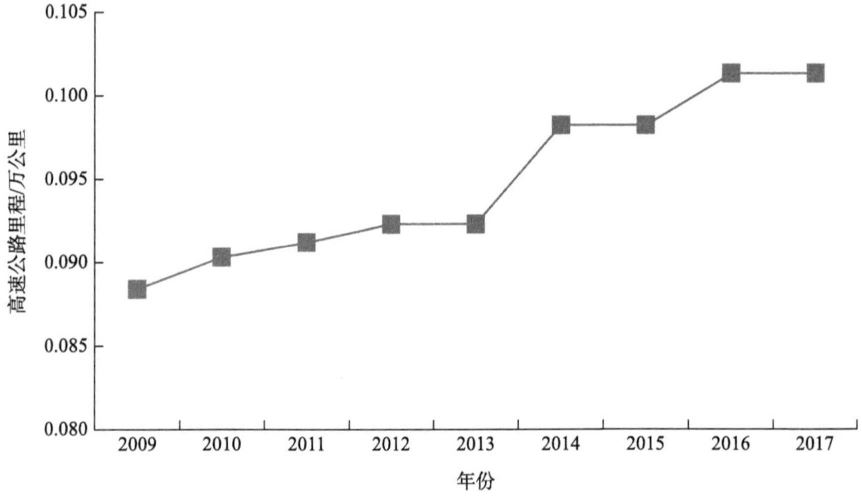

图 2.3　2009～2017 年北京市高速公路里程曲线图

表 2.4 列出了 2009～2017 年北京市高速公路网密度及增长率，图 2.4 给出了 2009～2017 年北京市高速公路网密度柱状图。由表 2.4 结合图 2.4 可以看出，2009～2017 年，北京市高速公路网密度呈现出先下降再波动上升的变化趋势，高速公路网密度从 2009 年的 0.4753 公里/万人波动上升至 2017 年的 0.4667 公里/万人，其中 2009～2013 年持续下降，从 2009 年的 0.4753 公里/万人下降至 2013 年的 0.4364 公里/万人，之后除 2015 年高速公路网密度同比 2014 年有所下降之外，2014 年、2016 年和 2017 年三年均保持增长态势，增长率分别达到 4.57%、3.04% 和 0.10%。

表 2.4　2009～2017 年北京市高速公路网密度及增长率

年份	高速公路网密度/（公里/万人）	增长率
2009	0.4753	—
2010	0.4603	−3.16%
2011	0.4518	−1.84%
2012	0.4460	−1.27%
2013	0.4364	−2.15%
2014	0.4564	4.57%
2015	0.4524	−0.87%
2016	0.4662	3.04%
2017	0.4667	0.10%

注：高速公路网密度数据由国家统计局网站相关数据计算得出；增长率数据是根据原始数据计算得出

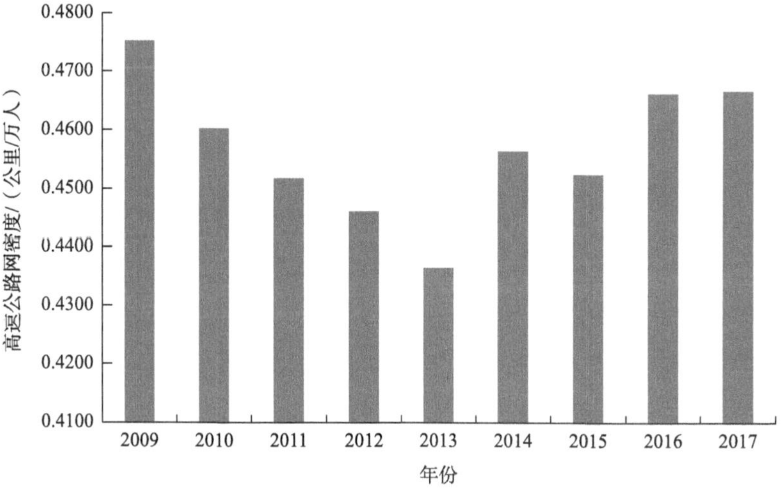

图 2.4　2009～2017 年北京市高速公路网密度柱状图

2）铁路运输

表 2.5 列出了 2009～2017 年北京市铁路营业里程及增长率，图 2.5 给出了 2009～2017 年北京市铁路营业里程曲线图。由表 2.5 结合图 2.5 可以看出，2009～2017 年，北京市铁路营业里程呈现增长趋势。从 2009 年的 0.0956 万公里上升至 2017 年的 0.1103 万公里，共增长 0.0147 万公里。其中 2010 年、2015 年和 2017 年三年铁路营业里程分别与上一年持平，2011 年增长幅度最大，铁路营业里程从 2010 年的 0.0956 万公里增长至 2011 年的 0.1067 万公里，增长率达到 11.61%，2016 年北京市铁路营业里程同比 2015 年有所下降，增长率为−1.87%，其原因是为配

合京张高铁的建设，京张铁路北京北站至北五环段的铁轨全部被拆除。

表 2.5 2009～2017 年北京市铁路营业里程及增长率

年份	铁路里程/万公里	增长率
2009	0.0956	—
2010	0.0956	0
2011	0.1067	11.61%
2012	0.1115	4.50%
2013	0.1116	0.09%
2014	0.1124	0.72%
2015	0.1124	0
2016	0.1103	−1.87%
2017	0.1103	0

注：铁路营业里程数据取自《北京统计年鉴 2019》，http://nj.tjj.beijing.gov.cn/nj/main/2019-tjnj/zk/indexch.htm [2020-11-11]；增长率数据是根据原始数据计算得出

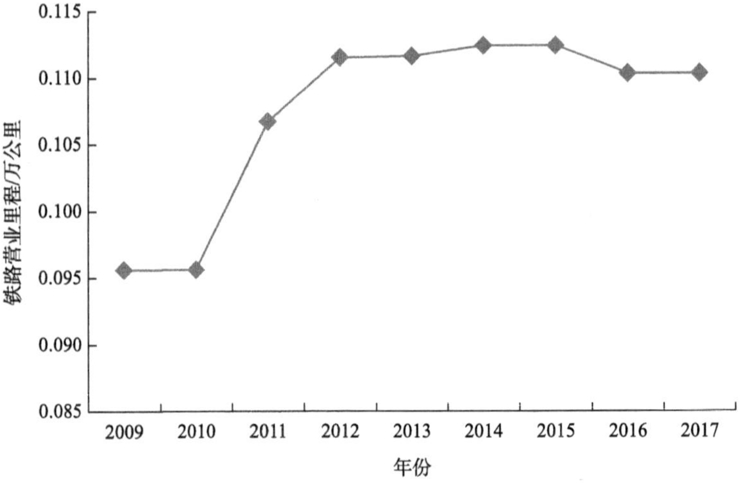

图 2.5 2009～2017 年北京市铁路营业里程曲线图

表2.6列出了2009～2017年北京市铁路网密度及增长率，图2.6给出了2009～2017 年北京市铁路网密度柱状图。由表 2.6 结合图 2.6 可以看出，2009～2017 年北京市铁路网密度呈现出波动变化的趋势。北京市铁路网密度在 2009 年为 0.5140 公里/万人，2010 年下降至九年间最低水平 0.4873 公里/万人，2011 年和 2012 年两年有所上升，2012 年达到九年间最高水平 0.5388 公里/万人，而后四年逐渐下降，2016 年铁路网密度降至 0.5076 公里/万人，2017 年有所回升，为 0.5081 公里/

万人，其中，2010 年及 2011 年波动较为剧烈，增长率分别为−5.19%和 8.48%。

表 2.6　2009～2017 年北京市铁路网密度及增长率

年份	铁路网密度/（公里/万人）	增长率
2009	0.5140	—
2010	0.4873	−5.19%
2011	0.5286	8.48%
2012	0.5388	1.94%
2013	0.5277	−2.06%
2014	0.5224	−1.01%
2015	0.5179	−0.87%
2016	0.5076	−1.98%
2017	0.5081	0.10%

注：铁路网密度数据由国家统计局网站相关数据计算得出；增长率数据是根据原始数据计算得出

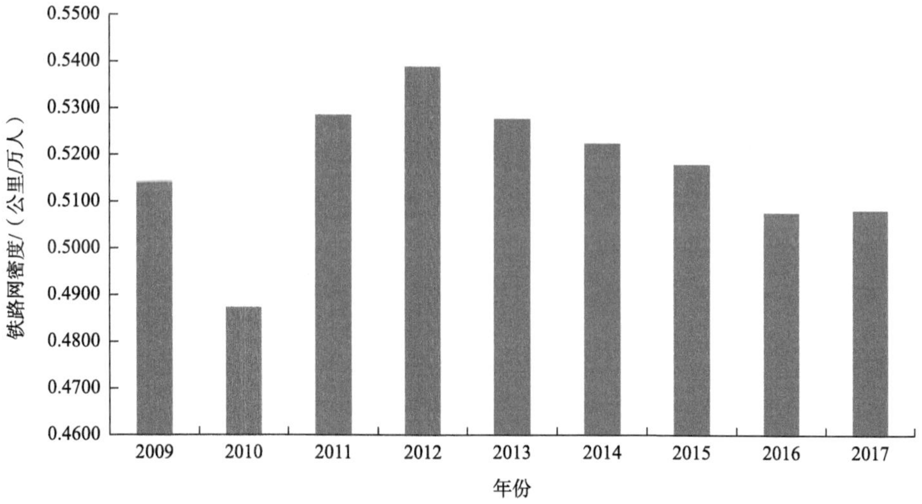

图 2.6　2009～2017 年北京市铁路网密度柱状图

3）航空运输

2019 年 9 月 25 日，北京大兴国际机场正式通航，北京市坐拥北京首都国际机场和大兴国际机场，正式形成“一市两场”航空双枢纽发展格局。

北京首都国际机场位于中国北京市东北郊，为 4F 级国际机场，是中国三大门户复合枢纽之一、环渤海地区国际航空货运枢纽群成员、世界超大型机场。截至 2017 年 7 月，北京首都国际机场拥有三座航站楼，面积共计 141 万平方米；有两条4E级跑道、一条4F级跑道，长宽分别为3800米×60米、3200米×50米、3800米×60米；机位共314个；共开通国内外航线252条。2019年，北京首都国际机场旅客吞吐量10 001.3万人次，同比下降1.0%；货邮吞吐量195.53万吨，同比下降5.7%；起降架次59.4万架次，同比下降3.2%；分别位居中国第1位、第2位、第1位。截至2016年底，北京首都国际机场拥有基地航空公司6家，分别为中国国际航空股份有限公司、中国东方航空集团有限公司、中国南方航空集团有限公司、海南航空控股股份有限公司、北京首都航空有限公司、顺丰航空有限公司；厦门航空有限公司在北京朝阳区设立分公司；截至2018年12月，有国内（含地区）航点160个，国际航点136个；共开通国内航线132条、国际航线120条。

北京大兴国际机场位于中国北京市大兴区和河北省廊坊市交界处,为4F级国际机场、大型国际枢纽机场、国家发展新动力源。北京大兴国际机场于2014年12月26日开工建设，2018年9月14日定名“北京大兴国际机场”；2019年9月25日，北京大兴国际机场正式通航，北京南苑机场正式关闭；2019年10月27日，北京大兴国际机场航空口岸正式对外开放，实行外国人144小时过境免签、24小时过境免办边检手续政策。截至2019年9月，北京大兴国际机场有一座航站楼，面积达70万平方米；有四条跑道，东一、北一和西一跑道宽60米，长分别为3400米、3800米和3800米，西二跑道长3800米，宽45米；机位共268个，可满足2025年旅客吞吐量7200万人次、货邮吞吐量200万吨、飞机起降量62万架次的需求。2019年，北京大兴国际机场共完成旅客量吞吐量313.5074万人次，排名全国第53位；货邮吞吐量7362.3吨，排名全国第70位；飞机起降21 048架次，排名全国第88位。2021年夏秋航季，北京大兴国际机场国内客运航班的时刻总量每日达886个，包含471条国内航线（往返），覆盖136个国内航点，国际航线达8条，连接7个国家，12家国内航空公司和5家国外航空公司在北京大兴国际机场运营客运航线，另有中国邮政航空和顺丰航空2家货运航司运营全货机航线。表2.7给出 2019年北京市机场基础设施情况。

表2.7 2019年北京市机场基础设施情况

机场名称	机场等级	航站楼面积/米^2	起降架次/架次
北京首都国际机场	4F	1 410 000	594 329
北京大兴国际机场	4F	700 000	21 048

4）管道运输

表2.8列出了2009～2017年北京市管道条数及管输里程，图2.7给出了2009～2017年北京市管输里程曲线图。由表2.8结合图2.7可以看出，2009～2017年，北京市管输里程呈现稳定增长趋势，除2014年管道条数和管输里程与上一年持

平以外，其他年份均有所增长。北京市管输里程从 2009 年的 2295.5 公里增长到 2017 年的 5439.5 公里，共增长 3144 公里；北京市管道条数也从 2009 年的 13 条增加到 2017 年的 25 条，翻了近一番，这说明近些年来北京市管道运输发展迅猛。

表 2.8　2009～2017 年北京市管道条数及管输里程

年份	管道条数/条	管输里程/公里
2009	13	2295.5
2010	15	3423.5
2011	15	3496.5
2012	15	3496.9
2013	17	3825.5
2014	17	3825.5
2015	17	4058.9
2016	23	4314.0
2017	25	5439.5

注：管道条数及管输里程数据取自《北京统计年鉴 2019》，http://nj.tjj.beijing.gov.cn/nj/main/2019-tjnj/zk/indexch.htm[2020-11-11]

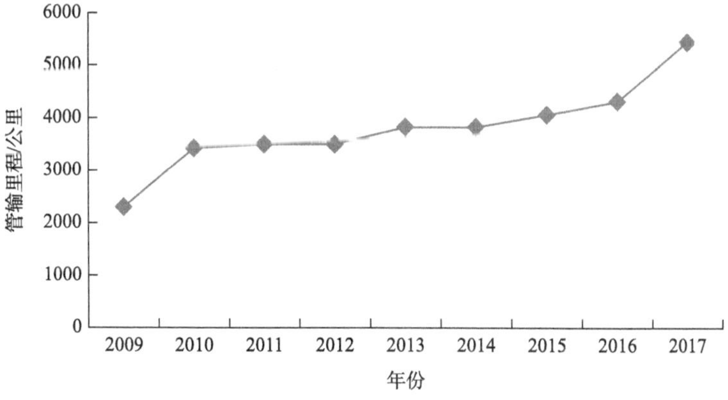

图 2.7　2009～2017 年北京市管输里程曲线图

2. 天津市运输基础设施分析

1）公路运输

A. 普通公路

表 2.9 列出了 2009～2017 年天津市公路里程及增长率，图 2.8 给出了 2009～2017 年天津市公路里程曲线图。由表 2.9 结合图 2.8 可以看出，2009～2017 年，

天津市公路里程呈现先增长后下降的趋势，从 2009 年的 1.4315 万公里开始逐步增长，并在 2016 年达到峰值（1.6764 万公里），2017 年天津市公路里程略有下降，公路里程降至 1.6532 万公里。从 2009 年到 2017 年，天津市公路里程共增长 0.2217 万公里，但增长率整体呈下降趋势，从 2010 年的 3.61% 波动下降至 2016 年的 1.29%，到了 2017 年增长率变为负值（−1.38%）。

表 2.9　2009～2017 年天津市公路里程及增长率

年份	公路里程/万公里	增长率
2009	1.4315	—
2010	1.4832	3.61%
2011	1.5163	2.23%
2012	1.5391	1.50%
2013	1.5718	2.12%
2014	1.6110	2.49%
2015	1.6550	2.73%
2016	1.6764	1.29%
2017	1.6532	−1.38%

注：公路里程数据取自《天津统计年鉴 2019》，http://stats.tj.gov.cn/nianjian/2019nj/zk/indexch.htm[2021-11-11]；增长率数据是根据原始数据计算得出

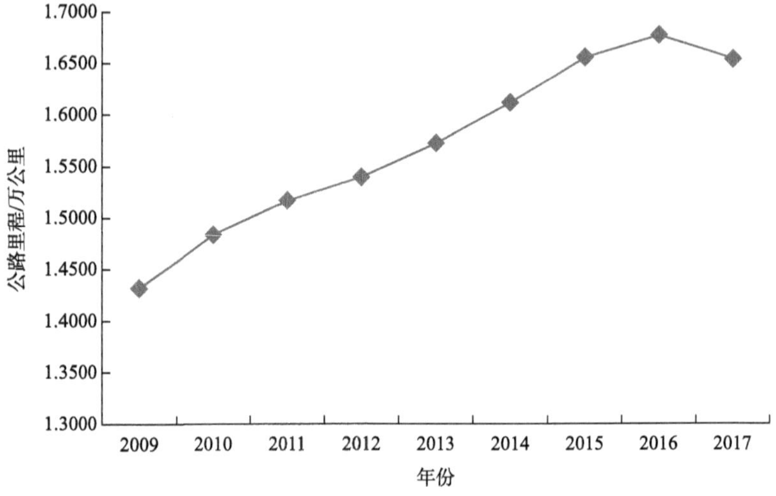

图 2.8　2009～2017 年天津市公路里程曲线图

表 2.10 列出了 2009～2017 年天津市公路网密度及增长率，图 2.9 给出了 2009～

2017 年天津市公路网密度柱状图。由表 2.10 结合图 2.9 可以看出，2009～2017 年，天津市公路网密度总体呈下降趋势，从 2009 年的 11.6557 公里/万人下降到 2014 年的 10.6210 公里/万人，2015 年、2016 年两年有所回升，天津市公路网密度分别达到 10.6985 公里/万人和 10.7316 公里/万人，2017 年的天津市公路网密度下降至 10.6187 公里/万人，其原因可能是天津市政府的招揽人才落户政策，吸引了超过 30 万人落户天津，天津市人口增长幅度大于天津市公路里程增长幅度。

表 2.10　2009～2017 年天津市公路网密度及增长率

年份	公路网密度/（公里/万人）	增长率
2009	11.6557	—
2010	11.4155	−2.06%
2011	11.1939	−1.94%
2012	10.8913	−2.70%
2013	10.6765	−1.97%
2014	10.6210	−0.52%
2015	10.6985	0.73%
2016	10.7316	0.31%
2017	10.6187	−1.05%

注：公路网密度数据由国家统计局网站相关数据计算得出；增长率数据是根据原始数据计算得出

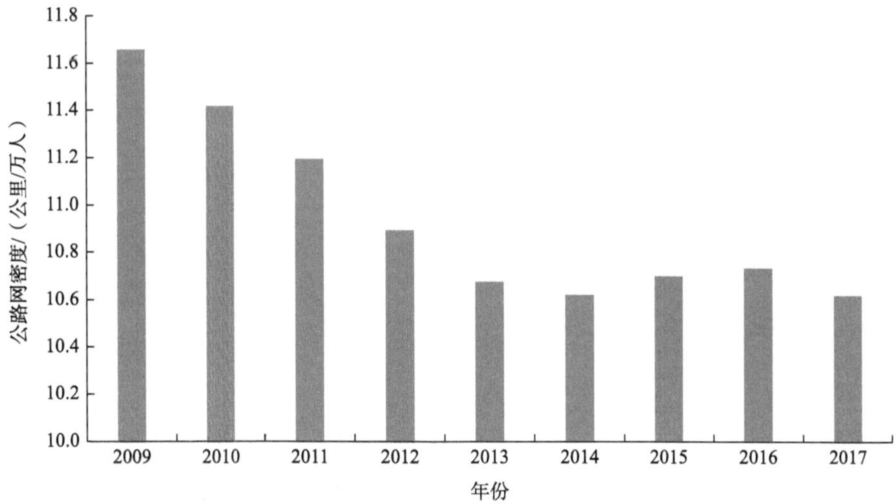

图 2.9　2009～2017 年天津市公路网密度柱状图

B. 高速公路

表 2.11 列出了 2009～2017 年天津市高速公路里程及增长率，图 2.10 给出了 2009～2017 年天津市高速公路里程曲线图。由表 2.11 结合图 2.10 可以看出，2009～2017 年，天津市高速公路里程呈现增长趋势。从 2009 年的 0.0884 万公里到 2017 年的 0.1248 万公里，共增长 0.0364 万公里，增长幅度明显。其中 2011～2013 年天津市高速公路里程保持不变，均为 0.1103 万公里，其他年份增长率变化较大，在 0.91%～12.32%波动，但增长率总体呈现出波动下降的趋势。

表 2.11　2009～2017 年天津市高速公路里程及增长率

年份	高速公路里程/万公里	增长率
2009	0.0884	—
2010	0.0982	11.09%
2011	0.1103	12.32%
2012	0.1103	0
2013	0.1103	0
2014	0.1113	0.91%
2015	0.1130	1.53%
2016	0.1208	6.90%
2017	0.1248	3.31%

注：高速公路里程数据取自《天津统计年鉴 2019》，http://stats.tj.gov.cn/nianjian/2019nj/zk/indexch.htm[2021-11-11]；增长率数据是根据原始数据计算得出

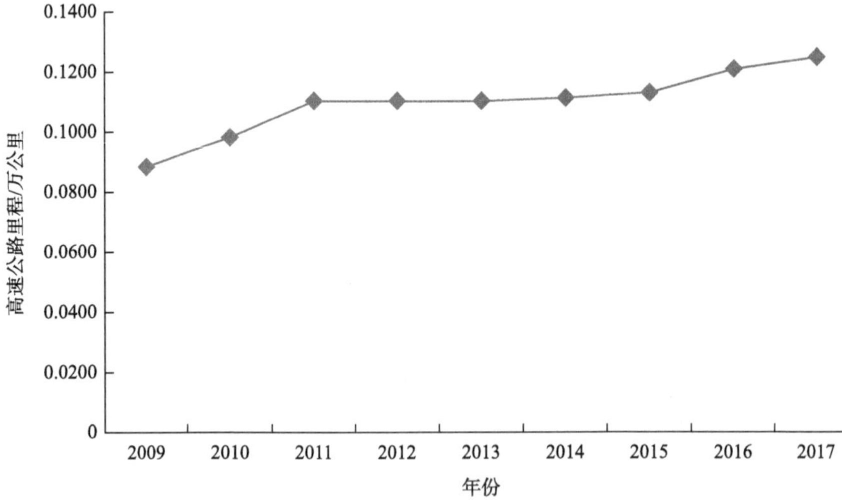

图 2.10　2009～2017 年天津市高速公路里程曲线图

表 2.12 列出了 2009～2017 年天津市高速公路网密度及增长率，图 2.11 给出了 2009～2017 年天津市高速公路网密度柱状图。由表 2.12 结合图 2.11 可以看出，2009～2017 年，天津市高速公路网密度呈现出上升再下降再上升的波动变化趋势。从 2009 年的 0.7198 公里/万人增长至 2011 年的 0.8143 公里/万人，2010 年和 2011 年的增长率分别为 5.00%和 7.74%，经过四年时间的负增长，2015 年天津市高速公路网密度降至 0.7305 公里/万人，2016 年及之后又有所回升，2016 年和 2017 年的增长率分别为 5.86%和 3.66%，2017 年天津市高速公路网密度达到 0.8016 公里/万人。

表 2.12　2009～2017 年天津市高速公路网密度及增长率

年份	高速公路网密度/（公里/万人）	增长率
2009	0.7198	—
2010	0.7558	5.00%
2011	0.8143	7.74%
2012	0.7805	−4.14%
2013	0.7492	−4.01%
2014	0.7338	−2.06%
2015	0.7305	−0.45%
2016	0.7733	5.86%
2017	0.8016	3.66%

注：高速公路网密度数据由国家统计局网站相关数据计算得出，增长率数据是根据原始数据计算得出

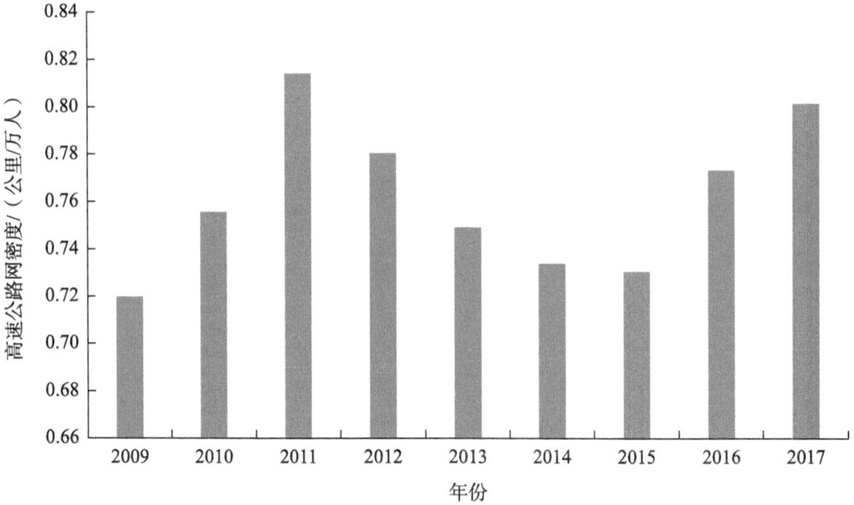

图 2.11　2009～2017 年天津市高速公路网密度柱状图

2）铁路运输

表 2.13 列出了 2009～2017 年天津市铁路营业里程及增长率，图 2.12 给出了 2009～2017 年天津市铁路营业里程曲线图。由表 2.13 结合图 2.12 可以看出，2009～2017 年，天津市铁路营业里程呈现稳定增长趋势。从 2009 年的 0.078 15 万公里到 2017 年的 0.114 90 万公里，共增长 0.036 75 万公里。其中，2010 年铁路营业里程没有变化，保持在 0.078 15 万公里，其他年份天津市铁路营业里程增长率则呈现出剧烈波动的变化趋势，其中 2011 年和 2013 年的增长率在 11%附近波动，2015 年和 2017 年的增长率在 8%附近波动，而 2012 年、2014 年和 2016 年的增长率在 1%附近波动。

表 2.13　2009～2017 年天津市铁路营业里程及增长率

年份	铁路营业里程/万公里	增长率
2009	0.078 15	—
2010	0.078 15	0
2011	0.086 69	10.93%
2012	0.086 77	0.09%
2013	0.096 34	11.03%
2014	0.097 09	0.78%
2015	0.104 37	7.50%
2016	0.106 09	1.65%
2017	0.114 90	8.30%

注：铁路里程数据取自 http://www.stats.gov.cn[2021-11-11]；增长率数据是根据原始数据计算得出

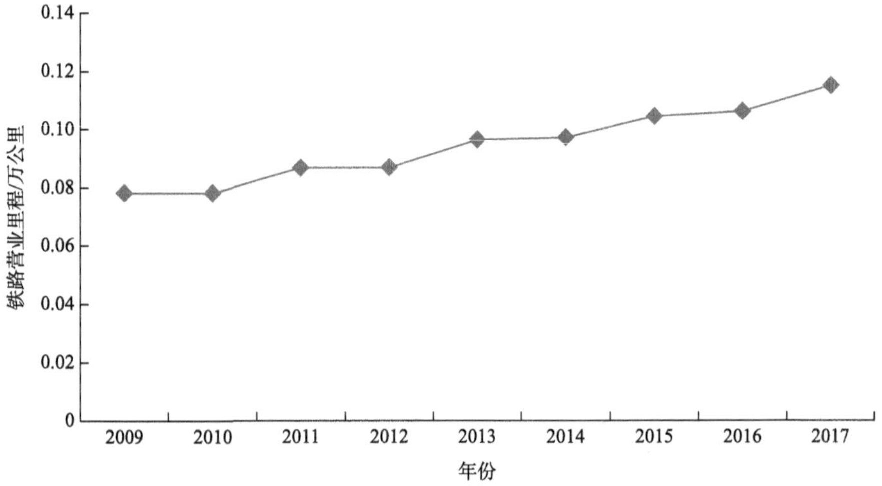

图 2.12　2009～2017 年天津市铁路营业里程曲线图

表 2.14 列出了 2009～2017 年天津市铁路网密度及增长率，图 2.13 给出了 2009～2017 年天津市铁路网密度柱状图。由表 2.14 结合图 2.13 可以看出，2009～2017 年，天津市铁路网密度呈现波动上升的变化趋势，其中，2016 年以前铁路网密度虽然有上升也有下降，但始终保持在 0.6～0.7 公里/万人，2017 年波动较为剧烈，增长率达到 8.67%，铁路网密度也首次超过 0.7 公里/万人，达到 0.7380 公里/万人。

表 2.14　2009～2017 年天津市铁路网密度及增长率

年份	铁路网密度/（公里/万人）	增长率
2009	0.6363	—
2010	0.6015	−5.47%
2011	0.6400	6.40%
2012	0.6140	−4.06%
2013	0.6544	6.58%
2014	0.6401	−2.18%
2015	0.6747	5.40%
2016	0.6791	0.66%
2017	0.7380	8.67%

注：铁路网密度数据由国家统计局网站相关数据计算得出；增长率数据是根据原始数据计算得出

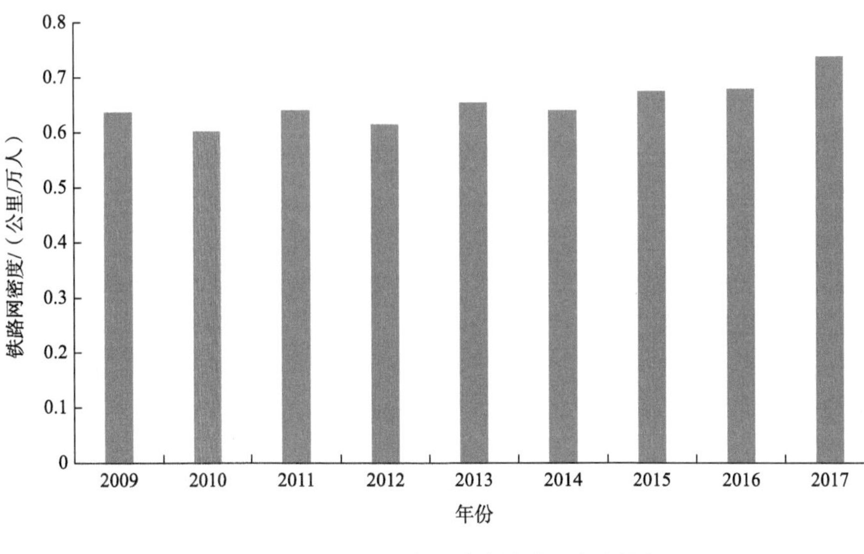

图 2.13　2009～2017 年天津市铁路网密度柱状图

3）水路运输

表 2.15 列出了 2009～2017 年天津市内河航道里程。从表 2.15 可以看出，天津市的内河航道里程在九年间没有发生变化，均为 412 公里。

表 2.15　2009～2017 年天津市内河航道里程

年份	内河航道里程/公里
2009	412
2010	412
2011	412
2012	412
2013	412
2014	412
2015	412
2016	412
2017	412

注：内河航道里程数据取自《天津统计年鉴 2019》，http://stats.tj.gov.cn/nianjian/2019nj/zk/indexch.htm[2021-11-11]

天津港位于中国天津市滨海新区，地处渤海湾西端，背靠雄安新区，辐射东北、华北、西北等内陆腹地，连接东北亚与中西亚，是京津冀的海上门户，是中蒙俄经济走廊东部起点、新亚欧大陆桥重要节点、21 世纪海上丝绸之路战略支点。截至 2019 年，天津港港口岸线总长 32.7 千米，水域面积 336 平方千米，陆域面积 131 平方千米。天津港由北疆港区、南疆港区、东疆港区、临港经济区南部区域、南港港区东部区域 5 个港区组成。天津港是中国华北、西北和京津地区的重要水路交通枢纽，对外交通十分发达，已形成了颇具规模的立体交通集疏运体系。天津港与京哈铁路、京沪铁路、京津城际铁路三条铁路干线交汇，并外接京广铁路、京九铁路、京包铁路、京承铁路、京通铁路、陇海铁路、包兰铁路、兰新铁路等干线与全国铁路联网。北达北京、内蒙古和东北地区，南抵华东、华南地区，西连西部和西北部内陆地区，进而连通蒙古国、俄罗斯及欧洲各国。天津港公路成网，四通八达，与京津塘高速公路、丹拉高速公路、京津塘高速公路、津晋高速公路形成辐射状公路网络，连接了北京、天津及华北、西北地区各省市。

4）航空运输

天津滨海国际机场位于中国天津市东丽区，为 4E 级民用国际机场，是中国国际航空物流中心、国际定期航班机场、对外开放的国家一类航空口岸和中国主要的航空货运中心之一。截至 2016 年底，机场开通航线 180 条、通航城市 132 个。2017 年 8 月机场官网显示，天津滨海国际机场拥有航站楼两座，分别为 T1

（国际及地区）、T2（国内），总建筑面积 36.4 万平方米、货库面积 7.4 万平方米；拥有跑道 2 条，长度分别为 3600 米、3200 米；机位 59 个。2019 年，天津机场完成旅客吞吐量 2381.3 万人次，同比增长 0.9%；货邮吞吐量 22.6 万吨，同比下降 12.6%；运输架次 16.7 万架次，同比下降 6.4%。表 2.16 给出了 2019 年天津市机场基础设施情况。

表 2.16　2019 年天津市机场基础设施情况

机场名称	机场等级	航线数量/条	航站楼面积/平方米	起降架次/架次
天津滨海国际机场	4E	180	364 000	167 000

表 2.17 列出了 2009～2017 年天津市民航航线里程及增长率，图 2.14 给出了 2009～2017 年天津市民航航线里程曲线图。由表 2.17 结合图 2.14 可以看出，2009～2017 年，天津市民航航线里程呈现大幅度增长态势。从 2009 年的 4.0341 万公里到 2017 年的 17.0276 万公里，共增长 12.9935 万公里，翻了两番还要多。除 2014 年天津市民航航线里程较上一年有所减少外，其他年份或多或少都有所增加，其中 2010 年、2012 年和 2013 年民航航线里程增长迅猛，增长率分别达到 69.77%、82.20%和 21.89%。

表 2.17　2009～2017 年天津市民航航线里程及增长率

年份	民航航线里程/万公里	增长率
2009	4.0341	—
2010	6.8488	69.77%
2011	6.9722	1.80%
2012	12.7032	82.20%
2013	15.4840	21.89%
2014	15.2342	−1.61%
2015	16.3833	7.54%
2016	16.4630	0.49%
2017	17.0276	3.43%

注：民航航线里程数据取自《天津统计年鉴 2019》，http://stats.tj.gov.cn/nianjian/2019nj/zk/indexch.htm[2021-11-11]；增长率数据是根据原始数据计算得出

5）管道运输

表 2.18 列出了 2009～2018 年天津市输油气管道里程及增长率，图 2.15 给出了 2009～2018 年天津市输油气管道里程曲线图。由表 2.18 结合图 2.15 可以看出，2009～2018 年，天津市输油气管道里程呈现波动下降的趋势。从 2009 年的 0.0608

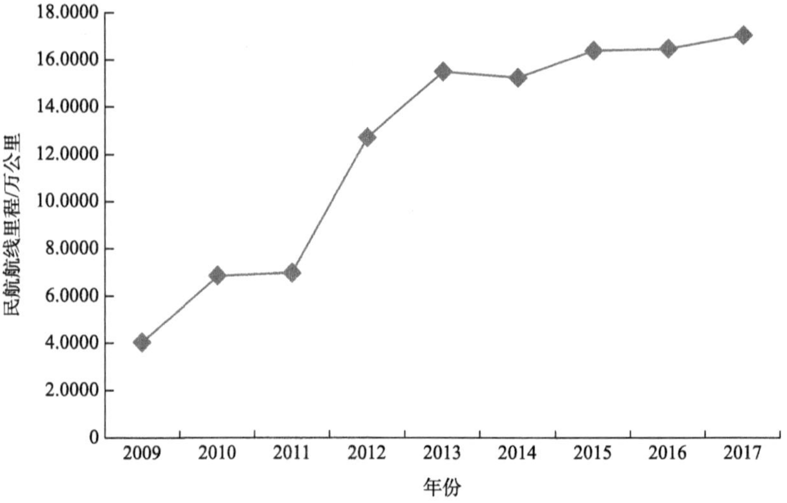

图 2.14　2009～2017 年天津市民航航线里程曲线图

万公里到 2018 年的 0.0449 万公里，天津市输油气管道里程共减少 0.0159 万公里，除 2015 年天津市输油气管道里程略有回升以外，其他年份均与上一年持平或减少。这可能是 2010 年“7·16”大连输油管道爆炸事故和 2013 年“11·22”青岛输油管道爆炸事件发生后，天津市政府出于对安全的考虑拆除部分存在安全隐患的输油管道导致的。

表 2.18　2009～2018 年天津市输油气管道里程及增长率

年份	输油气管道里程/万公里	增长率
2009	0.0608	—
2010	0.0542	−10.86%
2011	0.0538	−0.74%
2012	0.0532	−1.12%
2013	0.0529	−0.56%
2014	0.0518	−2.08%
2015	0.0521	0.58%
2016	0.0521	0
2017	0.0521	0
2018	0.0449	−13.82%

注：输油气管道里程数据取自《天津统计年鉴 2019》，http://stats.tj.gov.cn/nianjian/2019nj/zk/indexch.htm[2021-11-11]；增长率数据是根据原始数据计算得出

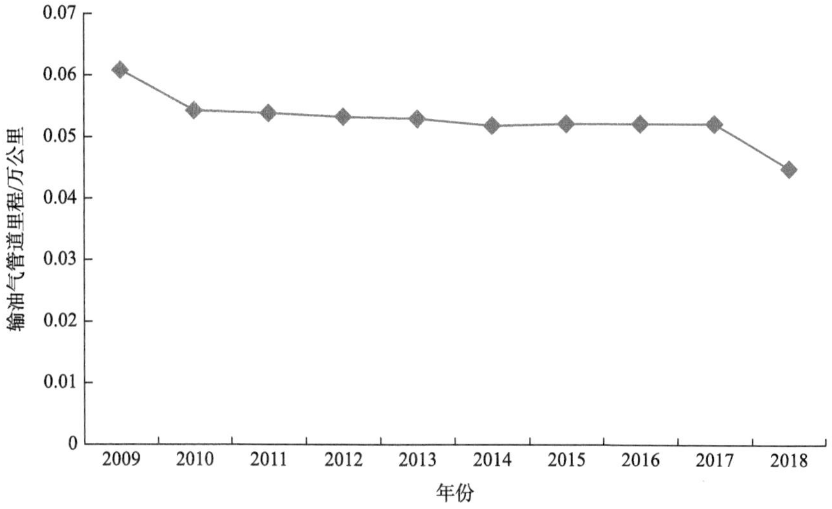

图 2.15　2009～2018 年天津市输油气管道里程曲线图

3. 河北省运输基础设施分析

1）公路运输

A. 普通公路

表 2.19 列出了 2009～2017 年河北省公路里程及增长率，图 2.16 给出了 2009～2017 年河北省公路里程曲线图。由表 2.19 结合图 2.16 可以看出，2009～2017 年，河北省公路里程呈现出逐年增长的趋势。从 2009 年的 15.21 万公里增长到 2017 年的 19.17 万公里，共增长 3.96 万公里，增速保持在 1.45%～7.06%。

表 2.19　2009～2017 年河北省公路里程及增长率

年份	公路里程/万公里	增长率
2009	15.21	—
2010	15.43	1.45%
2011	15.70	1.75%
2012	16.30	3.82%
2013	17.45	7.06%
2014	17.92	2.69%
2015	18.46	3.01%
2016	18.84	2.06%
2017	19.17	1.75%

注：公路里程数据取自《河北经济年鉴 2018》，http://tjj.hebei.gov.cn/res/nj2018/indexch.htm[2021-11-11]；增长率数据是根据原始数据计算得出

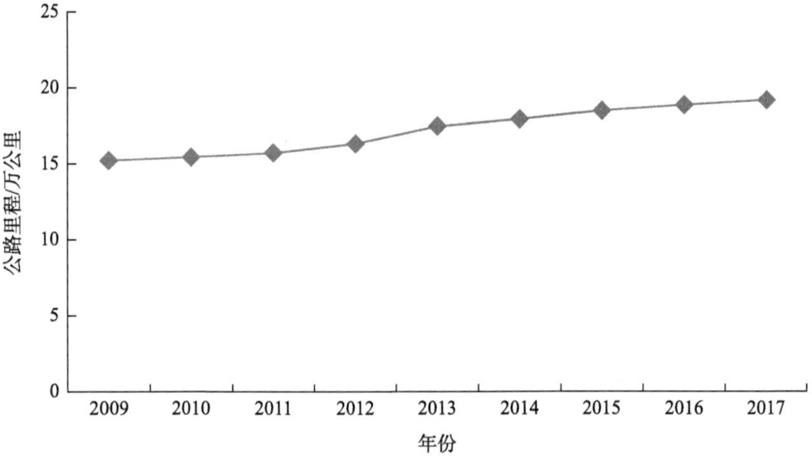

图 2.16　2009～2017 年河北省公路里程曲线图

表 2.20 列出了 2009～2017 年河北省公路网密度及增长率，图 2.17 给出了 2009～2017 年河北省公路网密度柱状图。由表 2.20 结合图 2.17 可以看出，2009～2017 年，河北省公路网密度呈现先下降后上升的变化趋势，2010 年公路网密度为 21.4484 公里/万人，低于 2009 年的 21.6235 公里/万人，同比增长率为−0.81%，2011 年之后河北省公路网密度保持上升态势，从 2011 年的 21.6821 公里/万人上升至 2017 年的 25.4920 公里/万人，增长了 3.8099 公里/万人，增长率保持在 1.08%～6.40%。

表 2.20　2009～2017 年河北省公路网密度及增长率

年份	公路网密度/（公里/万人）	增长率
2009	21.6235	—
2010	21.4484	−0.81%
2011	21.6821	1.09%
2012	22.3655	3.15%
2013	23.7965	6.40%
2014	24.2687	1.98%
2015	24.8620	2.44%
2016	25.2209	1.44%
2017	25.4920	1.08%

注：公路网密度数据由国家统计局网站相关数据计算得出；增长率数据是根据原始数据计算得出

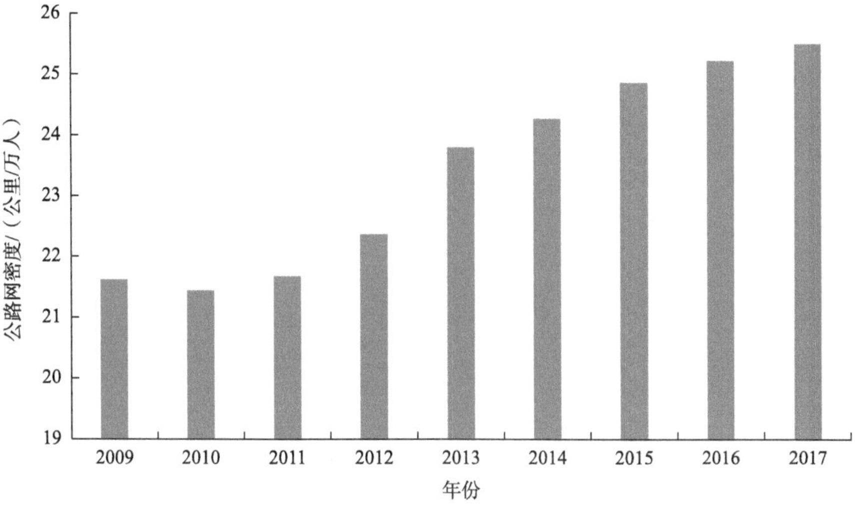

图 2.17　2009～2017 年河北省公路网密度柱状图

B. 高速公路

表 2.21 列出了 2009～2017 年河北省高速公路里程及增长率，图 2.18 给出了 2009～2017 年河北省高速公路里程曲线图。由表 2.21 结合图 2.18 可以看出，2009～2017 年，河北省高速公路里程总体呈增长的趋势。从 2009 年的 0.33 万公里增长至 2016 年的 0.65 万公里，共增长 0.32 万公里，翻了近一番，2017 年河北省高速公路里程与 2016 年持平。从增速来看，2010～2017 年，河北省高速公路里程增速逐渐放缓，增长率从 2010 年的 30.30%下降到 2016 年的 3.17%，2017 年增速为零。

表 2.21　2009～2017 年河北省高速公路里程及增长率

年份	高速公路里程/万公里	增长率
2009	0.33	—
2010	0.43	30.30%
2011	0.48	11.63%
2012	0.51	6.25%
2013	0.56	9.80%
2014	0.59	5.36%
2015	0.63	6.78%
2016	0.65	3.17%
2017	0.65	0

注：高速公路里程数据取自《河北经济年鉴 2018》，http://tjj.hebei.gov.cn/res/nj2018/indexch.htm[2021-11-11]；增长率数据是根据原始数据计算得出

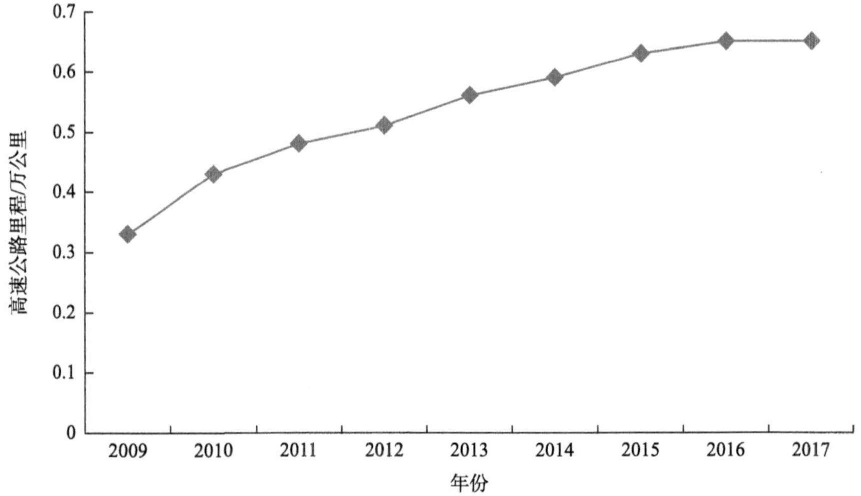

图 2.18　2009～2017 年河北省高速公路里程曲线图

表 2.22 列出了 2009～2017 年河北省高速公路网密度及增长率，图 2.19 给出了 2009～2017 年河北省高速公路网密度柱状图。由表 2.22 结合图 2.19 可以看出，2009～2017 年，河北省高速公路网密度呈现出先上升后下降的变化趋势。河北省高速公路网密度从 2009 年的 0.4691 公里/万人开始持续上升，到 2016 年河北省高速公路网密度达到峰值，为 0.8701 公里/万人，2017 年河北省高速公路网密度降至 0.8644 公里/万人。2010～2017 年河北省高速公路网密度增长率呈波动性下降趋势，从 2010 年的 27.40%波动下降至 2017 年的−0.66%。

表 2.22　2009～2017 年河北省高速公路网密度及增长率

年份	高速公路网密度/（公里/万人）	增长率
2009	0.4691	—
2010	0.5977	27.40%
2011	0.6629	10.90%
2012	0.6998	5.56%
2013	0.7637	9.13%
2014	0.7990	4.63%
2015	0.8485	6.19%
2016	0.8701	2.55%
2017	0.8644	−0.66%

注：高速公路网密度数据由国家统计局网站相关数据计算得出；增长率数据是根据原始数据计算得出

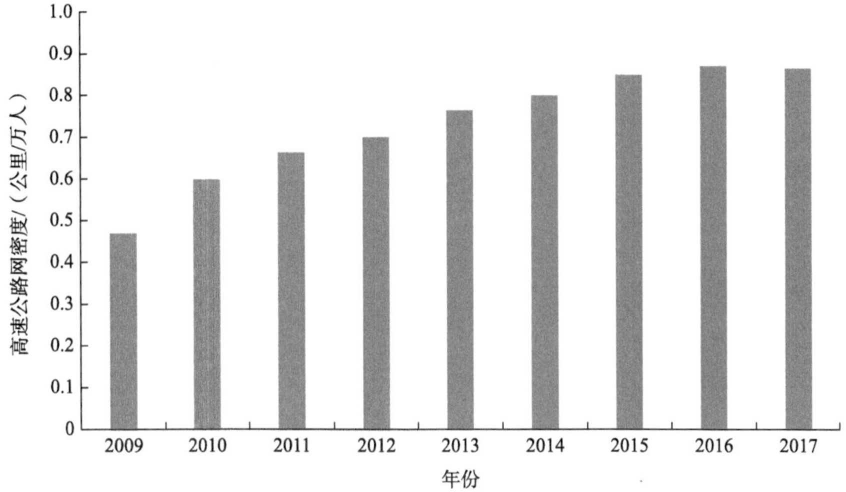

图 2.19　2009～2017 年河北省高速公路网密度柱状图

2）铁路运输

表 2.23 列出了 2009～2017 年河北省地方铁路里程及增长率，图 2.20 给出了 2009～2017 年河北省地方铁路里程曲线图。由表 2.23 结合图 2.20 可以看出，2009～2017 年，河北省地方铁路里程呈现出先减少后增长的变化趋势。河北省地方铁路里程从 2009 年的 0.215 28 万公里减少至 2010 年的 0.212 41 万公里，而后一直保持增长趋势，从 2010 年的 0.212 41 万公里增长至 2017 年的 0.235 00 万公里，共增长了 0.022 59 万公里。河北省地方铁路里程的增长率除 2010 年为−1.33%外，其他年份保持在 0.11%～3.89%。

表 2.23　2009～2017 年河北省地方铁路里程及增长率

年份	地方铁路里程/万公里	增长率
2009	0.215 28	—
2010	0.212 41	−1.33%
2011	0.217 24	2.27%
2012	0.217 48	0.11%
2013	0.219 34	0.86%
2014	0.221 21	0.85%
2015	0.224 29	1.39%
2016	0.233 02	3.89%
2017	0.235 00	0.85%

注：地方铁路里程数据取自《河北经济年鉴 2018》，http://tjj.hebei.gov.cn/res/nj2018/indexch.htm[2021-11-11]；增长率数据是根据原始数据计算得出

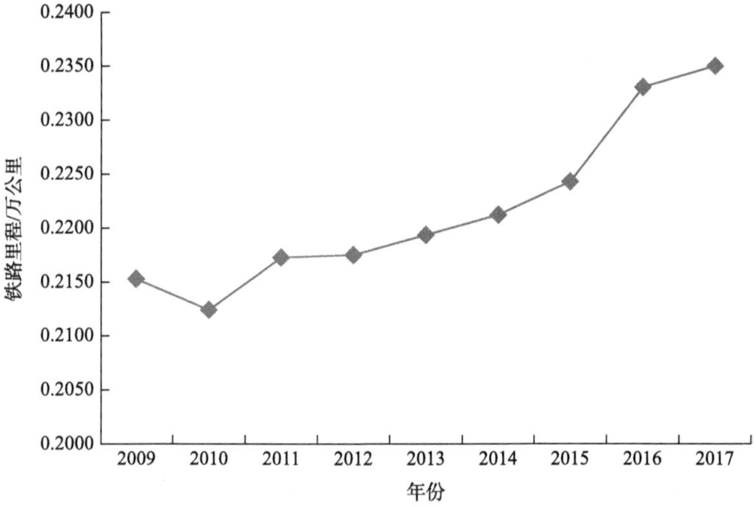

图 2.20　2009～2017 年河北省地方铁路里程曲线图

表 2.24 列出了 2009～2017 年河北省铁路网密度及增长率，图 2.21 给出了 2009～2017 年河北省铁路网密度柱状图。由表 2.24 结合图 2.21 可以看出，2009～2017 年，河北省铁路网密度呈现波动上升的变化趋势。河北省铁路网密度从 2009 年的 0.3061 公里/万人增长至 2017 年的 0.3125 公里/万人，增长了 0.0064 公里/万人。除 2010 年（−3.53%）和 2012 年（−0.54%）外，其他年份河北省铁路网密度增长率均为正值，增长率保持在 0.16%～3.27%。

表 2.24　2009～2017 年河北省铁路网密度及增长率

年份	铁路网密度/（公里/万人）	增长率
2009	0.3061	—
2010	0.2953	−3.53%
2011	0.3000	1.61%
2012	0.2984	−0.54%
2013	0.2991	0.24%
2014	0.2996	0.16%
2015	0.3021	0.83%
2016	0.3119	3.27%
2017	0.3125	0.18%

注：铁路网密度数据由国家统计局网站相关数据计算得出；增长率数据是根据原始数据计算得出

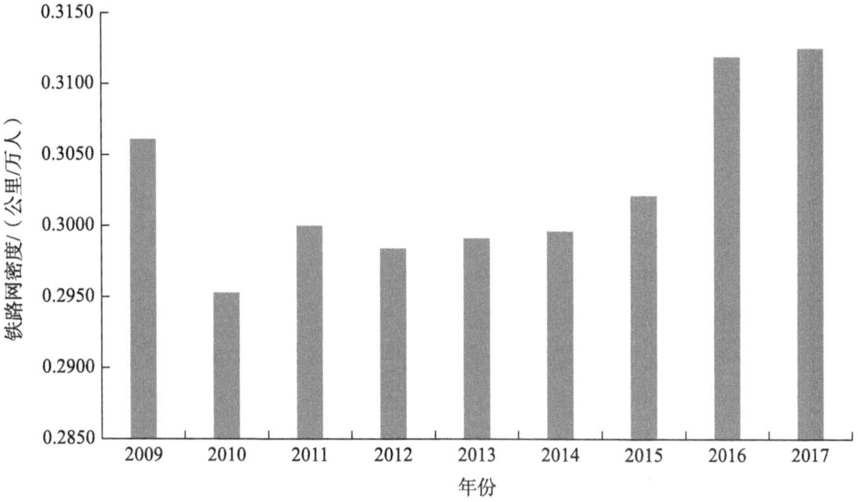

图 2.21　2009～2017 年河北省铁路网密度柱状图

3）水路运输

表 2.25 列出了 2009～2017 年河北省内河航道里程。由表 2.25 可以看出，河北省的内河航道里程在九年间没有发生变化，均为 286 公里。

表 2.25　2009～2017 年河北省内河航道里程

年份	内河航道里程/公里
2009	286
2010	286
2011	286
2012	286
2013	286
2014	286
2015	286
2016	286
2017	286

注：内河航道里程数据取自《河北经济年鉴 2018》，http://tjj.hebei.gov.cn/res/nj2018/indexch.htm[2021-11-11]

河北省主要有秦皇岛港、黄骅港、京唐港、曹妃甸港四个港口。

秦皇岛港是中国河北省秦皇岛市港口，位于渤海海岸，北依燕山，东有万里长城入海处老龙头，西有北戴河，港阔水深，风平浪静，一年四季不冻不淤，是中国北方的一座天然港口。2019 年 10 月秦皇岛港官网显示，秦皇岛港拥有 12.2 千米长的码头岸线，陆域面积 11.3 平方千米，水域面积 226.9 平方千米，分为东、西两大港区；运营 92 个泊位，包括 44 个万吨级以上泊位。其中，有 23 个煤炭泊位、7 个油品及液体化工泊位、17 个杂货泊位、3 个集装箱泊位；主要经营货种有煤炭、石油、粮食、化肥、矿石、集装箱等。

黄骅港位于河北省黄骅市的渤海之滨，恰置河北、山东两省交界处，环渤海经济圈的中部，朔黄铁路、邯黄铁路、黄万铁路、沧港铁路、黄大铁路直通港口。2017 年黄骅港已建成 20 万吨级航道和万吨级以上泊位 33 个，吞吐量连续 3 年突破亿吨。2010 年 8 月 18 日黄骅综合大港的开航，对冀中南、晋陕蒙等地调整产业结构、转变发展方式、推进全方位开放影响深远。2019 年上半年，黄骅港运营保持平稳态势，完成吞吐量 1.43 亿吨，同比增长 1.99%，集装箱业务完成吞吐量 27.13 万标箱。

京唐港是唐山港下属港口之一，位于唐山市东南 80 公里处的唐山海港开发区境内，渤海湾北岸。京唐港地处京津唐一级经济区网络之中，环渤海经济圈的中心地带。2017 年，京唐港区完成货物吞吐量 2.9 亿吨。在港区的有力带动下，唐山港以 4.46 亿吨的货物吞吐量排名全球港口第七位，增幅 22.39%，增幅位居全球十大港口之首。

曹妃甸港，又名“沙垒甸”，全称为唐山港曹妃甸港区，位于滦河三角洲西面最古老的区域，是古代渔家避风的一个小海岛，约形成于 5500 年前。2017 年，曹妃甸港区完成货物吞吐量 2.83 亿吨。

表 2.26 给出了 2017 年河北省主要港口基础设施情况。如表 2.26 所示，截至 2017 年底，河北省主要港口的码头长度为 57 514 米，生产码头长度为 55 550 米，共拥有 253 个泊位，其中，222 个泊位投入使用。秦皇岛港的码头长度为 17 161 米，生产码头长度为 15 928 米，共拥有 92 个泊位，72 个泊位投入使用，使用率较高。黄骅港的码头长度为 10 006 米，生产码头长度为 9586 米，共拥有 48 个泊位，39 个泊位投入使用，使用率较高。京唐港的码头长度为 10 500 米，生产码头长度为 10 189 米，共拥有 42 个泊位，40 个泊位投入使用，使用率超过 90%。曹妃甸港的码头长度为 19 847 米，生产码头长度为 19 847 米，共拥有 71 个泊位，71 个泊位全部投入使用，使用率达到 100%。

表 2.26　2017 年河北省主要港口基础设施情况

主要港口	码头长度/米	泊位数/个	万吨级泊位数/个
秦皇岛港	17 161	92	44
黄骅港	10 006	48	33
京唐港	10 500	42	37

续表

主要港口	码头长度/米	泊位数/个	万吨级泊位数/个
曹妃甸港	19 847	71	71
总计	57 514	253	185

4）航空运输

河北省目前有 6 个已经投入使用的机场，分别是石家庄正定国际机场、张家口宁远机场、秦皇岛北戴河机场、承德普宁机场、邯郸机场和唐山三女河机场。

石家庄正定国际机场位于中国河北省石家庄市正定县，为 4E 级民用国际机场，是京津冀城市群的重要空中门户、北京首都机场的备降机场、区域航空枢纽、中国北方重要的国际航空货运中转基地。2018 年 9 月机场官网显示，石家庄正定国际机场跑道全长 3400 米、宽 45 米；拥有两座航站楼，分别为 T1（国际及地区）、T2（国内），共 20.9 万平方米，停机坪总面积 21 万平方米；可满足年旅客吞吐量 2000 万人次、货邮吞吐量 25 万吨的需要。2018 年 11 月 20 日上午 8 时 7 分，石家庄机场旅客吞吐量突破 1000 万人次，标志着京津冀机场群中主要机场全部跨入“千万级”行列。2019 年，石家庄正定国际机场共完成旅客吞吐量 1192.2801 万人次，同比增长 5.2%；货邮吞吐量 53.2297 万吨，同比增长 15.4%；飞机起降 9.097 万架次，同比增长 1.4%。

张家口宁远机场位于中国河北省张家口市桥东区机场路，为 4C 级军民合用支线机场。百度百科显示，截至 2021 年 2 月，张家口宁远机场有 2 座航站楼，其中 T1 航站楼面积 5400 平方米，T2 航站楼面积 1.39 万平方米；民航站坪设 C 类机位 14 个；跑道长 3000 米，宽 45 米；可满足年旅客吞吐量 100 万人次、飞机起降 1.07 万架次的使用需求。2019 年，张家口宁远机场共完成旅客吞吐量 30.4009 万人次，同比下降 21.5%；货邮吞吐量 49.5 吨，同比下降 44.0%；飞机起降 2776 架次，同比下降 23.9%。

秦皇岛北戴河机场位于中国河北省秦皇岛市昌黎县龙家店镇晒甲坨村南，为 4C 级国际支线机场、临时航空口岸机场。2020 年 3 月河北机场集团官网显示，秦皇岛机场航站楼面积 1.06 万平方米，站坪设机位 8 个，其中 C 类机位 7 个、B 类机位 1 个；跑道长 2600 米，宽 45 米，可满足年旅客吞吐量 50 万人次、货邮吞吐量 1200 吨的使用需求。2019 年，秦皇岛北戴河机场共完成旅客吞吐量 50.6522 万人次，同比增长 22.3%；货邮吞吐量 378.8 吨，同比下降 26.2%；飞机起降 26 013 架次，同比下降 3.7%。

承德普宁机场位于中国河北省承德市承德县头沟镇小梁后，为 4C 级旅游支线机场。截至 2017 年 6 月，承德普宁机场航站楼面积为 5000 平方米，站坪设 5 个 C 类机位；跑道长 2800 米，宽 45 米；可满足年旅客吞吐量 45 万人次、货邮吞吐量 1600 吨的使用需求。2019 年，承德普宁机场共完成旅客吞吐量 42.4397 万人次，同比下降 2.9%；货邮吞吐量 45.1 吨，同比下降 52.1%；飞机起降 3218 架次，同比下降 7.6%。

邯郸机场位于中国河北省邯郸市邯山区机场路1号,北距邯郸市中心10千米，为 4C 级中国国内支线机场。截至 2020 年 9 月，邯郸机场航站楼面积 20 000 平方米，设 5 座登机廊桥；民航站坪设 10 个 C 类机位，其中 5 个廊桥近机位；跑道长 2600 米，宽 45 米；可满足年旅客吞吐量 300 万人次的使用需求。2019 年，邯郸机场共完成旅客吞吐量 97.0700 万人次，同比增长 27.1%，全国排名第 107 位；货邮吞吐量 1026.1 吨，同比增长 2.1%，全国排名第 124 位；飞机起降 6.4904 万架次，同比下降 11.4%，全国排名第 51 位。

唐山三女河机场位于中国河北省唐山市丰润区石各庄镇机场路，东南距唐山市中心 19.5 千米，为 4C 级军民合用支线机场。2009 年 2 月 26 日，空军唐山机场正式开始军民合用改扩建工程；2009 年 6 月 1 日，唐山军民合用机场定名为唐山三女河机场；2010 年 7 月 13 日，唐山三女河机场正式开通民航业务。截至 2020 年 5 月，唐山三女河机场航站楼面积 6187 平方米，设 2 座登机廊桥；民航站坪面积 3.2 万平方米，设 8 个机位，其中 2 个 B 类机位，6 个 C 类机位；跑道长 2700 米，宽 50 米；可满足年旅客吞吐量 50 万人次、货邮吞吐量 3200 吨的使用需求。2019 年，唐山三女河机场共完成旅客吞吐量 34.1953 万人次，同比增长 77.1%，全国排名第 167 位；货邮吞吐量 259.7 吨，同比下降 53.2%，全国排名第 167 位；飞机起降 5341 架次，同比增长 76.7%，全国排名第 149 位。

4. 京津冀运输基础设施分析

1）公路运输

A. 普通公路

表 2.27 列出了 2009～2017 年京津冀公路里程及增长率，图 2.22 给出了 2009～2017 年京津冀公路里程曲线图。由表 2.27 结合图 2.22 可以看出，2009～2017 年，京津冀公路里程呈现稳定增长趋势，从 2009 年的 18.7170 万公里到 2017 年的 23.0458 万公里，共增长 4.3288 万公里。京津冀公路里程的增长率从 2010 年的 1.64%开始逐年上升，并在 2013 年达到峰值 6.01%，但从 2013 年开始，公路里程增速逐渐下降，到了 2017 年京津冀公路里程的增长率只有 1.44%。

表 2.27　2009～2017 年京津冀公路里程及增长率

年份	公路里程/万公里	增长率
2009	18.7170	—
2010	19.0246	1.64%

续表

年份	公路里程/万公里	增长率
2011	19.3510	1.72%
2012	19.9883	3.29%
2013	21.1891	6.01%
2014	21.7159	2.49%
2015	22.3035	2.71%
2016	22.7190	1.86%
2017	23.0458	1.44%

注：公路里程数据由北京市、天津市和河北省统计局网站相关数据计算得出；增长率数据是根据原始数据计算得出

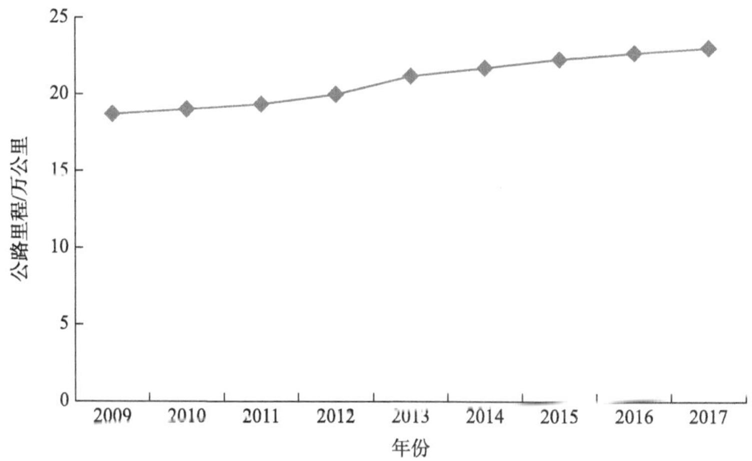

图 2.22　2009～2017 年京津冀公路里程曲线图

表 2.28 列出了 2009～2017 年京津冀公路网密度及增长率，图 2.23 给出了 2009～2017 年京津冀公路网密度柱状图。由表 2.28 结合图 2.23 可以看出，2009～2017 年，京津冀公路网密度呈现先下降后上升的波动上升变化趋势，2010 年公路网密度为 18.1963 公里/万人，同比下降 1.59%，其他年份京津冀公路网密度均保持增长趋势，从 2009 年的 18.4911 公里/万人上升到 2017 年的 20.4896 公里/万人，增长了 1.9985 公里/万人，增长率保持在 0.19%～4.56%。

表 2.28　2009～2017 年京津冀公路网密度及增长率

年份	公路网密度/（公里/万人）	增长率
2009	18.4911	—
2010	18.1963	−1.59%

续表

年份	公路网密度/（公里/万人）	增长率
2011	18.2313	0.19%
2012	18.5585	1.79%
2013	19.4039	4.56%
2014	19.6481	1.26%
2015	20.0167	1.88%
2016	20.2757	1.29%
2017	20.4896	1.05%

注：公路网密度数据由北京市、天津市和河北省统计局网站相关数据计算得出；增长率数据是根据原始数据计算得出

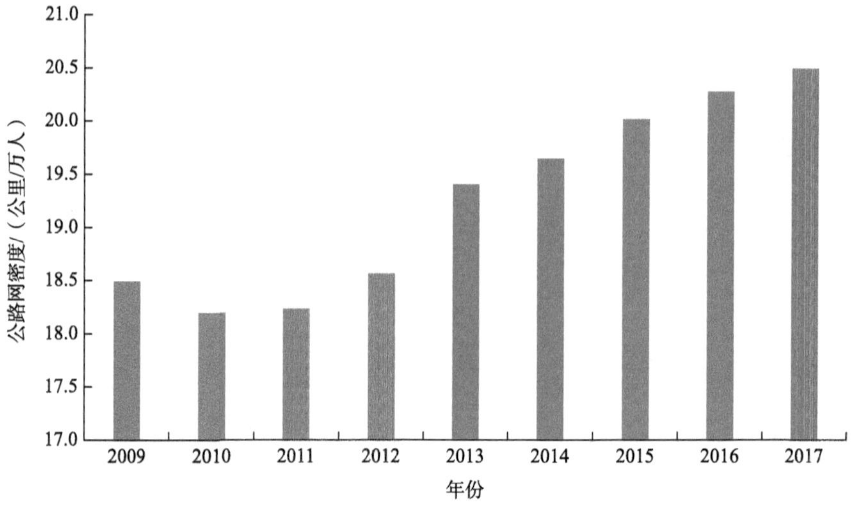

图 2.23　2009～2017 年京津冀公路网密度柱状图

B. 高速公路

表 2.29 列出了 2009～2017 年京津冀高速公路里程及增长率，图 2.24 给出了 2009～2017 年京津冀高速公路里程曲线图。由表 2.29 结合图 2.24 可以看出，2009～2017 年，京津冀高速公路里程呈现稳定增长的趋势，从 2009 年的 0.5068 万公里到 2017 年的 0.8761 万公里，共增长 0.3693 万公里，增长趋势保持不变但是增长速度逐渐放缓，京津冀高速公路里程的增长率从 2010 年的 22.04%波动下降至 2017 年的 0.46%。

表 2.29　2009～2017 年京津冀高速公路里程及增长率

年份	高速公路里程/万公里	增长率
2009	0.5068	—
2010	0.6185	22.04%
2011	0.6815	10.19%
2012	0.7126	4.56%
2013	0.7626	7.02%
2014	0.7995	4.84%
2015	0.8412	5.22%
2016	0.8721	3.67%
2017	0.8761	0.46%

注：高速公路里程数据由北京市、天津市和河北省统计局网站相关数据计算得出；增长率数据是根据原始数据计算得出

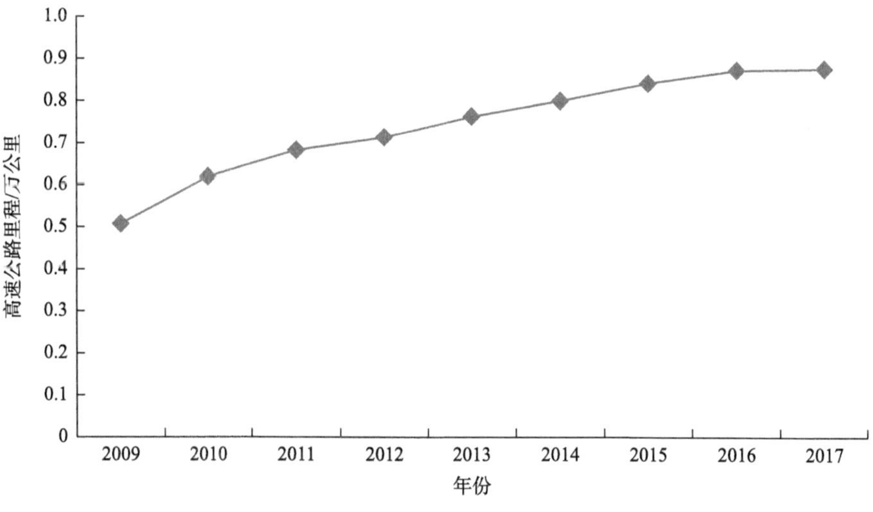

图 2.24　2009～2017 年京津冀高速公路里程曲线图

表 2.30 列出了 2009～2017 年京津冀高速公路网密度及增长率，图 2.25 给出了 2009～2017 年京津冀高速公路网密度柱状图。由表 2.30 结合图 2.25 可以看出，2009～2017 年，京津冀高速公路网密度呈现出稳定上升的变化趋势，从 2009 年的 0.5007 公里/万人上升到 2017 年的 0.7789 公里/万人，共增长 0.2782 公里/万人，增长趋势保持不变但增速逐渐放缓，京津冀高速公路网密度的增长率从 2010 年的 18.15%波动下降到 2017 年的 0.08%。

表 2.30　2009～2017 年京津冀高速公路网密度及增长率

年份	高速公路网密度/（公里/万人）	增长率
2009	0.5007	—
2010	0.5916	18.15%
2011	0.6421	8.54%
2012	0.6616	3.05%
2013	0.6984	5.55%
2014	0.7234	3.58%
2015	0.7550	4.37%
2016	0.7783	3.09%
2017	0.7789	0.08%

注：高速公路网密度数据由国家统计局网站相关数据计算得出；增长率数据是根据原始数据计算得出

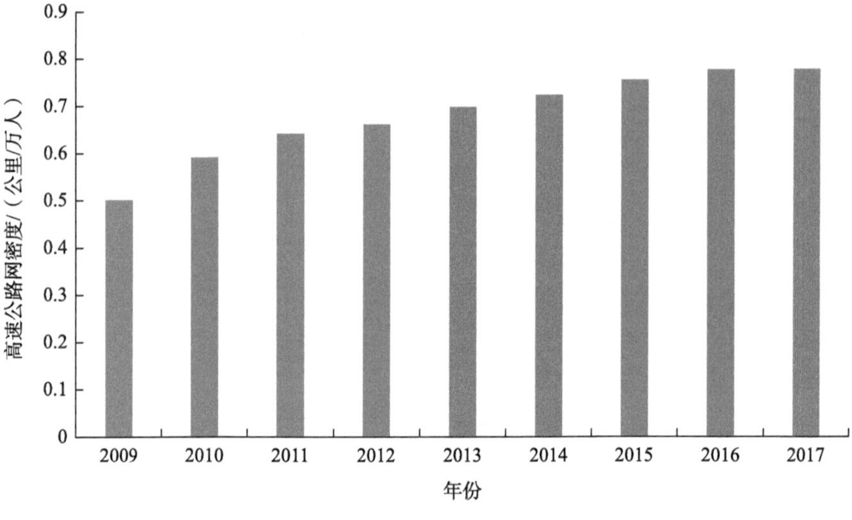

图 2.25　2009～2017 年京津冀高速公路网密度柱状图

2）铁路运输

京津冀地区目前已经投入运营的高铁铁路有京津（包括延长线）、京沪、京广、津秦、津保 5 条，运营里程超过 1100 公里。根据《京津冀城际铁路网规划修编方案（2015—2030 年）》，到 2020 年，京津冀地区将再增 1100 公里城际铁路，将实现京津石中心城区与周边城镇 0.5 小时至 1 小时通勤圈和京津保 0.5 小时至 1 小时交通圈，有效支撑和引导区域空间布局调整和产业转型升级；到 2030 年，将基本形成以“四纵四横一环”为骨架的城际铁路网络。

表 2.31 列出了 2009～2017 年京津冀铁路营业里程及增长率，图 2.26 给出了 2009～2017 年京津冀地方铁路里程曲线图。由表 2.31 结合图 2.26 可以看出，2009～2017 年，京津冀铁路营业里程呈现先下降后上升的波动上升的变化趋势。京津冀铁路营业里程从 2009 年的 0.389 03 万公里下降至 2010 年的 0.386 16 万公里，同比下降 0.74%，之后一直保持增长趋势，2017 年京津冀铁路营业里程达到 0.460 20 万公里，从 2009 年到 2017 年共增长 0.071 17 万公里，2011～2017 年增长趋势虽然保持不变但是增长速度逐渐放缓，增长率从 6.34%波动下降至 2.40%。

表 2.31　2009～2017 年京津冀铁路营业里程及增长率

年份	铁路营业里程/万公里	增长率
2009	0.389 03	—
2010	0.386 16	−0.74%
2011	0.410 63	6.34%
2012	0.415 75	1.25%
2013	0.427 28	2.77%
2014	0.430 70	0.80%
2015	0.441 06	2.41%
2016	0.449 41	1.89%
2017	0.460 20	2.40%

注：铁路营业里程数据由北京市、国家和河北省统计局网站相关数据计算得出；增长率数据是根据原始数据计算得出

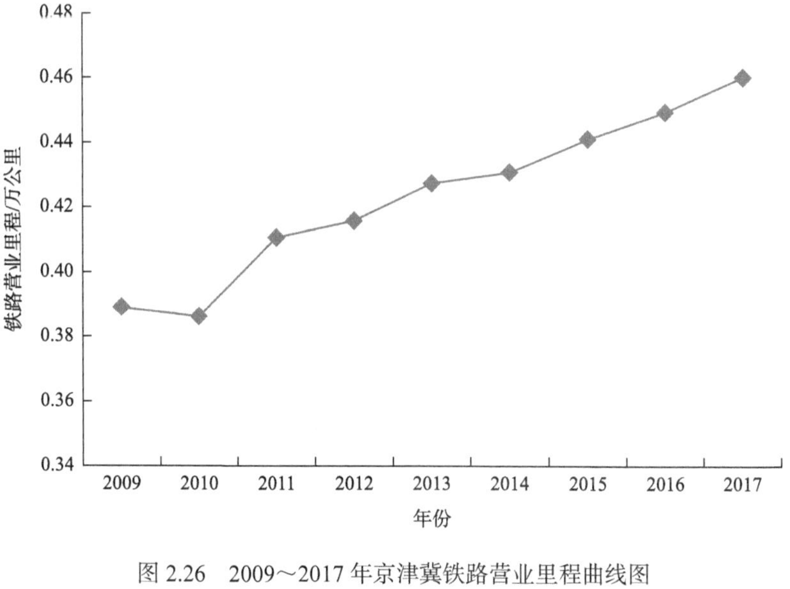

图 2.26　2009～2017 年京津冀铁路营业里程曲线图

表 2.32 列出了 2009～2017 年京津冀铁路网密度及增长率，图 2.27 给出了 2009～2017 年京津冀铁路网密度柱状图。由表 2.32 结合图 2.27 可以看出，2009～2017 年，京津冀铁路网密度呈现波动上升的变化趋势。京津冀铁路网密度从 2009 年的 0.3843 公里/万人波动上升至 2014 年的 0.3897 公里/万人，其中 2010 年、2012 年和 2014 年分别同比下降 3.90%、0.22%和 0.41%，2015 年之后京津冀铁路网密度一直保持增长趋势，从 2015 年的 0.3958 公里/万人增长至 2017 年的 0.4092 公里/万人，增长率保持在 1.32%～2.01%。

表 2.32　2009～2017 年京津冀铁路网密度及增长率

年份	铁路网密度/（公里/万人）	增长率
2009	0.3843	—
2010	0.3693	−3.90%
2011	0.3869	4.74%
2012	0.3860	−0.22%
2013	0.3913	1.37%
2014	0.3897	−0.41%
2015	0.3958	1.58%
2016	0.4011	1.32%
2017	0.4092	2.01%

注：铁路网密度数据由国家统计局网站相关数据计算得出；增长率数据是根据原始数据计算得出

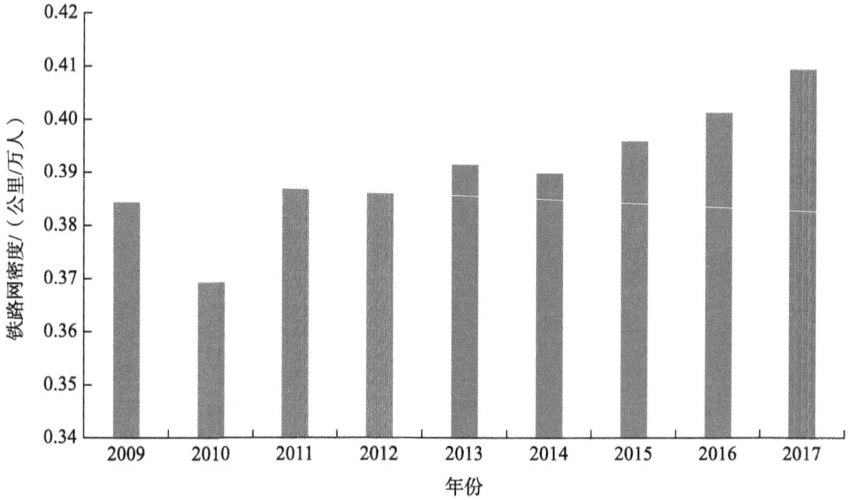

图 2.27　2009～2017 年京津冀铁路网密度柱状图

3）水路运输

表 2.33 给出了 2017 年京津冀区域主要港口基础设施情况。由表 2.33 可知，截至 2017 年底，京津冀区域主要港口的码头长度达 96 214 米，生产用码头长度 93 184 米，共拥有 429 个泊位，在投入使用的 367 个泊位中，有 302 个万吨级泊位投入使用。其中，天津港的码头长度为 38 700 米，生产用码头长达 37 634 米，拥有泊位 176 个，投入使用的泊位为 145 个，占泊位总数的八成以上，万吨级泊位 122 个，约占泊位总数的七成；秦皇岛港拥有泊位 92 个，其中包括 44 个万吨级泊位，约占泊位总数的一半，投入使用的泊位为 72 个，占泊位总数的四分之三以上；京唐港的码头长度达到 10 500 米，生产用码头长度为 10 189 米，拥有的 42 个泊位中，投入使用的泊位有 40 个，占泊位总数的九成以上，万吨级泊位为 37 个，占泊位总数的四分之三以上；曹妃甸港的码头长度为 19 847 米，生产用码头长度为 19 847 米，71 个泊位全部投入使用，并且都为万吨级以上级别；黄骅港的码头长度为 10 006 米，生产用码头长度为 9586 米，在 48 个泊位中，有 39 个泊位投入使用，占泊位总数的八成以上，其中有 33 个万吨级泊位，占泊位总数将近七成。

表 2.33　2017 年京津冀区域主要港口基础设施情况

港口名称	码头长度/米	泊位数/个	万吨级泊位数/个	生产用		
				码头长度/米	泊位数/个	万吨级泊位数/个
天津港	38 700	176	122	37 634	145	117
秦皇岛港	17 161	92	44	15 928	72	44
京唐港	10 500	42	37	10 189	40	37
曹妃甸港	19 847	71	71	19 847	71	71
黄骅港	10 006	48	33	9 586	39	33
京津冀区域	96 214	429	307	93 184	367	302

注：天津港、秦皇岛港、京唐港、曹妃甸港、黄骅港基础设施数据来源于《中国港口年鉴》和《河北经济年鉴 2018》

4）航空运输

截至 2019 年，京津冀区域有 12 个民用运输机场，其中，已建成并投入使用的机场有 9 个，它们分别是北京首都国际机场、北京大兴国际机场、天津滨海国际机场、石家庄正定国际机场、秦皇岛北戴河机场、邯郸机场、张家口宁远机场、唐山三女河机场和承德普宁机场；远期规划的机场有 3 个，分别是衡水机场、邢台机场、沧州机场。其中，北京首都国际机场、北京大兴国际机场、天津滨海国际机场和石家庄正定国际机场是京津冀区域的四大主要机场，承担了该区域 95%

以上的航空货物运输。

表 2.34 给出了 2019 年京津冀地区四大机场基础设施情况。由表 2.34 可知，北京首都国际机场为 4F 级机场，航站楼面积为 140 万平方米，建有 3 条跑道，分别为两条 4E 级和一条 4F 级，2019 年开通货运航线 28 条，飞机起降架次达到 58.2 万架，相比于比前一年增长了 2.5%，占总起降架次的 69.53%；北京大兴国际机场航站楼面积为 70 万平方米，建有 4 条跑道，其中三条 4F 级跑道，东一、北一和西一跑道宽 60 米，长分别为 3400 米、3800 米和 3800 米，另外一条 4E 级跑道西二跑道长 3800 米，宽 45 米；天津滨海国际机场同样为 4F 级机场，航站楼面积为 24.8 万平方米，建有 2 条跑道，2019 年拥有货运航线 18 条，飞机起降架次为 11.5 万架，占起降架次总数的 13.74%，比前一年同期增长了 13.7%；石家庄正定国际机场为 4E 级机场，航站楼面积为 5.5 万平方米，现有 2 条跑道，2019 年有 4 条货运航线投入使用，飞机起降架次为 5.6 万架，占起降架次总数的 6.69%，比前一年同期增长了 8.1%。由以上分析可知，无论是现有设施、规模等级还是起降架次，北京机场在三地机场中都占主导地位，这不利于区域航空货物运输的协调发展。

表 2.34 2019 年京津冀地区四大机场基础设施情况

机场名称	机场等级	跑道数量/条	货运航线数量/条	航站楼面积/万米^2	起降架次		
					数量/万架	比重	增长率
北京首都国际机场	4F	3	28	140	58.2	69.53%	2.5%
北京大兴国际机场	4F	4	1	70	8.4	10.04%	—
天津滨海国际机场	4F	2	18	24.8	11.5	13.74%	13.7%
石家庄正定国际机场	4E	2	4	5.5	5.6	6.69%	8.1%

注：数据取自北京首都国际机场、北京大兴国际机场、天津滨海国际机场和石家庄正定国际机场官方网站

2.1.2 京津冀运输结构

1. 北京市运输结构分析

表 2.35 列出了 2009～2017 年北京市货运量运输结构及分担率，图 2.28 给出了 2009～2017 年北京市货运量运输结构柱状图。由表 2.35 结合图 2.28 可以看出，2009～2017 年，北京市的公路货物运输一直起主导作用，公路货运量在 18 753 万吨到 25 416 万吨之间，分担率在 80%以上，但分担率呈波动下降的趋势，从 2009 年的 85.18%波动下降至 2017 年的 81.13%，下降了约 4 个百分点；铁路货物运输对总货运量具有一定的分担作用，且分担率呈现下降趋势，从 2009 年的 7.43%波

动下降至 2017 年的 2.95%。航空货物运输在 2009～2017 年的分担作用十分有限，货运量分担率不超过 1%，但依然呈现出缓慢上升的趋势，分担率从 2009 年的 0.45%波动上升至 2017 年的 0.73%。管道货物运输对总货运量的分担作用在逐年增强，分担率从 2009 年的 6.95%上升至 2017 年的 15.19%，甚至在 2010 年就已超过铁路运输对货运量的分担率，成为北京市第二重要的货物运输方式。

表 2.35　2009～2017 年北京市货运量运输结构及分担率

年份	总货运量/万吨	铁路		公路		航空		管道	
		货运量/万吨	分担率	货运量/万吨	分担率	货运量/万吨	分担率	货运量/万吨	分担率
2009	22 017	1 635	7.43%	18 753	85.18%	98	0.45%	1 531	6.95%
2010	23 712	1 572	6.63%	20 184	85.12%	130	0.55%	1 827	7.70%
2011	26 849	1 380	5.14%	23 276	86.69%	132	0.49%	2 061	7.68%
2012	28 650	1 232	4.30%	24 925	87.00%	134	0.47%	2 359	8.23%
2013	28 294	1 078	3.81%	24 651	87.12%	136	0.48%	2 429	8.58%
2014	29 518	1 132	3.83%	25 416	86.10%	149	0.50%	2 821	9.56%
2015	23 236	1 004	4.32%	19 044	81.96%	158	0.68%	3 030	13.04%
2016	24 099	725	3.01%	19 972	82.87%	163	0.68%	3 239	13.44%
2017	23 879	704	2.95%	19 374	81.13%	175	0.73%	3 627	15.19%

注：本表中总货运量数据是根据原始数据计算得出

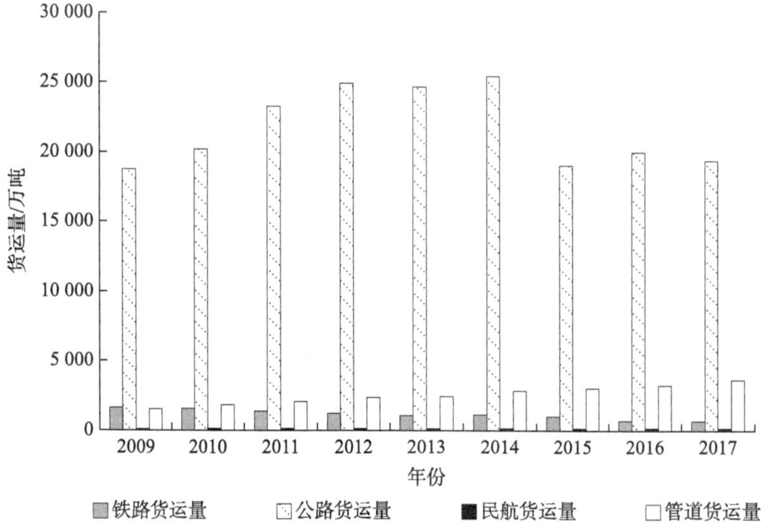

图 2.28　2009～2017 年北京市货运量运输结构柱状图

2. 天津市运输结构分析

表 2.36 列出了 2009～2017 年天津市货运量运输结构及分担率，图 2.29 给出了 2009～2017 年天津市货运量运输结构柱状图。由表 2.36 结合图 2.29 可以看出，2009～2017 年，天津市的公路货物运输起主导作用，且分担率呈现稳定增长趋势，从 2009 年的 45.46%波动上升至 2017 年的 65.52%。铁路货物运输和水运货物运输对总货运量的分担作用不相上下，且变化趋势一致，均呈现出波动下降的趋势：2009 年，天津市铁路货物运输和水运货物运输二者对总货运量的总分担率尚能达到 50%，到了 2017 年连总货运量的三分之一都不能分担，其中，天津市铁路货运量的分担率从 2009 年的 25.91%波动下降至 2017 年的 16.48%，天津市水运货运量的分担率从 2009 年的 26.76%下降至 2017 年的 15.75%。

表 2.36　2009～2017 年天津市货运量运输结构及分担率

年份	总货运量/万吨	铁路		公路		水运	
		货运量/万吨	分担率	货运量/万吨	分担率	货运量/万吨	分担率
2009	43 554	11 284	25.91%	19 800	45.46%	11 656	26.76%
2010	41 611	7 597	18.26%	20 855	50.12%	11 911	28.62%
2011	44 651	7 286	16.32%	23 426	52.46%	12 711	28.47%
2012	47 698	7 909	16.58%	28 228	59.18%	10 332	21.66%
2013	51 603	8 446	16.37%	31 985	61.98%	9 884	19.15%
2014	50 948	8 872	17.41%	31 130	61.10%	9 749	19.14%
2015	53 179	8 377	15.75%	33 724	63.42%	9 910	18.64%
2016	51 580	8 149	15.80%	32 841	63.67%	9 515	18.45%
2017	52 992	8 734	16.48%	34 720	65.52%	8 344	15.75%

注：本表总货运量为铁路、公路、民航、水路和管道输油气量合计总数，表里只列出了主要货运方式的货运量

3. 河北省运输结构分析

表 2.37 列出了 2009～2017 年河北省货运量运输结构及分担率，图 2.30 给出了 2009～2017 年河北省货运量运输结构柱状图。由表 2.37 结合图 2.30 可以看出，2009～2017 年，河北省的公路货物运输起主导作用，增长趋势明显，货运量的分担率从 2009 年的 78.42%上升到 2017 年的 90.60%；而铁路货物运输 2009～2017 年对总货运量具有一定的分担作用，但分担率逐年下降，货运量的分担率从 2009 年的 20.84%下降到 2017 年的 7.47%；河北省水路货物运输在 2009～2017 年的分担作用明显不及公路、铁路两种运输方式，货运量分担率不超过 2.29%。

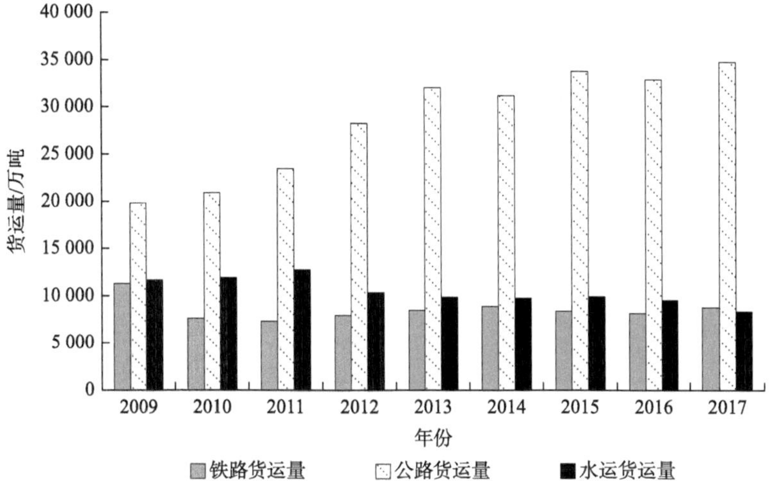

图 2.29　2009～2017 年天津市货运量运输结构柱状图

表 2.37　2009～2017 年河北省货运量运输结构及分担率

年份	铁路		公路		水运	
	货运量/万吨	分担率	货运量/万吨	分担率	货运量/万吨	分担率
2009	28 308	20.84%	106 530	78.42%	1 008	0.74%
2010	37 964	21.56%	135 938	77.22%	2 149	1.22%
2011	41 671	19.75%	166 680	78.99%	2 672	1.27%
2012	43 429	17.98%	195 530	80.95%	2 590	1.07%
2013	49 688	17.97%	224 319	81.12%	2 517	0.91%
2014	48 063	20.25%	185 286	78.05%	4 041	1.70%
2015	17 843	9.01%	175 637	88.70%	4 542	2.29%
2016	16 313	7.75%	189 822	90.14%	4 458	2.12%
2017	17 100	7.47%	207 309	90.60%	4 413	1.93%

4. 京津冀运输结构分析

通过前文的数据和分析不难看出，公路货物运输方式是京津冀货物运输的主要方式，在三地的货运量中都占据了半数以上，除北京市的公路货物运输的分担率在 2015～2017 年略有下降以外，天津市和河北省的公路货物运输分担率在 2009～2017 年总体呈上升趋势。另外，与天津市、河北省两地有明显区别的是，北京市没有水运这种运输方式，但其独有的管道货物运输方式正在货物运输中扮演越来越重要的角色。为了更加直观地展现北京市、天津市和河北省三地在运输结构中

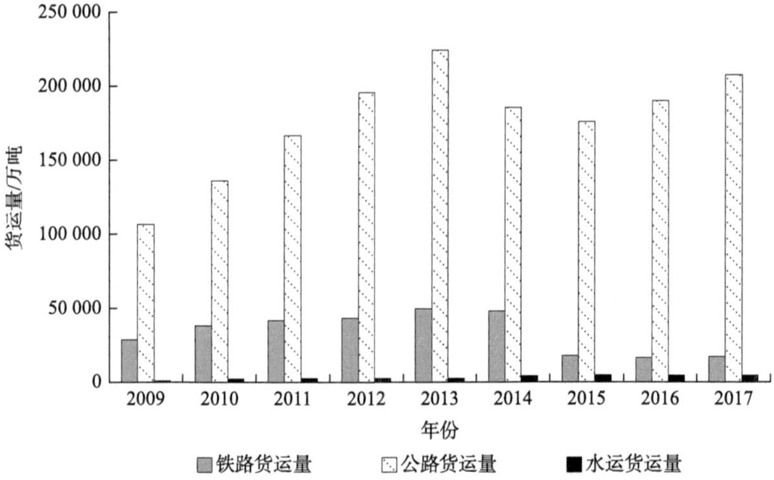

图 2.30 2009～2017 年河北省货运量运输结构柱状图

的区别，本节选取三地都存在的铁路货物运输和公路货物运输两种方式，对其铁路货运量和公路货运量进行比较分析。

表 2.38 列出了 2009～2017 年京津冀铁路总货运量及三地占比，图 2.31 给出了京津冀铁路货运量占比变化曲线图。由表 2.38 结合图 2.31 可以看出，京津冀三地铁路货运总量在 2014 年之前稳定上升，从 2009 年的 41 227 万吨上升至 2013 年的 59 212 万吨，但是 2014 年开始出现下降，2015 年更是出现陡降，直接从 2014 年的 58 067 万吨下降至 2015 年的 27 224 万吨，下降了近一半。通过对比三地铁路货运量占比变化曲线图不难发现，河北省铁路货运量在京津冀铁路总货运量中所占比重较高，2010～2014 年维持在 80%以上，2015 年及以后河北省铁路货运量在京津冀铁路总货运量中所占比重发生明显变化，下降至 2009 年水平，占比只有 60%以上；天津市铁路货运量在京津冀铁路总货运量中所占比重位列第二，2009 年天津市铁路货运量在京津冀铁路总货运量中所占比重达到 27.37%，2010～2014 年出现短暂下降，所占比重在 15%左右徘徊，2015～2017 年其所占比重出现反弹，在 30%以上；北京市铁路货运量在京津冀铁路总货运量中所占比重较少，2009～2017 年变化幅度不大，所占比重范围在 1.82%～3.97%。

表 2.38 2009～2017 年京津冀铁路总货运量及三地占比

年份	京津冀铁路总货运量/万吨	北京市铁路货运量所占比重	天津市铁路货运量所占比重	河北省铁路货运量所占比重
2009	41 227	3.97%	27.37%	68.66%
2010	47 133	3.34%	16.12%	80.55%
2011	50 337	2.74%	14.47%	82.78%

续表

年份	京津冀铁路总货运量/万吨	北京市铁路货运量所占比重	天津市铁路货运量所占比重	河北省铁路货运量所占比重
2012	52 570	2.34%	15.04%	82.61%
2013	59 212	1.82%	14.26%	83.92%
2014	58 067	1.95%	15.28%	82.77%
2015	27 224	3.69%	30.77%	65.54%
2016	25 187	2.88%	32.35%	64.77%
2017	26 538	2.65%	32.91%	64.44%

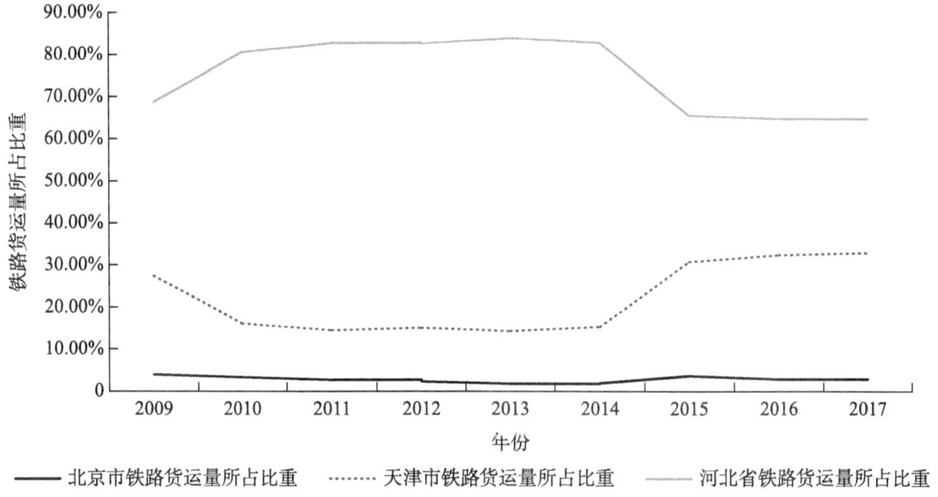

图 2.31　京津冀铁路货运量占比变化曲线图

表 2.39 列出了 2009～2017 年京津冀公路总货运量及三地占比，图 2.32 给出了京津冀公路货运量占比变化曲线图。表 2.39 结合图 2.32 可以看出，2009～2017 年，京津冀公路总货运量呈现出波动上升的变化趋势，除 2014 年和 2015 年有所下降以外，其他年份京津冀公路总货运量均高于前一年，从 2009 年的 145 083 万吨上升至 2017 年的 261 403 万吨，翻了近一番。通过对比三地公路货运量占比变化曲线图不难发现，河北省公路货运量所占比重一直维持在 70%以上，且总体呈现出波动上升的变化趋势，从 2009 年的 73.43%上升至 2017 年的 79.31%；天津市和北京市公路货运量所占比重 2009～2011 年几乎持平，从 2012 年开始天津市公路货运量所占比重与北京市公路货运量所占比重差距逐渐拉大，到了 2017 年天津市公路货运量所占比重达到 13.28%，几乎是北京市公路货运量所占比重的两倍。

表 2.39　2009～2017 年京津冀公路总货运量及三地占比

年份	京津冀公路货总运量/万吨	北京市公路货运量所占比重	天津市公路货运量所占比重	河北省公路货运量所占比重
2009	145 083	12.93%	13.65%	73.43%
2010	176 977	11.40%	11.78%	76.81%
2011	213 382	10.91%	10.98%	78.11%
2012	248 683	10.02%	11.35%	78.63%
2013	280 955	8.77%	11.38%	79.84%
2014	241 832	10.51%	12.87%	76.62%
2015	228 405	8.34%	14.77%	76.90%
2016	242 635	8.23%	13.54%	78.23%
2017	261 403	7.41%	13.28%	79.31%

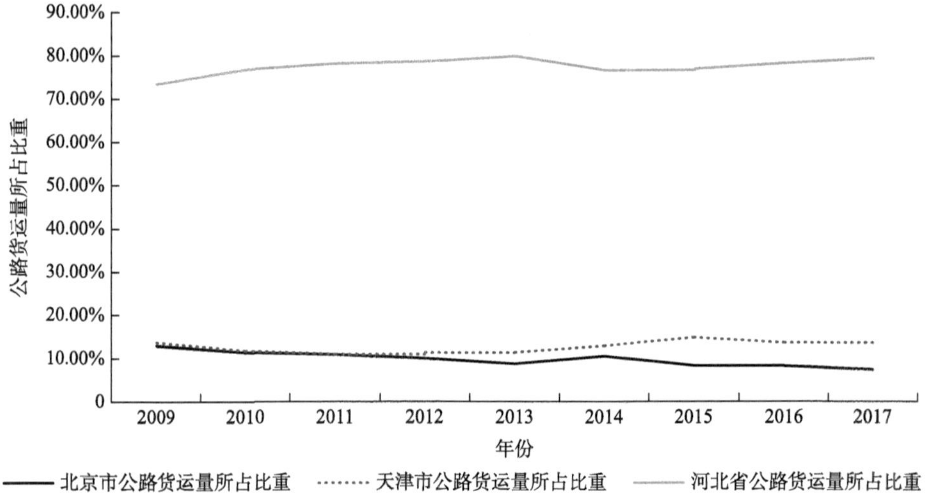

图 2.32　京津冀公路货运量占比变化曲线图

2.1.3　京津冀物流业供需状况

1. 北京市物流业供需状况分析

表 2.40 列出了 2009～2017 年北京市物流业增加值及增长率与物流业增加值占地区生产总值比率和物流业增加值占第三产业比率，图 2.33 给出了 2009～2017 年北京市物流业增加值曲线图。由表 2.40 结合图 2.33 可以看出，2009～2017 年，北京市物流业增加值持续攀升，从 2009 年的 556.64 亿元增长到 2017 年的 1208.40 亿元，翻了一番还要多。相应地，北京市物流业增加值的增长率在 2017 年之前均为正值，在 0.91%～27.91%。2009～2017 年北京市物流业增加值占地区生产总值

比率总体呈现出波动下降趋势，从 2009 年的 4.31%波动下降至 2017 年的 4.04%，2009～2017 年北京市物流业增加值占第三产业比率同样呈现出波动下降的变化趋势，从 2009 年的 5.54%下降至 2017 年的 4.89%。

表 2.40　2009～2017 年北京市物流业增加值及增长率与物流业增加值占地区生产总值比率和物流业增加值占第三产业比率

年份	物流业增加值/亿元	增长率	物流业增加值占地区生产总值比率	物流业增加值占第三产业比率
2009	556.64	—	4.31%	5.54%
2010	712.01	27.91%	4.76%	6.13%
2011	808.95	13.61%	4.71%	6.00%
2012	816.31	0.91%	4.29%	5.43%
2013	871.76	6.79%	4.12%	5.19%
2014	948.10	8.76%	4.14%	5.17%
2015	983.87	3.77%	3.97%	4.87%
2016	1060.97	7.84%	3.92%	4.77%
2017	1208.40	13.90%	4.04%	4.89%

注：物流业增加值数据取自《北京统计年鉴 2019》，http://nj.tjj.beijing.gov.cn/nj/main/2019-tjnj/zk/indexch.htm [2021-11-11]

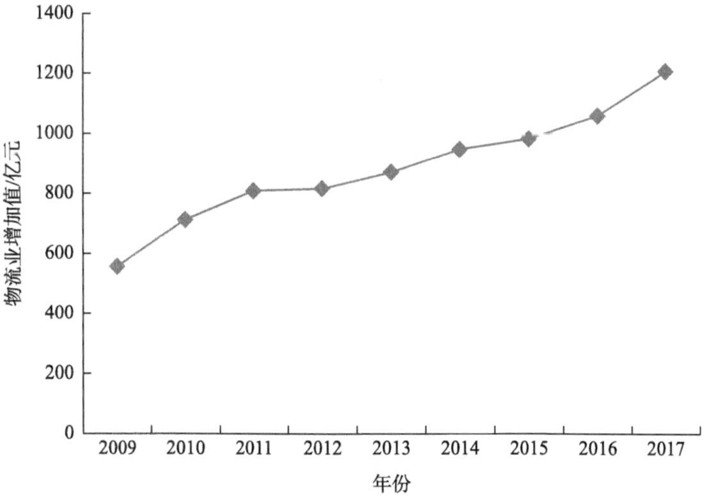

图 2.33　2009～2017 年北京市物流业增加值曲线图

表 2.41 列出了 2009～2017 年北京市物流业就业人员及增长率与物流业就业人员占全市就业人员比率和物流业就业人员平均工资，图 2.34 给出了 2009～2017 年北京市物流业就业人员曲线图。由表 2.41 结合图 2.34 可以看出，2009～2017 年，北京市物流业就业人员呈现出波动上升的变化趋势，从 2009 年的 50.07 万人

上升至 2017 年的 57.69 万人，增加了 7.62 万人；北京市 2011 年的物流业就业人员增长明显，由 2010 年的 51.00 万人增长到 57.41 万人，增长率超过 10%，其他年份的物流业就业人员有时增加有时减少，变化幅度都比较小。另外，2015 年、2016 年和 2017 年，北京市物流业就业人员均少于上一年，增长率分别为−0.33%、−3.00%和−0.93%。2009～2017 年北京市物流业就业人员占全市就业人员比率呈现出波动下降的变化趋势，从 2009 年的 8.08%波动下降至 2017 年的 7.10%，2009～2017 年北京市物流业就业人员平均工资稳定攀升，从 2009 年的 46 087 元增长至 2017 年的 97 567 元，翻了一番还要多。

表 2.41　2009～2017 年北京市物流业就业人员及增长率与物流业就业人员占全市就业人员比率和物流业就业人员平均工资

年份	物流业就业人员/万人	增长率	物流业就业人员占全市就业人员比率	物流业就业人员平均工资/元
2009	50.07	—	8.08%	46 087
2010	51.00	1.86%	7.73%	51 342
2011	57.41	12.57%	8.37%	59 540
2012	57.83	0.73%	8.06%	65 986
2013	59.23	2.42%	7.98%	72 006
2014	60.23	1.69%	7.97%	78 183
2015	60.03	−0.33%	7.72%	81 695
2016	58.23	−3.00%	7.36%	90 682
2017	57.69	−0.93%	7.10%	97 567

注：物流业就业人员、物流业就业人员平均工资数据取自 https://data.stats.gov.cn/easyquery.htm?cn=E0103 [2021-11-11]

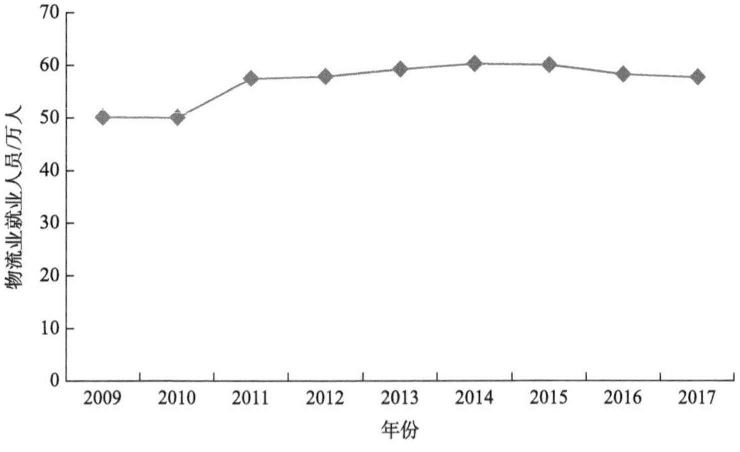

图 2.34　2009～2017 年北京市物流业就业人员曲线图

表 2.42 列出了 2009～2017 年北京市物流业固定资产投资及增长率，图 2.35 给出了 2009～2017 年北京市物流业固定资产投资曲线图。由表 2.42 结合图 2.35 可以看出，2009～2017 年，北京市物流业固定资产投资呈现出波动上升的趋势，从 2009 年的 662.50 亿元上升到 2017 年的 1129.11 亿元。2011 年、2013 年和 2015 年物流业固定资产投资均低于前一年，其中 2011 年下降幅度最为明显，同比下降 27.13%。2012 年、2017 年增长幅度最为明显，增长率分别达到 37.64%和 48.25%。

表 2.42　2009～2017 年北京市物流业固定资产投资及增长率

年份	物流业固定资产投资/亿元	增长率
2009	662.50	—
2010	694.40	4.82%
2011	505.99	−27.13%
2012	696.43	37.64%
2013	656.84	−5.68%
2014	767.99	16.92%
2015	714.95	−6.91%
2016	761.61	6.53%
2017	1129.11	48.25%

注：物流业固定资产投资数据取自 https://data.stats.gov.cn/easyquery.htm?cn=E0103[2021-11-11]

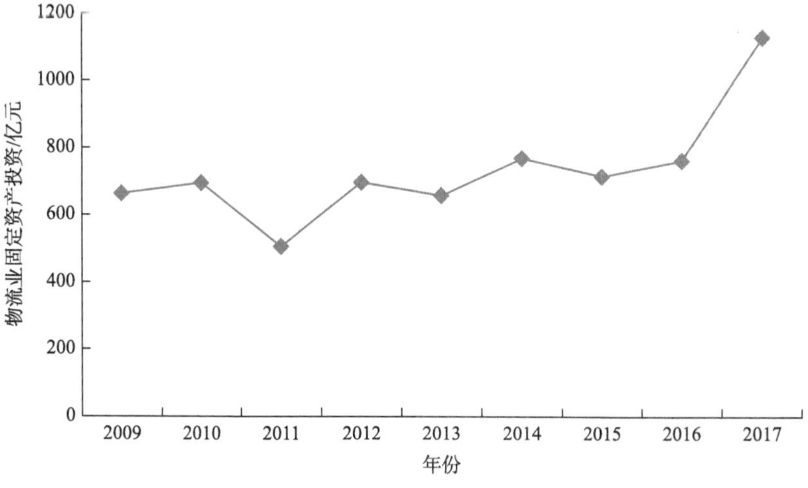

图 2.35　2009～2017 年北京市物流业固定资产投资曲线图

2. 天津市物流业供需状况分析

表 2.43 列出了 2009～2017 年天津市物流业增加值及增长率与物流业增加值占地区生产总值比率和物流业增加值占第三产业比率，图 2.36 给出了 2009～2017 年天津市物流业增加值曲线图。由表 2.43 结合图 2.36 可以看出，2009～2017 年，天津市物流业增加值呈现波动上升的态势，从 2009 年的 471.01 亿元增长至 2017 年的 780.40 亿元。其中 2010 年增长幅度最大，增长率达到 24.28%，2013 年和 2016 年物流业增加值均少于前一年，分别同比下降 1.25%和 0.52%。2009～2017 年天津市物流业增加值占地区生产总值比率呈现出波动下降的变化趋势，从 2009 年的 6.18%波动下降至 2017 年的 4.21%，下降了将近 2 个百分点，2009～2017 年天津市物流业增加值占第三产业比率呈现出波动下降的变化趋势，从 2009 年的 13.71%下降至 2017 年的 7.23%，下降了将近一半。

表 2.43　2009～2017 年天津市物流业增加值及增长率与物流业增加值占地区生产总值比率和物流业增加值占第三产业比率

年份	物流业增加值/亿元	增长率	物流业增加值占地区生产总值比率	物流业增加值占第三产业比率
2009	471.01	—	6.18%	13.71%
2010	585.37	24.28%	6.26%	13.69%
2011	632.10	7.98%	5.51%	12.01%
2012	683.56	8.14%	5.22%	11.19%
2013	675.02	−1.25%	4.60%	9.58%
2014	720.72	6.77%	4.51%	9.16%
2015	729.09	1.16%	4.34%	8.37%
2016	725.31	−0.52%	4.07%	7.18%
2017	780.40	7.60%	4.21%	7.23%

注：物流业增加值数据取自《天津统计年鉴 2018》，http://stats.tj.gov.cn/nianjian/2018nj/zk/indexch.htm[2021-11-11]

表 2.44 列出了 2009～2017 年天津市物流业就业人员及增长率与物流业就业人员占全市就业人员比率和物流业就业人员平均工资，图 2.37 给出了 2009～2017 年天津市物流业就业人员曲线图。由表 2.44 结合图 2.37 可以看出，2009～2017 年，天津市物流业就业人员呈现出先波动上升再下降的变化趋势，从 2009 年的 12.29 万人开始波动上升，2015 年达到峰值 15.01 万人，2017 年下降至 14.54 万人，其中 2011 年、2014 年、2016 年和 2017 年的增长率均为负值，分别同比下降 8.56%、

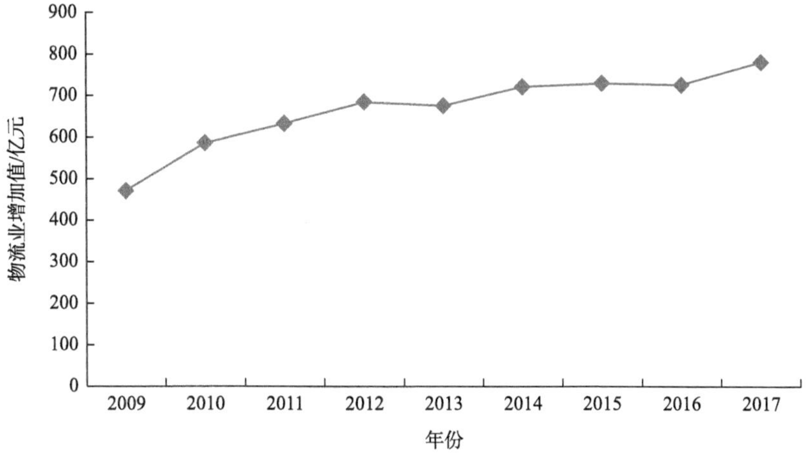

图 2.36　2009～2017 年天津市物流业增加值曲线图

0.07%、2.27%和 0.89%。2009～2017 年天津市物流业就业人员占全市就业人员比率总体呈现出先下降后上升的变化趋势，2009 年和 2010 年两年达到 6%，2011～2014 年下降至 4%～5%，2015～2017 年上升至 5%以上。2009～2017 年天津物流业就业人员平均工资稳步攀升，从 2009 年的 51 708 元上升至 2017 年的 98 915 元，翻了近一番。

表 2.44　2009～2017 年天津市物流业就业人员及增长率与物流业就业人员占全市就业人员比率和物流业就业人员平均工资

年份	物流业就业人员/万人	增长率	物流业就业人员占全市就业人员比率	物流业就业人员平均工资/元
2009	12.29	—	6.09%	51 708
2010	12.50	1.71%	6.08%	59 129
2011	11.43	−8.56%	4.26%	67 454
2012	14.08	23.18%	4.87%	76 892
2013	14.35	1.92%	4.74%	84 108
2014	14.34	−0.07%	4.85%	85 861
2015	15.01	4.67%	5.09%	90 316
2016	14.67	−2.27%	5.13%	92 570
2017	14.54	−0.89%	5.40%	98 915

注：物流业就业人员数据取自 https://data.stats.gov.cn/easyquery.htm?cn=E0103[2021-11-11]

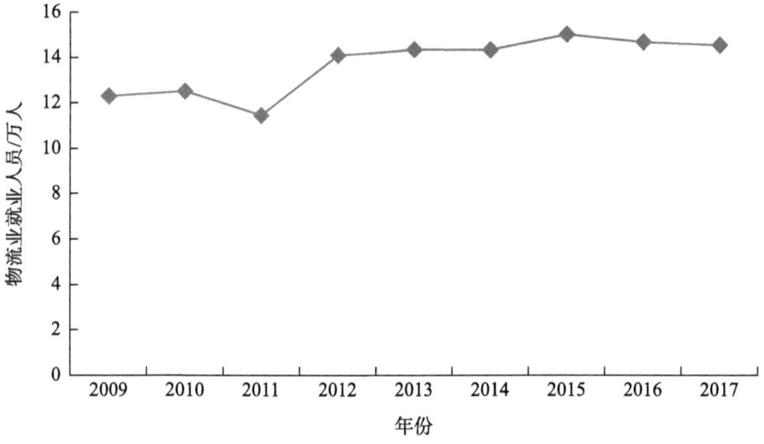

图 2.37 2009～2017 年天津市物流业就业人员曲线图

表 2.45 列出了 2009～2017 年天津市物流业固定资产投资及增长率，图 2.38 给出了 2009～2017 年天津市物流业固定资产投资曲线图。由表 2.45 结合图 2.38 可以看出，2009～2017 年，天津市物流业固定资产投资呈现出波动变化的趋势，其中 2012 年、2014～2016 年固定资产投资均在 700 亿元以上。2011 年、2013 年、2016 年和 2017 年固定资产投资均少于前一年，其中 2013 年和 2017 年下降幅度最大，增长率分别达到了−17.36%和−26.95%。

表 2.45 2009～2017 年天津市物流业固定资产投资及增长率

年份	物流业固定资产投资/亿元	增长率
2009	483.74	—
2010	539.3	11.49%
2011	506.45	−6.09%
2012	729.86	44.11%
2013	603.15	−17.36%
2014	750.63	24.45%
2015	757.19	0.87%
2016	735.14	−2.91%
2017	537.02	−26.95%

注：物流业固定资产投资数据取自 https://data.stats.gov.cn/easyquery.htm?cn=E0103[2021-11-11]

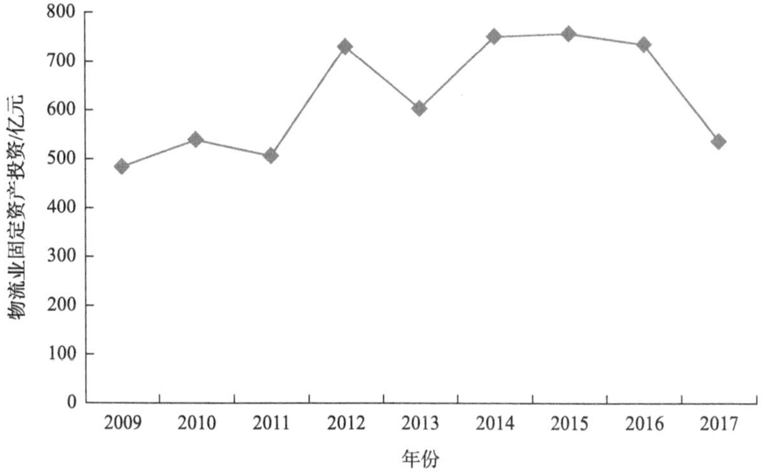

图 2.38　2009～2017 年天津市物流业固定资产投资曲线图

3. 河北省物流业供需状况分析

表 2.46 列出了 2009～2017 年河北省物流业增加值及增长率与物流业增加值占地区生产总值比率和物流业增加值占第三产业比率，图 2.39 给出了 2009～2017 年河北省物流业增加值曲线图。由表 2.46 结合图 2.39 可以看出，2009～2017 年，河北省物流业增加值除了在 2015 年略有下降，其他年份均高于前一年，从 2009 年的 1491.92 亿元增长到 2017 年的 2497.88 亿元，翻了近一番。2009～2017 年河北省物流业增加值的增长率除 2015 年为−1.56%外，在其他年份均为正值，且范围在 0.43%～17.20%。2009～2017 年河北省物流业增加值占地区生产总值比率呈现出缓慢下降的变化趋势，从 2009 年的 8.61%下降至 2017 年的 7.34%，下降了约 1 个百分点，2009～2017 年河北省物流业增加值占第三产业比率同样呈现出持续下降的变化趋势，从 2009 年的 24.52%下降至 2017 年的 16.61%，下降了将近 8 个百分点，下降趋势明显。

表 2.46　2009～2017 年河北省物流业增加值及增长率与物流业增加值占地区生产总值比率和物流业增加值占第三产业比率

年份	物流业增加值/亿元	增长率	物流业增加值占地区生产总值比率	物流业增加值占第三产业比率
2009	1491.92	—	8.61%	24.52%
2010	1745.91	17.02%	8.52%	24.43%
2011	2046.22	17.20%	8.34%	24.05%
2012	2212.93	8.15%	8.33%	23.51%

续表

年份	物流业增加值/亿元	增长率	物流业增加值占地区生产总值比率	物流业增加值占第三产业比率
2013	2345.10	5.97%	8.26%	22.75%
2014	2396.40	2.19%	8.14%	21.80%
2015	2359.09	−1.56%	7.95%	19.63%
2016	2369.27	0.43%	7.48%	17.79%
2017	2497.88	5.43%	7.34%	16.61%

注：物流业增加值数据取自《河北经济年鉴 2019》，http://tjj.hebei.gov.cn/res/nj2019/zk/indexch.htm[2021-11-11]

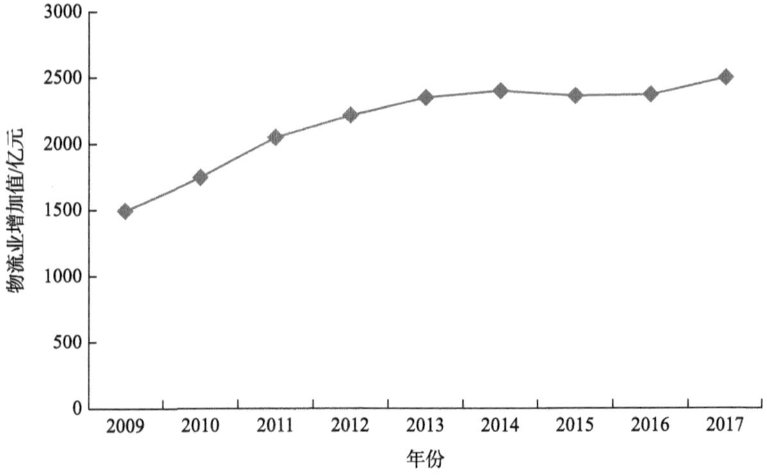

图 2.39　2009～2017 年河北省物流业增加值曲线图

表 2.47 列出了 2009～2017 年河北省物流业就业人员及增长率与物流业就业人员占全省就业人员比率和物流业就业人员平均工资，图 2.40 给出了 2009～2017 年河北省物流业就业人员曲线图。由表 2.47 结合图 2.40 可以看出，河北省物流业就业人员数量在 2013～2016 年保持在 27.59 万人到 29.18 万人，其他年份则在 25 万人左右徘徊，其中 2010～2012 年、2016 年、2017 年增长率为负值，分别同比下降 1.49%、2.87%、0.33%、1.75%和 15.35%，其他年份增长率均为正值，2013 年增长幅度较大，达到 13.54%。2009～2017 年河北省物流业就业人员占全省就业人员比率呈现出波动下降趋势，从 2009 年的 5.07%波动下降至 2017 年的 4.53%。2009～2017 年河北省物流业就业人员平均工资呈现出稳定上升的变化趋势，从 2009 年的 30 773 元逐年增长至 2017 年的 67 700 元，增长了一倍还要多。

表 2.47　2009～2017 年河北省物流业就业人员及增长率与物流业就业人员占全省就业人员比率和物流业就业人员平均工资

年份	物流业就业人员/万人	增长率	物流业就业人员占全省就业人员比率	物流业就业人员平均工资/元
2009	25.48	—	5.07%	30 773
2010	25.10	−1.49%	4.83%	34 208
2011	24.38	−2.87%	4.39%	39 534
2012	24.30	−0.33%	3.92%	45 696
2013	27.59	13.54%	4.22%	46 599
2014	28.96	4.97%	4.41%	52 425
2015	29.18	0.76%	4.53%	57 090
2016	28.67	−1.75%	4.48%	59 527
2017	24.27	−15.35%	4.53%	67 700

注：物流业就业人员数据取自 https://data.stats.gov.cn/easyquery.htm?cn=E0103[2021-11-11]

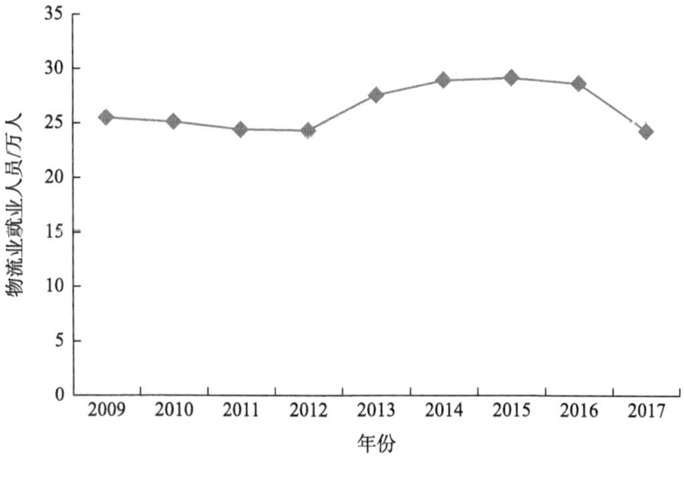

图 2.40　2009～2017 年河北省物流业就业人员曲线图

表 2.48 列出了 2009～2017 年河北省物流业固定资产投资及增长率，图 2.41 给出了 2009～2017 年河北省物流业固定资产投资曲线图。由表 2.48 结合图 2.41 可以看出，2009～2017 年，河北省物流业固定资产投资呈现出波动上升的变化趋势，从 2009 年的 1026.16 亿元上升到 2017 年的 2135.45 亿元，翻了一番还要多。其中 2010 年增长幅度最为明显，增长率达到 48.24%，2011 年和 2014 年固定资产投资略低于前一年。

表 2.48　2009～2017 年河北省物流业固定资产投资及增长率

年份	物流业固定资产投资/亿元	增长率
2009	1026.16	—
2010	1521.20	48.24%
2011	1433.06	−5.79%
2012	1543.25	7.69%
2013	2123.59	37.61%
2014	2046.49	−3.63%
2015	2077.54	1.52%
2016	2095.25	0.85%
2017	2135.45	1.92%

注：物流业固定资产投资数据取自 https://data.stats.gov.cn/easyquery.htm?cn=E0103[2021-11-11]

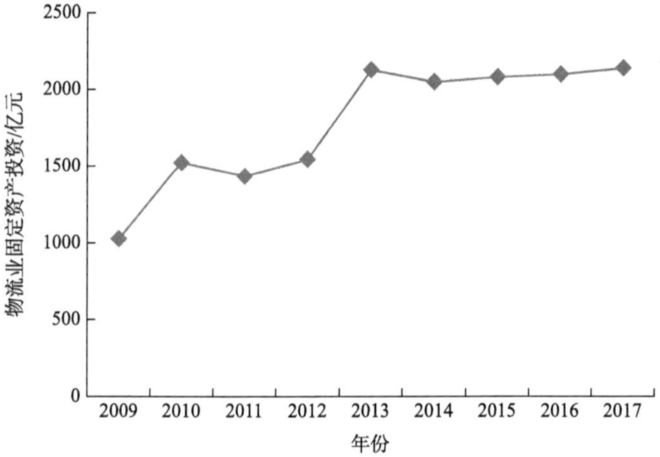

图 2.41　2009～2017 年河北省物流业固定资产投资曲线图

4. 京津冀物流业供需状况分析

表 2.49 列出了 2009～2017 年京津冀物流业增加值及增长率与物流业增加值占地区生产总值比率和物流业增加值占第三产业比率，图 2.42 给出了 2009～2017 年京津冀物流业增加值曲线图。由表 2.49 结合图 2.42 可以看出，2009～2017 年，京津冀物流业增加值保持持续增长，从 2009 年的 2519.57 亿元上升到 2017 年的 4486.68 亿元，增长了 1967.11 亿元，但增长率总体呈下降趋势，从 2010 年的 20.79%下降至 2015 年的 0.17%，2016 年和 2017 年增长率有所回升，2016 年和 2017 年分别同比上升 2.05%和 7.97%。2009～2017 年京津冀物流业增加值占地区生产总值

比率呈现出波动下降的变化趋势，从 2009 年的 6.66%波动下降至 2017 年的 5.44%，下降了近 1 个百分点。2009～2017 年京津冀物流业增加值占第三产业比率同样呈现出波动下降的变化趋势，从 2009 年的 12.88%下降至 2017 年的 8.88%，下降了 4 个百分点。

表 2.49　2009～2017 年京津冀物流业增加值及增长率与物流业增加值占地区生产总值比率和物流业增加值占第三产业比率

年份	物流业增加值/亿元	增长率	物流业增加值占地区生产总值比率	物流业增加值占第三产业比率
2009	2519.57	—	6.66%	12.88%
2010	3043.29	20.79%	6.79%	13.21%
2011	3487.27	14.59%	6.56%	12.79%
2012	3712.80	6.47%	6.33%	12.16%
2013	3891.88	4.82%	6.06%	11.39%
2014	4065.22	4.45%	5.95%	10.93%
2015	4072.05	0.17%	5.71%	9.94%
2016	4155.55	2.05%	5.43%	9.10%
2017	4486.68	7.97%	5.44%	8.88%

注：物流业增加值数据由国家统计局网站数据计算得出

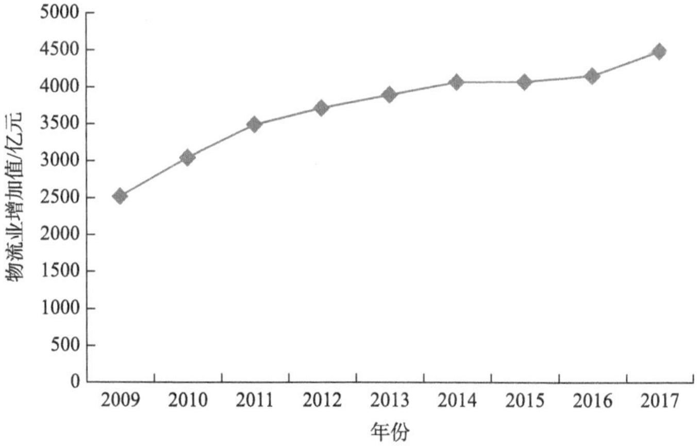

图 2.42　2009～2017 年京津冀物流业增加值曲线图

表 2.50 列出了 2009～2017 年京津冀物流业就业人员及增长率与物流业就业人员占京津冀就业人员比率和物流业就业人员平均工资，图 2.43 给出了 2009～2017 年京津冀物流业就业人员曲线图。由表 2.50 结合图 2.43 可以看出，2009～

2017 年，京津冀物流业就业人员总体呈上升趋势，除 2016 年和 2017 年增长率为负值外，其他年份的增长率均为正值，其范围是 0.67%～5.21%，京津冀物流业就业人员数量从 2009 年的 87.84 万人上升到 2017 年的 96.50 万人，增加了 8.66 万人。其中 2013～2016 年京津冀物流业就业人员总数达到了 100 万人以上。2009～2017 年京津冀物流业就业人员占京津冀就业人员比率呈现出波动下降的变化趋势，从 2009 年的 6.63%波动下降至 2017 年的 5.97%。2009～2017 年京津冀物流业就业人员平均工资则呈现出稳定的增长趋势，从 2009 年的 42 856 元攀升至 2017 年的 88 061 元，翻了一番还要多。

表 2.50　2009～2017 年京津冀物流业就业人员及增长率与物流业就业人员占京津冀就业人员比率和物流业就业人员平均工资

年份	物流业就业人员/万人	增长率	物流业就业人员占京津冀就业人员比率	物流业就业人员平均工资/元
2009	87.84	—	6.63%	42 856
2010	88.60	0.87%	6.46%	48 226
2011	93.22	5.21%	6.18%	55 509
2012	96.21	3.21%	5.92%	62 858
2013	101.17	5.16%	5.96%	67 571
2014	103.53	2.33%	6.06%	72 156
2015	104.22	0.67%	6.07%	76 367
2016	101.57	−2.54%	5.91%	80 926
2017	96.50	−4.99%	5.97%	88 061

注：物流业就业人员数据由国家统计局网站数据计算得出

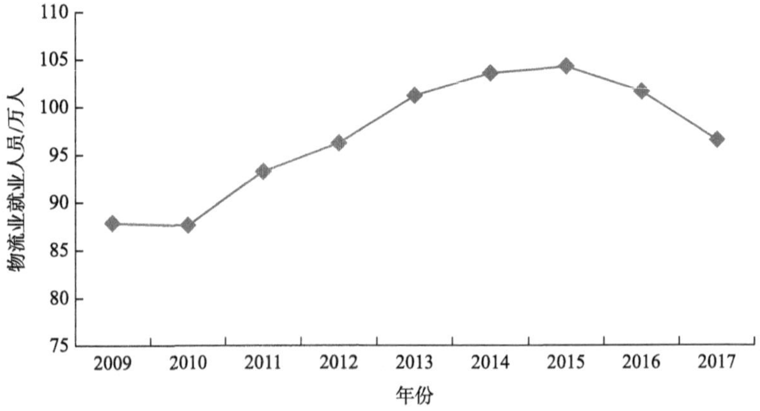

图 2.43　2009～2017 年京津冀物流业就业人员曲线图

表 2.51 列出了 2009～2017 年京津冀物流业固定资产投资及增长率，图 2.44 给出了 2009～2017 年京津冀物流业固定资产投资曲线图。由表 2.51 结合图 2.44 可以看出，2009～2017 年，京津冀物流业固定资产投资呈现波动上升的变化趋势，从 2009 年的 2172.40 亿元上升至 2017 年的 3801.58 亿元，增长了 1629.18 亿元。其中除了 2011 年和 2015 年两年增长率为负值，其他年份物流业固定资产投资均多于前一年，从 2009 年到 2017 年共增长了 74.99%。

表 2.51　2009～2017 年京津冀物流业固定资产投资及增长率

年份	物流业固定资产投资/亿元	增长率
2009	2172.40	—
2010	2754.90	26.81%
2011	2445.50	−11.23%
2012	2969.54	21.43%
2013	3383.58	13.94%
2014	3565.11	5.37%
2015	3549.68	−0.43%
2016	3592.00	1.19%
2017	3801.58	5.83%

注：物流业固定资产投资数据由国家统计局网站数据计算得出

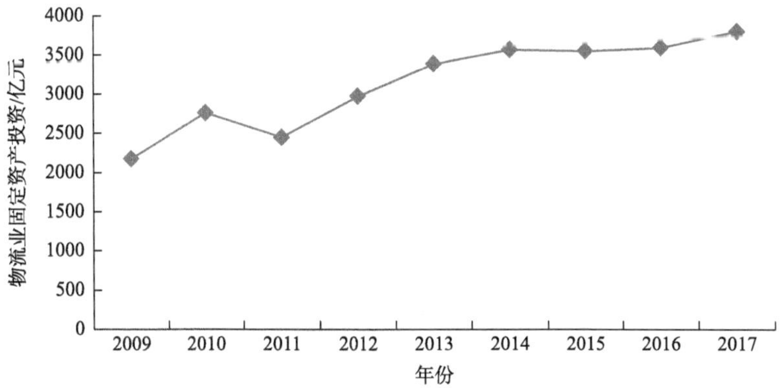

图 2.44　2009～2017 年京津冀物流业固定资产投资曲线图

2.1.4　京津冀物流业布局

京津冀区域“2+11”个城市中，物流网络建设较不平衡，呈现两强多弱的情况。核心城市北京和天津两个城市的物流节点功能较强，而河北省 11 个城市的物流建设较不完善，各城市物流基础设施规模较小，功能较为单一。京津冀区域内物流网络节点主要以行政区域划分为基础进行建设，各个城市的物流功能分工不明确，区域内物流节点物流设施存在重复建设情况，城市物流节点之间相对独立。《物流业调整和振兴规划》明确指出北京、天津为全国性物流节点城市，石家庄、唐山为区域性物流节点城市。

北京在发挥其全国航空、铁路、公路枢纽城市优势的基础上，从中心扩散到四周，物流空间格局以“三环、五带、多中心”为特点，其中“三环”是指在北京的四环、五环与六环形成相互支持、协调发展、由远及近的节点空间格局，主要建设配送中心、物流中心与物流基地等物流节点。“五带”是指引导其物资向五个方向聚集——东南、正南、东北、西南与西北，主要建设大型物流基地与物流中心。“多中心”是指服务于产业发展及居民生活而在北京城镇建立的多个物流中心与配送中心等。北京市现有北京通州马驹桥物流基地、大兴京南物流基地、平谷马坊物流基地、房山良乡物流基地等大型物流园区。北京市通过对这些物流基地的规划与建设，构建合理的物流区域布局，并形成了以物流基地和物流中心为载体、多层次、专业化的物流网络。

《天津市现代物流业发展“十三五”规划》指出，“十三五”时期，天津市现代物流业将形成以“两大国际物流中心”为核心、以“九大基地”为重要载体、以“城市配送环”为补充的物流空间布局结构。其中，“两大国际物流中心”是指依托海空两港枢纽发展的海港国际物流中心和空港国际物流中心，服务国际物流需求。“九大基地”是指依托武清、宝坻、静海、宁河、蓟县五个区县发展的物流基地及依托西堤头陆路港、唐官屯铁路枢纽、新南仓编组站、太平镇海铁联运站四个货运枢纽节点发展的物流基地，建立服务于区域物流需求的物流产业发展基地。

河北省的物流业正在构建“一带两通道”格局。其中，“一带”是指“环京津物流产业带”，以支持物流产业集聚为目标，以发展廊坊、保定等产业基地型及商贸集散型物流产业集聚区为重点，发挥周边地区特色产业的主导作用。“两通道”是指冀东物流通道与冀中南物流通道。其中，冀东物流通道的重点在于培育唐山港、秦皇岛港、承德内陆港，并以周边装备制造业等产业为支撑。冀中南物流通道以发展煤炭、钢铁与建材等为主，不仅需要重点发展黄骅港及石家庄、邯郸交通枢纽物流，石家庄商贸物流也同样不可忽视。2010 年，河北省研究认定了 16 个省级物流产业聚集区，唐山拥有 5 个省级物流产业聚集区，位列河北省第一，其次是廊坊与沧州，各有 2 个，张家口没有省级物流产业聚集区，其余城市均为 1 个。虽然在近些年中，河北省基本形成了以物流节点为主导的广覆盖、多层次的物流布局体系，但是与北京及天津相比，河北省物流业的整体水平仍不高，现有的物流业布局体系不够完备，特别缺乏对物流通道与物流聚集区的定位与布局。

2.2　京津冀金融业发展状况

2018 年 11 月,《中共中央 国务院关于建立更加有效的区域协调发展新机制的意见》明确要求以北京、天津为中心引领京津冀城市群发展，带动环渤海地区协同发展。城市群与金融业之间有着密切的联系。从金融业发展的实践来看，国内外发达的城市群大多有着一个聚集着大量金融机构、资金与专业人员的金融核心区域。金融业有着资金融通的功能，它可以通过资本的运动带动其他资源的配置，从而实现城市群的金融一体化，这对于推动京津冀协同发展有着保驾护航的作用。

本节将结合京津冀地区的金融总量、金融业固定资产投资及金融业结构进行分析，探究京津冀金融业发展状况。在分析金融总量时，选取了金融机构年末存款、金融机构年末贷款、金融机构年末存贷比三个指标来分析京津冀三地和整个地区金融机构的发展状况，其中金融机构年末存贷比是指金融机构年末贷款总额与年末存款总额的比值，用以衡量金融机构的盈利能力，存贷比越高，金融机构的盈利能力就越强；选取原保险保费收入、原保险赔付支出、保险深度、保险密度四个指标来衡量京津冀三地和整个地区保险机构的发展状况，其中保险密度是指按当地人口计算的人均保险费额，反映该地国民参加保险的程度；保险深度是指某地保费收入占该地地区生产总值之比，反映了该地保险业在整个国民经济中的地位；保险深度和保险密度分别用以衡量国家之间保险业的相对发展水平和绝对发展水平。选取证券市场交易量、股票交易额、基金交易额、债券交易额和股市开户数等指标来衡量京津冀三地和整个地区的证券市场发展状况。

2.2.1　京津冀金融总量

1. 北京市金融总量分析

表 2.52 列出了 2009～2017 年北京市金融机构年末存款、金融机构年末贷款及金融机构年末存贷比，图 2.45 给出了 2009～2017 年北京市金融机构年末存款、金融机构年末贷款曲线图。由表 2.52 结合图 2.45 可以看出，2009～2017 年，北京市金融机构年末存款和金融机构年末贷款整体呈上升趋势，北京市金融机构年末存款从 2009 年的 56 960.1 亿元增长到 2017 年的 144 086.0 亿元，北京市金融机构年末贷款从 2009 年的 31 052.9 亿元增长到 2017 年的 69 556.2 亿元，总增长率分别达到 152.96% 和 123.99%，北京市金融业发展趋势稳定，不过整体增长势头

逐渐变缓。2009～2017 年，北京市金融机构年末存贷比呈现出波动下降的趋势，从 2009 年的 0.5452 下降至 2017 年的 0.4827，总的下降幅度达到了 11.46%，这说明北京市金融机构盈利能力有所下降。

表 2.52 2009～2017 年北京市金融机构年末存款、金融机构年末贷款及金融机构年末存贷比

年份	金融机构年末存款/亿元	增长率	金融机构年末贷款/亿元	增长率	金融机构年末存贷比
2009	56 960.1	—	31 052.9	—	0.545 2
2010	66 584.6	16.90%	36 479.6	17.48%	0.547 9
2011	75 001.9	12.64%	39 660.5	8.72%	0.528 8
2012	84 837.3	13.11%	43 189.5	8.90%	0.509 1
2013	91 660.5	8.04%	47 880.9	10.86%	0.522 4
2014	100 095.5	9.20%	53 650.6	12.05%	0.536 0
2015	128 573.0	28.45%	58 559.4	9.15%	0.455 5
2016	138 408.9	7.65%	63 739.4	8.85%	0.460 5
2017	144 086.0	4.10%	69 556.2	9.13%	0.482 7

注：金融机构年末存贷款数据取自《北京统计年鉴 2019》，http://nj.tjj.beijing.gov.cn/nj/main/2019-tjnj/zk/indexch.htm[2021-11-11]

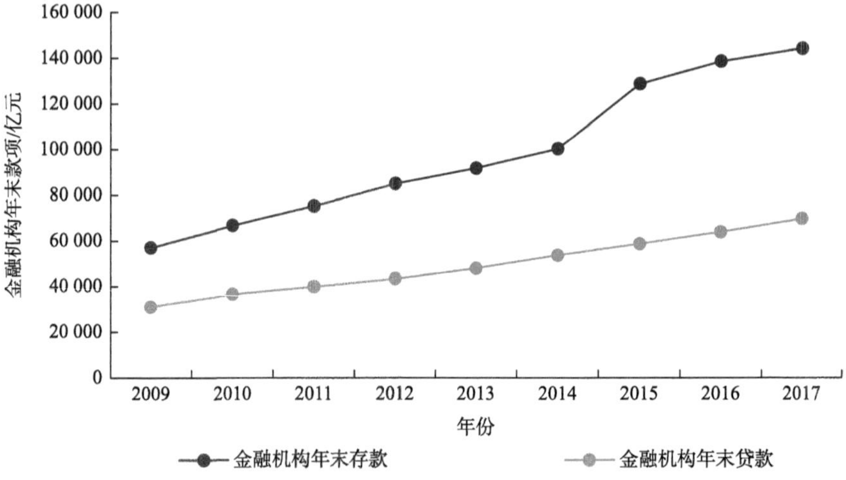

图 2.45 2009～2017 年北京市金融机构年末存款、金融机构年末贷款曲线图

表 2.53 列出了 2009～2017 年北京市原保险保费收入、原保险赔付支出及增长率，图 2.46 给出 2009～2017 年北京市原保险保费收入和原保险赔付支出曲线图。由表 2.53 结合图 2.46 可以看出，2009～2017 年，北京市原保险保费收入、

原保险赔付支出总体都呈上升趋势，北京市原保险保费收入从 2009 年的 697.60 亿元增长到 2017 年的 1972.96 亿元，北京市原保险赔付支出从 2009 年的 196.01 亿元增长到 2017 年的 577.72 亿元，总增长率分别达到 182.82%和 194.74%。这说明北京市保险业发展十分迅速。其中 2011 年原保险保费收入较前一年有所下降，2017 年原保险赔付支出较前一年有所下降。

表 2.53　2009～2017 年北京市原保险保费收入、原保险赔付支出及增长率

年份	原保险保费收入/亿元	增长率	原保险赔付支出/亿元	增长率
2009	697.60	—	196.01	—
2010	966.46	38.54%	199.65	1.86%
2011	820.91	−15.06%	232.80	16.60%
2012	923.09	12.45%	286.17	22.93%
2013	994.44	7.73%	318.17	11.18%
2014	1207.24	21.40%	407.25	28.00%
2015	1403.89	16.29%	506.62	24.40%
2016	1834.25	30.65%	596.66	17.77%
2017	1972.96	7.56%	577.72	−3.17%

注：原保险保费收入及原保险赔付支出数据取自国家统计局网站

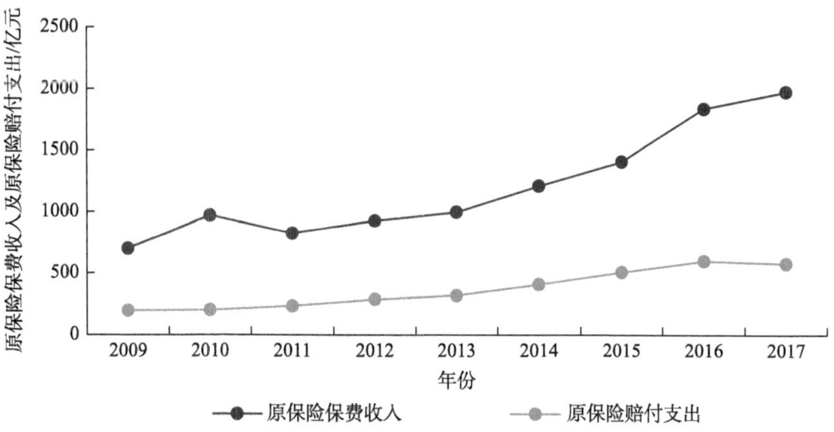

图 2.46　2009～2017 年北京市原保险保费收入和原保险赔付支出曲线图

表 2.54 列出了 2009～2017 年北京市保险深度和保险密度，由表 2.54 可以看出，2009～2017 年北京市保险深度和保险密度呈现出波动上升的趋势，保险深度从 2009 年的 5.90%上升到 2017 年的 7.05%，说明北京市保险业在地区经济中

的地位在逐步上升。同时，保险密度从 2009 年的 4044.00 元/人上升到 2017 年的 9085.34 元/人，翻了一番还要多，说明北京市居民参加保险的程度越来越深。

表 2.54　2009～2017 年北京市保险深度和保险密度

年份	保险深度	保险密度/（元/人）
2009	5.90%	4044.00
2010	7.00%	5407.00
2011	5.10%	4124.70
2012	5.20%	4268.70
2013	5.10%	4753.45
2014	5.66%	5659.31
2015	6.11%	6496.33
2016	7.39%	8467.82
2017	7.05%	9085.34

注：保险深度和保险密度数据取自 2010～2018 年《中国金融年鉴》

表 2.55 为 2009～2017 年北京市股票交易额、基金交易额，图 2.47 给出了 2009～2017 年北京市股票交易额、基金交易额曲线图。由表 2.55 结合图 2.47 可以看出，2009～2017 年，北京市股票交易额波动明显，2015 年股票交易额翻了两番还要多，2016 年下降了一多半，但整体依然呈上升趋势，北京市股票交易额从 2009 年的 95 815.6 亿元上升到 2017 年的 194 744.7 亿元，总增长率达到 103.25%；北京市基金交易额呈现出先上升后下降的变化趋势，从 2009 年的 1229.3 亿元增长到 2017 年的 22 105.7 亿元，其中 2015 年及之前增长幅度越来越大，年增长率由 2010 年的 10.14%增长到 2015 年的 205.97%，但 2016 年和 2017 年增长率都变为负值。《北京市 2017 年国民经济和社会发展统计公报》显示 2017 年北京全年证券市场各类证券成交 446 308.3 亿元，比上年增长 5.8%。其中，股票成交额 115 095.3 亿元，下降 15.3%；债券成交额 293 247.9 亿元，增长 21.8%。年末证券资金账户数 967.7 万户，比 2016 年末增加 84.3 万户。证明北京市证券交易市场十分活跃。

表 2.55　2009～2017 年北京市股票交易额、基金交易额

年份	股票交易额/亿元	增长率	基金交易额/亿元	增长率
2009	95 815.6	—	1 229.3	—
2010	100 366.0	4.75%	1 354.0	10.14%
2011	80 737.8	−19.56%	2 028.9	49.84%
2012	62 644.5	−22.41%	2 413.6	18.96%

续表

年份	股票交易额/亿元	增长率	基金交易额/亿元	增长率
2013	92 020.5	46.89%	3 732.5	54.64%
2014	138 493.4	50.50%	10 577.4	183.39%
2015	453 359.2	227.35%	32 363.6	205.97%
2016	208 613.3	−53.98%	31 085.7	−3.95%
2017	194 744.7	−6.65%	22 105.7	−28.89%

注：股票交易额、基金交易额数据取自《北京统计年鉴 2019》，http://nj.tjj.beijing.gov.cn/nj/main/2019-tjnj/zk/indexch.htm[2021-11-11]

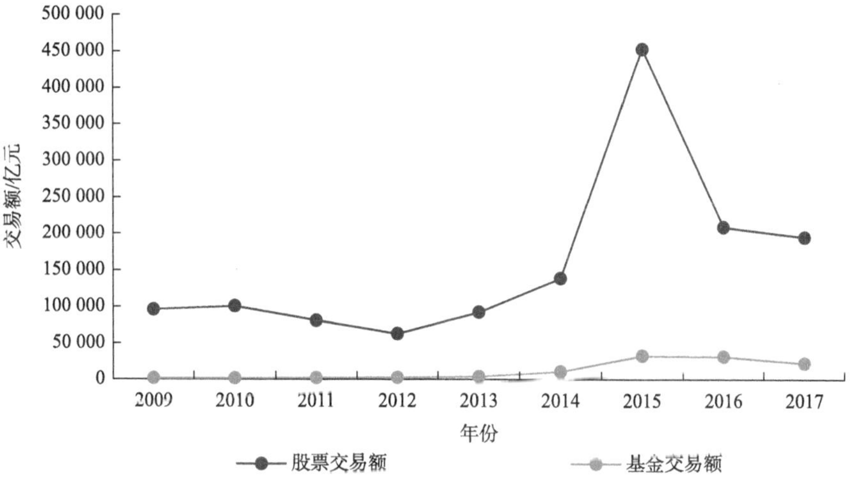

图 2.47　2009～2017 年北京市股票交易额、基金交易额曲线图

2. 天津市金融总量分析

表 2.56 为 2009～2017 年天津市金融机构年末存款、金融机构年末贷款及金融机构年末存贷比，图 2.48 给出了 2009～2017 年天津市金融机构年末存款、金融机构年末贷款曲线图。由表 2.56 结合图 2.48 可以看出，2009～2017 年，天津市金融机构年末存款和金融机构年末贷款整体呈逐年稳定上升的趋势，天津市金融机构年末存款从 2009 年的 13 887.11 亿元增长至 2017 年的 30 940.81 亿元，天津市金融机构年末贷款从 2009 年的 11 152.19 亿元增长至 2017 年的 31 602.54 亿元，总增长率分别达到 122.8% 和 183.38%。《2017 年天津市国民经济和社会发展统计公报》显示天津市全年金融业增加值增长 8.0%。金融存贷规模稳步扩大，存贷款规模均超过 30 000 亿元。截至 2017 年末，天津市金融机构（含外资）本外币各项存款余额 30 940.81 亿元，比 2017 年初增加 873.78 亿元；各项贷款余额 31 602.54 亿元，

比 2017 年初增加 2848.50 亿元。2009～2017 年天津市金融机构年末存贷比总体呈上升趋势，甚至在 2017 年超过 1.0，虽然金融机构年末存贷比高说明金融机构的盈利能力强，但存贷比过高时金融机构抵抗风险的能力就会降低，中国人民银行为防止金融机构过度扩张，规定商业银行最高的存贷比为 75%，虽然 2015 年取消了这个规定，但天津市过高的存贷比仍值得我们注意。

表 2.56　2009～2017 年天津市金融机构年末存款、金融机构年末贷款及金融机构年末存贷比

年份	金融机构年末存款/亿元	增长率	金融机构年末贷款/亿元	增长率	金融机构年末存贷比
2009	13 887.11	—	11 152.19	—	0.803 1
2010	16 499.25	18.81%	13 774.11	23.51%	0.834 8
2011	17 586.91	6.59%	15 924.71	15.61%	0.905 5
2012	20 293.79	15.39%	18 396.81	15.52%	0.906 5
2013	23 316.56	14.90%	20 857.80	13.38%	0.894 5
2014	24 777.75	6.27%	23 223.42	11.34%	0.937 3
2015	28 149.37	13.61%	25 994.68	11.93%	0.923 5
2016	30 067.03	6.81%	28 754.04	10.62%	0.956 3
2017	30 940.81	2.91%	31 602.54	9.91%	1.021 4

注：金融机构年末存贷款数据取自《天津统计年鉴 2019》，http://stats.tj.gov.cn/nianjian/2019nj/zk/indexch.htm [2021-11-11]

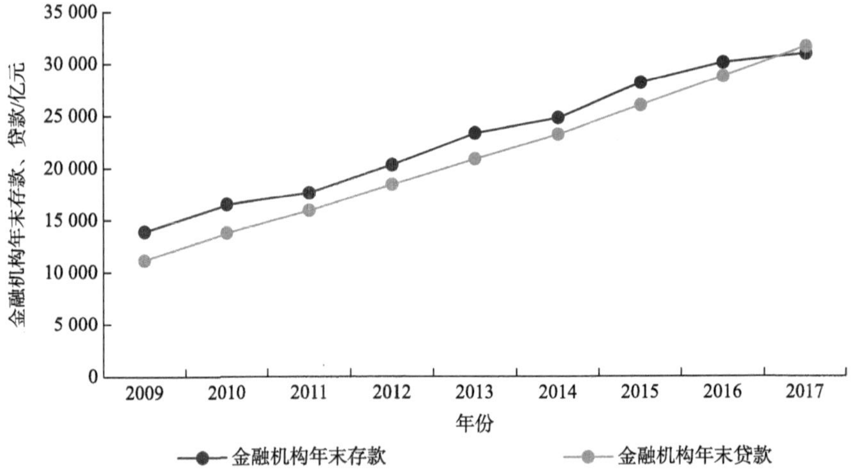

图 2.48　2009～2017 年天津市金融机构年末存款、金融机构年末贷款曲线图

表 2.57 列出 2009～2017 年天津市原保险保费收入、原保险赔付支出及增长率，图 2.49 给出 2009～2017 年天津市原保险保费收入和原保险赔付支出曲线图。

由表 2.57 结合图 2.49 可以看出，2009～2017 年，天津市原保险保费收入、原保险赔付支出都总体呈现上升趋势，天津市原保险保费收入从 2009 年的 151.29 亿元增长至 2017 年的 564.96 亿元，天津市原保险赔付支出从 2009 年的 59.92 亿元增长至 2017 年的 154.90 亿元，总增长率分别达到 273.43%和 158.51%。这说明天津市保险业正在繁荣发展。其中 2011 年原保险保费收入较前一年有所下降，2010 年、2017 年原保险赔付支出较前一年有所下降。

表 2.57　2009～2017 年天津市原保险保费收入、原保险赔付支出及增长率

年份	原保险保费收入/亿元	增长率	原保险赔付支出/亿元	增长率
2009	151.29	—	59.92	—
2010	214.01	41.46%	54.19	−9.56%
2011	211.74	−1.06%	66.17	22.11%
2012	238.16	12.48%	81.02	22.44%
2013	276.80	16.22%	102.00	25.89%
2014	317.75	14.79%	104.39	2.34%
2015	398.34	25.36%	139.53	33.66%
2016	527.99	32.55%	177.70	27.36%
2017	564.96	7.00%	154.90	−12.83%

注：原保险保费收入及原保险赔付支出数据取自国家统计局网站

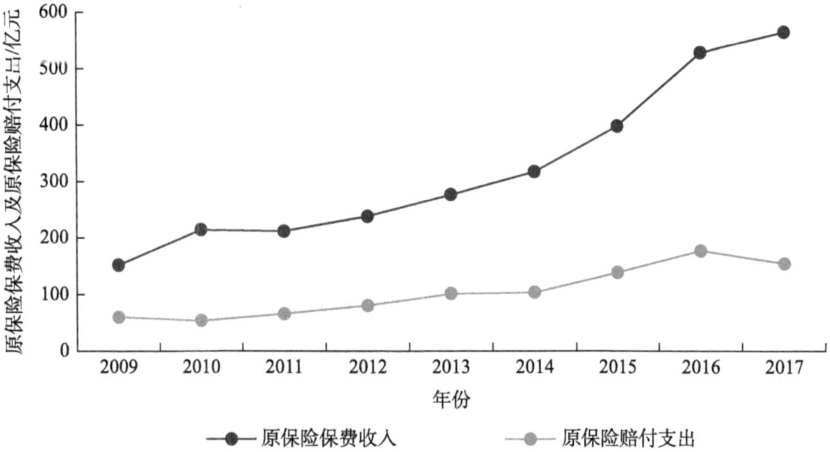

图 2.49　2009～2017 年天津市原保险保费收入和原保险赔付支出曲线图

表 2.58 列出 2009～2017 年天津市保险深度和保险密度，由表 2.58 可以看出，2009～2017 年，天津市保险深度和保险密度总体呈上升趋势，保险深度从 2009

年的 2.0%上升到 2017 年的 3.0%，增长幅度达到 50%，说明天津市保险业在地区经济中的地位在逐步上升。同时，保险密度从 2009 年的 1561.50 元/人上升到 2017 年的 3629.17 元/人，翻了一番还要多，说明天津市居民参加保险的程度越来越深。

表 2.58　2009～2017 年天津市保险深度和保险密度

年份	保险深度	保险密度/（元/人）
2009	2.0%	1561.50
2010	2.4%	1738.10
2011	1.9%	1663.60
2012	1.9%	1725.80
2013	1.9%	1880.20
2014	1.9%	2094.86
2015	2.4%	2575.00
2016	3.0%	3389.56
2017	3.0%	3629.17

注：保险深度和保险密度数据来源于 2010～2018 年《中国金融年鉴》

表 2.59 为 2009～2017 年天津市证券市场交易量、股票交易额、基金交易额、债券交易额和股市开户数，图 2.50 给出了 2009～2017 年天津市证券市场交易量、股票交易额、基金交易额和债券交易额曲线。由表 2.59 结合图 2.50 可以看出，2009～2017 年，天津市证券市场相关数据在 2015 年及以前总体呈上升趋势，天津市证券市场交易量从 2009 年的 14 832.34 亿元增长至 2015 年的 67 040.06 亿元，天津市股票交易额从 2009 年的 13 608.06 亿元增长至 2015 年的 51 148.59 亿元，天津市基金交易额从 2009 年的 141.62 亿元增长至 2015 年的 2764.93 亿元，天津市债券交易额从 2009 年的 29.52 亿元增长至 2015 年的 330.52 亿元。2016 年和 2017 年两年无论是证券市场交易量、股票交易额、基金交易额还是债券交易额都出现了大幅度下跌，只有股市开户数在逐年递增。2015 年以前证券市场活跃度很高，2016 年以后证券市场活跃度不如以前，但入市股民持续增加，说明股民对证券市场还是很有信心，只是投资更加谨慎。《2017 年天津市国民经济和社会发展统计公报》显示天津市企业上市挂牌加快推进。全年新增上市公司和新三板挂牌企业 50 家，其中新增 4 家境内上市公司，上市和新三板挂牌企业累计达到 268 家。2017 年末证券账户 477.74 万户，增长 8.8%。全年证券市场交易量 43 527.96 亿元，下降 0.6%。其中，股票交易额 22 299.66 亿元，下降 14.8%；债券交易额 248.59 亿元，增长 24.7%；基金交易额 1597.96 亿元，下降 17.1%。期货市场成交额 60 422.64 亿元，增长 0.2%。

表 2.59　2009～2017 年天津市证券市场交易量、股票交易额、基金交易额、债券交易额和股市开户数

年份	证券市场交易量/亿元	股票交易额/亿元	基金交易额/亿元	债券交易额/亿元	股市开户数/万户
2009	14 832.34	13 608.06	141.62	29.52	156.32
2010	15 754.45	15 100.67	152.07	19.45	160.34
2011	12 726.07	11 068.87	189.77	25.51	167.09
2012	10 743.11	7 751.70	171.11	90.76	196.78
2013	16 834.80	10 461.89	419.24	464.98	201.64
2014	25 400.20	15 573.26	675.95	299.23	209.11
2015	67 040.06	51 148.59	2 764.93	330.52	251.83
2016	43 811.79	26 160.21	1 926.83	188.43	438.96
2017	43 527.96	22 299.66	1 597.96	248.59	477.74

注：证券市场交易量、股票交易额、基金交易额和债券交易额和股市开户数数据取自《天津统计年鉴 2019》，http://stats.tj.gov.cn/nianjian/2019nj/zk/indexch.htm[2021-11-11]

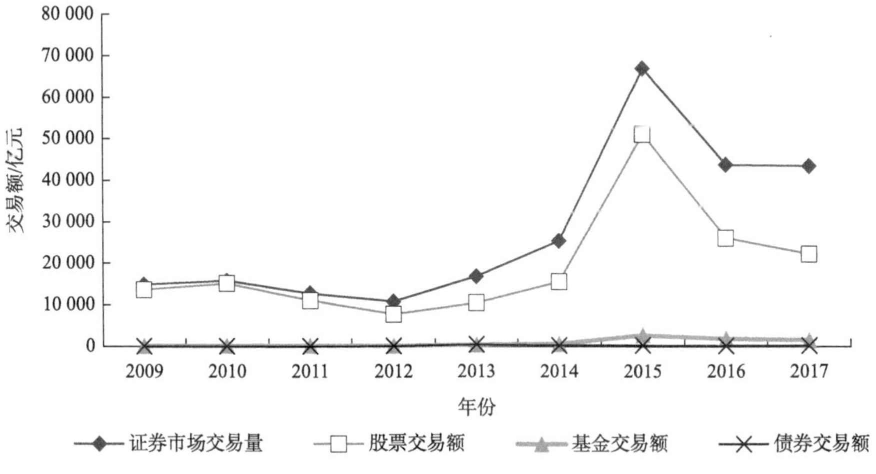

图 2.50　2009～2017 年天津市证券市场交易量、股票交易额、基金交易额和债券交易额曲线图

3. 河北省金融总量分析

表 2.60 为 2009～2017 年河北省金融机构年末存款、金融机构年末贷款及金融机构年末存贷比，图 2.51 给出了 2009～2017 年河北省金融机构年末存款、金融机构年末贷款曲线。由表 2.60 结合图 2.51 可以看出，2009～2017 年，河北省金融机构年末存款和金融机构年末贷款整体呈上升趋势，河北省金融机构年末存款从 2009 年的 22 361 亿元增长至 2017 年的 60 451 亿元，河北省金融机构年末贷款从

2009 年的 13 124 亿元增长至 2017 年的 43 315 亿元，可见河北省金融业发展趋势向好，但整体增长势头呈逐渐回落趋势，2009～2017 年增长速度逐渐放缓。2009～2017 年河北省金融机构年末存贷比呈现出波动上升的变化趋势，除 2013 年金融机构存贷比低于前一年外，其他年份均高于前一年，这说明河北省银行业的盈利能力正在稳步上升。

表 2.60　2009～2017 年河北省金融机构年末存款、金融机构年末贷款及金融机构年末存贷比

年份	金融机构年末存款/亿元	增长率	金融机构年末贷款/亿元	增长率	金融机构年末存贷比
2009	22 361	—	13 124	—	0.586 9
2010	26 099	16.71%	15 756	20.05%	0.603 7
2011	29 564	13.28%	18 144	15.16%	0.613 7
2012	34 257	15.88%	21 318	17.49%	0.622 3
2013	39 444	15.14%	24 423	14.57%	0.619 2
2014	43 764	10.95%	28 052	14.86%	0.641 0
2015	48 928	11.80%	32 608	16.24%	0.666 4
2016	55 929	14.31%	37 746	15.75%	0.674 9
2017	60 451	8.09%	43 315	14.76%	0.716 5

注：金融机构年末存贷款数据取自《河北经济年鉴 2018》，http://tjj.hebei.gov.cn/res/nj2018/indexch.htm[2021-11-11]；本表增长率数据是由原始数据计算得出

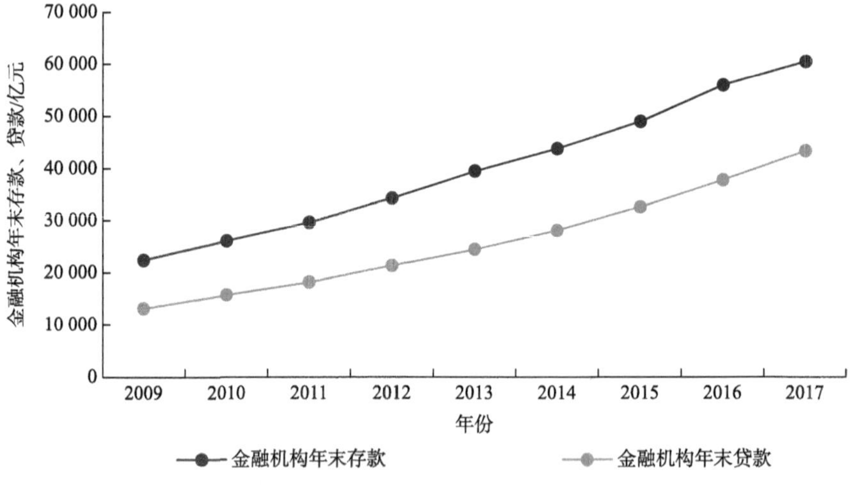

图 2.51　2009～2017 年河北省金融机构年末存款、金融机构年末贷款曲线图

表 2.61 给出 2009～2017 年河北省原保险保费收入、原保险赔付支出及增长率，图 2.52 给出 2009～2017 年河北省原保险保费收入和原保险赔付支出曲线图。

表 2.61 结合图 2.52 可以看出，2009～2017 年，河北省原保险保费收入、原保险赔付支出都呈现出波动上升的变化趋势，河北省原保险保费收入从 2009 年的 601.09 亿元增长至 2017 年的 1713.89 亿元，河北省原保险赔付支出从 2009 年的 142.98 亿元增长至 2017 年的 547.54 亿元，总增长率分别达到 185.13%和 282.95%。其中 2011 年原保险保费收入较前一年有所下降，2017 年原保险赔付支出较前一年有所下降。

表 2.61　2009～2017 年河北省原保险保费收入、原保险赔付支出及增长率

年份	原保险保费收入/亿元	增长率	原保险赔付支出/亿元	增长率
2009	601.09	—	142.98	—
2010	746.40	24.17%	147.64	3.26%
2011	732.89	−1.81%	183.47	24.27%
2012	766.16	4.54%	223.89	22.03%
2013	837.59	9.32%	315.66	40.99%
2014	931.94	11.26%	395.03	25.14%
2015	1163.10	24.80%	461.92	16.93%
2016	1491.49	28.23%	548.24	18.69%
2017	1713.89	14.91%	547.54	−0.13%

注：原保险保费收入及原保险赔付支出数据取自国家统计局网站

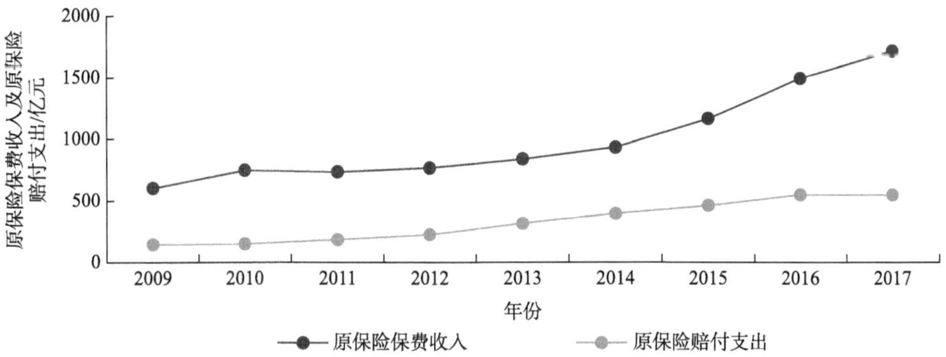

图 2.52　2009～2017 年河北省原保险保费收入和原保险赔付支出曲线图

表 2.62 列出 2009～2017 年河北省保险深度和保险密度，由表 2.62 可以看出，2009～2017 年，河北省保险深度和保险密度均呈现出波动上升的趋势，保险深度从 2009 年的 3.50%上升到 2017 年的 4.77%，说明河北省保险业在地区经济中的地位在逐步上升，保险密度从 2009 年的 857.30 元/人上升到 2017 年的 2287.52 元/人，增长率高达 166.83%，说明河北省居民参加保险的程度越来越深。

表 2.62　2009～2017 年河北省保险深度和保险密度

年份	保险深度	保险密度/（元/人）
2009	3.50%	857.30
2010	3.70%	1056.75
2011	3.02%	1016.07
2012	2.88%	1054.73
2013	2.95%	1147.38
2014	3.17%	1266.53
2015	3.90%	1566.49
2016	4.70%	2007.75
2017	4.77%	2287.52

注：保险深度和保险密度数据取自 2010～2018 年《中国金融年鉴》

表 2.63 列出 2009～2017 年河北省股票市价总值及增长率。由表 2.63 可以看出，2009～2017 年，河北省股票市价总值呈现出波动上升的趋势，股票市价总值从 2009 年的 3121.41 亿元上升到 2017 年的 8308.05 亿元，总增长率达到 166.16%，说明河北省股票市场发达程度越来越高。

表 2.63　2009～2017 年河北省股票市价总值及增长率

年份	股票市价总值/亿元	增长率
2009	3121.41	—
2010	3482.97	11.58%
2011	3165.55	−9.11%
2012	3508.20	10.82%
2013	3895.60	11.04%
2014	6180.00	58.64%
2015	8272.81	33.86%
2016	7840.29	−5.23%
2017	8308.05	5.97%

注：股票市价总值数据取自 2010～2018 年《中国金融年鉴》

4. 京津冀金融总量分析

表 2.64 为 2009～2017 年京津冀金融机构年末存款及三地所占比重，表 2.65 为 2009～2017 年京津冀金融机构年末贷款及三地所占比重，图 2.53 给出了 2009～2017 年京津冀金融机构年末存款柱状图，图 2.54 给出了 2009～2017 年京津冀金

融机构年末贷款柱状图。由表2.64、表2.65结合图2.53、图2.54可以看出，2009～2017年，京津冀区域金融机构年末存款和金融机构年末贷款整体呈上升趋势，京津冀区域金融机构年末存款从2009年的93 208.21亿元增长至2017年的235 477.81亿元，京津冀区域金融机构年末贷款从2009年的55 329.09亿元增长至2017年的144 473.74亿元，总增长率分别达到了152.64%和161.12%，证明京津冀区域金融业发展趋势向好。2009～2017年金融机构年末存款中三地所占比重变化不大，2009～2017年金融机构年末贷款中三地所占比重发生变化，在北京市金融机构年末贷款所占比重减少的同时天津市和河北省金融机构年末贷款所占比重呈上升趋势，这说明天津市、河北省两地的企业活跃度有所上升。

表2.64　2009～2017年京津冀金融机构年末存款及三地所占比重

年份	金融机构年末存款/亿元				所占比重		
	北京市	天津市	河北省	京津冀区域	北京市	天津市	河北省
2009	56 960.10	13 887.11	22 361.00	93 208.21	61.11%	14.90%	23.99%
2010	66 584.60	16 499.25	26 099.00	109 182.85	60.98%	15.11%	23.90%
2011	75 001.90	17 586.91	29 564.00	122 152.81	61.40%	14.40%	24.20%
2012	84 837.30	20 293.79	34 257.00	139 388.09	60.86%	14.56%	24.58%
2013	91 660.50	23 316.56	39 444.00	154 421.06	59.36%	15.10%	25.54%
2014	100 095.50	24 777.75	43 764.00	168 637.25	59.36%	14.69%	25.95%
2015	128 573.00	28 149.37	48 928.00	205 650.37	62.52%	13.69%	23.79%
2016	138 408.90	30 067.03	55 929.00	224 404.93	61.68%	13.40%	24.92%
2017	144 086.00	30 940.81	60 451.00	235 477.81	61.19%	13.14%	25.67%

注：金融机构年末存款数据来源于北京市、天津市和河北省统计局网站

表2.65　2009～2017年京津冀金融机构年末贷款及三地所占比重

年份	金融机构年末贷款/亿元				所占比重		
	北京市	天津市	河北省	京津冀区域	北京市	天津市	河北省
2009	31 052.90	11 152.19	13 124.00	55 329.09	56.12%	20.16%	23.72%
2010	36 479.60	13 774.11	15 756.00	66 009.71	55.26%	20.87%	23.87%
2011	39 660.50	15 924.71	18 144.00	73 729.21	53.79%	21.60%	24.61%
2012	43 189.50	18 396.81	21 318.00	82 904.31	52.10%	22.19%	25.71%
2013	47 880.90	20 857.80	24 423.00	93 161.70	51.40%	22.39%	26.22%
2014	53 650.60	23 223.42	28 052.00	104 926.02	51.13%	22.13%	26.74%
2015	58 559.40	25 994.68	32 608.00	117 162.08	49.98%	22.19%	27.83%

续表

年份	金融机构年末贷款/亿元				所占比重		
	北京市	天津市	河北省	京津冀区域	北京市	天津市	河北省
2016	63 739.40	28 754.04	37 746.00	130 239.44	48.94%	22.08%	28.98%
2017	69 556.20	31 602.54	43 315.00	144 473.74	48.14%	21.87%	29.98%

注：金融机构年末贷款数据来源于北京市、天津市和河北省统计局网站

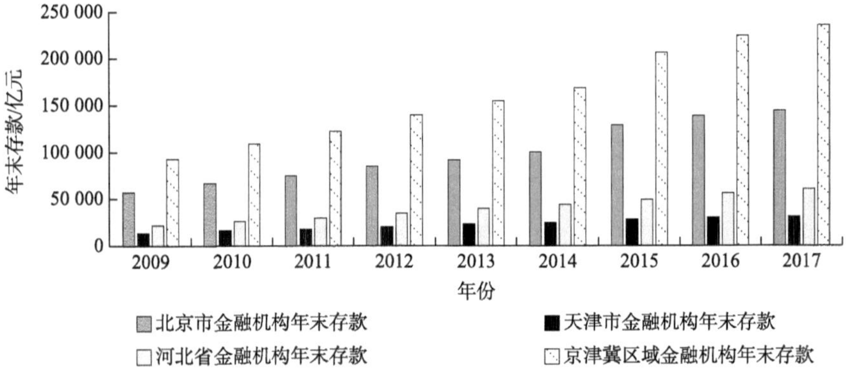

图 2.53　2009～2017 年京津冀金融机构年末存款柱状图

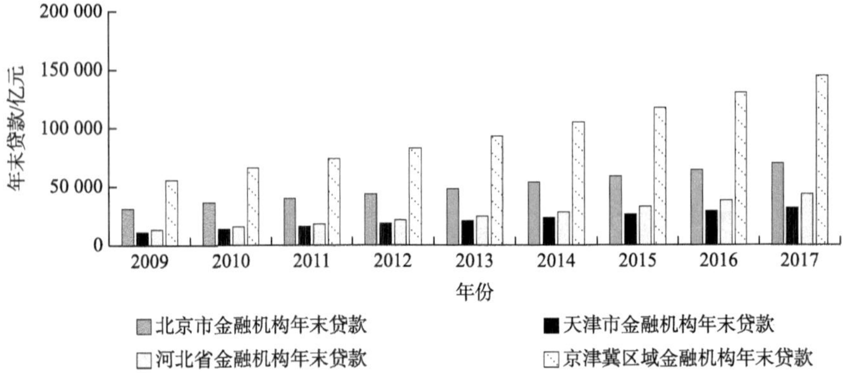

图 2.54　2009～2017 年京津冀金融机构年末贷款柱状图

表 2.66 为 2009～2017 年京津冀原保险保费收入及三地所占比重，表 2.67 为 2009～2017 年京津冀原保险赔付支出及三地所占比重，图 2.55 给出了 2009～2017 年京津冀原保险保费收入柱状图，图 2.56 给出了 2009～2017 年京津冀原保险赔付支出柱状图。由表 2.66、表 2.67 结合图 2.55、图 2.56 可以看出，2009～2017 年，京津冀原保险保费收入和原保险赔付支出整体呈上升趋势，京津冀原保险保费收入从 2009 年的 1449.98 亿元增长至 2017 年的 4251.81 亿元，京津冀原保险赔

付支出从 2009 年的 398.91 亿元增长至 2017 年的 1280.16 亿元，除 2011 年京津冀原保险保费收入和 2017 年原保险赔付支出低于前一年外，其他年份均有所增长，总增长率分别达到了 193.23% 和 220.91%，证明京津冀保险业发展趋势向好。2009～2017 年原保险保费收入中三地所占比重有所变化，北京市原保险保费收入所占比重在 50%上下波动，河北省原保险保费收入所占比重在 40%上下波动，天津市所占比重呈现出波动上升的变化趋势，从 2009 年的 10.43%波动上升至 2017 年的 13.29%；2009～2017 年原保险赔付支出中三地所占比重发生变化，北京市和天津市所占比重呈现波动下降的趋势，而河北省所占比重呈现出波动上升的变化趋势，其中北京市和天津市所占比重分别下降约 4 个百分点和 3 个百分点，而河北省上升了近 7 个百分点。

表 2.66　2009～2017 年京津冀原保险保费收入及三地所占比重

年份	原保险保费收入/亿元				所占比重		
	北京市	天津市	河北省	京津冀区域	北京市	天津市	河北省
2009	697.60	151.29	601.09	1449.98	48.11%	10.43%	41.46%
2010	966.46	214.01	746.40	1926.87	50.16%	11.11%	38.74%
2011	820.91	211.74	732.89	1765.54	46.50%	11.99%	41.51%
2012	923.09	238.16	766.16	1927.41	47.89%	12.36%	39.75%
2013	994.44	276.80	837.59	2108.83	47.16%	13.13%	39.72%
2014	1207.24	317.75	931.94	2456.93	49.14%	12.93%	37.93%
2015	1403.89	398.34	1163.10	2965.33	47.34%	13.43%	39.22%
2016	1834.25	527.99	1491.49	3853.73	47.60%	13.70%	38.70%
2017	1972.96	564.96	1713.89	4251.81	46.40%	13.29%	40.31%

注：原保险保费收入数据取自国家统计局网站

表 2.67　2009～2017 年京津冀原保险赔付支出及三地所占比重

年份	原保险赔付支出/亿元				所占比重		
	北京市	天津市	河北省	京津冀区域	北京市	天津市	河北省
2009	196.01	59.92	142.98	398.91	49.14%	15.02%	35.84%
2010	199.65	54.19	147.64	401.48	49.73%	13.50%	36.77%
2011	232.80	66.17	183.47	482.44	48.25%	13.72%	38.03%
2012	286.17	81.02	223.89	591.08	48.41%	13.71%	37.88%
2013	318.17	102.00	315.66	735.83	43.24%	13.86%	42.90%
2014	407.25	104.39	395.03	906.67	44.92%	11.51%	43.57%

续表

年份	原保险赔付支出/亿元				所占比重		
	北京市	天津市	河北省	京津冀区域	北京市	天津市	河北省
2015	506.62	139.53	461.92	1108.07	45.72%	12.59%	41.69%
2016	596.66	177.70	548.24	1322.60	45.11%	13.44%	41.45%
2017	577.72	154.90	547.54	1280.16	45.13%	12.10%	42.77%

注：原保险赔付支出数据取自国家统计局网站

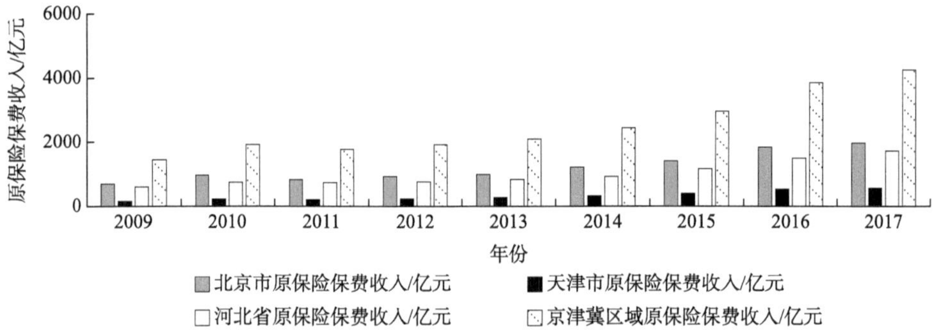

图 2.55 2009～2017 年京津冀原保险保费收入柱状图

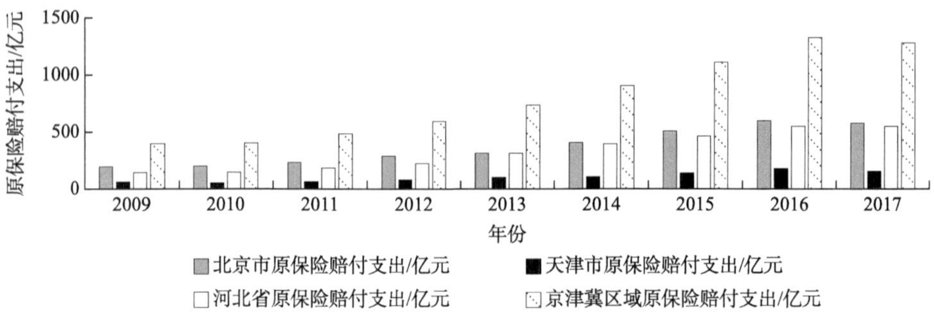

图 2.56 2009～2017 年京津冀原保险赔付支出柱状图

表 2.68 为 2009～2017 年京津冀股票市价总值及三地所占比重，图 2.57 给出了 2009～2017 年京津冀股票市价总值柱状图。由表 2.68 结合图 2.57 可以看出，2009～2017 年，京津冀股票市价总值呈波动上升趋势，从 2009 年的 134 871.94 亿元增长至 2017 年的 151 317.41 亿元，其中 2014 年变化幅度最大，同比上一年增长 62.27%，其他年份同比上一年有增有减，但总增长率依然能达到 12.19%，证明京津冀证券市场发展趋势向好。2009～2017 年股票市价总值中三地所占比重有所变化，天津市和河北省所占比重呈现波动上升的趋势，而北京市所占比重呈现出波动下降的变化趋势，但北京市股票市价总值占京津冀地区股票市价总值九成

以上的大的趋势没有变。

表 2.68　2009～2017 年京津冀股票市价总值及三地所占比重

年份	股票市价总值/亿元				所占比重		
	北京市	天津市	河北省	京津冀区域	北京市	天津市	河北省
2009	128 026.80	3 723.73	3 121.41	134 871.94	94.92%	2.76%	2.31%
2010	114 891.60	3 953.00	3 482.97	122 327.57	93.92%	3.23%	2.85%
2011	104 298.50	2 565.00	3 165.55	110 029.05	94.79%	2.33%	2.88%
2012	108 299.30	2 803.00	3 508.20	114 610.50	94.49%	2.45%	3.06%
2013	97 040.20	3 590.00	3 895.60	104 525.80	92.84%	3.43%	3.73%
2014	158 109.30	5 321.99	6 180.00	169 611.29	93.22%	3.14%	3.64%
2015	133 059.03	6 221.40	8 272.81	147 553.24	90.18%	4.22%	5.61%
2016	122 303.30	5 285.14	7 840.29	135 428.73	90.31%	3.90%	5.79%
2017	137 764.24	5 245.12	8 308.05	151 317.41	91.04%	3.47%	5.49%

注：股票市价总值数据取自《中国金融年鉴 2018》

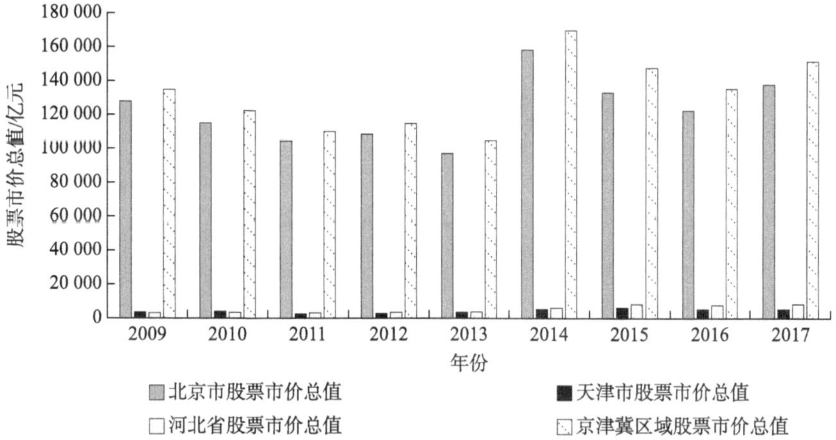

图 2.57　2009～2017 年京津冀股票市价总值柱状图

2.2.2　京津冀金融业固定资产投资

1. 北京市金融业固定资产投资分析

表 2.69 为 2009～2017 年北京市金融业固定资产投资及增长率，图 2.58 给出了 2009～2017 年北京市金融业固定资产投资曲线。由表 2.69 结合图 2.58 可以看出，2009～2017 年，北京市金融业固定资产投资具有明显的波动性变化特征，在

2011 年和 2015 年产生两次波峰，金融业固定资产投资分别达到了 86.73 亿元和 73.31 亿元，但在 2015 年后持续走低，增长率降为负值。

表 2.69　2009～2017 年北京市金融业固定资产投资及增长率

年份	金融业固定资产投资/亿元	增长率
2009	7.40	—
2010	30.31	309.59%
2011	86.73	186.14%
2012	52.89	−39.02%
2013	57.39	8.51%
2014	54.54	−4.97%
2015	73.31	34.42%
2016	50.65	−30.91%
2017	38.69	−23.61%

注：金融业固定资产投资数据取自《北京统计年鉴 2019》，http://nj.tjj.beijing.gov.cn/nj/main/2019-tjnj/zk/indexch.htm[2021-11-11]

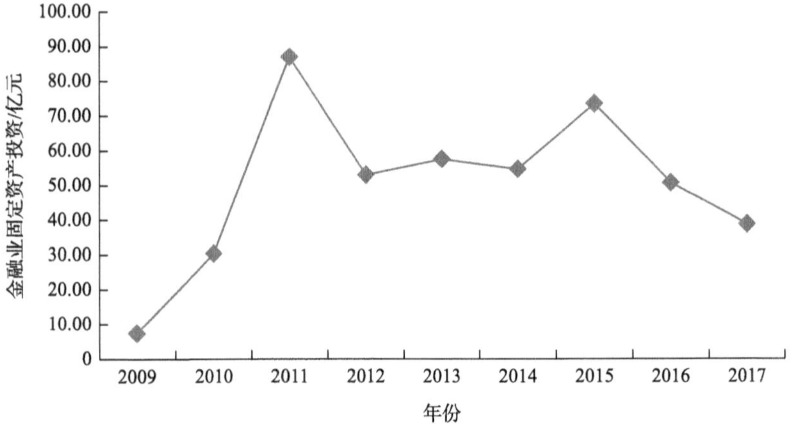

图 2.58　2009～2017 年北京市金融业固定资产投资曲线图

2. 天津市金融业固定资产投资分析

表 2.70 为 2009～2017 年天津市金融业固定资产投资及增长率，图 2.59 给出了 2009～2017 年天津市金融业固定资产投资曲线图。由表 2.70 结合图 2.59 可以看出，2009～2017 年，天津市的金融业固定资产投资呈现出显著的波动性变化特征，在 2011 年和 2014 年产生两次波峰，金融业固定资产投资分别达到了 39.62 亿元和 58.79 亿元，但在 2014 年后持续走低，增长率降为负值。

表 2.70　2009～2017 年天津市金融业固定资产投资及增长率

年份	金融业固定资产投资/亿元	增长率
2009	1.06	—
2010	3.24	205.66%
2011	39.62	1122.84%
2012	31.54	−20.39%
2013	43.34	37.41%
2014	58.79	35.65%
2015	31.00	−47.27%
2016	19.12	−38.32%
2017	14.10	−26.26%

注：金融业固定资产投资数据取自《天津统计年鉴 2019》，http://stats.tj.gov.cn/nianjian/2019nj/zk/indexch.htm [2021-11-11]

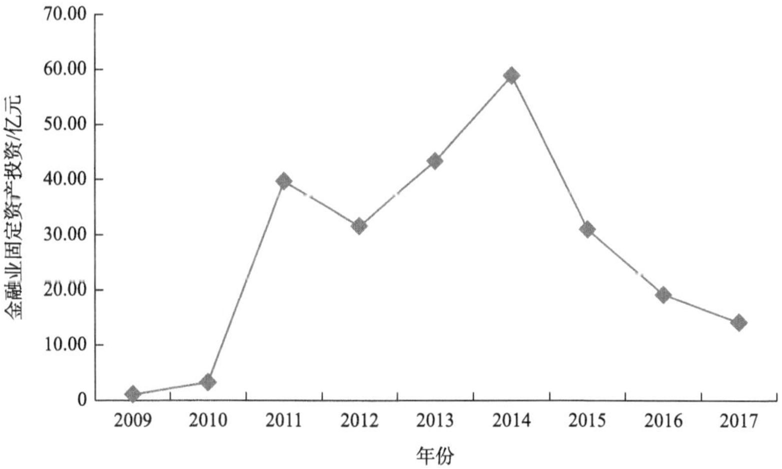

图 2.59　2009～2017 年天津市金融业固定资产投资曲线图

3. 河北省金融业固定资产投资分析

表 2.71 为 2009～2017 年河北省金融业固定资产投资及增长率，图 2.60 给出了 2009～2017 年河北省金融业固定资产投资曲线。由表 2.71 结合图 2.60 可以看出，2009～2017 年，河北省金融业固定资产投资呈现波动上升的变化趋势，除 2014 年和 2017 年增长率为−41.96%和−36.86%外，其他年份增长率均为正值，2011 年、2013 年、2015 年和 2016 年的增长率均在 80%以上，变化幅度明显，从 2009 年的 12.02 亿元增长到 2017 年的 58.77 亿元，翻了两番还要多。

表 2.71　2009～2017 年河北省金融业固定资产投资及增长率

年份	金融业固定资产投资/亿元	增长率
2009	12.02	—
2010	12.83	6.74%
2011	23.14	80.36%
2012	24.38	5.36%
2013	44.69	83.31%
2014	25.94	−41.96%
2015	47.87	84.54%
2016	93.08	94.44%
2017	58.77	−36.86%

注：金融业固定资产投资数据取自《河北经济年鉴 2018》，http://tjj.hebei.gov.cn/res/nj2018/indexch.htm[2021-11-11]

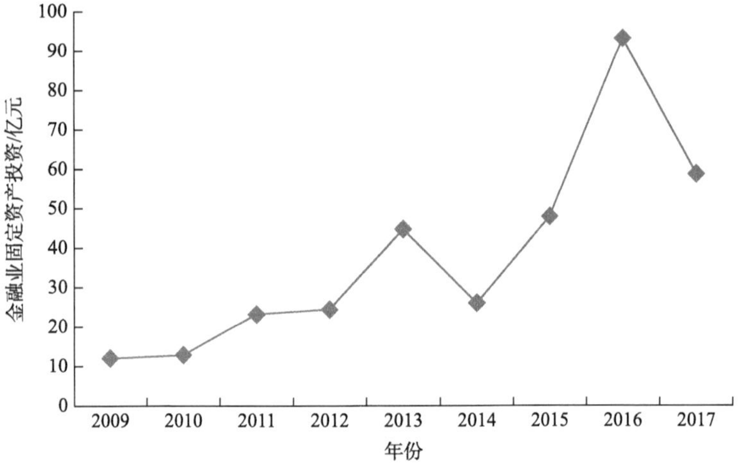

图 2.60　2009～2017 年河北省金融业固定资产投资曲线图

4. 京津冀金融业固定资产投资分析

表 2.72 为 2009～2017 年京津冀金融业固定资产投资及增长率，图 2.61 给出了 2009～2017 年京津冀金融业固定资产投资曲线图。由表 2.72 结合图 2.61 可以看出，2009～2017 年，京津冀金融业固定资产投资呈现波动上升的变化趋势，虽然 2012 年、2014 年和 2017 年经历了三次下降，京津冀金融业固定投资仍从 2009 年的 20.48 亿元增长至 2017 年的 111.56 亿元，增长了 91.08 亿元，翻了两番还要多，其中 2010 年和 2011 年两年增长率甚至分别能达到 126.46%和 222.32%。

表 2.72　2009～2017 年京津冀金融业固定资产投资及增长率

年份	金融业固定资产投资/亿元	增长率
2009	20.48	—
2010	46.38	126.46%
2011	149.49	222.32%
2012	108.81	-27.21%
2013	145.42	33.65%
2014	139.27	-4.23%
2015	152.18	9.27%
2016	162.85	7.01%
2017	111.56	-31.50%

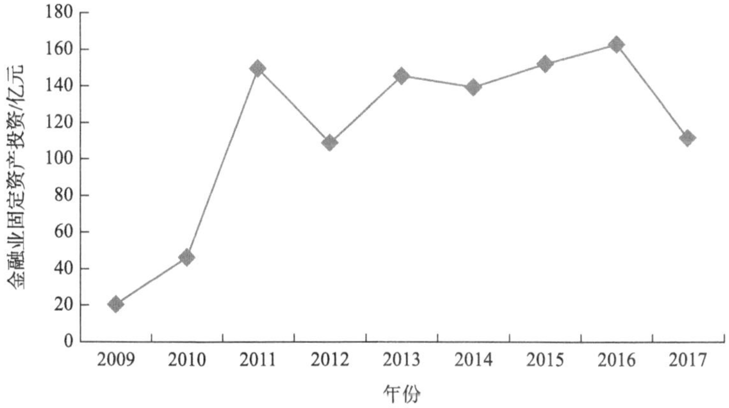

图 2.61　2009～2017 年京津冀金融业固定资产投资曲线图

2.2.3　京津冀金融业结构

1. 北京市金融业结构分析

表 2.73 列出了 2009～2017 年北京市金融业增加值占地区生产总值比重、占地区第三产业生产总值比重，图 2.62 给出了 2009～2017 年北京市金融业增加值占地区生产总值比重、占地区第三产业生产总值比重变化曲线图。由表 2.73 结合图 2.62 可以看出，2009～2017 年，北京市金融业增加值呈现出稳定上升的变化趋势，从 2009 年的 1603.6 亿元增长至 2017 年的 4655.4 亿元，翻了一番还要多，2009～2017 年北京市金融业增加值占地区生产总值比重、占地区第三产业生产总值比重均呈现出先稳定上升后稍微下降的变化趋势。《北京市 2017 年国民经济和社会发展统计公报》显示，自 2001 年以来，北京市整体产业结构彻底转变为“三二一”

型，2017 年，地区第三产业生产总值达到 22 567.8 亿元，同比上年增长 9.58%，在地区生产总值中占比 80.6%，可以明显看出第三产业已经成为北京市的主导产业，金融业成为北京市的优势资源。金融业增加值所占比重在变化趋势上也是乐观的，无论是其占地区生产总值比重还是其占地区第三产业生产总值比重都在逐年增大，一方面证明北京市还有发展第三产业的潜力，另一方面表明第三产业和金融业在北京市经济发展中的地位在不断提升。

表 2.73　2009～2017 年北京市金融业增加值占地区生产总值比重、占地区第三产业生产总值比重

年份	金融业增加值/亿元	地区生产总值/亿元	金融业增加值占地区生产总值比重	地区第三产业生产总值/亿元	金融业增加值占地区第三产业生产总值比重
2009	1 603.6	12 419.0	12.91%	9 445.4	16.98%
2010	1 863.6	14 441.6	12.90%	10 930.9	17.05%
2011	2 215.4	16 627.9	13.32%	12 740.2	17.39%
2012	2 536.9	18 350.1	13.82%	14 141.7	17.94%
2013	2 943.2	20 330.1	14.48%	15 777.4	18.65%
2014	3 357.8	21 944.1	15.30%	17 121.5	19.61%
2015	3 926.4	23 685.7	16.58%	18 884.7	20.79%
2016	4 270.8	25 669.1	16.64%	20 594.9	20.74%
2017	4 655.4	28 014.9	16.62%	22 567.8	20.63%

注：金融业增加值、地区生产总值、地区第三产业生产总值数据取自国家统计局网站

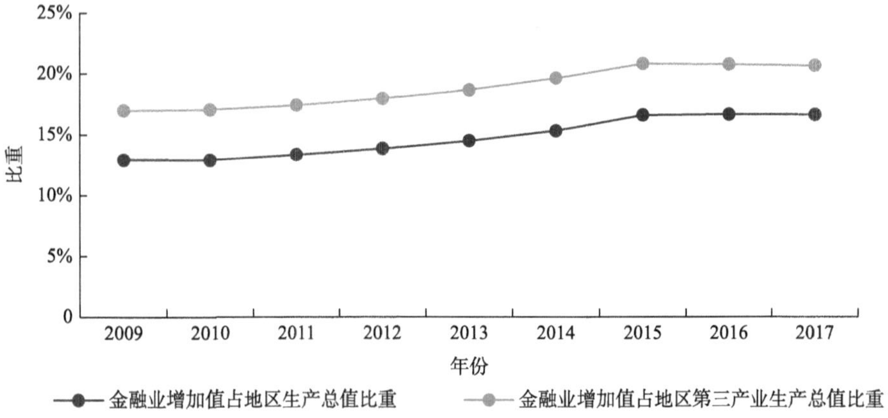

图 2.62　2009～2017 年北京市金融业增加值占地区生产总值比重、占地区第三产业生产总值比重变化曲线图

表 2.74 列出了 2009～2017 年北京市金融业城镇就业人口占全市城镇就业人

口比重及金融业就业人员平均工资，图 2.63 给出了 2009～2017 年北京市金融业金融城镇就业人口占全市城镇就业人口比重变化曲线图。由表 2.74 结合图 2.63 可以看出，2009～2017 年，虽然北京市金融业城镇就业人口占全市城镇就业人口比重较小，但是其所占比重呈现出逐年稳定上升的变化趋势，金融业城镇就业人口从 2009 年的 25.38 万人上升到 2017 年的 54.45 万人，翻了一番还要多。2009～2017 年北京市金融业就业人员平均工资呈现出逐年上升的变化趋势，从 2009 年 180 816 元攀升至 2017 年的 306 462 元，增长了 125 646 元。

表 2.74　2009～2017 年北京市金融业城镇就业人口占全市城镇就业人口比重及金融业就业人员平均工资

年份	金融业城镇就业人口/万人	全市城镇就业人口/万人	金融业城镇就业人口占全市城镇就业人口比重	金融业就业人员平均工资/元
2009	25.38	619.35	4.10%	180 816
2010	27.20	646.60	4.21%	200 349
2011	32.87	685.90	4.79%	198 409
2012	37.56	717.37	5.24%	209 483
2013	39.14	742.26	5.27%	234 497
2014	43.16	755.86	5.71%	253 148
2015	47.16	777.34	6.07%	285 795
2016	51.42	791.52	6.50%	288 638
2017	54.45	812.86	6.70%	306 462

注：金融业城镇就业人口和全市城镇就业人口数据取自国家统计局网站

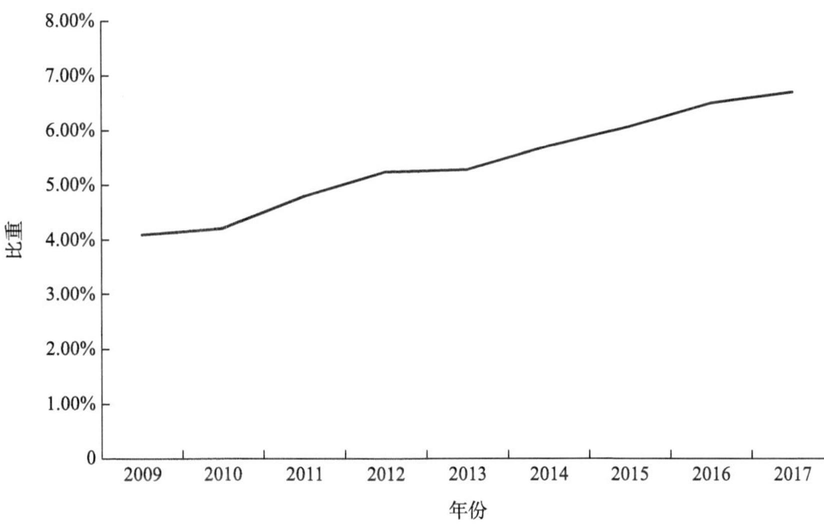

图 2.63　2009～2017 年北京市金融业城镇就业人口占全市城镇就业人口比重变化曲线图

2. 天津市金融业结构分析

表 2.75 列出了 2009～2017 年天津市金融业增加值占地区生产总值比重、占地区第三产业生产总值比重，图 2.64 给出了 2009～2017 年天津市金融业增加值占地区生产总值比重、占地区第三产业生产总值比重变化曲线图。由表 2.75 结合图 2.64 可以看出，2009～2017 年，天津市金融业增加值呈现出稳定上升的变化趋势，从 2009 年的 461.20 亿元增长至 2017 年的 1951.75 亿元，2009～2017 年天津市金融业增加值占地区生产总值比重呈现出稳定上升的变化趋势，从 2009 年的 6.13%上升至 2017 年的 10.52%，2009～2017 年天津市金融业增加值占地区第三产业生产总值比重总体呈现出上升趋势，仅 2016 年略有下降。《2017 年天津市国民经济和社会发展统计公报》显示，天津市三次产业结构为 1.2 : 40.8 : 58.0[①]，可见天津市整体产业结构呈“三二一”型，第三产业整体在全市地区生产总值中占了一半以上。天津市金融业增加值占地区生产总值比重在逐年攀升，说明第三产业是天津市的主导产业，金融业是天津市的优势资源。而且金融业增加值所占的比重在变化趋势上也是乐观的，无论是其占地区生产总值比重还是其占地区第三产业生产总值比重都在逐年增大，一方面证明天津市还有发展第三产业的潜力，另一方面表明第三产业和金融业在天津市经济发展中的重要程度在不断增加。

表 2.75　2009～2017 年天津市金融业增加值占地区生产总值比重、占地区第三产业生产总值比重

年份	金融业增加值/亿元	地区生产总值/亿元	金融业增加值占地区生产总值比重	地区第三产业生产总值/亿元	金融业增加值占地区第三产业生产总值比重
2009	461.20	7 521.85	6.13%	3 405.16	13.54%
2010	572.99	9 224.46	6.21%	4 238.65	13.52%
2011	756.50	11 307.28	6.69%	5 219.24	14.49%
2012	1 001.59	12 893.88	7.77%	6 058.46	16.53%
2013	1 235.91	14 442.01	8.56%	6 979.60	17.71%
2014	1 422.28	15 726.93	9.04%	7 795.18	18.25%
2015	1 603.23	16 538.19	9.69%	8 625.14	18.59%
2016	1 793.57	17 885.39	10.03%	10 093.82	17.77%
2017	1 951.75	18 549.19	10.52%	10 786.64	18.09%

注：金融业增加值、地区生产总值、地区第三产业生产总值数据取自国家统计局网站

① 该比例是由《2017 年天津市国民经济和社会发展统计公报》得出，与表 2.75 数据来源不同。

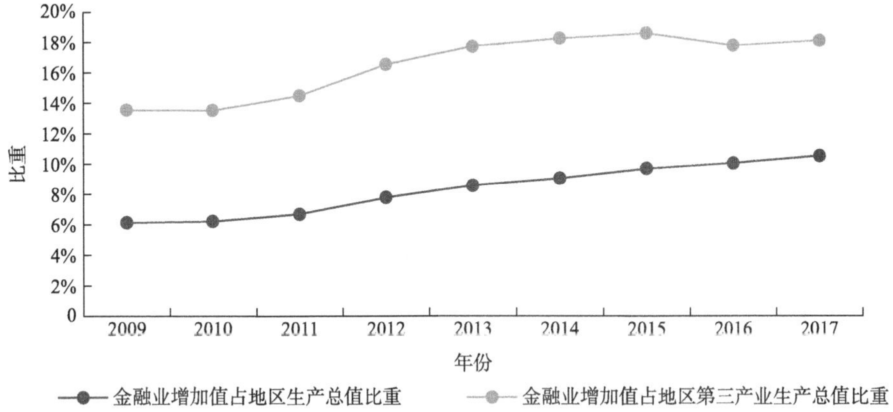

图 2.64　2009～2017 年天津市金融业增加值占地区生产总值比重、占地区第三产业生产总值比重变化曲线图

表 2.76 列出了 2009～2017 年天津市金融业城镇就业人口占全市城镇就业人口比重及金融业就业人员平均工资，图 2.65 给出了 2009～2017 年天津市金融业城镇就业人口占全市城镇就业人口比重曲线图。由表 2.76 结合图 2.65 可以看出，2009～2017 年，金融业城镇就业人口从 2009 年的 6.68 万人上升到 2017 年的 19.17 万人，增长了两倍左右。天津市金融业城镇就业人口占全市城镇就业人口比重则呈现出先下降后上升的变化趋势，从 2009 年的 3.31%下降至 2013 年的 2.67%，之后又逐步上升至 2017 年的 7.11%。2009～2017 年天津市金融业就业人员平均工资呈现出逐年上涨的趋势，从 2009 年的 74 068 元逐年攀升至 2017 年的 113 813 元，增长了 39 745 元。

表 2.76　2009～2017 年天津市金融业城镇就业人口占全市城镇就业人口比重及金融业就业人员平均工资

年份	金融业城镇就业人口/万人	全市城镇就业人口/万人	金融业城镇就业人口占全市城镇就业人口比重	金融业就业人员平均工资/元
2009	6.68	201.65	3.31%	74 068
2010	7.00	205.70	3.40%	89 166
2011	7.72	268.24	2.88%	97 006
2012	7.82	289.07	2.71%	104 335
2013	8.09	302.44	2.67%	118 448
2014	8.91	295.51	3.02%	118 263
2015	12.13	294.78	4.11%	112 059

续表

年份	金融业城镇就业人口/万人	全市城镇就业人口/万人	金融业城镇就业人口占全市城镇就业人口比重	金融业就业人员平均工资/元
2016	16.01	286.04	5.60%	117 489
2017	19.17	269.48	7.11%	113 813

注：金融业城镇就业人口和全市城镇就业人口数据取自国家统计局网站

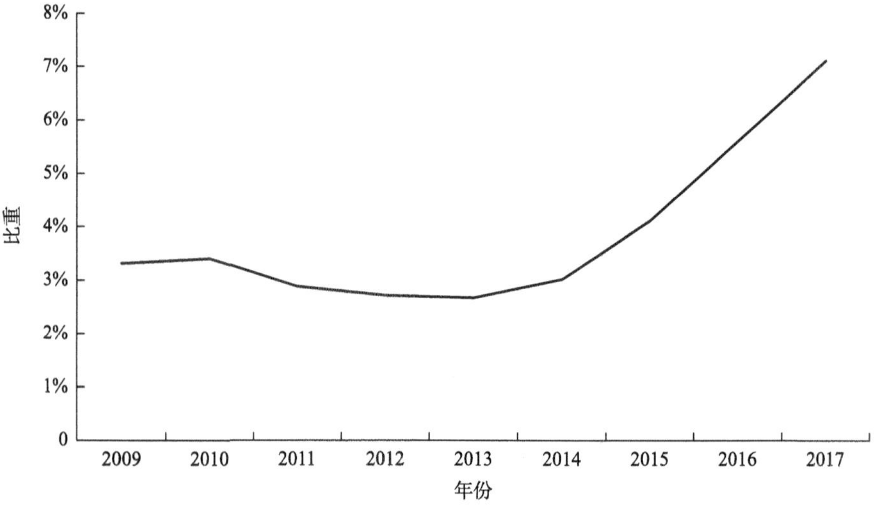

图 2.65　2009～2017 年天津市金融业城镇就业人口占全市城镇就业人口比重曲线图

3. 河北省金融业结构分析

表 2.77 列出了 2009～2017 年河北省金融业增加值占地区生产总值比重、占地区第三产业生产总值比重，图 2.66 给出了 2009～2017 年河北省金融业增加值占地区生产总值比重、占地区第三产业生产总值比重变化曲线图。由表 2.77 结合图 2.66 可以看出，河北省金融业增加值呈现出稳定上升的变化趋势，从 2009 年的 525.67 亿元增长至 2017 年的 2053.44 亿元。2009～2017 年河北省金融业增加值占地区生产总值比重总体呈上升趋势，从 2009 年的 3.05%上升至 2017 年的 6.04%，翻了近一番，2009～2017 年河北省金融业增加值占地区第三产业生产总值比重除 2010 年略有下降以外，其他年份均呈现出增长趋势，从 2009 年的 8.66%上升至 2017 年的 13.65%，上升了将近 5 个百分点。河北省由于历史原因和地域特色，全省整体产业结构呈“二三一”型，第三产业整体在全省地区生产总值中所占的比重就比较有限，河北省金融业增加值占地区生产总值历年来都比较低，可以明显看出第三产业不是河北省的主导产业，金融业不是河北省的优势资源。但是金融业增加值所占的比重在变化趋势上是乐观的，无论其占地区生产总值比重还是其

占地区第三产业生产总值比重都在逐年增大，金融业增加值占地区生产总值比重从 2009 年的 3.05%上升到了 2017 年的 6.04%，金融业增加值占地区第三产业生产总值的比重从 2009 年的 8.66%上升到了 2017 年的 13.65%，一方面证明河北省还是有发展第三产业的潜力的，另一方面表明第三产业和金融业在河北省经济发展中的地位在不断提升。

表 2.77　2009～2017 年河北省金融业增加值占地区生产总值比重、占地区第三产业生产总值比重

年份	金融业增加值/亿元	地区生产总值/亿元	金融业增加值占地区生产总值比重	地区第三产业生产总值/亿元	金融业增加值占地区第三产业生产总值比重
2009	525.67	17 235.48	3.05%	6 068.31	8.66%
2010	615.42	20 394.26	3.02%	7 123.77	8.64%
2011	746.01	24 515.76	3.04%	8 483.17	8.79%
2012	913.66	26 575.01	3.44%	9 384.78	9.74%
2013	1 137.72	28 442.95	4.00%	10 279.12	11.07%
2014	1 347.58	29 421.15	4.58%	10 960.84	12.29%
2015	1 480.92	29 806.11	4.97%	11 979.79	12.36%
2016	1 731.23	32 070.45	5.40%	13 320.71	13.00%
2017	2 053.44	34 016.32	6.04%	15 040.13	13.65%

注：金融业增加值、地区生产总值、地区第三产业生产总值数据取自国家统计局网站

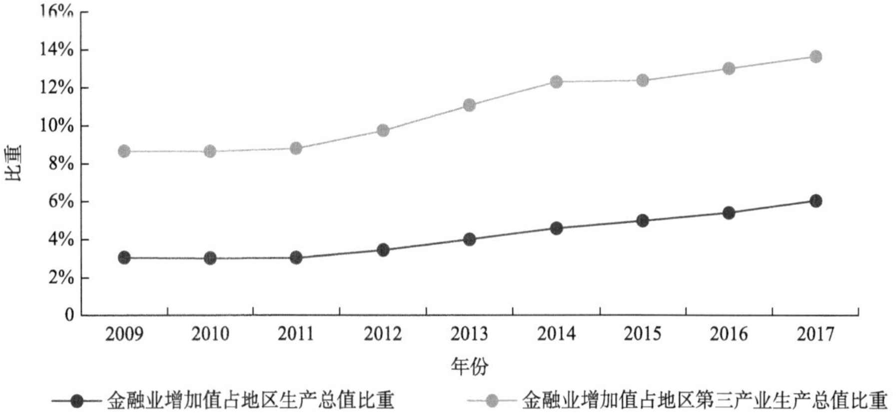

图 2.66　2009～2017 年河北省金融业增加值占地区生产总值比重、占地区第三产业生产总值比重变化曲线图

表 2.78 列出了 2009～2017 年河北省金融业城镇就业人口占全省城镇就业人口比重及金融业就业人员平均工资，图 2.67 给出了 2009～2017 年河北省金融业

城镇就业人口占全省城镇就业人口比重变化曲线图。由表 2.78 结合图 2.67 可以看出，2009～2017 年，河北省金融业城镇就业人口占全省城镇就业人口比重较小，只有 5% 左右，但总体依旧呈现出先下降再上升的变化趋势，从 2009 年的 4.66%上升至 2017 年的 6.47%。这是因为河北省人口基数大，而金融业发展相对滞后，所以从业人数占比较低。但值得注意的是 2013 年后金融业城镇就业人员占全省城镇就业人员比重正在逐年增加，这与金融业增加值占地区生产总值比重、占地区第三产业生产总值比重的变化趋势相一致，说明河北省的金融业发展步伐正在加快。2009～2017 年河北省金融业就业人员平均工资呈现出稳定增长的变化趋势，从 2009 年 36 989 元逐年攀升至 2017 年的 77 845 元，翻了一番还要多。

表 2.78　2009～2017 年河北省金融业城镇就业人口占全省城镇就业人口比重及金融业就业人员平均工资

年份	金融业城镇就业人口/万人	全省城镇就业人口/万人	金融业城镇就业人口占全省城镇就业人口比重	金融业就业人员平均工资/元
2009	23.42	503.06	4.66%	36 989
2010	24.20	519.60	4.66%	45 176
2011	23.83	555.42	4.29%	53 190
2012	24.65	619.95	3.98%	60 304
2013	25.64	653.36	3.92%	65 547
2014	27.66	656.18	4.22%	73 130
2015	29.91	643.65	4.65%	74 795
2016	32.17	639.62	5.03%	75 708
2017	34.64	535.32	6.47%	77 845

注：金融业城镇就业人口和全省城镇就业人口数据取自国家统计局网站

4. 京津冀金融业结构分析

表 2.79 列出了 2009～2017 年京津冀金融业增加值占地区生产总值比重、占地区第三产业生产总值比重，图 2.68 给出了 2009～2017 年京津冀金融业增加值占地区生产总值比重、占地区第三产业生产总值比重变化曲线图。由表 2.79 结合图 2.68 可以看出，2009～2017 年，与北京市、天津市和河北省金融业增加值占地区生产总值比重、占地区第三产业生产总值比重的变化趋势相一致，京津冀地区的金融业增加值占地区生产总值比重、占地区第三产业生产总值比重在 2009～2017 年总体呈上升趋势，京津冀地区金融业增加值占地区生产总值比重从 2009 年的 6.97%上升到了 2017 年的 10.75%，上升了将近 4 个百分点；京津冀金融业增加值

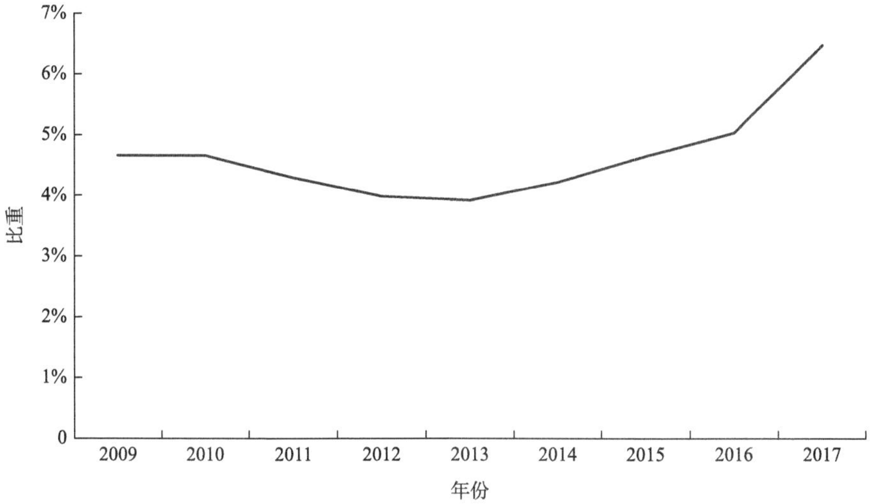

图 2.67　2009～2017 年河北省金融业城镇就业人口占全省城镇就业人口比重变化曲线图

占地区第三产业生产总值比重从 2009 年的 13.69%上升到 2017 年的 17.90%，上升了超过 4 个百分点；京津冀地区金融业增加值也从 2009 年的 2590.47 亿元上升到 2017 年的 8660.59 亿元，总增长率达到了 234.33%。这说明金融业在京津冀地区正发挥着日益重要的作用。

表 2.79　2009～2017 年京津冀金融业增加值占地区生产总值比重、占地区第三产业生产总值比重

年份	金融业增加值/亿元	地区生产总值/亿元	金融业增加值占地区生产总值比重	地区第三产业生产总值/亿元	金融业增加值占地区第三产业生产总值比重
2009	2 590.47	37 176.33	6.97%	18 918.87	13.69%
2010	3 052.01	44 060.32	6.93%	22 293.32	13.69%
2011	3 717.91	52 450.94	7.09%	26 442.61	14.06%
2012	4 452.15	57 818.99	7.70%	29 584.94	15.05%
2013	5 316.83	63 215.06	8.41%	33 036.12	16.09%
2014	6 127.66	67 092.18	9.13%	35 877.52	17.08%
2015	7 010.55	70 030.00	10.01%	39 489.63	17.75%
2016	7 795.60	75 624.94	10.31%	44 009.43	17.71%
2017	8 660.59	80 580.41	10.75%	48 394.57	17.90%

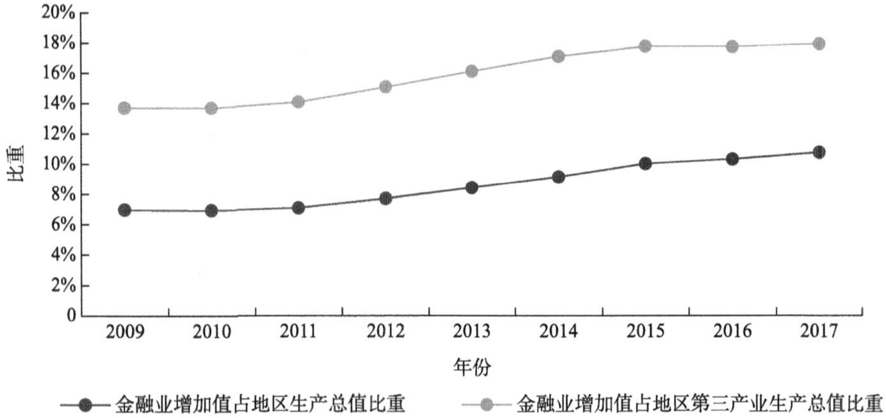

图 2.68　2009～2017 年京津冀金融业增加值占地区生产总值比重、占地区第三产业生产总值比重变化曲线图

表 2.80 列出了 2009～2017 年京津冀金融业城镇就业人口占京津冀城镇就业人口比重及金融业就业人员平均工资，图 2.69 给出了 2009～2017 年京津冀金融业城镇就业人口占京津冀城镇就业人口比重变化曲线图。由表 2.80 结合图 2.69 可以看出，2009～2017 年，虽然京津冀金融业城镇就业人口占京津冀城镇就业人口比重不大，但是总体呈上升趋势，京津冀金融业城镇就业人口从 2009 年的 55.48 万人上升到 2017 年的 109.58 万人，翻了近一番。2009～2017 年京津冀金融业就业人员平均工资呈现出逐年增长的变化趋势，从 2009 年的 97 291 元增长至 2017 年的 166 040 元，增长了 68 749 元。

表 2.80　2009～2017 年京津冀金融业城镇就业人口占京津冀城镇就业人口比重及金融业就业人员平均工资

年份	金融业城镇就业人口/万人	京津冀城镇就业人口/万人	金融业城镇就业人口占京津冀城镇就业人口比重	金融业就业人员平均工资/元
2009	55.48	1324.06	4.19%	97 291
2010	58.40	1371.90	4.26%	111 564
2011	64.42	1509.56	4.27%	116 202
2012	70.03	1626.39	4.31%	124 707
2013	72.87	1698.06	4.29%	139 497
2014	79.73	1707.55	4.67%	148 180
2015	89.20	1715.77	5.20%	157 550
2016	99.60	1717.18	5.80%	160 612
2017	108.26	1617.66	6.69%	166 040

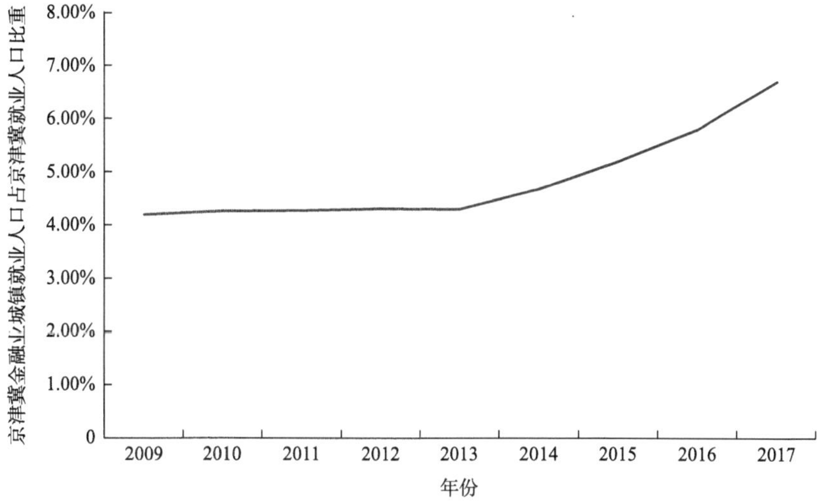

图 2.69　2009～2017 年京津冀金融业城镇就业人口占京津冀城镇就业人口比重变化曲线图

2.3　本章小结

本章主要分析了京津冀物流业与金融业的发展状况。①从运输基础设施、运输结构、物流业供需状况、物流业布局等方面分析了京津冀物流业发展状况。结果显示，京津冀普通公路里程、公路网密度、高速公路里程、高速公路网密度、铁路里程、铁路网密度虽呈现上升趋势，但增长幅度变缓，说明京津冀地区普通公路与铁路运输的基础设施建设逐渐趋于饱和；京津冀机场数量稳步上升，航空运输发展潜力较大；管道里程和内河航道里程变化幅度不大，还有一定的发展空间。运输方式中，公路运输分担了京津冀绝大部分货运量；铁路运输也贡献了相当多的货运量；水路运输分担了一定比例的货运量；北京市作为内陆城市，航空运输弥补了其运输方式的不足。京津冀物流业供需状况良好，具有广阔发展空间；京津冀物流网络建设不平衡，北京市和天津市强、河北省弱，三地物流业发展均衡性有待提高。②从金融总量、金融业固定资产投资、金融业结构三方面分析了京津冀金融业发展状况。结果表明，京津冀金融机构年末存款、金融机构年末贷款、证券交易额、基金交易额、股票交易额、金融业增加值、金融业就业人员平均工资、金融业固定资产投资和金融业城镇就业人口等相关数据呈现出波动变化趋势，但三地金融总量均呈现出稳定上升的变化趋势，说明京津冀金融业发展趋势向好，发展空间广阔；但京津冀金融业同样存在发展不均衡的问题，北京市的金融总量远多于天津市和河北省的金融总量，金融业发展差距比较明显。

第3章　京津冀物流业与金融业发展关系研究

3.1　京津冀物流业与金融业互动作用研究

3.1.1　物流业与金融业的联系

1. 物流业对金融业发展的作用

1）物流业对金融业的风险控制作用

金融机构普遍面临着道德风险和信息不对称风险，中小银行的呆坏账比例偏高、融资能力及抵抗风险能力较差，容易陷入流动性不足的困境。金融机构的金融创新普遍不足，银行业运行机制僵化、缺乏活力，业务范围过窄、服务体系滞后。面对具有丰富市场和资本运作经验的外国金融机构进入，我国金融机构在内部管理、竞争机制和服务体系等方面与其存在着相当大的差距，金融业的行业压力很大。金融业与物流业的合作，可以降低金融机构因信息不对称产生的风险，资金的利用率会有所改善。物流金融是物流业与金融业在理论与实践两个方面结合的产物，属于一种创新的金融产品，它为金融业提供了新的销售平台，增强了金融机构的主动性。物流业的壮大发展，使物流企业成为银行等金融机构的理财对象，为金融业创造了新的业务拓展空间，物流业与金融业的协同发展既满足了银行经营发展的需要，又有利于控制信贷风险。

2）物流业对金融业的业务拓展作用

物流业能为金融业创造新的利润来源、开拓新的业务种类、拓展新的客户群，同时能为银行健全现代结算支付工具创造新的机遇。物流管理与金融的结合，产生出许多跨行业的服务产品，相应地也就产生了对许多新金融工具的需求，如国内信用证、网上支付等，为银行增加中间业务收入创造了机会。结合物流业的运营特点，金融业可以创新出许多的金融产品，通过物流市场推向客户，其下线可以是以动产票据化的管理进行质押融资，开发相应的融资产品，也可以是以物流相应的资金流及应收款为下线，开发相应的融资产品。

同时，物流业与金融业的协同发展也为银行开发了新的客户群体，尤其是培育了金融业的优质客户。物流服务涉及第一、第二、第三产业的众多企业，是多产业、多领域的有机融合体，而这对金融业来说，可以从中选择优质的目标客户群体。物流业与金融业协同发展，使得物流企业的客户转变为银行客户。并且，物流企业长期为客户提供配送、仓储等服务，有利于了解和掌握客户企业的经营状况。通过物流业与金融业的协同发展，实现对客户企业信用信息的共享，可以降低银行获取企业信用信息的成本，加强对服务企业的掌控。

3）物流业对金融业的结构优化作用

优化金融业信贷结构，使银行发展目标与国家宏观调控的方向保持协调一致。在信贷规模受限和利差收窄的情况下，需要金融业在信贷客户、业务、行业和区域上进行科学评价，做到优中选优，把信贷资金投入到综合贡献度较高的物流业中。同时，物流业与金融业协同发展可为银行理财服务提供特有的优势。物流业与金融业可以有效地利用信息共享机制，在提高物流企业经营效率的同时，进一步增加金融业的货币回收和经营收入，形成高效的资金管理机制。

2. 金融业对物流业发展的作用

1）金融业对物流业的发展保障作用

从经济运行的状况来看，物流基础设施的建设需要大量资金，但物流企业却存在着融资困难的窘境。资金的支持远远不能满足物流发展的需要。目前，国内中小型物流企业面临着融资困难的窘境。现代物流既是即时性的物流，要求货物配送快、企业零库存；又是对消费者或需货方做到零距离的物流；还是时效性较强、个性化需求强的物流。要实现这种快捷、方便、灵活的物流，离不开金融资金的服务。只有物流业与金融业协同发展，有金融业充足的资金支持，才能保障物流业的持续发展。

2）金融业对物流业的发展支持作用

物流业与金融业协同发展对物流的支持作用表现在资金支持、结算支持和个性化服务支持等方面。从宏观上看，物流是从生产者到最终市场一体化的过程，包括供货、生产与加工、仓储、装卸、配送及最终送至需货方手中的整个过程。因此，物流对全国范围内的基础设施投入要求极高。单个企业对物流基础的投入难以形成规模经济，必须借助政府财政和金融机构的大量资金支持。从微观上看，金融对物流的支持主要体现在结算手段和服务方面。现代物流是以满足不同批量、不同规格、不同地区的需求为发展方向的。当顾客的需求是来自全国范围乃至世界范围时，金融的相应服务也就随之延伸到全国范围乃至世界范围。如果没有金融界计算资金划转等服务措施的配套，物流企业的成本就会扩大，更多中小企业就会对物流望而却步，更多大型物流企业会对订单较小、运送距离较远、花样要求较多的产品失去兴趣，物流的灵活性、多样化、个性化的发展优势就会丧失。而对于客户而言，如果采用网上订单却不得不离线支付，这种物流就是失败的物流。

3）金融业对物流业的发展监督作用

良好高效的金融市场应该是成本低廉、资金透明度高、管理规范、运行稳健的市场。要实现资金的高效运作，必须实现资金安全。为了保证资金安全，银行必须加大对金融资金运作的监督，防范企业风险，监督企业加强内部核算，科学、合理组织资金资源的分配与使用。这种监督体现在物流的筹资过程中，企业应有效利用货币市场和资本市场筹集资本，合理安排资金组织货源和生产；在经营管理过程中，应加强内部核算，突出成本与效率的关系，降低物流材料耗费及库存配送物资占压时间；在销售环节中，应加快资金货币回笼，减少资金占压款或应收账款，实现“零”资金运营的科学营销。金融对物流的监督机制是与其激励机制相辅相成的，金融体系在要求企业完善内部核算机制的同时，也激励物流企业不断创新企业内部机制，通过减少库存和物资占压等手段加速企业资金周转、降低占压资本成本，提高企业的财务管理水平，增强市场竞争力，使企业领导者及员工的素质都得到极大提升。

4）金融业对物流业的发展创新作用

现代金融与传统金融相比较，其最重要的特征就是金融创新。金融创新是指金融随着国际经济变化的需要而对各种金融要素，如金融工具、金融方式、金融技术、金融机构和金融市场等方面进行的重新组合，是以实现金融业利润最大化为目的而进行的明显变革。物流业与金融业协同发展同样属于金融创新，金融创新对社会经济生活的各个方面都产生了重要影响，对物流业的进一步发展也有极大的推动作用。首先，金融业务创新推动物流业朝着多样化、综合化、个性化的方向发展。其次，金融工具创新推动了物流业的现代化进程。最后，金融制度及管理模式创新推动了物流业管理模式的创新。

3.1.2 京津冀物流业与金融业互动作用

1. 京津冀物流业与金融业互动作用模型构建

物流业是一个跨行业、跨部门的综合新兴产业，具有涉及面广、内涵丰富和无法进行单一计量的特点，因此其指标内涵具有特殊性。物流业不同于常规统计中国家规定的行业标准分类，是一个统计分析指标的集合。从目前国民经济行业分类看，物流业应包括铁路货物运输、货运站；道路货物运输；水上货物运输、货运港口；航空货物运输；管道运输业；装卸、搬运和其他运输服务业；仓储业；邮政业；批发零售中包装、流通加工、配送等部分。通常，物流业的统计分布在常规统计的各个产业部门。在研究物流业问题时，需要对现有行业统计资料进行再加工。本书将物流业归属于交通运输、仓储及邮政业态的综合，利用京津冀地区交通运输、仓储及邮政业增加值充当物流业增加值衡量该地区的物流业发展水平。在研究金融业问题中，将国民经济核算中的金融业增加值作为京津冀地区金融业发展水平的衡量指标。除此之外，考虑到物流业本身的固定资产投资有利于促进京津冀地区经济发展，将京津冀地区物流业固定资产投资额也作为反映该地区金融发展水平的指标。由于物流业固定资产投资数据难以获得，本书以交通运输、仓储和邮政业固定资产投资总额充当物流业固定资产投资额进行分析与计算。综上，将物流业指标设为因变量、金融业指标作为自变量，构建京津冀物流业与金融业的互动作用模型，表达式如下。

$$R_{\text{logistics}} = c_1 R_{\text{finance}} + c_2 R_{\text{invest}} + \varepsilon \tag{3.1}$$

其中，$R_{\text{logistics}}$表示物流业增加值；R_{finance}表示金融业增加值；c_1、c_2表示互动模型的参数；ε表示残差。

2. 物流业与金融业互动关系分析

1）北京市物流业与金融业互动关系分析

根据北京市2008～2017年相关统计数据和处理结果，分析北京市物流业增加值与金融业增加值、物流业固定资产投资的相关性，进而得出北京市物流业与金融业的相关关系。表3.1列出了2008～2017年北京市物流业与金融业指标数据。

表3.1 2008～2017年北京市物流业与金融业指标数据

年份	物流业增加值/亿元	金融业增加值/亿元	物流业固定资产投资/亿元
2008	498.92	1519.2	615.18
2009	556.64	1603.6	662.50
2010	712.01	1863.6	694.40
2011	808.95	2215.4	505.99
2012	816.31	2536.9	696.43
2013	871.76	2943.2	656.84
2014	948.10	3357.8	767.99
2015	983.87	3926.4	714.95

续表

年份	物流业增加值/亿元	金融业增加值/亿元	物流业固定资产投资/亿元
2016	1060.97	4270.8	761.61
2017	1208.40	4655.4	1129.11

注：物流业增加值、金融业增加值和物流业固定资产投资数据取自国家统计局网站

根据表 3.1 分别画出北京市物流业增加值、金融业增加值和物流业固定资产投资两两之间的散点关系图，如图 3.1、图 3.2 和图 3.3 所示。其中，图 3.1 为北京市物流业增加值与金融业增加值的散点关系图，图 3.2 为北京市物流业增加值与物流业固定资产投资的散点关系图，图 3.3 为北京市金融业增加值与物流业固定资产投资的散点关系图。由图 3.1、图 3.2 和图 3.3 可以看出，北京市物流业增加值、金融业增加值和物流业固定资产投资之间均存在一定程度的线性相关关系。

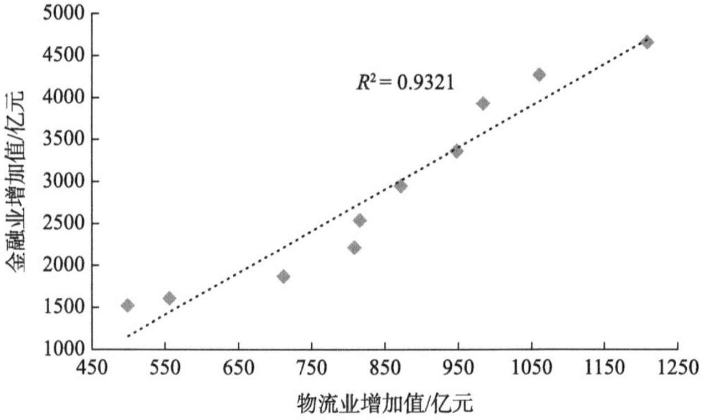

图 3.1　北京市物流业增加值与金融业增加值的散点关系图

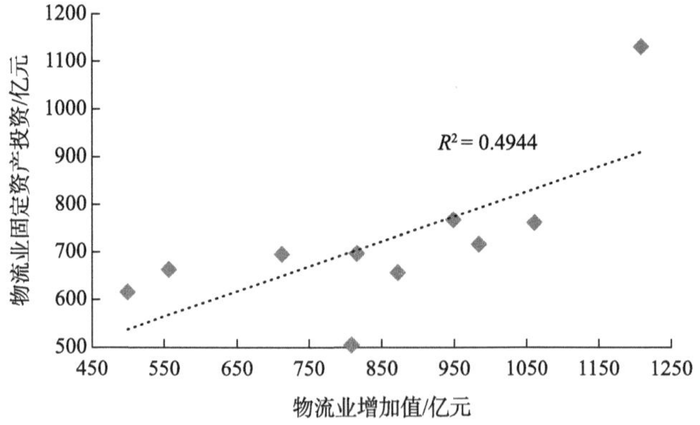

图 3.2　北京市物流业增加值与物流业固定资产投资的散点关系图

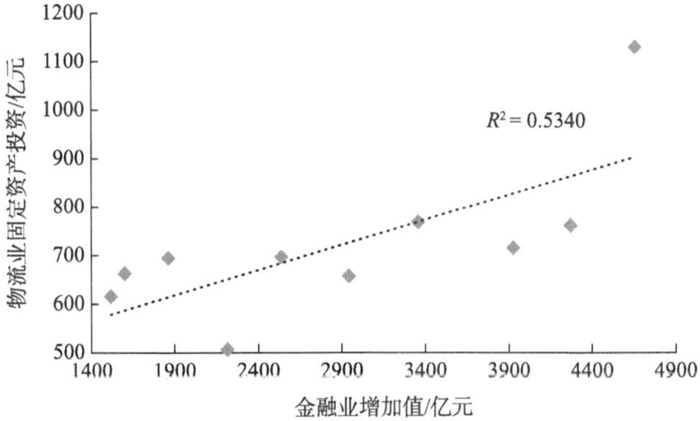

图 3.3　北京市金融业增加值与物流业固定资产投资的散点关系

为进一步分析北京市物流业与金融业之间的相关关系，依据相关数据分别计算北京市物流业增加值、金融业增加值、物流业固定资产投资之间的可决系数，表 3.2 列出了北京市物流业与金融业指标可决系数。

表 3.2　北京市物流业与金融业指标可决系数

指标	物流业增加值	金融业增加值	物流业固定资产投资
物流业增加值	1.0000	0.9321	0.4944
金融业增加值	0.9321	1.0000	0.5340
物流业固定资产投资	0.4944	0.5340	1.0000

由表 3.2 可知，北京市物流业增加值与金融业增加值的可决系数接近于 1，说明二者具有显著的相关性，北京市物流业的发展可以有效带动北京市金融业的发展，同样北京市金融业的发展可以有效带动北京市物流业的发展，两者具有相互促进的作用；北京市金融业增加值和物流业固定资产投资的可决系数大于 0.5 但不接近于 1，说明北京市金融业增加值与物流业固定资产投资之间存在相关关系但并不显著，北京市金融业发展和物流业固定资产投资之间的互动作用有待加强，物流业固定资产投资对北京市金融业的发展促进效果仍有很大潜力；北京市物流业增加值和物流业固定资产投资的可决系数小于 0.5 但不接近于 0，说明北京市物流业增加值和物流业固定资产投资存在一定的相关关系但比较微弱，北京市物流业发展和物流业固定资产投资亟待加强，物流业固定资产投资对北京市物流业的发展促进效果发展空间巨大。

2）天津市物流业与金融业互动关系分析

根据天津市 2008～2017 年相关统计数据和处理结果，分析天津市物流业增加值与金融业增加值、物流业固定资产投资的相关性，进而得出天津市物流业与金融业的相关关系。表 3.3 列出了 2008～2017 年天津市物流业与金融业指标数据。

表 3.3　2008～2017 年天津市物流业与金融业指标数据

年份	物流业增加值/亿元	金融业增加值/亿元	物流业固定资产投资/亿元
2008	436.37	368.10	324.02
2009	471.01	461.20	483.74
2010	585.37	572.99	539.30
2011	632.10	756.50	506.45
2012	683.56	1001.59	729.86
2013	675.02	1235.91	603.15
2014	720.72	1422.28	750.63
2015	729.09	1603.23	757.19
2016	725.31	1793.57	735.14
2017	780.40	1951.75	537.02

注：物流业增加值、金融业增加值和物流业固定资产投资数据取自国家统计局网站

根据表 3.3 分别画出天津市物流业增加值、金融业增加值和物流业固定资产投资两两之间的散点关系图，如图 3.4、图 3.5 和图 3.6 所示。其中，图 3.4 为天津市物流业增加值与金融业增加值的散点关系图，图 3.5 为天津市物流业增加值与物流业固定资产投资的散点关系图，图 3.6 为天津市金融业增加值与物流业固定资产投资的散点关系图。由图 3.4、图 3.5 和图 3.6 可以看出，天津市物流业增加值、金融业增加值和物流业固定资产投资之间均存在一定程度的线性相关关系。

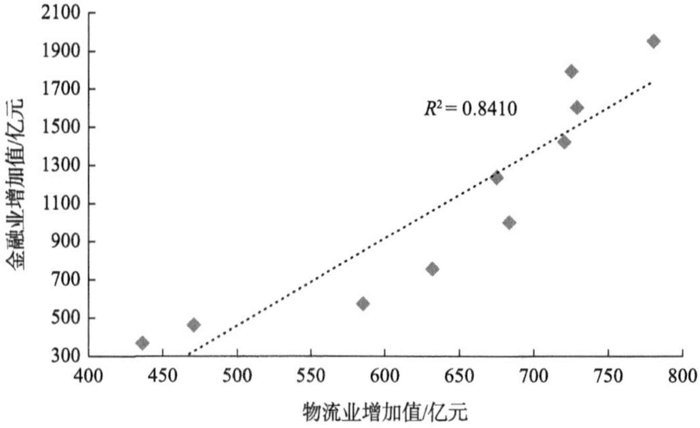

图 3.4　天津市物流业增加值与金融业增加值的散点关系图

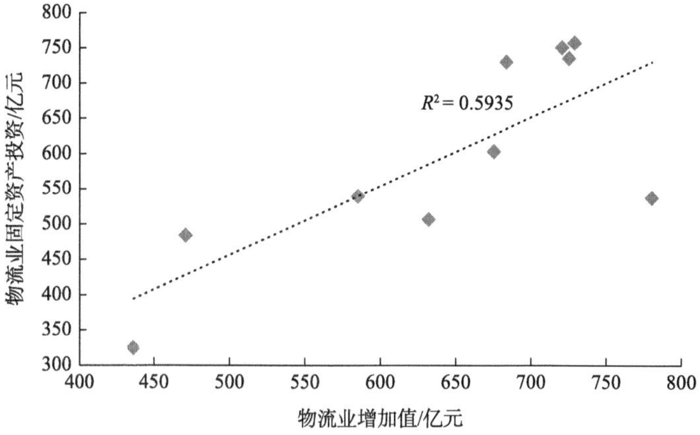

图 3.5　天津市物流业增加值与物流业固定资产投资的散点关系图

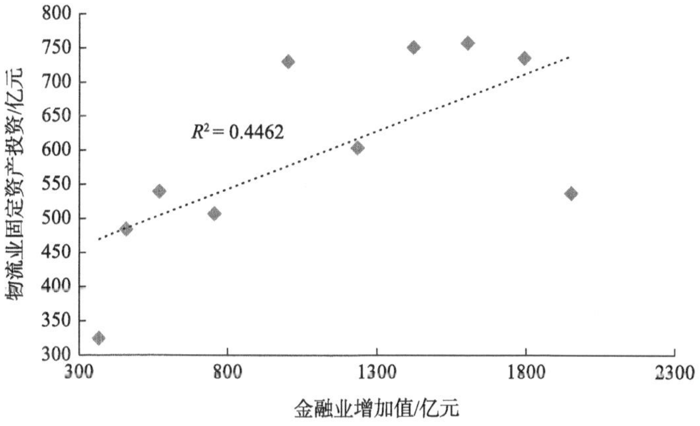

图 3.6　天津市金融业增加值与物流业固定资产投资的散点关系图

为进一步分析天津市物流业与金融业之间的相关关系，依据散点图数据分别计算了物流业增加值、金融业增加值、物流业固定资产投资之间的可决系数，表 3.4 列出了天津市物流业与金融业指标的可决系数。

表 3.4　天津市物流业与金融业指标可决系数

指标	物流业增加值	金融业增加值	物流业固定资产投资
物流业增加值	1.0000	0.8410	0.5935
金融业增加值	0.8410	1.0000	0.4462
物流业固定资产投资	0.5935	0.4462	1.0000

由表 3.4 可知，天津市物流业增加值与金融业增加值的可决系数接近于 1，说明二者具有显著的相关性，天津市物流业的发展可以有效带动天津市金融业的发

展，同样天津市金融业的发展可以有效带动天津市物流业的发展，两者具有相互促进的作用；天津市物流业增加值和物流业固定资产投资的可决系数大于 0.5 但不接近于 1，说明天津市物流业增加值与物流业固定资产投资之间存在相关关系但并不显著，天津市物流业发展和物流业固定资产投资之间的互动作用有待加强，物流业固定资产投资对天津市金融业的发展促进效果仍有很大潜力；天津市金融业增加值和物流业固定资产投资的可决系数小于 0.5 但不接近于 0，说明天津市金融业增加值和物流业固定资产投资存在一定的相关关系但比较微弱，天津市金融业发展和物流业固定资产投资亟待加强，物流业固定资产投资对天津市金融业的发展促进效果发展空间巨大。

3）河北省物流业与金融业互动关系分析

根据河北省 2008～2017 年相关统计数据和处理结果，分析河北省物流业增加值与金融业增加值、物流业固定资产投资的相关性，进而得出河北省物流业与金融业的相关关系。表 3.5 列出了 2008～2017 年河北省物流业与金融业指标数据。

表 3.5　2008～2017 年河北省物流业与金融业指标数据

年份	物流业增加值/亿元	金融业增加值/亿元	物流业固定资产投资/亿元
2008	1337.54	420.74	623.97
2009	1491.92	525.67	1026.16
2010	1745.91	615.42	1521.20
2011	2046.22	746.01	1433.06
2012	2212.93	913.66	1543.25
2013	2345.10	1137.72	2123.59
2014	2396.40	1347.58	2046.49
2015	2359.09	1480.92	2077.54
2016	2369.27	1731.23	2095.25
2017	2497.88	2053.44	2135.45

注：物流业增加值、金融业增加值和物流业固定资产投资数据取自国家统计局网站

根据表 3.5 分别画出河北省物流业增加值、金融业增加值和物流业固定资产投资两两之间的散点关系图，如图 3.7、图 3.8 和图 3.9 所示。其中，图 3.7 为河北省物流业增加值与金融业增加值的散点关系图，图 3.8 为河北省金融业增加值与物流业固定资产投资的散点关系图，图 3.9 为河北省物流业增加值与物流业固定资产投资的散点关系图。由图 3.7、图 3.8 和图 3.9 可以看出，河北省物流业增加值、金融业增加值和物流业固定资产投资之间均存在一定程度的线性相关关系。

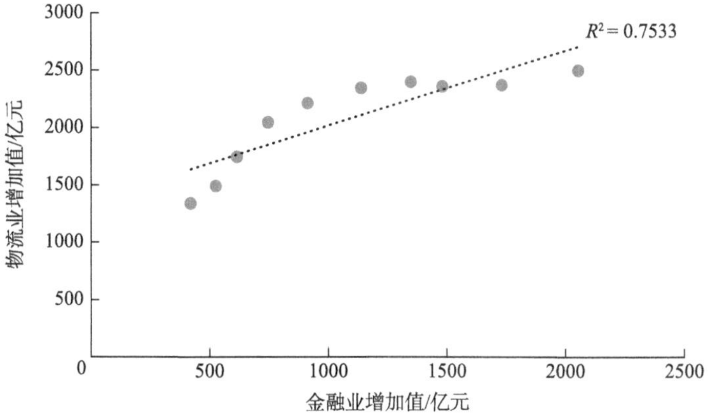

图 3.7　河北省物流业增加值与金融业增加值的散点关系图

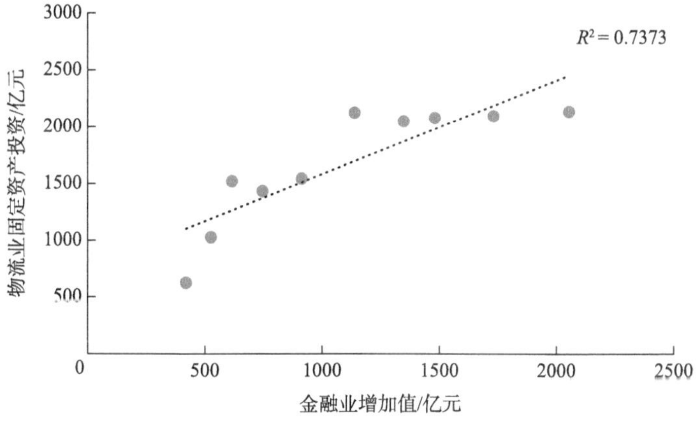

图 3.8　河北省金融业增加值与物流业固定资产投资的散点关系图

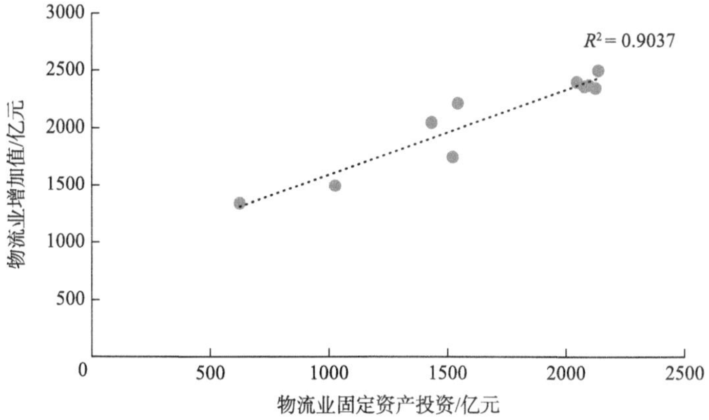

图 3.9　河北省物流业增加值与物流业固定资产投资的散点关系图

为进一步分析河北省物流业与金融业之间的相关关系，依据散点图数据分别计算了物流业增加值、金融业增加值、物流业固定资产投资之间的可决系数，表 3.6 列出了河北省物流业与金融业指标的可决系数。

表 3.6　河北省物流业与金融业指标可决系数

指标	物流业增加值	金融业增加值	物流业固定资产投资
物流业增加值	1.0000	0.7533	0.9037
金融业增加值	0.7533	1.0000	0.7373
物流业固定资产投资	0.9037	0.7373	1.0000

由表 3.6 可知，河北省物流业增加值与金融业增加值的可决系数为 0.7533，说明二者具有较强的相关性，河北省物流业的发展可以有效带动河北省金融业的发展，同样河北省金融业的发展可以有效带动河北省物流业的发展，两者具有相互促进的作用；河北省金融业增加值和物流业固定资产投资的可决系数为 0.7373，说明河北省金融业增加值和物流业固定资产投资相关关系较强，物流业固定资产投资对河北省的金融业发展具有一定的促进效果；河北省物流业增加值和物流业固定资产投资的可决系数接近于 1，说明河北省物流业增加值与物流业固定资产投资之间存在显著的相关关系，河北省物流业发展和物流业固定资产投资之间的互动作用较强。

4）京津冀物流业与金融业互动关系分析

根据京津冀 2008～2017 年相关统计数据和处理结果，分析京津冀物流业增加值与金融业增加值、物流业固定资产投资的相关性，进而得出京津冀物流业与金融业的相关关系。表 3.7 列出了 2008～2017 年京津冀物流业与金融业指标数据。

表 3.7　2008～2017 年京津冀物流业与金融业指标数据

年份	物流业增加值/亿元	金融业增加值/亿元	物流业固定资产投资/亿元
2008	2272.83	2308.03	1563.17
2009	2519.57	2590.50	2172.40
2010	3043.29	3052.02	2754.90
2011	3487.27	3717.92	2445.50
2012	3712.80	4452.16	2969.54
2013	3891.88	5316.76	3383.58
2014	4065.22	6127.57	3565.11
2015	4072.05	7010.43	3549.68

续表

年份	物流业增加值/亿元	金融业增加值/亿元	物流业固定资产投资/亿元
2016	4155.55	7795.62	3592.00
2017	4486.68	8660.56	3801.58

注：物流业增加值、金融业增加值和物流业固定资产投资数据取自国家统计局网站

根据表 3.7 分别画出京津冀物流业增加值、金融业增加值和物流业固定资产投资两两之间的散点关系图，如图 3.10、图 3.11 和图 3.12 所示。其中，图 3.10 为京津冀物流业增加值与金融业增加值的散点关系图，图 3.11 为京津冀金融业增加值与物流业固定资产投资的散点关系图，图 3.12 为京津冀物流业增加值与物流业固定资产投资的散点关系图。由图 3.10、图 3.11 和图 3.12 可以看出，京津冀物流业增加值、金融业增加值和物流业固定资产投资之间均存在一定程度的线性相关关系。

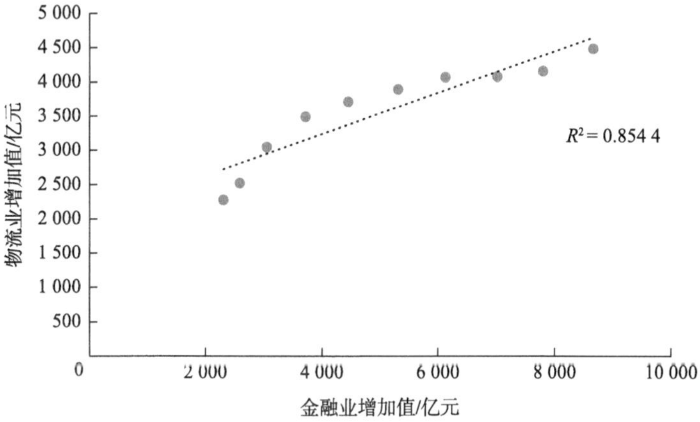

图 3.10　京津冀物流业增加值与金融业增加值的散点关系图

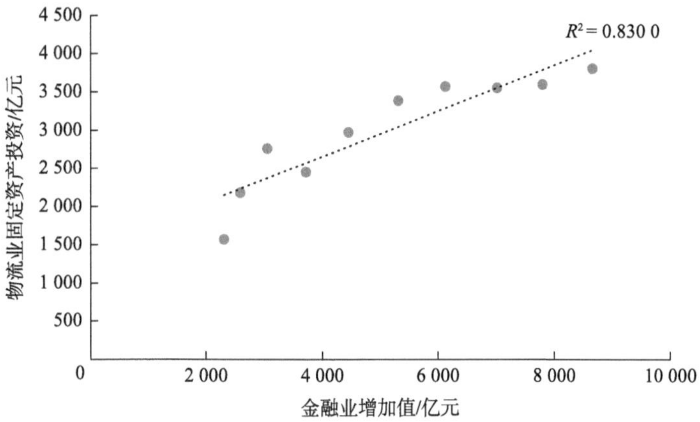

图 3.11　京津冀金融业增加值与物流业固定资产投资的散点关系图

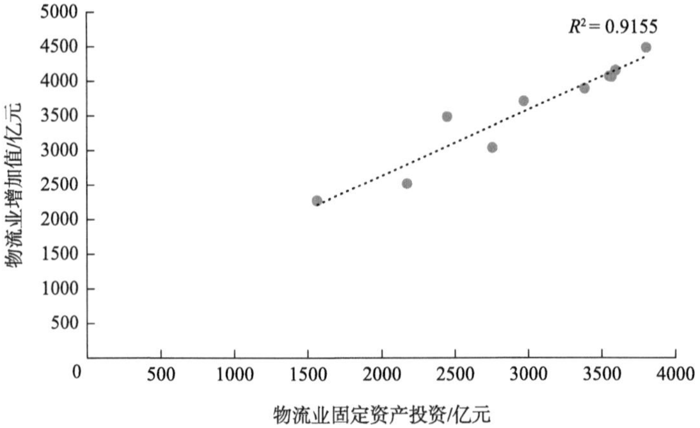

图 3.12　京津冀物流业增加值与物流业固定资产投资的散点关系图

为进一步分析京津冀物流业与金融业之间的相关关系，依据散点图数据分别计算了物流业增加值、金融业增加值、物流业固定资产投资之间的可决系数，表 3.8 列出了京津冀物流业与金融业指标的可决系数。

表 3.8　京津冀物流业与金融业指标可决系数

指标	物流业增加值	金融业增加值	物流业固定资产投资
物流业增加值	1.0000	0.8544	0.9155
金融业增加值	0.8544	1.0000	0.8300
物流业固定资产投资	0.9155	0.8300	1.0000

由表 3.8 可知，京津冀物流业增加值与金融业增加值的可决系数为 0.8544，说明二者具有较强的相关性，京津冀物流业的发展可以有效带动京津冀金融业的发展，同样京津冀金融业的发展可以有效带动京津冀物流业的发展，两者具有相互促进的作用；京津冀金融业增加值和物流业固定资产投资的可决系数为 0.8300，说明京津冀金融业增加值和物流业固定资产投资相关关系较强，物流业固定资产投资对京津冀的金融业发展具有一定的促进效果；京津冀物流业增加值和物流业固定资产投资的可决系数接近于 1，说明京津冀物流业增加值与物流业固定资产投资之间存在显著的相关关系，京津冀物流业发展和物流业固定资产投资之间的互动作用较强。

3.2　京津冀物流业与金融业内在关联性研究

3.2.1　灰色关联分析

1. 灰色关联分析理论

灰色关联分析理论是由中国学者邓聚龙教授于 1982 年提出的一种系统分析方法，用来解决部分信息已知、部分信息未知的少数据、贫信息的不确定性系统问题。该理论将任何随机过程看作一定时间、空间变化的灰色过程，将随机量看作灰色量，认为无规律的原始序列存在潜在的规律性，通过生成变换能够将无规律的原始序列变成有规律的新序列。灰色关联分析是一种多因素统计分析方法，它以各因素的样本数据为依据，用灰色关联度来描述因素间关系的强弱、大小和次序，若样本数据反映出的两因素变化的态势（方向、大小和速度等）基本一致，则它们之间的关联度较大；反之，关联度较小。灰色关联分析提出了对各子系统进行灰色关联分析的概念，意图通过一定的方法，去寻求系统中各子系统（或因素）之间的数值关系。因此，灰色关联分析为一个系统发展变化态势提供了量化的度量，非常适合动态历程分析。灰色关联分析要求样本容量可以少到 4 个，因此应用范围较为广泛，涉及社会科学和自然科学的各个领域，尤其是社会经济领域，如在国民经济各部门投资收益、区域经济优势分析、产业结构调整等方面，其都取得了较好的应用效果。灰色关联分析的步骤如下。

1）确定分析数列

对抽象复杂系统进行分析，首先需要构建能够反映系统特征的行为序列和影响系统行为的相关因素序列，并依据二者的比较结果判断系统的关联程度。设系统特征行为序列和相关因素序列分别为

$$X_0 = \left(x_0(1), x_0(2), x_0(3), \cdots, x_0(n)\right) \tag{3.2}$$

$$X_i = \left(x_i(1), x_i(2), x_i(3), \cdots, x_i(n)\right), \quad i = 1, 2, \cdots, r \tag{3.3}$$

其中，X_0表示系统特征行为序列；X_i，$i=1,2,\cdots,r$，表示 r 个相关因素序列；n 表示每一个指标的数据样本个数。

2）变量的无量纲化

由于系统中各因素的数据因量纲不同而不便于比较或在比较时难以得到正确的结论，因此在进行灰色关联分析时，一般都要进行数据的无量纲化处理，进而消除两类序列中数量级不同带来的干扰，这里采用初值化处理方法，可得两类序

列的初值像为

$$X_0^* = \frac{X_0}{x(1)} = \left(x_0(1), x_0^*(2), x_0^*(3), \cdots, x_0^*(n)\right) \tag{3.4}$$

$$X_i^* = \frac{X_i}{x_i(1)} = \left(x_i^*(1), x_i^*(2), x_i^*(3), \cdots, x_i^*(n)\right), \quad i = 1, 2, \cdots, r \tag{3.5}$$

3）计算灰色关联系数

取系统特征行为序列和相关因素序列中的最大差值和最小差值，分别计算得到两类序列的两级差，结果如下：

$$M = \max_i \max_k \Delta_i(k) \tag{3.6}$$

$$m = \min_i \min_k \Delta_i(k) \tag{3.7}$$

记$\Delta_i(k) = \left|x_0^*(k) - x_i^*(k)\right|(k = 1, 2, \cdots, n;\ i = 1, 2, \cdots, r)$，则灰色关联系数表示为

$$\gamma_{0i}(k) = \frac{m + \varepsilon M}{\Delta_i(k) + \varepsilon M} \tag{3.8}$$

其中，$k = 1, 2, \cdots, n$；$i = 1, 2, \cdots, r$；ε表示分辨系数，一般取值为$\varepsilon \in (0,1)$。灰色关联系数的差异与ε的取值大小成反比。

4）计算灰色关联度

由于关联系数是行为序列和相关因素序列在各个时刻的关联程度值，所以会得到多个关联度结果，这里通过求解平均的方法来保证总观测值与各时刻的观测值均相关，最终得到的灰色关联度为

$$\gamma_{i0} = \frac{1}{n} \sum_{k=1}^{n} \gamma_{0i}(k) \tag{3.9}$$

5）关联度排序

因素间的关联程度主要是用灰色关联度的大小次序描述，而不仅是灰色关联度的大小。将相关因素序列对系统特征行为序列的灰色关联度按大小顺序进行排列，便组成了灰色关联序，灰色关联序反映了各相关因素序列对于行为序列的“优劣”关系。

2. 国内学者应用灰色关联分析的研究状况

1）物流业与其他产业关联的研究状况

马东（2015）首先通过灰色关联度的比较选取货物周转量作为衡量区域物流水平的指标，然后基于灰色关联分析理论的绝对关联度和相对关联度两个维度，对海南物流业与三次产业及海南物流业与三次产业部分子行业进行了灰色关联分析，结果表明，海南省物流业与三次产业的关联度，在形式上符合配第–克拉克高级形式，即三次产业表现为“三二一”。刘萍和马隽（2016）应用灰色关联分析对

常州区域物流与区域经济发展进行定量研究，以货运量代表区域物流发展的表征量，并将货运量细分为铁路、公路、水路、航空四种运输方式，地区生产总值作为经济发展的度量指标，研究发现，四种运输方式与常州市地区生产总值均有较高的关联度，常州应充分发挥其地理优势，提升铁路集装箱运输及多式联运等业务，减少社会上过多零散运输对公路运输的依赖。郭海红（2016）依据 2007～2015 年河源市相关统计数据，利用灰色关联分析测算了流通业与相关产业的灰色关联度，并通过建立多个评价指标研究了流通业对区域经济的拉动效应。研究表明，流通业与国民经济相关部门的联系密切，与区域经济存在非常强的相关关系，对区域经济的增长具有明显的拉动作用，河源市可以通过发展流通业来带动区域经济更好更快地发展。田雪等（2018）选取地区生产总值、工业总产值及消费品零售总额三个因素作为影响物流业的关键因素，分别计算了北京市 2002～2016 年的货运量及其影响因素的灰色关联度，进而得出北京市物流业与制造业之间的联动效果逐渐下降的结论。林小芳（2019）以协同理论为依据构建了物流业与制造业的综合评价指标体系，基于 2000～2016 年江苏省物流业及制造业相关行业数据，利用耦合模型与灰色关联分析分别测算了两业发展度、协调度、耦合度及两业各评价指标间的关联度。结果表明，江苏省物流业与制造业一直呈现出交错快速上升的趋势，且耦合度逐年递增；从细化指标的关联度来看，江苏省制造业各指标与物流业发展的关联度较大，属于较强关联的水平，制造业整体发展水平对物流业有着重要的拉动作用；物流业指标中不同运输方式与制造业关联度较大，特别体现在公路与水上运输方式上。陈佳媛和吴佩君（2020）以广州为例，以货运量作为衡量物流业发展水平状况的指标，选取地区生产总值、工业总产值、制造业全社会固定资产投资、规模以上工业总产值和规模以上工业企业增加值等指标衡量制造业发展水平状况，根据熵权理论，计算出基于熵权的广州物流业与制造业的关联度及排序。赵国利和郭垂江（2020）选取四川省 2014～2019 年产业结构数据及铁路货物运输数据，通过软件对其进行绘图处理、借助灰色关联度定量分析区域铁路运输与产业发展的关系，得出四川省铁路货物运输与产业发展的相关性结论。

2）金融业与其他产业关联的研究状况

柳劲松（2009）选取民族地区 1992～2006 年 15 年间的各项贷款额、金融相关率等反映金融发展的指标与地区生产总值等反映经济增长的指标的数据，利用灰色关联分析法进行实证分析发现，民族地区的地区生产总值与金融规模和金融效率正相关，各产业发展与金融发展正相关。段军山（2012）选取 10 年间固定资产投资额、上证指数和消费者物价指数的数据，利用灰色关联度、协整检验、因果关系检验及向量自回归模型分析固定资产投资、股价波动和消费者物价指数三者的关系，结果表明我国股市、消费者物价指数和固定资产投资之间有着长期均衡稳定的关系。王晴等（2017）提出犹豫模糊语言灰色关联度，从经济发展水平、金融资源水平及社会信用法制环境水平三大方面对安徽省各地级市进行金融生态环境评价，合肥、芜湖、马鞍山三市的金融生态环境排在前三名。

3）其他产业间相关联的研究状况

李宏亮（2012）采用灰色关联分析对泛长三角地区制造业产业集群与国际直接投资的关系进行实证分析，实证结果表明，二者之间存在互为促进的互动关系，在此基础上提出了统筹兼顾泛长三角地区制造业产业集群发展战略与引资战略等方面的建议。刘佳刚和袁宇心（2015）采用灰色理论和熵权法分析了2004～2013年新兴产业上市公司财务报告数据，测算各环境因素和新兴产业发展的相关性，结果显示，生物医药和高端装备受经济发展水平影响最大，西南、西北、华南和东北的新兴产业发展受人才供给水平的影响较大。叶存军和方亮（2017）借鉴灰色关联熵流模型，分析了互联网发展与产业结构升级之间的协同演化关系，研究显示，在2006～2016年的大多数年份，互联网发展与产业结构升级是关联有序的，二者的演化关联只在少数年份陷入混沌状态。吴丹等（2019）应用灰色关联分析系统剖析1980～2016年北京市经济发展与水资源消耗利用的变化趋势，结果表明，北京市经济产业发展规模呈持续增长态势，北京市农业与工业用水持续下降，第三产业与生活用水持续上升。郭美晨（2019）通过构建灰色关联熵模型，研究了我国信息通信技术产业和产业结构优化升级之间的有序协调关系，研究显示，信息通信技术产业的创新发展对产业结构能够产生突破效应与融合效应，我国信息通信技术产业与产业结构之间已形成了一定程度的有序协同关系。

3.2.2 京津冀物流业与金融业的指标选择

1. 影响物流业发展的金融因素

1）金融机构年末存款、贷款余额和存贷比

在金融业现代化的背景下，一个完善的区域金融系统，要求现代物流体系作为其子系统，物流活动不仅参与整个社会的生产、流通、消费等其他经济活动，更与社会金融的发展水平存在着高度的相关性，在社会经济活动中的地位日渐提高。区域物流业的发展对地区金融业发展提出更高要求。因此，区域金融机构年末存款、贷款余额和存贷比的大小，可以反映该地物流业发展的潜在能力。

2）保险收入、保费支出、保险深度、保险密度

区域内保险业的发展关系着物流企业的风险防范能力，物流行业与保险行业联系的紧密程度也代表着物流业的规模、发展水平和现代化水平。地区保险业的发展带动物流业消费升级，消费者的权益得到更好的保障，需求向多样化、个性化转变，拉动商品配送服务需求增长，推动物流业的发展。因此，保险收入、保

费支出可以反映该地物流业发展的风险防范能力。

3）股票、基金交易额

股票、基金交易额的变化在一定程度上可以反映一个国家经济情况。在反映一个国家资本运作流动性的同时还可以对未来经济走势做出判断。随着虚拟经济在经济中的分量越来越大，其与实体经济的相关度也就会越来越高。而物流业的发展与实体经济息息相关，实体经济的任何变化都会反映到物流业的发展中。因此，股票、基金交易额可以在一定程度上反映该地物流业发展的趋势。

4）金融业固定资产投资

金融业固定资产投资是以货币形式表现的、金融机构在一定时期内建造和购置固定资产的工作量及与此有关的费用变化情况。金融业固定资产投资包括房产、建筑物、机器、机械、运输工具，以及企业用于基本建设、更新改造、大修理和其他固定资产的投资等。金融业固定资产投资关系到金融业再生产的规模和能力，其在一定程度上制约了物流业再生产的规模和能力。

5）金融业增加值

金融业增加值是金融业从事金融中介服务及相关金融附属活动而新创造的价值，是一定时期内金融业生产经营活动最终成果的反映。金融业增加值的变化反映出金融业的发展水平，而金融业的发展水平与物流企业能够得到的贷款规模息息相关，因此，金融业增加值会对物流业发展产生影响。

6）金融业城镇就业人口

金融业城镇就业人口的变化不仅关系到金融业的发展趋势，还关系到金融业的服务质量，而金融业的服务质量与物流企业的资金周转速度关系密切，因此，金融业城镇就业人口会影响到物流业的发展。

2. 影响金融业发展的物流因素

1）运输基础设施

公路里程、高速公路里程、铁路营业里程直接反映出公路、高速公路和铁路等公共基础建设和交通体系的完善程度，而交通便利与否是影响一个地区经济发展的直接因素，因此，公路里程、高速公路里程、铁路营业里程与金融业的发展密切相关。

2）物流业增加值

物流业增加值由交通运输物流业增加值、仓储物流业增加值、批发物流业增加值、配送加工包装物流业增加值和邮政物流业增加值构成。物流业增加值是反映物流业发展的核心指标。物流业发展的好坏反映出物流企业盈利情况的好坏，而物流企业盈利能力的变化直接影响到物流企业的偿债能力，这将关系到金融机构的资金周转能力。

3）物流业就业人员

物流业就业人员在物流作业的各个环节发挥着不可或缺的作用，其人员数量决定物流业的服务质量和服务能力，由于物流业已经成为生产性服务业的重要组成部分，物流业就业人员自然而然地直接支撑了现代经济的发展，而经济的发展直接关系到金融业的发展，因此物流业就业人员与金融业发展关系密切。

4）物流业固定资产投资

物流业固定资产投资是以货币形式表现的、物流企业在一定时期内建造和购置固定资产的工作量及与此有关的费用变化情况，包括房产、建筑物、机器、机械、运输工具，以及企业用于基本建设、更新改造、大修理和其他固定资产的投资等。物流业固定资产投资是物流业再生产的主要手段，直接反映出物流企业经营规模的扩大和物流企业的发展潜力，而物流业作为中国国民经济体系中重要的基础性服务产业，与金融业的发展密不可分。

3. 京津冀物流业与金融业指标的选择

由于北京市、天津市和河北省部分相关数据缺失，本节在分析金融业发展对物流业发展影响时，选取 8 项金融业指标：年末存款余额、年末贷款余额、保险收入、保费支出、股票市价总值、金融业固定资产投资、金融业增加值和金融业城镇就业人口，如表 3.9 所示。

表 3.9　京津冀物流业指标与金融业指标选取

物流业指标	金融业指标
物流业增加值	年末存款余额
	年末贷款余额
	保险收入
	保费支出
	股票市价总值
	金融业固定资产投资
	金融业增加值
	金融业城镇就业人口

3.2.3　物流业与金融业灰色关联分析

1. 北京市物流业与金融业灰色关联分析

为保证分析结果的代表性，选取 2009 年至 2017 年北京市物流业与金融业指标数据，如表 3.10 所示。

表 3.10　2009～2017 年北京市物流业与金融业指标数据

年份	物流业增加值/亿元	年末存款余额/亿元	年末贷款余额/亿元	保险收入/亿元	保费支出/亿元	股票市价总值/亿元	金融业固定资产投资/亿元	金融业增加值/亿元	金融业城镇就业人口/万人
2009	556.64	56 960.10	31 052.90	697.60	196.01	128 026.80	7.40	1 603.6	25.38
2010	712.01	66 584.60	36 479.60	966.46	199.65	114 891.60	30.31	1 863.6	27.20
2011	808.95	75 001.90	39 660.50	820.91	232.80	104 298.50	86.73	2 215.4	32.87
2012	816.31	84 837.30	43 189.50	923.09	286.17	108 299.30	52.89	2 536.9	37.56
2013	871.76	91 660.50	47 880.90	994.44	318.17	97 040.20	57.39	2 943.2	39.14
2014	948.10	100 095.50	53 650.60	1207.24	407.25	158 109.30	54.54	3 357.8	43.16
2015	983.87	128 573.00	58 559.40	1403.89	506.62	133 059.03	73.31	3 926.4	47.16
2016	1 060.97	138 408.90	63 739.40	1834.25	596.66	122 303.30	50.65	4 270.8	51.42
2017	1 208.40	144 086.00	69 556.20	1972.96	577.72	137 764.24	38.69	4 655.4	54.45

对北京市物流业和金融业进行灰色关联分析时，选定北京市物流业增加值作为系统特征行为序列，将八项金融业指标设为相关因素序列，对数据进行初值化处理，得到指标的初值像。表 3.11 给出 2009～2017 年北京市物流业与金融业指标的初值像。

表 3.11　2009～2017 年北京市物流业与金融业指标的初值像

年份	物流业增加值	年末存款余额	年末贷款余额	保险收入	保费支出	股票市价总值	金融业固定资产投资	金融业增加值	金融业城镇就业人口
2009	1.0000	1.0000	1.0000	1.0000	1.0000	1.0000	1.0000	1.0000	1.0000
2010	1.2791	1.1690	1.1748	1.3854	1.0186	0.8974	4.0959	1.1621	1.0717
2011	1.4533	1.3167	1.2772	1.1768	1.1877	0.8147	11.7203	1.3815	1.2951
2012	1.4665	1.4894	1.3908	1.3232	1.4600	0.8459	7.1473	1.5820	1.4799
2013	1.5661	1.6092	1.5419	1.4255	1.6232	0.7580	7.7554	1.8354	1.5422
2014	1.7033	1.7573	1.7277	1.7306	2.0777	1.2350	7.3703	2.0939	1.7006
2015	1.7675	2.2572	1.8858	2.0125	2.5847	1.0393	9.9068	2.4485	1.8582
2016	1.9060	2.4299	2.0526	2.6294	3.0440	0.9553	6.8446	2.6633	2.0260
2017	2.1709	2.5296	2.2399	2.8282	2.9474	1.0761	5.2284	2.9031	2.1454

计算灰色关联系数时，需要设定分辨系数的值。这里取的 ε 值为 0.5，计算两

级差后，计算历年灰色关联系数，计算结果如表 3.12 所示。

表 3.12 北京市物流业与金融业灰色关联系数

数据样本	年末存款余额	年末贷款余额	保险收入	保费支出	股票市价总值	金融业固定资产投资	金融业增加值	金融业城镇就业人口
1	1.0000	1.0000	1.0000	1.0000	1.0000	1.0000	1.0000	1.0000
2	0.9790	0.9801	0.9797	0.9518	0.9308	0.6457	0.9777	0.9612
3	0.9741	0.9668	0.9489	0.9508	0.8894	0.3333	0.9862	0.9701
4	0.9956	0.9855	0.9729	0.9988	0.8921	0.4747	0.9780	0.9974
5	0.9917	0.9953	0.9733	0.9890	0.8640	0.4534	0.9502	0.9954
6	0.9896	0.9953	0.9947	0.9320	0.9164	0.4753	0.9293	0.9995
7	0.9129	0.9775	0.9545	0.8627	0.8758	0.3868	0.8829	0.9827
8	0.9074	0.9722	0.8755	0.8186	0.8437	0.5097	0.8715	0.7292
9	0.9347	0.9867	0.8864	0.8686	0.8242	0.6267	0.8752	0.7053

北京市物流业与金融业指标的灰色关联度可以在一定程度上反映该市金融业发展情况对物流业发展前景的影响程度，灰色关联度越大，则二者的相关关系越强。表 3.13 为北京市物流业与金融业灰色关联度。

表 3.13 北京市物流业与金融业灰色关联度

金融业指标	关联度
年末存款余额	0.9650
年末贷款余额	0.9844
保险收入	0.9540
保费支出	0.9302
股票市价总值	0.8929
金融业固定资产投资	0.5451
金融业增加值	0.9390
金融业城镇就业人口	0.9267

由表 3.13 可知，北京市物流业增加值与金融指标的灰色关联度值均在 0.5 以上，其中以年末存款余额、年末贷款余额、保险收入、保费支出、金融业增加值和金融业城镇就业人口六项最具代表性，六项指标的关联度值均超过 0.9，表明从宏观层面来看，年末存款余额、年末贷款余额、保险收入、保费支出、金融业增加值和金融业城镇就业人口在很大程度上影响北京市物流业的发展水平和发展潜

力；股票市价总值的灰色关联度接近 0.9；金融业固定资产投资的灰色关联度只有 0.5451，说明金融业固定资产投资对北京市物流业的影响甚微。

按上述灰色关联度的排序为：年末贷款余额>年末存款余额>保险收入>金融业增加值>保费支出>金融业城镇就业人口>股票市价总值>金融业固定资产投资。由排序结果可得，年末贷款余额与物流业增加值的灰色关联度最大，为 0.9844。排在第二位的年末存款余额与物流业增加值的灰色关联度为 0.9650。保险收入与物流业增加值的灰色关联度值排在第三位，为 0.9540。排在第四位的金融业增加值与物流业增加值的灰色关联度达到 0.9390。第五位和第六位的保费支出、金融业城镇就业人口这两项指标与物流业增加值的灰色关联度仍能达到 0.9，分别为 0.9302 和 0.9267。排在第七位的股票市价总值与物流业增加值的灰色关联度为 0.8929，接近 0.9。而排在最后一位的金融业固定资产投资与物流业增加值的灰色关联度最小，只有 0.5451。从以上灰色关联度的排序和数值不难看出，北京市年末存款余额、年末贷款余额、保险收入、保费支出、金融业增加值和金融业城镇就业人口对该地区物流业增加值的影响都比较显著，北京市股票市价总值对该地区物流业增加值的影响略小于上述六项指标，而北京市金融业固定资产投资对该地区物流业增加值的影响与其他七项指标相比十分微弱。

2. 天津市物流业与金融业灰色关联分析

为保证分析结果的代表性，选取 2009 年至 2017 年天津市物流业与金融业指标数据，如表 3.14 所示。

表 3.14　2009～2017 年天津市物流业与金融业指标数据

年份	物流业增加值/亿元	年末存款余额/亿元	年末贷款余额/亿元	保险收入/亿元	保费支出/亿元	股票市价总值/亿元	金融业固定资产投资/亿元	金融业增加值/亿元	金融业城镇就业人口/万人
2009	471.01	13 887.11	11 152.19	151.29	59.92	3 723.73	1.06	461.20	6.68
2010	585.37	16 499.25	13 774.11	214.01	54.19	3 953.00	3.24	572.99	7.00
2011	632.10	17 586.91	15 924.71	211.74	66.17	2 565.00	39.62	756.50	7.72
2012	683.56	20 293.79	18 396.81	238.16	81.02	2 803.00	31.54	1 001.59	7.82
2013	675.02	23 316.56	20 857.80	276.80	102.00	3 590.00	43.34	1 235.91	8.09
2014	720.72	24 777.75	23 223.42	317.75	104.39	5 321.99	58.79	1 422.28	8.91
2015	729.09	28 149.37	25 994.68	398.34	139.53	6 221.40	31.00	1 603.23	12.13
2016	725.31	30 067.03	28 754.04	527.99	177.70	5 285.14	19.12	1 793.57	16.01
2017	780.40	30 940.81	31 602.54	564.96	154.90	5 245.12	14.10	1 951.75	19.17

对天津市物流业和金融业进行灰色关联分析时，选定天津市物流业增加值作为系统特征行为序列，将八项金融业指标设为相关因素序列，对数据进行初值化处理，得到指标的初值像。表 3.15 列出了 2009～2017 年天津市物流业与金融业指标的初值像。

表 3.15　2009～2017 年天津市物流业与金融业指标的初值像

年份	物流业增加值	年末存款余额	年末贷款余额	保险收入	保费支出	股票市价总值	金融业固定资产投资	金融业增加值	金融业城镇就业人口
2009	1.0000	1.0000	1.0000	1.0000	1.0000	1.0000	1.0000	1.0000	1.0000
2010	1.2428	1.1881	1.2351	1.4146	0.9044	1.0616	3.0566	1.2424	1.0479
2011	1.3420	1.2664	1.4279	1.3996	1.1043	0.6888	37.3774	1.6403	1.1557
2012	1.4513	1.4613	1.6496	1.5742	1.3521	0.7527	29.7547	2.1717	1.1707
2013	1.4331	1.6790	1.8703	1.8296	1.7023	0.9641	40.8868	2.6798	1.2111
2014	1.5302	1.7842	2.0824	2.1003	1.7422	1.4292	55.4623	3.0839	1.3338
2015	1.5479	2.0270	2.3309	2.6330	2.3286	1.6707	29.2453	3.4762	1.8159
2016	1.5399	2.1651	2.5783	3.4899	2.9656	1.4193	18.0377	3.8889	2.3967
2017	1.6569	2.2280	2.8338	3.7343	2.5851	1.4086	13.3019	4.2319	2.8698

计算灰色关联系数时，需要设定分辨系数的值。这里取 ε 值为 0.1，计算两级差后计算历年灰色关联系数，计算结果如表 3.16 所示。

表 3.16　天津市物流业与金融业灰色关联系数

数据样本	年末存款余额	年末贷款余额	保险收入	保费支出	股票市价总值	金融业固定资产投资	金融业增加值	金融业城镇就业人口
1	1.0000	1.0000	1.0000	1.0000	1.0000	1.0000	1.0000	1.0000
2	0.9900	0.9986	0.9691	0.9410	0.9675	0.7483	0.9999	0.9651
3	0.9862	0.9843	0.9894	0.9578	0.8920	0.1302	0.9476	0.9666
4	0.9981	0.9645	0.9777	0.9820	0.8853	0.1601	0.8822	0.9505
5	0.9564	0.9250	0.9315	0.9525	0.9200	0.1203	0.8122	0.9605
6	0.9550	0.9071	0.9044	0.9622	0.9816	0.0909	0.7763	0.9649
7	0.9184	0.8732	0.8325	0.8736	0.9777	0.1630	0.7366	0.9527
8	0.7779	0.8385	0.7344	0.7909	0.9781	0.2464	0.6966	0.8629
9	0.7833	0.8209	0.7219	0.8532	0.9560	0.3165	0.6768	0.8164

天津市物流业与金融业指标的灰色关联度可以在一定程度上反映该市金融业

发展情况对物流业发展前景的影响程度，灰色关联度越大，则二者的相关关系越强。表 3.17 为天津市物流业与金融业灰色关联度。

表 3.17　天津市物流业与金融业灰色关联度

金融业指标	关联度
年末存款余额	0.9295
年末贷款余额	0.9236
保险收入	0.8957
保费支出	0.9237
股票市价总值	0.9509
金融业固定资产投资	0.3306
金融业增加值	0.8365
金融业城镇就业人口	0.9377

由表 3.17 可知，天津市物流业增加值与金融指标的灰色关联度值均在 0.3 以上，其中以年末存款余额、年末贷款余额、保费支出、股票市价总值和金融业城镇就业人口五项最具代表性，五项指标的灰色关联度均超过 0.9，表明从宏观层面来看，年末存款余额、年末贷款余额、保费支出、股票市价总值和金融业城镇就业人口在很大程度上影响天津市物流业的发展水平和发展潜力；保险收入和金融业增加值的灰色关联度在 0.8 以上；金融业固定资产投资的灰色关联度只有 0.3306，说明金融业固定资产投资对天津市物流业的影响甚微。

按上述灰色关联度的排序为：股票市价总值>金融业城镇就业人口>年末存款余额>保费支出>年末贷款余额>保险收入>金融业增加值>金融业固定资产投资。由排序结果可得，股票市价总值与物流业增加值的灰色关联度最大，为 0.9509。排在第二位的金融业城镇就业人口与物流业增加值的灰色关联度为 0.9377。年末存款余额与物流业增加值的关联度值排在第三位，灰色关联度为 0.9295。排在第四位的保费支出与物流业增加值的灰色关联度达到 0.9237。排在第五位的年末贷款余额与物流业增加值的灰色关联度为 0.9236。排在第六位和第七位的保险收入和金融业增加值与物流业增加值的灰色关联度均在 0.8 以上，分别为 0.8957 和 0.8365。而排在最后一位的金融业固定资产投资与物流业增加值的灰色关联度最小，只有 0.3306。从以上灰色关联度的排序和数值不难看出，天津市股票市价总值、金融业城镇就业人口、年末存款余额、保费支出、年末贷款余额对该地区物流业增加值的影响都比较显著，天津市保险收入和金融业增加值对该地区物流业增加值的影响略小于上述五项指标，而天津市金融业固定资产投资对该地区物流业增加值的影响与其他七项指标相比十分微弱。

3. 河北省物流业与金融业灰色关联分析

为保证分析结果的代表性，选取 2009 年至 2017 年河北省物流业与金融业指标数据，如表 3.18 所示。

表 3.18　2009～2017 年河北省物流业与金融业指标数据

年份	物流业增加值/亿元	年末存款余额/亿元	年末贷款余额/亿元	保险收入/亿元	保费支出/亿元	股票市价总值/亿元	金融业固定资产投资/亿元	金融业增加值/亿元	金融业城镇就业人口/万人
2009	1 491.92	22 361	13 124	601.09	142.98	3 121.41	12.02	525.67	23.42
2010	1 745.91	26 099	15 756	746.40	147.64	3 482.97	12.83	615.42	24.20
2011	2 046.22	29 564	18 144	732.89	183.47	3 165.55	23.14	746.01	23.83
2012	2 212.93	34 257	21 318	766.16	223.89	3 508.20	24.38	913.66	24.65
2013	2 345.10	39 444	24 423	837.59	315.66	3 895.60	44.69	1 137.72	25.64
2014	2 396.40	43 764	28 052	931.94	395.03	6 180.00	25.94	1 347.58	27.66
2015	2 359.09	48 928	32 608	1 163.10	461.92	8 272.81	47.87	1 480.92	29.91
2016	2 369.27	55 929	37 746	1 491.49	548.24	7 840.29	93.08	1 731.23	32.17
2017	2 497.88	60 451	43 315	1 713.89	547.54	8 308.05	58.77	2 053.44	34.64

对河北省物流业和金融业进行灰色关联分析时，选定河北省物流业增加值作为系统特征行为序列，将八项金融业指标设为相关因素序列，对数据进行初值化处理，得到指标的初值像。表 3.19 为 2009～2017 年河北省物流业与金融业指标的初值像。

表 3.19　2009～2017 年河北省物流业与金融业指标的初值像

年份	物流业增加值	年末存款余额	年末贷款余额	保险收入	保费支出	股票市价总值	金融业固定资产投资	金融业增加值	金融业城镇就业人口
2009	1.0000	1.0000	1.0000	1.0000	1.0000	1.0000	1.0000	1.0000	1.0000
2010	1.1702	1.1672	1.2005	1.2417	1.0326	1.1158	1.0674	1.1707	1.0333
2011	1.3715	1.3221	1.3825	1.2193	1.2832	1.0141	1.9251	1.4192	1.0175
2012	1.4833	1.5320	1.6244	1.2746	1.5659	1.1239	2.0283	1.7381	1.0525
2013	1.5719	1.7640	1.8609	1.3935	2.2077	1.2480	3.7180	2.1643	1.0948
2014	1.6063	1.9572	2.1375	1.5504	2.7628	1.9799	2.1581	2.5635	1.1810
2015	1.5812	2.1881	2.4846	1.9350	3.2307	2.6503	3.9825	2.8172	1.2771
2016	1.5881	2.5012	2.8761	2.4813	3.8344	2.5118	7.7438	3.2934	1.3736
2017	1.6743	2.7034	3.3004	2.8513	3.8295	2.6616	4.8894	3.9063	1.4791

计算灰色关联系数时，需要设定分辨系数的值。这里取 ε 值为 0.5，计算两级差后计算历年灰色关联系数，计算结果如表 3.20 所示。

表 3.20　河北省物流业与金融业灰色关联系数

数据样本	年末存款余额	年末贷款余额	保险收入	保费支出	股票市价总值	金融业固定资产投资	金融业增加值	金融业城镇就业人口
1	1.0000	1.0000	1.0000	1.0000	1.0000	1.0000	1.0000	1.0000
2	0.9990	0.9903	0.9681	0.9526	0.9826	0.9677	0.9998	0.9574
3	0.9842	0.9964	0.9529	0.9721	0.8960	0.8476	0.9848	0.8968
4	0.9844	0.9562	0.9365	0.9739	0.8955	0.8496	0.9235	0.8772
5	0.9413	0.9141	0.9452	0.8288	0.9048	0.5892	0.8386	0.8658
6	0.8977	0.8528	0.9822	0.7269	0.8918	0.8480	0.7628	0.8786
7	0.8353	0.7731	0.8969	0.6511	0.7422	0.5617	0.7135	0.9101
8	0.6596	0.7050	0.7738	0.5781	0.7692	0.3333	0.6435	0.9349
9	0.7240	0.6543	0.7232	0.5881	0.7571	0.4891	0.5796	0.9404

河北省物流业与金融业指标的灰色关联度可以在一定程度上反映该省内金融业发展情况对物流业发展前景的影响程度，灰色关联度越大，则二者的相关关系越强。表 3.21 为河北省物流业与金融业灰色关联度。

表 3.21　河北省物流业与金融业灰色关联度

金融业指标	关联度
年末存款余额	0.8917
年末贷款余额	0.8714
保险收入	0.9088
保费支出	0.8079
股票市价总值	0.8710
金融业固定资产投资	0.7207
金融业增加值	0.8273
金融业城镇就业人口	0.9179

由表 3.21 可知，河北省物流业增加值与金融指标的灰色关联度均在 0.7 以上，其中以金融业城镇就业人口和保险收入两项最具代表性，两项指标的灰色关联度均超过 0.9，表明从宏观层面来看，金融业城镇就业人员和保险收入在很大程度上影响河北省物流业的发展水平和发展潜力；年末存款余额、年末贷款余额、股票

市价总值、金融业增加值和保费支出与物流业增加值灰色关联度在 0.8 以上；金融业固定资产投资的灰色关联度只有 0.7207，说明金融业固定资产投资对河北省物流业的影响较小。

按上述灰色关联度的排序为：金融业城镇就业人口>保险收入>年末存款余额>年末贷款余额>股票市价总值>金融业增加值>保费支出>金融业固定资产投资。由排序结果可得，金融业城镇就业人口与物流业增加值的灰色关联度最大，为 0.9179。排在第二位至第七位的保险收入、年末存款余额、年末贷款余额、股票市价总值、金融业增加值和保费支出与物流业增加值的灰色关联度均在 0.8 以上，分别为 0.9088、0.8917、0.8714、0.8710、0.8273 和 0.8079。而排在最后一位的金融业固定资产投资与物流业增加值的灰色关联度最小，只有 0.7207。从以上灰色关联度的排序和数值不难看出，河北省金融业城镇就业人口和保险收入对该地区物流业增加值的影响都比较显著，河北省年末存款余额、年末贷款余额、股票市价总值、金融业增加值和保费支出对该地区物流业增加值的影响略小于上述两项指标，而金融业固定资产投资对物流业增加值的影响与其他七项指标相比较弱。

4. 京津冀物流业与金融业灰色关联分析

为保证分析结果的代表性，选取 2009 年至 2017 年京津冀物流业与金融业指标数据，如表 3.22 所示。

表 3.22　2009～2017 年京津冀物流业与金融业指标数据

年份	物流业增加值/亿元	年末存款余额/亿元	年末贷款余额/亿元	保险收入/亿元	保费支出/亿元	股票市价总值/亿元	金融业固定资产投资/亿元	金融业增加值/亿元	金融业城镇就业人口/万人
2009	2 519.57	93 208.21	55 329.09	1 449.98	398.91	134 871.94	20.48	2 590.47	55.48
2010	3 043.29	109 182.85	66 009.71	1 926.87	401.48	122 327.57	46.38	3 052.01	58.40
2011	3 487.27	122 152.81	73 729.21	1 765.54	482.44	110 029.05	149.49	3 717.91	64.42
2012	3 712.80	139 388.09	82 904.31	1 927.41	591.08	114 610.50	108.81	4 452.15	70.03
2013	3 891.88	154 421.06	93 161.70	2 108.83	735.83	104 525.80	145.42	5 316.83	72.87
2014	4 065.22	168 637.25	104 926.02	2 456.93	906.67	169 611.29	139.27	6 127.66	79.73
2015	4 072.05	205 650.37	117 162.08	2 965.33	1 108.07	147 553.24	152.18	7 010.55	89.20
2016	4 155.55	224 404.93	130 239.44	3 853.73	1 322.60	135 428.73	162.85	7 795.60	99.60
2017	4 486.68	235 477.81	144 473.74	4 251.81	1 280.16	151 317.41	111.56	8 660.59	108.26

对京津冀物流业和金融业进行灰色关联度分析，选定物流业增加值作为系统特征行为序列，将八项金融业指标设为相关因素序列，对数据进行初值化处理，

得到指标的初值像。表 3.23 列出了 2009～2017 年京津冀物流业与金融业指标的初值像。

表 3.23　2009～2017 年京津冀物流业与金融业指标的初值像

年份	物流业增加值	年末存款余额	年末贷款余额	保险收入	保费支出	股票市价总值	金融业固定资产投资	金融业增加值	金融业城镇就业人口
2009	1.0000	1.0000	1.0000	1.0000	1.0000	1.0000	1.0000	1.0000	1.0000
2010	1.2079	1.1714	1.1930	1.3289	1.0064	0.9070	2.2646	1.1782	1.0526
2011	1.3841	1.3105	1.3326	1.2176	1.2094	0.8158	7.2993	1.4352	1.1611
2012	1.4736	1.4954	1.4984	1.3293	1.4817	0.8498	5.3130	1.7187	1.2623
2013	1.5447	1.6567	1.6838	1.4544	1.8446	0.7750	7.1006	2.0525	1.3134
2014	1.6135	1.8093	1.8964	1.6945	2.2729	1.2576	6.8003	2.3655	1.4371
2015	1.6162	2.2064	2.1175	2.0451	2.7777	1.0940	7.4307	2.7063	1.6078
2016	1.6493	2.4076	2.3539	2.6578	3.3155	1.0041	7.9517	3.0093	1.7952
2017	1.7807	2.5264	2.6112	2.9323	3.2091	1.1219	5.4473	3.3433	1.9513

计算灰色关联系数，需要设定分辨系数的值。这里取 ε 值为 0.5，计算两级差后计算历年灰色关联系数，计算结果如表 3.24 所示。

表 3.24　京津冀物流业与金融业灰色关联系数

样本	年末存款余额	年末贷款余额	保险收入	保费支出	股票市价总值	金融业固定资产投资	金融业增加值	金融业城镇就业人口
1	1.0000	1.0000	1.0000	1.0000	1.0000	1.0000	1.0000	1.0000
2	0.9886	0.9953	0.9534	0.9384	0.9128	0.7489	0.9907	0.9531
3	0.9772	0.9839	0.9498	0.9475	0.8472	0.3476	0.9840	0.9339
4	0.9931	0.9922	0.9562	0.9974	0.8348	0.4508	0.9278	0.9372
5	0.9657	0.9577	0.9721	0.9131	0.8037	0.3619	0.8612	0.9316
6	0.9415	0.9176	0.9749	0.8269	0.8985	0.3779	0.8073	0.9470
7	0.8423	0.8627	0.8802	0.7306	0.8579	0.3515	0.7430	0.9973
8	0.8060	0.8173	0.7563	0.6541	0.6564	0.3333	0.6985	0.9557
9	0.8087	0.7914	0.7323	0.6879	0.6395	0.4622	0.6685	0.9486

京津冀物流业与金融业指标的灰色关联度可以在一定程度上反映在该地区金融业发展情况对物流业发展前景的影响程度，灰色关联度越大，则二者的相关关系越强。表 3.25 为京津冀物流业与金融业灰色关联度。

表 3.25　京津冀物流业与金融业灰色关联度

金融业指标	关联度
年末存款余额	0.9248
年末贷款余额	0.9242
保险收入	0.9084
保费支出	0.8551
股票市价总值	0.8279
金融业固定资产投资	0.4927
金融业增加值	0.8535
金融业城镇就业人口	0.9561

由表 3.25 可知，京津冀物流业增加值与金融指标的灰色关联度值均在 0.4 以上，其中以金融业城镇就业人口、年末存款余额、年末贷款余额和保险收入四项最具代表性，四项指标的灰色关联度均超过 0.9，表明从宏观层面来看，金融业城镇就业人口、年末存款余额、年末贷款余额和保险收入在很大程度上影响京津冀物流业的发展水平和发展潜力；保费支出、金融业增加值和股票市价总值与物流业增加值的灰色关联度在 0.8 以上；而金融业固定资产投资与物流业增加值的灰色关联度低于 0.5，说明金融业固定资产投资对京津冀物流业的影响甚微。

按上述灰色关联度的排序为：金融业城镇就业人口>年末存款余额>年末贷款余额>保险收入>保费支出>金融业增加值>股票市价总值>金融业固定资产投资。由排序结果可得，排名第一的金融业城镇就业人口与物流业增加值的灰色关联度为 0.9561，排名第二、第三的年末存款余额和年末贷款余额与物流业增加值的灰色关联度十分接近，分别为 0.9248 和 0.9242，而排在第四位的保险收入与物流业增加值的灰色关联度超过 0.9，为 0.9084。排在第五位至第七位的保费支出、金融业增加值和股票市价总值与物流业增加值的灰色关联度均在 0.8 以上，分别为 0.8551、0.8535 和 0.8279。而排在最后一位的金融业固定资产投资与物流业增加值的灰色关联度最小，只有 0.4927。从以上关联度的排序和数值不难看出，京津冀金融业城镇就业人口、年末存款余额、年末贷款余额和保险收入对该地区物流业增加值的影响都比较显著，京津冀保费支出、金融业增加值和股票市价总值对该地区物流业增加值的影响略小于上述四项指标，而金融业固定资产投资对物流业增加值的影响与其他七项指标相比十分微弱。

3.2.4 京津冀金融业与物流业灰色关联分析

在分析物流业发展对金融业发展的影响时，选取 6 项物流业指标，包括公路里程、高速公路里程、铁路营业里程、物流业增加值、物流业就业人员和物流业固定资产投资，如表 3.26 所示。

表 3.26　京津冀金融业指标与物流业指标选取

金融业指标	物流业指标
金融业增加值	公路里程
	高速公路里程
	铁路营业里程
	物流业增加值
	物流业就业人员
	物流业固定资产投资

1. 北京市金融业与物流业灰色关联分析

为保证分析结果的代表性，选取 2009 年至 2017 年北京市金融业与物流业指标数据，如表 3.27 所示。

表 3.27　2009～2017 年北京市金融业与物流业指标数据

年份	金融业增加值/亿元	公路里程/万公里	高速公路里程/万公里	铁路营业里程/万公里	物流业增加值/亿元	物流业就业人员/万人	物流业固定资产投资/亿元
2009	1603.6	2.0755	0.0884	0.0956	556.64	50.07	662.50
2010	1863.6	2.1114	0.0903	0.0956	712.01	50.00	694.40
2011	2215.4	2.1347	0.0912	0.1067	808.95	57.41	505.99
2012	2536.9	2.1492	0.0923	0.1115	816.31	57.83	696.43
2013	2943.2	2.1673	0.0923	0.1116	871.76	59.23	656.84
2014	3357.8	2.1849	0.0982	0.1124	948.10	60.23	767.99
2015	3926.4	2.1885	0.0982	0.1124	983.87	60.03	714.95
2016	4270.8	2.2026	0.1013	0.1103	1060.97	58.23	761.61
2017	4655.4	2.2226	0.1013	0.1103	1208.40	57.69	1129.11

对北京市金融业和物流业进行灰色关联分析时，选定北京市金融业增加值作为系统特征行为序列，将六项物流业指标设为相关因素序列，对数据进行初值化

处理，得到指标的初值像。表 3.28 为 2009～2017 年北京市金融业与物流业指标的初值像。

表 3.28　2009～2017 年北京市金融业与物流业指标的初值像

年份	金融业增加值	公路里程	高速公路里程	铁路营业里程	物流业增加值	物流业就业人员	物流业固定资产投资
2009	1.0000	1.0000	1.0000	1.0000	1.0000	1.0000	1.0000
2010	1.1621	1.0173	1.0215	1.0000	1.2791	0.9986	1.0482
2011	1.3815	1.0285	1.0317	1.1161	1.4533	1.1466	0.7638
2012	1.5820	1.0355	1.0441	1.1663	1.4665	1.1550	1.0512
2013	1.8354	1.0442	1.0441	1.1674	1.5661	1.1829	0.9915
2014	2.0939	1.0527	1.1109	1.1757	1.7033	1.2029	1.1592
2015	2.4485	1.0544	1.1109	1.1757	1.7675	1.1989	1.0792
2016	2.6633	1.0612	1.1459	1.1538	1.9060	1.1630	1.1496
2017	2.9031	1.0709	1.1459	1.1538	2.1709	1.1522	1.7043

计算灰色关联系数时，需要设定分辨系数的值。这里取ε值为 0.5，计算两级差后计算历年灰色关联系数，计算结果如表 3.29 所示。

表 3.29　北京市金融业与物流业灰色关联系数

数据样本	公路里程	高速公路里程	铁路营业里程	物流业增加值	物流业就业人员	物流业固定资产投资
1	1.0000	1.0000	1.0000	1.0000	1.0000	1.0000
2	0.8635	0.8669	0.8496	0.8868	0.8485	0.8893
3	0.7219	0.7237	0.7754	0.9274	0.7959	0.5973
4	0.6264	0.6301	0.6879	0.8880	0.6821	0.6332
5	0.5366	0.5366	0.5783	0.7728	0.5841	0.5205
6	0.4680	0.4824	0.4994	0.7011	0.5069	0.4950
7	0.3966	0.4065	0.4185	0.5736	0.4230	0.4008
8	0.3638	0.3765	0.3777	0.5475	0.3791	0.3770
9	0.3333	0.3427	0.3437	0.5558	0.3435	0.4332

北京市金融业与物流业指标的灰色关联度可以在一定程度上反映在该市物流业发展情况对金融业发展前景的影响程度，灰色关联度越大，则二者的相关关系越强。表 3.30 为北京市金融业与物流业灰色关联度。

表 3.30　北京市金融业与物流业灰色关联度

物流业指标	关联度
公路里程	0.5900
高速公路里程	0.5961
铁路营业里程	0.6145
物流业增加值	0.7614
物流业就业人员	0.6181
物流业固定资产投资	0.5940

由表 3.30 可知，北京市金融业增加值与物流指标的灰色关联度值均在 0.5 以上，其中以物流业增加值指标最具代表性，其与金融业增加值灰色关联度超过 0.7，表明从宏观层面来看，物流业增加值在很大程度上影响北京市金融业的发展水平和发展潜力；物流业就业人员和铁路营业里程与金融业增加值的灰色关联度达到 0.6；高速公路里程、物流业固定资产投资和公路里程与金融业增加值关联度接近 0.6。

按上述灰色关联度的排序为：物流业增加值>物流业就业人员>铁路营业里程>高速公路里程>物流业固定资产投资>公路里程。由排序结果可得，排在第一位的物流业增加值与金融业增加值的灰色关联度最高，为 0.7641。排在第二位和第三位的物流业就业人员和铁路营业里程与金融业增加值的灰色关联度均在 0.6 以上，分别为 0.6181 和 0.6145。而排在后三位的高速公路里程、物流业固定资产投资和公路里程，其与金融业增加值的灰色关联度均在 0.5～0.6，分别为 0.5961、0.5940 和 0.5900。从以上灰色关联度的排序和数值不难看出，北京市物流业增加值对该地区金融业增加值的影响比较显著，北京市物流业就业人员和铁路营业里程对该地区金融业增加值的影响略小于上述指标，而北京市高速公路里程、物流业固定资产投资和公路里程对该地区金融业增加值的影响较弱。

2. 天津市金融业与物流业灰色关联分析

为保证分析结果的代表性，选取 2009 年至 2017 年天津市金融业与物流业指标数据，如表 3.31 所示。

表 3.31　2009～2017 年天津市金融业与物流业指标数据

年份	金融业增加值/亿元	公路里程/万公里	高速公路里程/万公里	铁路营业里程/万公里	物流业增加值/亿元	物流业就业人员/万人	物流业固定资产投资/亿元
2009	461.20	1.431 5	0.088 4	0.078 15	471.01	12.29	483.74
2010	572.99	1.483 2	0.098 2	0.078 15	585.37	12.50	539.30

续表

年份	金融业增加值/亿元	公路里程/万公里	高速公路里程/万公里	铁路营业里程/万公里	物流业增加值/亿元	物流业就业人员/万人	物流业固定资产投资/亿元
2011	756.50	1.516 3	0.110 3	0.086 69	632.10	11.43	506.45
2012	1 001.59	1.539 1	0.110 3	0.086 77	683.56	14.08	729.86
2013	1 235.91	1.571 8	0.110 3	0.096 34	675.02	14.35	603.15
2014	1 422.28	1.611 0	0.111 3	0.097 09	720.72	14.34	750.63
2015	1 603.23	1.655 0	0.113 0	0.104 37	729.09	15.01	757.19
2016	1 793.57	1.676 4	0.120 8	0.106 09	725.31	14.67	735.14
2017	1 951.75	1.653 2	0.124 8	0.114 90	780.40	14.54	537.02

对天津市金融业和物流业进行灰色关联分析时，选定天津市金融业增加值作为系统特征行为序列，将六项物流业指标设为相关因素序列，对数据进行初值化处理，得到指标的初值像。表 3.32 为 2009～2017 年天津市金融业与物流业指标的初值像。

表 3.32　2009～2017 年天津市金融业与物流业指标的初值像

年份	金融业增加值	公路里程	高速公路里程	铁路营业里程	物流业增加值	物流业就业人员	物流业固定资产投资
2009	1.0000	1.0000	1.0000	1.0000	1.0000	1.0000	1.0000
2010	1.2424	1.0361	1.1109	1.0000	1.2428	1.0171	1.1149
2011	1.6403	1.0592	1.2477	1.1093	1.3420	0.9300	1.0469
2012	2.1717	1.0752	1.2477	1.1103	1.4513	1.1456	1.5088
2013	2.6798	1.0980	1.2477	1.2328	1.4331	1.1676	1.2468
2014	3.0839	1.1254	1.2590	1.2424	1.5302	1.1668	1.5517
2015	3.4762	1.1561	1.2783	1.3355	1.5479	1.2213	1.5653
2016	3.8889	1.1711	1.3665	1.3575	1.5399	1.1937	1.5197
2017	4.2319	1.1549	1.4118	1.4702	1.6569	1.1831	1.1101

计算灰色关联系数时，需要设定分辨系数的值。这里取 ε 值为 0.5，计算两级差后计算历年灰色关联系数，计算结果如表 3.33 所示。

表 3.33　天津市金融业与物流业灰色关联系数

数据样本	公路里程	高速公路里程	铁路营业里程	物流业增加值	物流业就业人员	物流业固定资产投资
1	1.0000	1.0000	1.0000	1.0000	1.0000	1.0000
2	0.9078	0.9392	0.8934	0.9998	0.9001	0.9409

续表

数据样本	公路里程	高速公路里程	铁路营业里程	物流业增加值	物流业就业人员	物流业固定资产投资
3	0.7775	0.8380	0.7927	0.8719	0.7408	0.7739
4	0.6493	0.6873	0.6567	0.7381	0.6643	0.7539
5	0.5621	0.5864	0.5839	0.6196	0.5731	0.5863
6	0.5090	0.5267	0.5244	0.5665	0.5144	0.5699
7	0.4667	0.4802	0.4868	0.5129	0.4738	0.5152
8	0.3430	0.4460	0.4451	0.4636	0.4297	0.3430
9	0.3333	0.4186	0.4237	0.4409	0.3997	0.3536

天津市金融业与物流业指标的灰色关联度可以在一定程度上反映在该市物流业发展情况对金融业发展前景的影响程度，灰色关联度越大，则二者的相关关系越强。表 3.34 为天津市金融业与物流业灰色关联度。

表 3.34　天津市金融业与物流业灰色关联度

物流业指标	关联度
公路里程	0.6165
高速公路里程	0.6580
铁路营业里程	0.6452
物流业增加值	0.6904
物流业就业人员	0.6329
物流业固定资产投资	0.6485

由表 3.34 可得，天津市金融业增加值与物流指标的灰色关联度值均在 0.6 以上，其中以物流业增加值指标最具代表性，与金融业增加值灰色关联度值接近 0.7，表明从宏观层面来看，物流业增加值在很大程度上影响天津市金融业的发展水平和发展潜力；高速公路里程、物流业固定资产投资、铁路营业里程与金融业增加值的灰色关联度在 0.64～0.66；物流业就业人员及公路里程与金融业增加值的灰色关联度在 0.61～0.64。

按上述灰色关联度的排序为：物流业增加值>高速公路里程>物流业固定资产投资>铁路营业里程>物流业就业人员>公路里程。由排序结果可得，排在第一位的物流业增加值与金融业增加值的灰色关联度最高，为 0.6904。排在第二位至第四位的高速公路里程、物流业固定资产投资和铁路营业里程与金融业增加值的灰色关联度均在 0.65 左右，分别为 0.6580、0.6485 和 0.6452。而排在后两位的物流业就业人员及公路里程与金融业增加值的灰色关联度分别为 0.6329、0.6165。从以上灰色关联度的排序和数值不难看出，天津市物流业增加值对该地区金融业增加值的影响比较显著，天津市高速公路里程、物流业固定资产投资和铁路营业里程对该地区金融业增加值的影响略小于上述指标，而天津市物流业就业人员及公路里程对该地区金融业增加值的影响较弱。

3. 河北省金融业与物流业灰色关联分析

为保证分析结果的代表性，选取 2009 年至 2017 年河北省金融业与物流业指标数据，如表 3.35 所示。

表 3.35　2009～2017 年河北省金融业与物流业指标数据

年份	金融业增加值/亿元	公路里程/万公里	高速公路里程/万公里	铁路营业里程/万公里	物流业增加值/亿元	物流业就业人员/万人	物流业固定资产投资/亿元
2009	525.67	15.21	0.33	0.215 28	1 491.92	25.48	1 026.16
2010	615.42	15.43	0.43	0.212 41	1 745.91	25.10	1 521.20
2011	746.01	15.70	0.48	0.217 24	2 046.22	24.38	1 433.06
2012	913.66	16.30	0.51	0.217 48	2 212.93	24.30	1 543.25
2013	1 137.72	17.45	0.56	0.219 34	2 345.10	27.59	2 123.59
2014	1 347.58	17.92	0.59	0.221 21	2 396.40	28.96	2 046.49
2015	1 480.92	18.46	0.63	0.224 29	2 359.09	29.18	2 077.54
2016	1 731.23	18.84	0.65	0.233 02	2 369.27	28.67	2 095.25
2017	2 053.44	19.17	0.65	0.235 00	2 497.88	24.27	2 135.45

对河北省金融业和物流业进行灰色关联分析时，选定河北省金融业增加值作为系统特征行为序列，将六项物流业指标设为相关因素序列，对数据进行初值化处理，得到指标的初值像。表 3.36 为 2009～2017 年河北省金融业与物流业指标的初值像。

表 3.36　2009～2017 年河北省金融业与物流业指标的初值像

年份	金融业增加值	公路里程	高速公路里程	铁路营业里程	物流业增加值	物流业就业人员	物流业固定资产投资
2009	1.0000	1.0000	1.0000	1.0000	1.0000	1.0000	1.0000
2010	1.1707	1.0145	1.3030	0.9867	1.1702	0.9851	1.4824
2011	1.4192	1.0322	1.4545	1.0091	1.3715	0.9568	1.3965
2012	1.7381	1.0717	1.5455	1.0102	1.4833	0.9537	1.5039
2013	2.1643	1.1473	1.6970	1.0189	1.5719	1.0828	2.0695
2014	2.5635	1.1782	1.7879	1.0275	1.6063	1.1366	1.9943

续表

年份	金融业增加值	公路里程	高速公路里程	铁路营业里程	物流业增加值	物流业就业人员	物流业固定资产投资
2015	2.8172	1.2137	1.9091	1.0419	1.5812	1.1452	2.0246
2016	3.2934	1.2387	1.9697	1.0824	1.5881	1.1252	2.0418
2017	3.9063	1.2604	1.9697	1.0916	1.6743	0.9525	2.0810

计算灰色关联系数时，需要设定分辨系数的值。这里取ε值为0.5，计算两级差后计算历年灰色关联系数，计算结果如表3.37所示。

表3.37　河北省金融业与物流业灰色关联系数

数据样本	公路里程	高速公路里程	铁路营业里程	物流业增加值	物流业就业人员	物流业固定资产投资
1	1.0000	1.0000	1.0000	1.0000	1.0000	1.0000
2	0.9043	0.9178	0.8892	0.9997	0.8883	0.8257
3	0.7924	0.9766	0.7827	0.9688	0.7616	0.9849
4	0.6891	0.8846	0.6699	0.8529	0.6531	0.8631
5	0.5922	0.7596	0.5632	0.7137	0.5773	0.9396
6	0.5160	0.6557	0.4902	0.6067	0.5086	0.7218
7	0.4794	0.6192	0.4541	0.5444	0.4690	0.6508
8	0.4182	0.5274	0.4005	0.4641	0.4052	0.5413
9	0.3582	0.4327	0.3441	0.3982	0.3333	0.4472

河北省金融业与物流业指标的灰色关联度可以在一定程度上反映在该省内物流业发展情况对金融业发展前景的影响程度，灰色关联度越大，则二者的相关关系越强。表3.38为河北省金融业与物流业灰色关联度。

表3.38　河北省金融业与物流业灰色关联度

物流业指标	关联度
公路里程	0.6389
高速公路里程	0.7526
铁路营业里程	0.6215
物流业增加值	0.7276
物流业就业人员	0.6218
物流业固定资产投资	0.7749

由表 3.38 可知，河北省金融业增加值与物流指标的灰色关联度值均在 0.6 以上，其中以物流业固定资产投资、高速公路里程和物流业增加值三项指标最具代表性，三项指标与金融业增加值的灰色关联度超过 0.7，表明从宏观层面来看，物流业固定资产投资、高速公路里程和物流业增加值在很大程度上影响河北省金融业的发展水平和发展潜力；公路里程、物流业就业人员和铁路营业里程与金融业增加值的灰色关联度在 0.6 以上。

按上述灰色关联度的排序为：物流业固定资产投资>高速公路里程>物流业增加值>公路里程>物流业就业人员>铁路营业里程。由排序结果可得，物流业固定资产投资与金融业增加值的灰色关联度最高，为 0.7749。排在第二位的高速公路里程与金融业增加值的灰色关联度为 0.7526。排在第三位的物流业增加值与金融业增加值的灰色关联度为 0.7276。排在第四位至第六位的公路里程、物流业就业人员和铁路营业里程与金融业增加值的灰色关联度均在 0.6～0.7，分别为 0.6389、0.6218 和 0.6215。从以上灰色关联度的排序和数值不难看出，河北省物流业固定资产投资、高速公路里程、物流业增加值对该地区金融业增加值的影响都比较显著，河北省公路里程、物流业就业人员和铁路营业里程对该地区金融业增加值的影响较弱。

4. 京津冀金融业与物流业灰色关联分析

为保证分析结果的代表性，选取 2009 年至 2017 年京津冀金融业与物流业指标数据，如表 3.39 所示。

表 3.39　2009～2017 年京津冀金融业与物流业指标数据

年份	金融业增加值/亿元	公路里程/万公里	高速公路里程/万公里	铁路营业里程/万公里	物流业增加值/亿元	物流业就业人员/万人	物流业固定资产投资/亿元
2009	2 590.47	18.717 0	0.506 8	0.389 03	2 519.57	87.84	2 172.4
2010	3 052.01	19.024 6	0.618 5	0.386 16	3 043.29	87.60	2 754.9
2011	3 717.91	19.351 0	0.681 5	0.410 63	3 487.27	93.22	2 445.5
2012	4 452.15	19.988 3	0.712 6	0.415 75	3 712.80	96.21	2 969.54
2013	5 316.83	21.189 1	0.762 6	0.427 28	3 891.88	101.17	3 383.58
2014	6 127.66	21.715 9	0.799 5	0.430 70	4 065.22	103.53	3 565.11
2015	7 010.55	22.303 5	0.841 2	0.441 06	4 072.05	104.22	3 549.68
2016	7 795.60	22.719 0	0.872 1	0.449 41	4 155.55	101.57	3 592.00
2017	8 660.59	23.045 8	0.876 1	0.460 20	4 486.68	96.50	3 801.58

对京津冀金融业和物流业进行灰色关联分析时，选定京津冀金融业增加值作

为系统特征行为序列，将六项物流业指标设为相关因素序列，对数据进行初值化处理，得到指标的初值像。表 3.40 为 2009～2017 年京津冀金融业与物流业指标的初值像。

表 3.40　2009～2017 年京津冀金融业与物流业指标的初值像

年份	金融业增加值	公路里程	高速公路里程	铁路营业里程	物流业增加值	物流业就业人员	物流业固定资产投资
2009	1.0000	1.0000	1.0000	1.0000	1.0000	1.0000	1.0000
2010	1.1782	1.0164	1.2204	0.9926	1.2079	0.9973	1.2681
2011	1.4352	1.0339	1.3447	1.0555	1.3841	1.0612	1.1257
2012	1.7187	1.0679	1.4061	1.0687	1.4736	1.0953	1.3669
2013	2.0525	1.1321	1.5047	1.0983	1.5447	1.1518	1.5575
2014	2.3655	1.1602	1.5775	1.1071	1.6135	1.1786	1.6411
2015	2.7063	1.1916	1.6598	1.1337	1.6162	1.1865	1.6340
2016	3.0093	1.2138	1.7208	1.1552	1.6493	1.1563	1.6535
2017	3.3433	1.2313	1.7287	1.1829	1.7807	1.0986	1.7499

计算灰色关联系数时，需要设定分辨系数的值。这里取 ε 值为 0.1，计算两级差后计算历年灰色关联系数，计算结果如表 3.41 所示。

表 3.41　京津冀金融业与物流业灰色关联系数

数据样本	公路里程	高速公路里程	铁路营运里程	物流业增加值	物流业就业人员	物流业固定资产投资
1	1.0000	1.0000	1.0000	1.0000	1.0000	1.0000
2	0.8740	0.9637	0.8581	0.9742	0.8612	0.9258
3	0.7366	0.9254	0.7472	0.9564	0.7501	0.7838
4	0.6330	0.7822	0.6333	0.8208	0.6429	0.7614
5	0.5494	0.6720	0.5405	0.6885	0.5548	0.6940
6	0.4822	0.5875	0.4714	0.5988	0.4860	0.6077
7	0.4256	0.5175	0.4165	0.5073	0.4248	0.5114
8	0.3846	0.4655	0.3771	0.4521	0.3772	0.4529
9	0.3470	0.4101	0.3419	0.4180	0.3333	0.4133

京津冀金融业与物流业指标的灰色关联度可以在一定程度上反映在该地区物流业发展情况对金融业发展前景的影响程度，灰色关联度越大，则二者的相关关系越强。表 3.42 为京津冀金融业与物流业灰色关联度。

表 3.42 京津冀金融业与物流业灰色关联度

物流业指标	关联度
公路里程	0.6036
高速公路里程	0.7027
铁路营业里程	0.5984
物流业增加值	0.7129
物流业就业人员	0.6034
物流业固定资产投资	0.6834

由表 3.42 可得，京津冀金融业增加值与物流指标的灰色关联度值均在 0.5 以上，其中以物流业增加值和高速公路里程这两项指标最具代表性，两项指标与金融业增加值灰色关联度超过 0.7，表明从宏观层面来看，物流业增加值和高速公路里程在很大程度上影响京津冀金融业的发展水平和发展潜力；物流业固定资产投资与金融业增加值的灰色关联度接近 0.7；公路里程、物流业就业人员和铁路营业里程与金融业增加值灰色关联度均为 0.6 左右。

按上述灰色关联度的排序为：物流业增加值>高速公路里程>物流业固定资产投资>公路里程>物流业就业人员>铁路营业里程。由排序结果可得，排在第一位的物流业增加值与金融业增加值的灰色关联度最高，关联度为 0.7129。排在第二位的高速公路里程与金融业增加值的灰色关联度为 0.7027。而排在第三位的物流业固定资产投资与金融业增加值灰色关联度接近 0.7，为 0.6834。而排在第四至第六位的公路里程、物流业就业人员和铁路营业里程与金融业增加值的灰色关联度分别为 0.6036、0.6034 和 0.5984。从以上灰色关联度的排序和数值不难看出，京津冀物流业增加值和高速公路里程对该地区金融业增加值的影响都比较显著，京津冀物流业固定资产投资对该地区金融业增加值的影响略小于上述指标，而京津冀公路里程、物流业就业人员和铁路营业里程对该地区金融业增加值的影响较弱。

3.3 本章小结

本章研究了京津冀物流业与金融业的发展关系。①在分析物流业与金融业联系的基础上，将物流业增加值设为因变量、金融业指标作为自变量，构建物流业与金融业的互动作用模型，分析两业之间的互动作用关系，结果表明，无论是北京市、天津市、河北省还是京津冀，物流业和金融业的发展均存在线性相关性。②选取物流业和金融业的衡量指标，运用灰色关联分析定量分析京津冀金融业发展对物流业发展的影响程度，结果表明：北京市年末贷款余额、年末存款余额、保险收入、金融业增加值、保费支出和金融业城镇就业人口六项指标最具代表性，在很大程度上影响北京市物流业的发展水平和发展潜力；天津市股票市价总值、金融业城镇就业人口、年末存款余额、保费支出、年末贷款余额五项最具代表性，在很大程度上影响天津市物流业的发展水平和发展潜力；河北省金融业城镇就业人口和保险收入两项最具代表性，在很大程度上影响河北省物流业的发展水平和发展潜力；京津冀金融业城镇就业人口、年末存款余额、年末贷款余额和保险收入在很大程度上影响物流业的发展水平和发展潜力，京津冀保费支出、金融业增加值和股票市价总值与京津冀物流业增加值的灰色关联度稍逊，而京津冀金融业固定资产投资与京津冀物流业增加值的灰色关联度低于 0.5，说明京津冀金融业固定资产投资对京津冀物流业的影响甚微。③选取物流业和金融业的衡量指标，运用灰色关联分析法定量分析物流业发展对金融业发展的影响程度，结果表明：北京市物流业增加值指标最具代表性，与北京市金融业增加值灰色关联度超过 0.7，表明北京市物流业增加值在很大程度上影响金融业的发展水平和发展潜力，北京市物流业就业人员和铁路营业里程与北京市金融业增加值的灰色关联度在 0.6 以上，北京市高速公路里程、物流业固定资产投资和公路里程与北京市金融业增加值灰色关联度接近 0.6；天津市金融业增加值与物流业指标的灰色关联度值均在 0.6 以上，其中以物流业增加值指标最具代表性，与金融业增加值灰色关联度值接近 0.7，表明从宏观层面来看，物流业增加值在很大程度上影响天津市金融业的发展水平和发展潜力，高速公路里程、物流业固定资产投资、铁路营业里程与金融业增加值的灰色关联度在 0.64～0.66，物流业就业人员及公路里程与金融业增加值的灰色关联度在 0.61～0.64；河北省金融业增加值与物流指标的灰色关联度均在 0.6 以上，其中以物流业固定资产投资、高速公路里程和物流业增加值三项指标最具代表性，三项指标与金融业增加值灰色关联度超过 0.7，表明河北省物流业固定资产投资、高速公路里程和物流业增加值在很大程度上影响河北省金融业的发展水平和发展潜力，河北省公路里程、物流业就业人员和铁路营业里程与河北省金融业增加值的灰色关联度达到 0.6；京津冀物流业增加值和高速公路里程与金融业增加值灰色关联度超过 0.7，说明其在很大程度上影响京津冀金融业的发展水平和发展潜力，京津冀物流业固定资产投资与金融业增加值的灰色关联度稍逊，京津冀公路里程、物流业就业人员和铁路营业里程与金融业增加值灰色关联度均为 0.6 左右，说明其对京津冀金融业增加值的影响较小。综上所述，京津冀物流业要取得良好的发展，需要金融业的扶持和促进，同样，京津冀金融业的发展也离不开物流业的稳定和繁荣。

第 4 章　京津冀物流业与金融业协同发展实证研究

4.1　京津冀物流业与金融业协同发展的动力机制研究

4.1.1　动力源及动力反馈机制

1. 内部动力源

要想让京津冀的物流业与金融业能长期地、积极地进行协同发展，前提是京津冀的物流业与金融业都能在协同发展中获利，或通过获利方对受损方进行补偿后能获利，这样京津冀物流业与金融业的协同发展才能在自耦作用机制下顺利进行，因此京津冀物流业与金融业协同发展的根本动力在于其物流业与金融业协同发展能够实现利益最大化，即获得协同价值，这是京津冀物流业与金融业协同发展的内部动力。基于系统的层次性，将北京市、天津市、河北省参与京津冀物流业与金融业协同发展的动力界定为内部动力，将中央参与京津冀物流业与金融业协同发展的动力界定为外部动力，只有内部动力不足时，外部动力（中央）才会介入并推动京津冀物流业与金融业协同发展。

1）北京市动力源：物流业与金融业发达，协同发展有助于提升城市竞争力

北京市处于东北亚和东南亚的结合部，位于中国最具发展潜力的三大经济中心之一的环渤海经济圈中心。就北京市的区位而言，可以从两个层次理解：其一，北京市为中国北方交通枢纽、金融业最发达地带的中心城市；其二，作为首都，北京市不仅是中国政治文化中心，同时也是国际交往中心（侯彦全，2016）。

2020 年，北京市物流业生产总值达到 836.5 亿元，全年货运量 26 346.2 万吨，货物周转量 842.7 亿吨公里，全年客运量 36 255.8 万人，旅客周转量 1012.9 亿人公里，年末全市机动车保有量 657 万辆，民用汽车 600.3 万辆。全年完成邮政行

业业务总量 480.2 亿元，邮政业完成邮政函件业务量 1.5 亿件，快递业务量 23.8 亿件。与此同时，北京市金融业生产总值达到 7188 亿元，年末全市金融机构（含外资）本外币存款余额 188 081.6 亿元，全市金融机构（含外资）本外币贷款余额 84 308.8 亿元，全年证券交易额 126 万亿元，全年实现原保险保费收入 2302.9 亿元。①

北京市的物流业与金融业发展迅猛，相较于其他国内城市其物流业与金融业发展水平较高，但其物流业与金融业的协同水平不高，两业的协同发展能够提升物流业与金融业的运行效率，带动北京市其他行业的发展，提升北京市的城市竞争力。

2）天津市动力源：打造先进物流业与金融业协同发展研发基地，核心举措是加快转型升级

参与京津冀物流业与金融业协同发展给天津市经济转型升级带来契机。天津市通过借助北京市高新技术研发能力，推动其战略性新兴产业和高新技术产业的发展，与北京市在高端制造业、金融业、商贸、港口物流业等方面进行对接，推动其产业高端化发展，将天津市打造成先进物流业与金融业协同发展的研发基地，发展经济的同时实现环境的可持续。同时，天津市还可以将其物流业与金融业和北京市、河北省的物流业与金融业融合协同发展，形成产业协同效应，以促进天津市经济的发展（吕剑凤，2018）。

3）河北省的动力源：为自己赢得发展机会，实现借势发展

河北省为自己赢得发展机会。在京津冀地区，河北省物流业与金融业协同发展的程度远不如北京市和天津市。在物流业发展方面，2020 年河北省人均物流业生产总值为北京市的 98%和天津市的 64%，人均快递量分别为北京市的 46%和天津市的 74%；在金融业发展方面，2020 年河北省人均中外金融机构本外币各项存款余额为北京市的 13%和天津市的 44%，人均金融机构（含外资）本外币贷款余额为北京市的 21% 和天津市的 29%。②北京市是我国的首都，占用了很多物流业与金融业相关资源，导致环都城市的物流业与金融业发展缓慢。天津市凭借其区位优势和国家赋予的政策优势，如天津港、滨海新区的先行先试、中国（天津）自由贸易试验区等，实现众多外资大项目和国家级大项目的落地，这些项目很重要的特点是产业链短、不需要区域配套，无法实现产业链的区域内布局，别说带动河北省物流业与金融业的发展，连天津市自身的其他产业都带动不起来。河北省在京津冀地区相对处于劣势地位，很难争取到国家级资源和大项目，又缺乏北

① 引自北京市统计局《北京市 2020 年国民经济和社会发展统计公报》。

② 数据由《北京市 2020 年国民经济和社会发展统计公报》《天津市 2020 年国民经济和社会发展统计公报》《河北省 2020 年国民经济和社会发展统计公报》计算得出。

京市和天津市的主动帮助和带动，因此河北省一直缺乏发展机会，只能依靠自身的资源发展物流业与金融业。

河北省实现借势发展。京津冀物流业与金融业协同发展就是要打破三地原有的“一亩三分地”思维定式，三地在物流业与金融业发展上要学会借势。对于河北省来说，应实施三大战略：一是“除旧布新”，即运用高科技改造传统产业。二是“筑巢引凤”，即承接非首都功能疏解尤其是产业疏解，从而实现与北京市在高新技术产业链对接。三是“借势发展”，即借势地区发展的新增长点，实现京津冀高新技术产业链在河北省布局。

2. 外部动力源

1）中央将京津冀物流业与金融业协同发展上升为国家战略

中央多次就京津冀物流业与金融业的协同发展战略提出部署。2014 年 2 月 26 日，习近平总书记就推进京津冀协同发展发表了重要讲话，京津冀协同发展上升为国家战略[①]。根据《京津冀协同发展规划纲要》，未来京津冀将打造成以首都为核心的世界级城市群、区域整体协同发展改革引领区、全国创新驱动经济增长新引擎和生态修复环境改善示范区。在党中央和国务院的强力推动下、在现行的政绩考核体制下，京津冀三地不得不打破“一亩三分地”的思维定式，令物流业与金融业协同发展。

2）地区环境质量持续恶化，倒逼京津冀物流业与金融业协同发展

地区生态环境持续恶化。大气污染严重，雾霾天气频发，2020 年中国空气最差十城中，京津冀占据四席[②]。与此同时，京津冀三地水资源非常匮乏，2019 年，北京市水资源总量为 24.56 亿立方米，2019 年全市总供水量为 41.7 亿立方米，人均综合用水量 114 立方米[③]；天津市水资源总量为 8.09 亿立方米，总供水量 28.45 亿立方米，人均综合用水量 183 立方米[④]；河北省全省水资源总量 113.50 亿立方米，总用水量为 182.29 亿立方米，人均综合用水量 240.69 立方米[⑤]；全国水资源总量 29 041.0 亿立方米，供水总量和用水总量均为 6021.2 亿立方米，人均综合用水量 431 立方米[⑥]；即北京市、天津市、河北省人均综合用水量是全国人均综合用水量的 26%、42%、56%，大大低于国际公认的 500 立方米极度缺水警戒线。地

① 《深入贯彻习近平总书记“2 · 26”重要讲话精神 落实重大国家战略深入推进京津冀协同发展》，http://cpc.people.com.cn/n1/2017/0225/c117005-29107482.html[2022-03-02]。

② 引自环境资源部 2020 年 12 月和 1 月至 12 月全国地表水、环境空气质量状况通报。

③ 北京市水务局 2019 年度《北京市水资源公报》。

④ 天津市水务局《2019 年天津市水资源公报》。

⑤ 河北省水利厅《2019 年河北省水资源公报》。

⑥ 中华人民共和国水利部《2019 年中国水资源公报》。

区环境质量持续恶化，倒逼三地改变原有的各自为政的发展模式，实现京津冀物流业与金融业协同发展。

3. 动力因素

对于京津冀物流业与金融业协同发展而言，从区位优势上看，京津冀处于以首都为核心的城市群；从交通运输状况看，京津冀地区实现交通一体化，航空、海运、公路、轨道形成海陆空网络式全覆盖；京津冀地区拥有 640 公里渤海海岸线，向北涉及东三省和内蒙古，向东南联结山东和华中地区乃至俄日韩，辐射范围就是渤海大湾区；从产业结构上看，京津冀物流业、金融业、制造业等产业具有区域空间差异性、同质化等特点，空间上发达地区和欠发达落后地区并存，不利于当地物流业与金融业的协同发展，但有助于掌握京津冀物流业与金融业协同发展的实际情况，选择适合京津冀物流业与金融业协同发展的模式，实现京津冀物流业与金融业的协同发展；为达到京津冀物流业与金融业协同发展的目标，不仅需要疏解首都非核心功能，整合地区优势资源，积极推进物流业与金融业相关产业的发展，激发京津冀物流业与金融业协同发展的驱动力，还需要京津冀政府积极推进中心城市的产业升级，在跨行政区的基础上，使京津冀政府、企业的资源配置和人才技术要素流动具有更持久的动力（孙伟岑，2019）。

1）政府管制放松

整合京津冀港口、航海、航空交通产业，大力发展京津冀金融业，是京津冀物流业与金融业协同发展的内在要求，是城市群通过物流业与金融业协同发展来提高地区经济总量的要求，更是促进京津冀物流业与金融业协同发展的极好途径。政府是促进物流业与金融业协同发展的导向性行动主体和形成外源动力机制的重要因素，政府要根据物流业与金融业协同发展的需要，调整角色定位，提供优良的发展环境和社会公共服务（葛馨童，2020）。

京津冀物流业与金融业协同发展首先要打破跨行政区的行政壁垒，制定目标一致、标准规范统一的京津冀物流业与金融业协同发展政策，为京津冀物流业与金融业协同发展提供产业政策、财税政策的扶持，促进合作、协同发展；健全现代化城市管理制度，创造良好的交通、通信基础设施条件；完善社会化服务体系、政府服务，提高开放程度，提供政务服务，建立信息平台、融资平台，举办具有影响力的会展，提供法律法规、国际规则方面的服务，畅通企业及产品打入国际市场的通道。构建集群良好的外部环境，驱动京津冀物流业与金融业的协同发展。根据资源禀赋，放松政府管制，打破垄断，引入战略伙伴，促成物流业与金融业的协同发展。

2）技术创新与扩散

技术创新是京津冀物流业与金融业协同发展的主要内生动力，京津冀物流业与金融业协同发展具有雄厚的科技实力和人力资本，同时聚集着众多的国内乃至世界知名高校和科研中心。如北京市京东智能物流中心、天津市科技金融中心等，以科技创新和技术扩散为京津冀物流业与金融业协同发展的动力，整合优势、分工合作，将京津冀物流业与金融业协同发展的影响力扩大到全国，甚至全世界。一是发挥城市群空间联动效应，加大北京市有关物流业与金融业的高科技输出与知识外溢，把知识从研发领域传导到生产领域，转化落地为生产力。根据市场要求制定专利保护制度，保护个人、企业知识产权。二是增加关于京津冀物流业与金融业协同发展的研发投入，激发科技创新动能，开发具有自主知识产权的专利技术。三是政府调整普通高等教育与职业教育的配比结构，加大对物流业与金融业从业人员的提升教育与培训。四是实现京津冀物流业与金融业协同发展的科技研发，融学、研、用于一体，通过高校院所的研发中心、企业研发中心、实验室、生产基地–生产技术员、市场消费等路径，建立企业联盟，促成物流业与金融业的产业协同、企业协同、技术协同、产品协同，完成科技知识的扩散。京津冀高校院所与物流业和金融业通过技术创新与扩散，加强合作，通过院校所企促进技术创新、产品创新、产业升级转型，发展新产业。企业利用高校院所科研实力雄厚、实验室设备先进利于研发产品测试的优势，整合资源，降低研发成本，提高科技创新与研发能力；高校将在物流业与金融业从业人员培训教育中纳入联合办学方式；为企业培养未来专业型、复合型人才。通过技术协同，实现物流业与金融业间的产业协同，形成共同技术基础，优化产业结构，形成独有竞争力，占领世界技术与产品高地，取得绝对优势（王林辉等，2016）。

3）协同效应

协同效应简单地说，就是“1+1>2”的效应（张帆，2021）。京津冀物流业与金融业协同发展所产生的协同效应表现在三个层面：行政区政府间的协同、物流业与金融业产业间的协同、物流业与金融业产业间企业主体的协同效应。京津冀政府间物流业与金融业的协同发展效应推进了京津冀的一体化进程，从建立物流业与金融业协同发展的框架协议和制度体系建设着手，打破京津冀行政壁垒。从根本上解决各自为政的障碍，实现京津冀政府间关于推进京津冀物流业与金融业协同发展的认知协同，提供完善的社会事业服务，打造资源、要素的共享平台，制定城市群内中小城市主体目标一致的互惠共赢共同政策，形成区域空间有序竞争局面，帮助城市群中物流业与金融业相关企业降低成本、增收增效。在承接北京市非首都功能产业的基础上，京津冀及各城市单元，从资源禀赋出发，空间合作、密切分工、统一规划有助于京津冀物流业与金融业协同发展的产业园区建设，避免重复建设，实现错位发展和协调发展。京津冀物流业与金融业在协同发展过程中，优势互补，促成物流业与金融业产业的渗透、交叉与重组，形成分工明确的产业集团公司，使京津冀物流业与金融业生产经营协同化，实现规模效益。

4. 动力反馈机制

根据自耦原理建立的动力驱动机制主要包括效用分析和偏差分析两部分内容（姚慧等，2015），其主体功能是对京津冀物流业与金融业协同发展活动的效用进行分析，当效用与预期出现偏差时对偏差原因进行分析，将分析结果反馈给发展主体，为发展主体进一步参与京津冀物流业与金融业协同发展活动提供决策依据，由此，动力驱动机制也可以理解为主要针对京津冀物流业与金融业协同发展动力方面的反馈机制。在京津冀物流业与金融业协同发展活动中，可以将京津冀物流业与金融业协同发展的主体分为京津冀三地的政府、企业和居民个人。在居民个人方面，参与京津冀物流业与金融业协同发展活动是期望提高收入水平和生活质量，其效用评估较为简单，由居民个人自我掌握、自我评估完成；在企业方面，参与京津冀物流业与金融业协同发展活动是期望通过增加企业收入、减少企业成本，实现利润最大化，其效用结果和偏差分析由企业各部门自主完成，形成分析报告，上报董事会等决策层，实现自我反馈；动力驱动机制的作用主要表现在京津冀三地政府方面，三地政府参与京津冀物流业与金融业协同发展是为了增加就业，增加税收收入，提高政府绩效，实现经济社会健康稳定发展，京津冀三地政府参与协同发展的效果评估和偏差分析，有专门的政府机构如发展和改革委员会等进行分析和研究，并且有高校和研究机构等智库课题研究的参与，根据反馈，可以实现制度的自我完善。

4.1.2　政策引导方面的动力生成机制

京津冀物流业与金融业协同发展动力生成机制中的政策引导是通过政策鼓励的方式改变不合理的京津冀地区物流业与金融业协同发展分配机制，使得地区发展的利益实现更合理的分配，将北京市物流业与金融业发展的部分利益转移给天津市和河北省，增加天津市和河北省利益的同时，减少北京市过多利益追求所产生的高额社会和环境成本，实现京津冀物流业与金融业协同发展的价值（吴欣欣，2019）。

1. 要素市场建设一体化方面的政策引导

一是推动京津冀地区物流业与金融业人力资源市场一体化政策不断落实完善。京津冀物流业与金融业市场的协同发展是要形成统一开放、竞争有序的市场体系，实现商品和要素的自由流动。当前，京津冀物流业与金融业市场的协同发展面临的难题是如何实现要素市场的一体化。根据役使原理，在经济发展要素中人力资源要素相较于资本要素和技术要素，显然属于起决定作用的慢变量，在要素市场一体化的过程中较难完成却又至关重要。因此在要素市场一体化建设中，就需要尽快地推动京津冀地区物流业与金融业人力资源市场的一体化建设。当前，京津冀三地政府充分意识到这一问题的重要性，京津冀三省市的人力资源和社会保障部门分别签署了《京津冀公共人才服务协同发展合作协议》《推动人力资源和社会保障工作协同发展合作协议》，并且就互认人力资源市场物流业与金融业从业人员的资格证书一事，三地人力资源和社会保障局进行了协商沟通并达成了共识，促进了京津冀物流业与金融业的协同发展。

二是推动京津冀地区金融业市场一体化政策需要深化落实。金融业市场一体化建设能够为企业的跨区域投资提供资金的支持和便利，对京津冀物流业与金融业的协同发展至关重要。早在几年前，京津冀三地就对金融业一体化有所谋划，出台了一些指导性的政策。例如，2008 年 4 月北京市发布了《关于促进首都金融业发展的意见》（以下简称《意见》），《意见》提出，要建立京津冀金融业合作机制，为金融业机构跨区域发展提供服务；《河北省国民经济和社会发展第十二个五年规划纲要》明确提出了推进京津冀金融业一体化进程，打造地区金融业合作共同体的规划。当前，在京津冀物流业与金融业协同发展与金融业一体化建设的大背景下，很多银行开始探索京津冀地区的金融业投资、支付清算、异地存储、信用担保等业务同城化，显著降低跨行政区金融业的交易成本（高晓燕，2020）。

2. 交通一体化方面的政策引导

一是推动京津冀交通一体化的政策不断完善。首先，《京津冀协同发展规划纲要》将推动交通一体化发展作为要率先取得突破的重点领域，对京津冀交通一体化发展做了较为全面的规划。在地区交通网络的构建方面，提出建设高效密集轨道交通、完善便捷通畅公路交通网、构建现代化的津冀港口群，打造国际一流的航空枢纽，构建以轨道交通为骨干的多节点、网络化、全覆盖的交通网络。还提出了发展公交优先的城市交通、提升交通智能化管理水平、提升区域一体化运输服务水平、发展安全绿色可持续交通，并给出了较明确的发展措施，具有积极的引领指导作用。其次，2015 年 12 月，《京津冀协同发展交通一体化规划》出台，对未来京津冀交通进行了总体布局，明确了交通一体化的主要任务，构建“四纵四横一环”主骨架。最后，2020 年 3 月，国家发改委发布了《北京市通州区与河北省三河、大厂、香河三县市协同发展规划》，提出共建高效一体的综合交通网络，构建快速公交通道，完善“北三县”与北京市中心城区的快速公交网络，提升跨界公交运行效率，破解跨界交通拥堵严重问题。

二是推动京津冀政府制定较为完善的政策，鼓励社会资金投入，引导投入方向。目前，京津冀交通一体化建设主要依靠政府投资，社会资金参与跨区域交通基础设施建设的政策尚未出台。2015 年，京津冀三地继续加大对交通领域的投资力度，在一批重点项目建设带动下，京津冀基础设施投资实现较快增长。2017 年，北京市完成基础设施投资 2984.2 亿元、天津市为 5340 亿元，河北省投资最多，为 8232.7 亿元，京津冀三地区的基础设施投资力度很大。但是，这些投资多是依靠政府投资，没有充分地利用社会投资。要增加社会在基础设施方面的投资，就需要政府制定较为完善的政策，鼓励社会资金投入，引导投入方向。当前，京津冀三地政府都出台了有关政府与社会资金合作的政策规划，如河北省于 2014 年 12 月发布的《河北省人民政府关于推广政府和社会资本合作（PPP）模式的实施意见》，天津市于 2015 年 5 月发布的《天津市推进政府和社会资本合作指导意见》，北京市于 2015 年 3 月发布的《北京市人民政府关于创新重点领域投融资机制鼓励社会投资的实施意见》和 2015 年 11 月发布的《北京市人民政府办公厅关于在公共服务领域推广政府和社会资本合作模式的实施意见》等。

4.2　京津冀物流业与金融业协同发展的保障机制研究

4.2.1　信息传导机制

1. 现有信息共享平台缺乏整合

构建基于第三方的信息传导模式，离不开信息共享平台的建设。随着京津冀物流业与金融业协同发展的不断推进，众多的信息平台纷纷亮相，如京津冀企信平台、京津冀技术交易平台、京津冀旅游投融资服务平台及京津冀信息网、京津冀招商网等网络信息平台。这些信息共享平台大多是由企业单独建立或科研机构与企业共同建设而成，虽然平台多种多样，但是平台设立的目的是获利，主体功能都是为繁荣市场经济服务。在市场经济方面，在市场机制的作用下，依靠企业的力量，构建各类促进市场经济健康运行的信息共享平台，符合市场运行规律。与此相比，由政府设立的信息共享平台，如京津冀三地都拥有本地区的人才就业信息网，其目的是服务于就业，对促进物流业与金融业人才的就业和招聘等方面的作用较大。但同时随着京津冀物流业与金融业协同发展进程的加快，这些信息平台存在信息分散、信息混乱的现象。要改变这一局面，需要由政府出面，出台相应的法律法规规范信息平台建设，设立统一标准对相关信息平台进行整合，便于平台的管理，保证平台信息的传递和反馈作用的有效发挥（王爽，2017）。

2. 现有信息共享平台功能发挥不足

建设信息共享平台，不仅是为了通过收集信息，对信息进行检测和整合，然后传递给信息使用者，还要将信息的使用情况反馈回来，以保证信息共享平台的进一步完善和发展。同时将对一些社会问题的有效反馈，整理成报告，反馈给政策制定者，为决策者服务。当前的信息共享平台在信息反馈方面效果不显著。根据《京津冀协同发展规划纲要》的要求，在经济发展、社会和谐和生态环境保护领域，就物流业与金融业的产业协同发展、就业情况、医疗教育水平和环境污染治理情况制定详细的测评指标，由各地区的统计、环保等相关部门做相应的数据收集工作，将收集的数据交由研究京津冀物流业与金融业协同发展的机构做测评，评估物流业与金融业协同发展活动对三地经济社会发展水平的影响，并与目标期望相比较，寻找出现偏差的原因，制成报告，并将报告提交政策制定部门，形成反馈作用。

4.2.2 组织协调机制

1. 组织协调机构不断完善

京津冀三地在地域范围上是一个区域整体，但三地隶属于不同的行政单位管辖，这就使得在京津冀物流业与金融业协同发展的过程中其内部的自行协调难度较大。京津冀在未来的发展过程中将会涉及跨区域治理的一系列问题，如物流业与金融业的产业空间布局不合理问题，跨区域空气污染联合治理问题，水资源利用与污染防治问题等（文魁和祝尔娟，2015）。2015～2018 年张高丽副总理多次主持召开京津冀协同发展领导小组会议、专题会议，指导了《京津冀协同发展规划纲要》的制定，充分发挥了顶层设计的作用。完整的组织协调机构体系，不仅包括决策层，还包括咨询参谋层、执行层和仲裁层。当前京津冀决策层及执行层已经非常完善，主要问题在于咨询参谋层需进一步完善、仲裁层尚未设立。咨询参谋层虽有京津冀物流业与金融业协同发展的专家和许多高校、研究院等智库的加入，但目前缺乏行之有效的物流业与金融业协调机制，并且尚未成立常设性的京津冀物流业与金融业协同发展研究院。仲裁层是为解决协同发展中的矛盾而设立的，需要中央的支持。

2. 法律法规及规划陆续出台

在物流业方面，2015 年 6 月，中共中央、国务院印发实施了《京津冀协同发展规划纲要》，该文件对京津冀物流业与金融业协同发展起到了纲领性的指导作用。随后 2015 年 12 月《京津冀协同发展交通一体化规划》出台，推动京津冀交通一体化的进程。2017 年 3 月，国家邮政局编制了《京津冀地区快递服务发展“十三五”规划》，指出建立协同监管机制推动京津冀地区物流业与金融业的协同发展。

在金融业方面，2019 年 12 月，习近平总书记在《求是》杂志发表重要文章，强调“要从多方面健全区域协调发展新机制，抓紧实施有关政策措施”①。随着我国经济体制改革的不断完善，区域经济协同发展已经提上经济发展日程。金融协同对区域经济发展具有重要推动作用，通过金融协同实现区域经济高质量发展具有重要意义。京津冀地区作为长江经济带和珠江经济带之后我国经济发展的第三增长极，在协同发展中离不开金融业的强力支持。为推动京津冀地区一体化建设，发挥物流业与金融业协同对区域协同发展的支持作用，2012 年以来，三地政府签署了一系列合作框架协议，如《天津市河北省深化经济与社会发展合作框架协议》（2013 年）、《北京市-河北省 2013 至 2015 年合作框架协议》（2013 年）、《贯彻落实京津冀协同发展重大国家战略推进实施重点工作协议》（2014 年）、《京津冀三地金融局（办）合作框架协议》（2018 年）和《推进京津冀协同发展 2018—2020 年行动计划》（2018 年），这一系列合作协议从金融业市场资源共享、金融业科技创新、信用体系统一、后台服务平台构建、金融业风险防范等方面进一步规范了京津冀地区的区域协同措施，为京津冀地区物流业和金融业协同发展提供了有力保障。

在人力方面，随着京津冀三地政府对物流业与金融业协同发展认识不断加强，就一些跨区域治理问题上进行过多次协商和互访，并达成了共识，法律法规体系建设不断完善，如推动京津冀人力资源市场一体化建设的《京津冀公共人才服务协同发展合作协议》《推动人力资源和社会保障工作协同发展合作协议》等方面的政策。

4.2.3　利益保障机制

1. 生态补偿机制雏形已现，但生态资源价值化任重道远

由于京津冀物流业与金融业的协同发展在一定程度上会对生态环境造成破坏，近年来，京津冀三地不断对生态补偿机制的构建进行尝试，特别是针对水资源的生态补偿机制不断完善。自 2006 年北京每年安排落实 2000 万元生态补偿专项基金，主要用于承德市滦平县和丰宁县的水资源保护项目。自 2008 年 4 月起，河北省运用财政和环保两个手段，率先在子牙河水系实施跨界断面水质目标考核生态补偿机制，即“河流水质超标，扣缴上游财政资金，补偿下游地区损失”。自 2009 年 4 月起，河北省政府在全省七大水系 56 条主要河流实行跨界断面水质目

① 《习近平：推动形成优势互补高质量发展的区域经济布局》，http://www.gov.cn/xinwen/2019-12/15/content_5461353.htm[2022-02-28]。

标考核生态补偿金扣缴政策。2014 年以来关于跨界流域生态补偿机制屡有突破，特别是 2016 年 1 月出台的《天津水污染防治条例》，推动天津市与河北省建立引滦水环境补偿机制，促进水污染治理，保障水环境质量。2021 年 4 月，水利部更是印发了《京津冀水资源专项执法行动工作方案》，依法整治取用水突出问题。

生态补偿机制雏形显现，但是我们也意识到当前的一些生态补偿机制并没有在制度上得以确立，其补偿金额和补偿标准具有随意性，无法保障生态补偿机制可持续地发挥作用，同时仅仅通过生态补偿无法实现生态涵养区的物流业与金融业协同发展，生态资源的价值化，即生态资本化，才是解决生态涵养区物流业与金融业协同发展的根本出路，可以将生态涵养区的树木吸收二氧化碳量和释放氧气量折算为生态资产，在生态交易市场上进行交易，通过市场机制作用来保证生态涵养区的经济利益。但是在京津冀地区，有关生态资本化的政策尚未开始制定实施，实现生态资源价值化的生态补偿之路任重而道远（潘加军和刘焕明，2019）。

2. 利益分享机制不断完善，成本分摊机制尚未落实

在利益分享机制方面，2014 年 10 月京津冀三地在廊坊市签署了《京津冀协同发展税收合作框架协议》，根据协议三地将建立税收利益协调机制。协议提出，明确各方要积极参与京津冀物流业与金融业协同发展的税收合作，协调区域税收利益，全面优化三地税收征管、税收执法、纳税服务、税收科研等方面合作。要统一执行口径和管理标准，建立三地互认的政策管理制度，统筹税收政策措施等。2015 年 6 月，财政部和国家税务总局印发了《京津冀协同发展产业转移对接企业税收收入分享办法》，在税收横向分配方面迈出了重要一步，但在实际执行过程中该政策划分方法过于简单，未充分考虑具体产业的特点。2020 年 12 月，国家税务总局北京市税务局、天津市税务局、河北省税务局印发了《京津冀办税事项“最多跑一次”清单》的通知，进一步提升了从事物流业与金融业工作纳税人与缴费人的办税便利度，持续优化物流业与金融业协同发展的税收营商环境。2021 年 6 月，国家税务总局北京市税务局、天津市税务局、河北省税务局联合印发了《关于税收支持和服务京津冀协同发展便利化举措的通知》，进一步促进了京津冀物流业与金融业的协同发展。

在成本分摊机制方面，由于尚未形成京津冀物流业与金融业协同发展的基础设施投融资机制，当前在基础设施建设方面，主要采用就具体项目投资进行协商的方式。京津冀地区尚未建立横向成本分摊机制，如为保障物流业与金融业间的产业协同而需要在承接地进行基础设施建设的成本分摊机制，以及大型的、跨行政区的公共基础设施建设也没有相应的公共建设资金来源及相应的成本分摊机制（徐妍，2018）。

4.3　京津冀物流业与金融业耦合协调研究

4.3.1　物流业与金融业耦合协调度评价模型

1. 物流业与金融业评价指标体系构建

1）评价指标体系构建原则

评价指标体系是由表征评价对象的各方面特性及相互多个指标所构成的具有内在结构的有机整体。构建一个科学而完整的评价指标体系是分析物流业发展与金融业发展耦合协调的保证和基础。选取系统评价指标时，应力求评价指标能够反映二者整体耦合关系，本节将遵循以下几个原则来构建物流业与金融业耦合发展评价指标体系。

A. 科学性原则

为了从整体把握物流业与金融业耦合协调程度，指标体系必须遵循科学性原则，全面理解和分析区域物流业与金融业发展情况，依据相关理论来构建指标体系框架，以保证评价体系的严谨性、科学性和合理性，从而能切实反映所研究区域的物流业与金融业的状况与问题。同时各指标数据来源要确切，处理方法要客观科学，体系结构要合理。

B. 可行性原则

如果构建的指标可行性不强，在后续研究中可能会造成诸多不便。因此，一方面，要考虑物流业与金融业发展的演变性，选取的指标要具有社会发展的时代性，同时又要具有时序和空间的可对比性；另一方面，要考虑指标数据可获得性，尽量选取国家及地方相关部门公布的统计指标进行量化和研究。由于不同地区的经济发展条件、人文基础和自然资源禀赋具有差异，因此指标选取应以评价内容为基础，选取能反映物流业和金融业发展情况且北京市、天津市和河北省共同拥有的统计指标。

C. 全面性原则

物流业与金融业都是一定社会发展条件的产物，是人口、社会经济、产业结构、制度政策等诸多因素综合作用的结果，物流业与金融业耦合协调评价指标更为复杂。因此，构建的评价指标体系应全面系统地反映物流业与金融业两个产业所包含的要素，同时，各要素之间的相互关系也是构建指标体系时需要考虑的。

D. 层次性原则

物流业与金融业的构成要素较多，因此，指标体系应具有层次性，应按照其层次的高低和作用的大小进行细分，从目标层到下一层，层层深入，形成一个评价系统。这样可以较好地反映出指标体系的内在关联性及每个指标对物流业与金融业耦合协调性的贡献程度，有利于对物流业与金融业的耦合协调程度展开综合评价。

2）评价指标体系构建

孙寿亮（2008）从基础性、规模性、促进性和保障性 4 个方面分别设置 3 级物流业指标，其中物流业基础性指标包括交通运输固定资产投入、铁路里程数、公路里程数、水运里程数、航空里程数和管道里程数；规模性指标包括交通运输业产值、货运量、货运周转量和交通运输业增加值；促进性指标包括国民收入及其增长率、人均国民收入及其增长率、国民生产总值及其增长率、总固定资产投入和第三产业增加值；保障性指标包括物流从业人员、物流发展政策、物流环境条件和三废综合利用产品产值率等指标。从盈利性、流动性、安全性和发展性 4 个方面分别设置 3 级金融业指标，其中，金融业盈利性指标包括收入利润率和资产使用率；金融业流动性指标包括存贷比和现金资产比例；金融业安全性指标包括资本充足率和不良贷款率；金融业发展性指标包括金融业增加值、货币供应量和现金资产。郑寒秀（2017）为分析福建省制造业、物流业、金融业各自发展的有序度和三业发展的协同度，把物流业和金融业指标分为规模性指标、经营性指标和基础性指标 3 类。其中，物流业规模性指标包括物流业业务收入、快递业务量及沿海港口货物吞吐量；物流业经营性指标包含社会物流总费用、物流业增加值及货物周转量；物流业基础性指标用物流固定资产投资额来体现。金融业规模性指标包括金融机构营业网点资产总额、金融机构营业网点机构数；金融业经营性指标包含金融业增加值、金融服务消费支出、各项存款、各项贷款；金融业基础性指标用金融业固定资产投资额来体现。唐建荣和姜翠芸（2017）从经营性、规模性和发展性 3 个方面选择指标衡量物流子系统的发展，具体包括铁路营业里程、公路里程、民用汽车拥有量、仓储及邮政业城镇单位就业人数、仓储和邮政业城镇单位就业人员平均工资、旅客周转量、货运量、货物周转量、邮电业务总量、仓储和邮政业增加值、仓储和邮政业固定资产投资、仓储和邮政业增加值占地区生产总值比重、仓储和邮政业增加值占第三产业比重、仓储及邮政业城镇单位就业人员占全省城镇单位就业人员比重共 14 个指标。从经营性、规模性和发展性 3 个方面选择序参量衡量金融子系统的发展，具体包括年末存款余额、年末贷款余额、原保险保费收入、原保险保费支出、金融业城镇单位就业人数、金融业城镇单位就业人员平均工资、金融相关率、保险深度、金融业增加值、金融业固定资产投资、金融业增加值占 GDP 比重、金融业增加值占第三产业比重、金融业城镇单位就业人员占全省城镇单位就业人员比重这 13 个指标。储雪俭和钱赛楠（2019）从规模、效率与结构 3 个方面构建了物流业与金融业两个子系统的指标体系。对于物流子系统，物流业的规模主要选取物流业的就业人口数量、产值和货物运输量来衡量；物流业的效率主要选取物流业的投入产出比、人均产值和货物周转量来衡量；物流业的结构选取铁路营业里程、公路里程和内河航道里程来衡量。对于金融子系统，金融业的规模主要选取金融业就业人口数量、产值和社会融资规模来衡量；金融业的效率主要选取存贷比、金融业的投入产出比和人均产值来衡量；金融业的结构则选取股票市场总市值与银行贷款的比值和股票市场总市值与银行存款的比值来衡量。

本节在遵循指标体系的构建原则基础上，根据现有文献资料确定的评价指标且考虑到京津冀地区发展的实际情况，从经营性指标、规模性指标和发展性指标 3 个方面分别构建物流业子系统和金融业子系统的评价指标体系。其中，物流业子系统的经营性指标，规模性指标和发展性指标分别为铁路营业里程 W1、公路里程 W2，物流业就业人员 W3、物流业就业人员平均工资 W4、货运量 W5、货物周转量 W6，物流业增加值 W7、物流业固定资产投资 W8、物流业增加值占地区生产总值比率 W9、物流业增加值占第三产业比率 W10 和物流业就业人员占地区就业人员比率 W11 等 11 个指标；金融业子系统的经营性指标，规模性指标和发展性指标分别为年末金融机构存款余额 J1、年末金融机构贷款余额 J2、原保险保费收入 J3、原保险保费支出 J4，金融业就业人员 J5、金融业就业人员平均工资 J6、金融相关率 J7、保险深度 J8，金融业增加值 J9、金融业固定资产投资 J10、金融业增加值占地区生产总值比率 J11、金融业增加值占第三产业比率 J12 和金融业就业人员占地区就业人员比率 J13 等 13 个指标，具体见表 4.1。

表 4.1　京津冀物流业与金融业评价指标体系

目标层	系统层	分类层	指标层	指标单位
物流业与金融业评价体系	物流业子系统	经营性指标	铁路营业里程 W1	公里
			公路里程 W2	公里
		规模性指标	物流业就业人员 W3	万人
			物流业就业人员平均工资 W4	元
			货运量 W5	万吨
			货物周转量 W6	亿吨公里
		发展性指标	物流业增加值 W7	亿元
			物流业固定资产投资 W8	亿元
			物流业增加值占地区生产总值比率 W9	
			物流业增加值占第三产业比率 W10	
			物流业就业人员占地区就业人员比率 W11	

续表

目标层	系统层	分类层	指标层	指标单位
物流业与金融业评价体系	金融业子系统	经营性指标	年末金融机构存款余额 J1	亿元
			年末金融机构贷款余额 J2	亿元
			原保险保费收入 J3	亿元
			原保险保费支出 J4	亿元
		规模性指标	金融业就业人员 J5	万人
			金融业就业人员平均工资 J6	元
			金融相关率 J7	
			保险深度 J8	
		发展性指标	金融业增加值 J9	亿元
			金融业固定资产投资 J10	亿元
			金融业增加值占地区生产总值比率 J11	
			金融业增加值占第三产业比率 J12	
			金融业就业人员占地区就业人员比率 J13	

2. 基于熵权法的评价指标权重确定

确定指标权重是指标体系定量评价的重要步骤，直接影响到评价结果的合理性。现有指标赋权方法主要分为主观赋权法和客观赋权法两类。主观赋权法主要包括主观经验判别法、专家征询法、层次分析法等，其优点在于能够体现决策者的经验判断，确定的权重比较符合实际情况；缺点是它仅能实现对评价指标重要程度主观上的判断，具有较大的主观随意性。客观赋权法主要包括主成分分析法、变异系数法、熵权法、局部变权法等，其优点是能有效传递评价指标的数据信息与差别，评价过程比较透明；缺点是仅依赖于数据，忽略了决策者的经验与知识，而且有时会出现权重系数不合理的现象。综合考虑各种方法的优势利弊，本节采用熵权法定量评价物流业与金融业评价指标的权重。

熵的概念是由德国物理学家克劳修斯提出的，它是对系统无序程度的度量。熵权是指某项指标的权重，熵权法是根据指标样本数据观测值的大小和相互间的差异程度来计算指标权重的。某项指标的样本观测值之间的差异越小，证明该项指标向决策者提供的信息量越小，该指标就越无序，熵值就越大，熵权也就越小；当指标的样本数据观测值完全一致时，熵值达到最大，表明该指标未向决策者提供任何有用的信息，熵权达到最小值；反之，如果指标样本数据观测值之间的差异很大，证明该项指标向决策者提供了有用的信息，指标就越有序，熵值就越小，熵权也就越大。熵权法的优点是完全依靠指标的样本观测值自身的信息来判断指标的有效性和重要性，不受人为因素的干扰，可以依据客观实际对系统做出客观、公正的评价。

1）熵权法国内研究现状

邱陆旸等（2016）针对南方红壤区林下水土流失的特征，以浙江省瓯江流域源头区为研究区域，选择 5 种主要林地类型的林下土壤为评价对象，在系统采集土壤样品和多指标测试分析计算的基础上，建立了包含 11 项指标的评价体系，应用熵权法计算了各评价指标的权重，最后综合研究了试验区内不同林地林下土壤的抗蚀性差异和主要影响因素。董战峰等（2016）将熵权法引入环境绩效评估，构建了中国省级环境绩效评估系统框架和评估指标体系，以 2009 年为评估基准年，系统研究分析了中国 30 个省区市的环境绩效指数特征。刘倩倩和陈岩（2016）根据水资源脆弱性的表现形式及成因，设置了水量、水质、洪涝灾害、旱灾 4 个一级指标，自然因素、人为因素、承载因素 3 个二级指标，分级构建了水资源脆弱性评价指标体系，在线性加权法的基础上利用熵权法构建了水资源脆弱性评价模型。邓红雷等（2017）针对当前多种气象灾害对架空输电线路的共同影响研究的不足，提出基于层次分析–熵权组合方法综合评估各气象灾害对架空输电线路的影响程度，通过层次分析法确定主观权重，以熵权法确定客观权重，主客观相结合，并利用最小二乘法组合优化，确定各风险权重。

张欣莹等（2017）从水资源、社会经济和节水潜力三个方面构建了包含 12 项指标的节水型社会区域类型评价体系，采用熵权法计算区域类型评价指标的权重向量，通过模糊综合评价法计算出不同区域在水资源条件、社会经济条件、节水潜力大小等方面的评价值，进而得到相应的节水型社会建设区域类型。黄速建等（2017）构建出我国不同所有制工业企业综合效率的评价指标体系，并结合熵权法和灰色关联分析对 2001～2014 年我国不同类型工业企业的综合效率指数进行分析。结果表明，我国不同所有制类型工业企业综合效率虽有交替起伏波动，但整体上工业企业综合效率呈现上升的趋势。于涛等（2017）在分析东北航道通航状况及北极资源的基础上，结合我国天然气供需状况，对通航北极东北航道和通航传统航道运输液化天然气的船舶经济效益进行比较，选择船舶营运指标、船舶经济指标、船舶投资指标构建船舶经济效益综合评价指标体系，通过熵权法对评价指标赋权，建立基于熵权法的液化天然气船舶经济效益评价模型。郑小荣等（2018）利用熵权法对 2004～2014 年全国 26 个省区市共 138 个地级行政单元审计结果公告的信息质量进行分析，研究表明，中国审计结果公告的信息含量普遍较低且审计结果类型和地区上存在明显的差异，并具有政治周期性和数量相关性。

2）熵权法确定指标权重计算过程

（1）假设有 a 个待评价年份、b 个发展指标，构建 a 行 b 列矩阵 $X=(x_{ij})_{a\times b}$，

其中，x_{ij} 表示第 i 年第 j 个指标（ $i=1,2,\cdots,a$ ； $j=1,2,\cdots,b$ ）。

（2）将矩阵 X 中的指标作归一化处理，消除指标量纲差异的影响。

越大越好的指标，其归一化公式为

$$u_{ij}=\frac{x_{ij}-\min\left\{x_{1j},\cdots,x_{aj}\right\}}{\max\left\{x_{ij},\cdots,x_{aj}\right\}-\min\left\{x_{ij},\cdots,x_{aj}\right\}} \quad (4.1)$$

越小越好的指标，其归一化公式为

$$u_{ij}=\frac{\max\left\{x_{1j},\cdots,x_{aj}\right\}-x_{ij}}{\max\left\{x_{ij},\cdots,x_{aj}\right\}-\min\left\{x_{ij},\cdots,x_{aj}\right\}} \quad (4.2)$$

得到归一化后的矩阵 $U=\left(u_{ij}\right)_{a\times b}$ 。

（3）计算各指标中不同年份数据所占比重 P_{ij}（ $i=1,2,\cdots,a$ ； $j=1,2,\cdots,b$ ）：

$$P_{ij}=\frac{u_{ij}}{\sum_{i=1}^{a}u_{ij}} \quad (4.3)$$

（4）计算各指标的熵值 E_j（ $j=1,2,\cdots,b$ ）：

$$E_j=-\frac{1}{\ln a}\sum_{i=1}^{a}P_{ij}\ln P_{ij} \quad (4.4)$$

（5）确定各指标权重 W_j，W_j 代表第 j 个指标的权重（ $j=1,2,\cdots,b$ ）

$$W_j=\frac{1-E_j}{n-\sum_{j=1}^{b}E_j} \quad (4.5)$$

3. 物流业与金融业的耦合协调度确定

1）耦合协调度模型国内研究状况

翁钢民和李凌雁（2016）在探讨旅游与文化产业融合发展机理基础上，以全国 31 个省区市 2005～2013 年旅游与文化产业的相关数据为依据，运用耦合协调度模型和探索性空间数据分析方法，分析中国旅游与文化产业融合发展的耦合协调度和空间相关性，结果显示，中国旅游与文化产业的发展并不均衡，耦合协调程度总体偏低；两产业融合发展水平在空间上存在显著的正向集聚性，且空间集聚程度呈逐年递增趋势；东西部融合程度差距较大，东南沿海地区旅游与文化产业融合发展较快、新兴业态丰富，为“高–高”关联区域，形成带动全国旅游与文化产业融合发展的重要增长极，溢出效应明显；中部地区旅游与文化资源丰富，是未来产业融合发展的重要区域；西部地区则重在引进先进技术和人才，寻找创新发展点，打破“低–低”集聚僵局。

吴旭和庞世明（2017）分析了1995～2015年北京市旅游产业和区域经济的耦合协调度。从计算结果看，北京市旅游产业和区域经济在1995～2015年一直保持较好的耦合度，在2011～2015年，一直保持较好的耦合协调度；从1998年开始，旅游产业发展一直滞后于区域经济的发展，说明对于北京市来说，旅游产业是靠区域经济发展拉动而逐步发展的。

王玉芳和曹娟娟（2017）应用耦合度及耦合协调度的计算模型测算大小兴安岭林区社会经济转型发展与生态建设的耦合度及耦合协调度，同时给出了系统耦合发展类型分类体系及判别标准，划分了耦合发展类型并对其进行分析。结果表明，2010～2015年大小兴安岭林区社会经济转型耦合度基本处于颉颃阶段；其耦合协调度一直处于低度协调耦合。王玉芳和曹娟娟（2017）还提出了不同的耦合类型区实施不同的转型模式。

常玉苗和朱九龙（2017）从系统视角分析水资源环境与区域工业经济的耦合机理，建立由水资源、区域工业经济、水环境等系统构成的评价指标体系，利用耦合协调度模型对我国31个省区市的水资源环境与区域工业经济的耦合度实证研究，得到结论为：水资源与区域工业经济的耦合协调度处于勉强耦合水平的地区较多，随着水环保意识增强，发达地区的水资源环境与区域工业经济的综合耦合程度最高。

游细斌等（2017）以潮州市为例，通过构建区域交通系统和城镇系统指标体系，结合耦合协调度模型，评价了交通系统和城镇系统发展水平。研究发现，潮州市2006～2015年交通与城镇耦合协调度不断提高，二者差距越来越小，表明城镇系统发展水平与交通系统发展水平逐渐缩小，城镇交通属于交通超前型，需要重点发展交通系统，强化公路、铁路和港口等交通设施建设，提高货运量、客运量和客货周转量，以匹配城镇系统的需求，同时，发挥交通的廊道作用，提高城镇系统发展质量。

李露（2018）基于高技术产业发展的视角，引用耦合理论对高技术产业发展系统与金融供给侧系统两个系统进行模型建构，分析其间的耦合效应，建立两系统的评价指标体系，并运用熵值赋权，通过耦合模型对中国1996～2015年高技术产业与金融供给侧耦合协调情况进行实证检验。研究表明，中国高技术产业发展系统与金融供给侧系统的耦合关联度较高，耦合协调度处于中等水平，有较大的上升空间。

王家明等（2018）将城镇化协调发展定义为人口、经济、社会、空间、生态5个系统协调发展，运用相关鉴别力模型对指标进行筛选和指标体系构建，通过改进的耦合协调模型分别构建各系统城镇化协调发展测度模型。结果表明，2007～2016年山东省各地市城镇化协调发展水平均在波动中有所提升，但地市间差距并未缩小。目前，各地市城镇化协调发展水平均处协调之列但整体水平偏低，且地市间在滞后类型与阻力因素上均有所差异。

尹向来和黄彩虹（2018）采用耦合协调度模型、空间自相关分析和地理探测器等方法对 2006 年、2010 年和 2015 年中国 285 个地级市基础设施与城市化协调发展的时空分异、空间关联和影响机制进行研究。结果表明，地级市基础设施与城市化水平总体较低，呈现出金字塔的等级层次结构。耦合度提升幅度较小，处于磨合阶段；协调度稳步提升，地市间差异较为显著，呈现出东部>东北>中部>西部的时空格局，且中度失调类型的地市占多数。

祝恩元等（2018）在探讨科技创新与可持续发展耦合协调关系的基础上，构建了科技创新与可持续发展综合评价指标体系，运用耦合协调度模型，对山东省 17 个地市科技创新与可持续发展的综合水平、耦合度、耦合协调度进行空间分析与类型划分。结果表明，山东省科技创新与可持续发展耦合总体处于拮抗阶段，呈现“双核心高地，东高西低”的空间格局；耦合协调水平处于低度协调耦合阶段，呈现“东高西低，中间高南北低”的空间格局；根据各地市的耦合度和耦合协调度，可将山东省划分为高耦合中和谐地区、中耦合中和谐地区、中耦合低和谐地区和低耦合低和谐地区 4 种类型区。

庞庆华等（2018）运用耦合模型、引力模型及空间关联度分析等方法，研究了江苏省 13 个地级市的碳排放、产业结构和区域创新之间的关系及江苏省各地级市的协调发展能力。研究结果表明，2006～2017 年，江苏省各地级市的耦合协调发展度呈上升趋势，城市碳排放、产业结构和区域创新之间的动态关系处于较合适的状态；从空间分布格局来看，江苏省各地级市耦合协调度呈现“南高北低”的区域差异性；从空间联系量来看，三者之间的空间溢出效应明显，以南京、常州和镇江为中心，各城市之间相互联系、相互影响，产业结构的改善和区域创新能力的提升对节能减排有着重要的影响。

2）物流业与金融业耦合协调度计算步骤

耦合协调度模型用于表达两个或两个以上系统相互作用产生的影响程度，由于物流业和金融业是相互独立又相互作用的两个系统，可以通过耦合协调度模型进行评价。

（1）设有 m 个物流业发展指标，n 个金融业发展指标，运用线性加权法计算两业的综合发展评价指数 U 和 G，如下：

$$U=\sum_{k=1}^{m}W_k \times X_k \tag{4.6}$$

$$G=\sum_{l=1}^{n}W_l \times Y_l \tag{4.7}$$

其中，U 表示物流业综合发展评价指数；G 表示金融业综合发展评价指数；X_k 表示物流业第 k 个发展指标的功效系数（$k=1,2,\cdots,m$）；Y_l 表示金融业第 l 个发展指标的功效系数($l=1,2,\cdots,n$); W_k 表示物流业第 k 个发展指标的权重值($k=1,2,\cdots,m$); W_l 表示金融业第 l 个发展指标的权重值（ $l=1,2,\cdots,n$ ）。

（2）计算物流业与金融业的耦合度 C，如下：

$$C=2\sqrt{\frac{U\times G}{(U+G)^2}} \tag{4.8}$$

其中，C 值越大，说明两业的关联程度越高；C 值越小，说明两业的关联程度越低。

（3）计算物流业与金融业的耦合协调度 D，如下：

$$T=cU+dG \tag{4.9}$$

$$D=\sqrt{C\times T} \tag{4.10}$$

其中，T 表示物流业与金融业协同发展综合评价指数；c 与 d 分别表示物流业和金融业在本系统中的重要程度，通常假设它们是同等重要，即 $c=d=0.5$。D 值越高，说明两业的协同发展程度越好；反之，则两业的协同发展程度越差。表 4.2 为耦合协调度等级与判别标准。

表 4.2　耦合协调度等级与判别标准

协同等级	耦合协调度	协同等级	耦合协调度
极度失调	（0.0，0.1]	勉强协同	（0.5，0.6]
严重失调	（0.1，0.2]	初级协同	（0.6，0.7]
中度失调	（0.2，0.3]	中级协同	（0.7，0.8]
轻度失调	（0.3，0.4]	良好协同	（0.8，0.9]
濒临失调	（0.4，0.5]	优质协同	（0.9，1.0]

4.3.2　北京市物流业与金融业耦合协调分析

选取北京市 2009～2017 年的相关统计数据，测算物流业与金融业耦合协调度。表 4.3 为 2009～2017 年北京市物流业评价指标数据，表 4.4 为 2009～2017 年北京市金融业评价指标数据。由于评价指标较多、各指标量纲不统一，需要对评价指标数据进行预处理。运用极值法对评价指标数据进行归一化处理，避免因指标量纲不同而引起评价失真。表 4.5 为 2009～2017 年北京市物流业评价指标数据归一化处理结果，表 4.6 为 2009～2017 年北京市金融业评价指标数据归一化处理结果。

表 4.3　2009～2017 年北京市物流业评价指标数据

年份	铁路营业里程/万公里	公路里程/万公里	物流业就业人员/万人	物流业就业人员平均工资/元	货运量/万吨	货物周转量/亿吨公里	物流业增加值/亿元	物流业固定资产投资/亿元	物流业增加值占地区生产总值比率	物流业增加值占第三产业比率	物流业就业人员占地区就业人员比率
2009	0.095 6	2.075 5	50.07	46 087	22 017	441.23	556.64	662.50	4.31%	5.54%	8.08%
2010	0.095 6	2.111 4	51.00	51 342	23 712	513.66	712.01	694.40	4.76%	6.13%	7.89%
2011	0.106 7	2.134 7	57.41	59 540	26 849	616.93	808.95	505.99	4.71%	6.00%	8.37%
2012	0.111 5	2.149 2	57.83	65 986	28 650	638.31	816.31	696.43	4.29%	5.43%	8.06%
2013	0.111 6	2.167 3	59.23	72 006	28 294	680.91	871.76	656.84	4.12%	5.19%	7.98%
2014	0.112 4	2.184 9	60.23	78 183	29 518	672.82	948.10	767.99	4.14%	5.17%	7.97%
2015	0.112 4	2.188 5	60.03	81 695	23 236	623.69	983.87	714.95	3.97%	4.87%	7.72%
2016	0.110 3	2.202 6	58.23	90 682	24 099	671.33	1 060.97	761.61	3.92%	4.77%	7.36%
2017	0.110 3	2.222 6	57.69	97 567	23 879	700.05	1 208.40	1 129.11	4.04%	4.89%	7.10%

注：数据取自 2009～2017 年《中国统计年鉴》及 2009～2017 年《北京统计年鉴》

表 4.4　2009～2017 年北京市金融业评价指标数据

年份	年末金融机构存款余额/亿元	年末金融机构贷款余额/亿元	原保险保费收入/亿元	原保险保费支出/亿元	金融业就业人员/万人	金融业就业人员平均工资/元	金融相关率	保险深度	金融业增加值/亿元	金融业固定资产投资/亿元	金融业增加值占地区生产总值比率	金融业增加值占第三产业比率	金融业就业人员占地区就业人员比率
2009	56 960.1	31 052.9	697.60	196.01	25.38	180 816	7.087 0	5.90%	1 603.60	7.40	12.91%	16.98%	4.10%
2010	66 584.6	36 479.6	966.46	199.65	27.20	200 349	7.136 6	7.00%	1 863.60	30.31	12.90%	17.05%	4.21%
2011	75 001.9	39 660.5	820.91	232.80	32.87	198 409	6.895 8	5.10%	2 215.40	86.73	13.32%	17.39%	4.79%
2012	84 837.3	43 189.5	923.09	286.17	37.56	209 483	6.976 9	5.20%	2 536.90	52.89	13.82%	17.94%	5.24%
2013	91 660.5	47 880.9	994.44	318.17	39.14	234 497	6.863 8	5.10%	2 943.20	57.39	14.48%	18.65%	5.27%
2014	100 095.5	53 650.6	1 207.24	407.25	43.16	253 148	7.006 3	5.66%	3 357.80	54.54	15.30%	19.61%	5.71%
2015	128 573.0	58 559.4	1 403.89	506.62	47.16	285 795	7.900 6	6.11%	3 926.40	73.31	16.58%	20.79%	6.07%
2016	138 408.9	63 739.4	1 834.25	596.66	51.42	288 638	7.875 2	7.39%	4 270.80	50.65	16.64%	20.74%	6.50%
2017	144 086.0	69 556.2	1 972.96	577.72	54.45	306 462	7.626 0	7.05%	4 655.40	38.69	16.62%	20.63%	6.70%

注：数据取自国家统计局网站、2009～2017 年《中国统计年鉴》及 2009～2017 年《北京统计年鉴》

表 4.5 2009～2017 年北京市物流业评价指标数据归一化处理结果

年份	铁路营业里程	公路里程	物流业就业人员	物流业就业人员平均工资	货运量	货物周转量	物流业增加值	物流业固定资产投资	物流业增加值占地区生产总值比率	物流业增加值占第三产业比率	物流业就业人员占地区就业人员比率
2009	0.0000	0.0000	0.0000	0.0000	0.0000	0.0000	0.0000	0.2512	0.4643	0.5662	0.7717
2010	0.0000	0.2441	0.0915	0.1021	0.2260	0.2798	0.2384	0.3024	1.0000	1.0000	0.4961
2011	0.6607	0.4024	0.7224	0.2613	0.6442	0.6789	0.3871	0.0000	0.9405	0.9044	1.0000
2012	0.9464	0.5010	0.7638	0.3865	0.8843	0.7615	0.3984	0.3056	0.4405	0.4853	0.7559
2013	0.9524	0.6241	0.9016	0.5035	0.8368	0.9260	0.4835	0.2421	0.2381	0.3088	0.6929
2014	1.0000	0.7437	1.0000	0.6235	1.0000	0.8948	0.6006	0.4205	0.2619	0.2941	0.6850
2015	1.0000	0.7682	0.9803	0.6917	0.1625	0.7050	0.6555	0.3353	0.0595	0.0735	0.4882
2016	0.8750	0.8640	0.8031	0.8663	0.2776	0.8890	0.7738	0.4102	0.0000	0.0000	0.2047
2017	0.8750	1.0000	0.7500	1.0000	0.2482	1.0000	1.0000	1.0000	0.1429	0.0882	0.0000

表 4.6 2009～2017 年北京市金融业评价指标数据归一化处理结果

年份	年末金融机构存款余额	年末金融机构贷款余额	原保险保费收入	原保险保费支出	金融业就业人员	金融业就业人员平均工资	金融相关率	保险深度	金融业增加值	金融业固定资产投资	金融业增加值占地区生产总值比率	金融业增加值占第三产业比率	金融业就业人员占地区就业人员比率
2009	0.0000	0.0000	0.0000	0.0000	0.0000	0.0000	0.2153	0.3493	0.0000	0.0000	0.0027	0.0000	0.0000
2010	0.1105	0.1409	0.2108	0.0091	0.0626	0.1555	0.2631	0.8297	0.0852	0.2888	0.0000	0.0184	0.0423
2011	0.2071	0.2236	0.0967	0.0918	0.2577	0.1400	0.0309	0.0000	0.2005	1.0000	0.1123	0.1076	0.2654
2012	0.3200	0.3152	0.1768	0.2250	0.4190	0.2282	0.1091	0.0437	0.3058	0.5734	0.2460	0.2520	0.4385
2013	0.3983	0.4371	0.2327	0.3049	0.4733	0.4272	0.0000	0.0000	0.4390	0.6302	0.4225	0.4383	0.4500
2014	0.4951	0.5869	0.3996	0.5272	0.6116	0.5757	0.1374	0.2445	0.5748	0.5942	0.6417	0.6903	0.6192
2015	0.8219	0.7144	0.5538	0.7753	0.7492	0.8355	1.0000	0.4410	0.7611	0.8308	0.9840	1.0000	0.7577
2016	0.9348	0.8489	0.8912	1.0000	0.8958	0.8581	0.9755	1.0000	0.8740	0.5452	1.0000	0.9869	0.9231
2017	1.0000	1.0000	1.0000	0.9527	1.0000	1.0000	0.7351	0.8515	1.0000	0.3944	0.9947	0.9580	1.0000

运用熵权法对北京市物流业与金融业评价指标赋权，各指标 2009～2017 年的权重均值见表 4.7 和表 4.8，权重越大，表明该指标在综合评价中的作用越大。表 4.7 为北京市物流业评价指标权重，表 4.8 为北京市金融业评价指标权重。从表 4.7 可以得到，物流业增加值占地区生产总值比率、物流业增加值占第三产业比率和货运量三个指标的权重高于 0.1000，其他指标权重基本分布在 0.0500～0.1000，物流业增加值占地区生产总值比率指标权重为 0.1405，能够直观地描述物流业对国内生产总值的贡献程度；物流业增加值占第三产业比率指标权重为 0.1344，能够直观地描述物流业对第三产业的拉动作用；货运量传递了运输对象的数量，能够较好地反映运输生产成果，其权重为 0.1096。从表 4.8 可以得到，金融相关率和保险深度两个指标的权重高于其他指标，其他指标权重基本分布在 0.0300～0.1000，金融相关率指标权重为 0.1106，能够在一定程度上说明经济的货币化程度；保险深度指标权重为 0.1036，能够直接地反映保险业在地区经济中的地位；另外，原保险保费支出指标权重为 0.0970；金融业增加值占地区生产总值比率指标权重为 0.0927，能够直观地描述金融业对地区生产总值的贡献程度。

表 4.7　北京市物流业评价指标权重

物流业评价指标	权重
铁路营业里程 W1	0.0930
公路里程 W2	0.0680
物流业就业人员 W3	0.0753
物流业就业人员平均工资 W4	0.0945
货运量 W5	0.1096
货物周转量 W6	0.0586
物流业增加值 W7	0.0711
物流业固定资产投资 W8	0.0879
物流业增加值占地区生产总值比率 W9	0.1405
物流业增加值占第三产业比率 W10	0.1344
物流业就业人员占地区就业人员比率 W11	0.0670

表 4.8　北京市金融业评价指标权重

金融业评价指标	权重
年末金融机构存款余额 J1	0.0666
年末金融机构贷款余额 J2	0.0592

续表

金融业评价指标	权重
原保险保费收入 J3	0.0802
原保险保费支出 J4	0.0970
金融业就业人员 J5	0.0622
金融业就业人员平均工资 J6	0.0690
金融相关率 J7	0.1106
保险深度 J8	0.1036
金融业增加值 J9	0.0666
金融业固定资产投资 J10	0.0390
金融业增加值占地区生产总值比率 J11	0.0927
金融业增加值占第三产业比率 J12	0.0885
金融业就业人员占地区就业人员比率 J13	0.0648

根据式（4.6）和式（4.7）计算北京市的物流业综合发展评价指数 U 与金融业综合发展评价指数 G，再根据式（4.8）～式（4.10）计算出北京市物流业与金融业的耦合协调度，并基于表 4.2 得到北京市两业的协调等级。表 4.9 为北京市物流业与金融业耦合协同结果。图 4.1 为北京市物流业综合发展评价指数与金融业综合发展评价指数变化曲线图。图 4.2 为北京市物流业与金融业耦合度与耦合协调度变化曲线图。

表 4.9　北京市物流业与金融业耦合协同结果

年份	北京市物流业综合发展评价指数 U	北京市金融业综合发展评价指数 G	耦合度 C	耦合协调度 D	协调等级
2009	0.2152	0.0602	0.8268	0.3374	轻度失调
2010	0.4260	0.1844	0.9184	0.5295	勉强协同
2011	0.5560	0.1589	0.8315	0.5452	勉强协同
2012	0.5907	0.2506	0.9147	0.6203	初级协同
2013	0.5695	0.3205	0.9601	0.6537	初级协同
2014	0.6418	0.4914	0.9912	0.7494	中级协同
2015	0.4706	0.7891	0.9675	0.7806	中级协同

续表

年份	北京市物流业综合发展评价指数 U	北京市金融业综合发展评价指数 G	耦合度 C	耦合协调度 D	协调等级
2016	0.4698	0.9267	0.9450	0.8123	良好协同
2017	0.5771	0.9229	0.9731	0.8543	良好协同

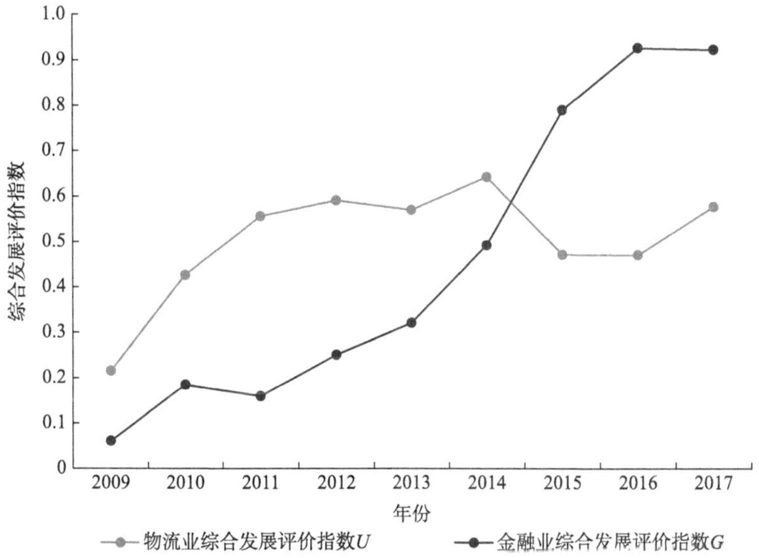

图 4.1　北京市物流业综合发展评价指数与金融业综合发展评价指数变化曲线图

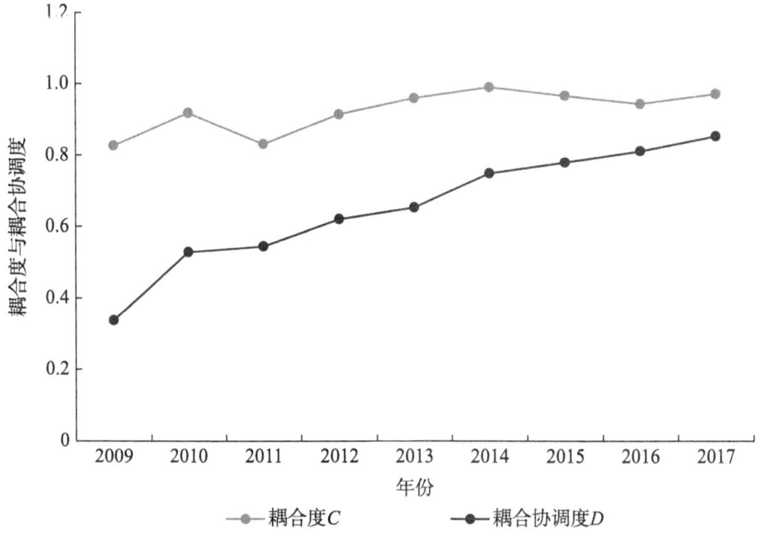

图 4.2　北京市物流业与金融业耦合度与耦合协调度变化曲线图

从表 4.9 和图 4.1 可以看出，北京市的物流业综合发展评价指数和金融业综合发展评价指数整体上呈现出波动上升的发展态势。北京市物流业综合评价指数从 2009 年的 0.2152 上升至 2012 年的 0.5907，2013 年略有下降，2014 年北京市物流业综合评价指数达到峰值 0.6418，2015 年和 2016 年两年北京市物流业综合评价指数几乎持平，分别为 0.4706 和 0.4698，2017 年北京市物流业综合评价指数回升至 0.5771。北京市金融业发展速度较快，其评价指数从 2009 年的 0.0602 上升至 2017 年的 0.9229，翻了近四番，除 2011 年外，其他年份北京市金融业评价指标均保持增长趋势。另外，通过表 4.9 和图 4.1 还可以发现，2014 年及之前北京市物流业综合发展评价指数一直大于金融业发展评价指数，而 2014 年之后金融业发展评价指数大于北京市物流业综合发展评价指数。

由表 4.9 和图 4.2 可以看出，2009～2017 年，北京市金融业与物流业耦合度均在 0.8 以上，最高耦合度达到 0.9912，说明该时期北京市物流业与金融业在发展过程中关联程度一直较高。从变化趋势上来看，除 2011 年、2015 年和 2016 年外，北京市其余年份物流业与金融业耦合度都保持增长趋势，从 2009 年的 0.8268 波动上升至 2017 年的 0.9731，增长了 0.1463。2009～2017 年，北京市物流业与金融业耦合协调度呈现出逐年增长的趋势，从 2009 年的 0.3374 上升至 2017 年的 0.8543，翻了一番还要多，说明北京市物流业与金融业的协同发展程度从较差向较好发展，从协调等级也可以看出，2009 年北京市物流业与金融业的协调等级为轻度失调，2010 年和 2011 年北京市物流业与金融业的协调等级为勉强协同，2012 年和 2013 年北京市物流业与金融业的协调等级为初级协同，2014 年和 2015 年北京市物流业与金融业的协调等级为中级协同，2016 年和 2017 年则为良好协同。

4.3.3　天津市物流业与金融业耦合协调分析

选取天津市 2009～2017 年的相关统计数据，测算物流业与金融业耦合协调度。表 4.10 为天津市物流业评价指标数据，表 4.11 为天津市金融业评价指标数据。由于评价指标较多、各指标量纲不统一，需要对评价指标数据进行预处理。运用极值法对评价指标数据进行归一化处理，避免因指标量纲不同而引起评价失真。表 4.12 为 2009～2017 年天津市物流业评价指标数据归一化处理结果，表 4.13 为 2009～2017 年天津市金融业评价指标数据归一化处理结果。

表 4.10　天津市物流业评价指标数据

年份	铁路营业里程/万公里	公路里程/万公里	物流业就业人员/万人	物流业就业人员平均工资/元	货运量/万吨	货物周转量/亿吨公里	物流业增加值/亿元	物流业固定资产投资/亿元	物流业增加值占地区生产总值比率	物流业增加值占第三产业比率	物流业就业人员占地区就业人员比率
2009	0.078 15	1.431 5	12.29	51 708	43 554	10 102	471.01	483.74	6.18%	13.71%	6.09%
2010	0.078 15	1.483 2	12.50	59 129	41 611	9 859	585.37	539.3	6.26%	13.69%	6.08%
2011	0.086 69	1.516 3	11.43	67 454	44 651	10 121	632.10	506.45	5.51%	12.01%	4.26%
2012	0.086 77	1.539 1	14.08	76 892	47 698	7 635	683.56	729.86	5.22%	11.19%	4.87%
2013	0.096 34	1.571 8	14.35	84 108	51 603	5 390	675.02	603.15	4.60%	9.58%	4.74%
2014	0.097 09	1.611 0	14.34	85 861	50 948	3 354	720.72	750.63	4.51%	9.16%	4.85%
2015	0.104 37	1.655 0	15.01	90 316	53 179	2 320	729.09	757.19	4.34%	8.37%	5.09%
2016	0.106 09	1.676 4	14.67	92 570	51 580	2 117	725.31	735.14	4.07%	7.18%	5.13%
2017	0.114 90	1.653 2	14.54	98 915	52 992	1 940	780.40	537.02	4.21%	7.23%	5.40%

注：数据取自 2009～2017 年《中国统计年鉴》及 2009～2017 年《天津统计年鉴》

表 4.11　天津市金融业评价指标数据

年份	年末金融机构存款余额/亿元	年末金融机构贷款余额/亿元	原保险保费收入/亿元	原保险保费支出/亿元	金融业就业人员/万人	金融业就业人员平均工资/元	金融相关率	保险深度	金融业增加值/亿元	金融业固定资产投资/亿元	金融业增加值占地区生产总值比率	金融业增加值占第三产业比率	金融业就业人员占地区就业人员比率
2009	13 887.11	11 152.19	151.29	59.92	6.68	74 068	3.328 9	2.0%	461.20	1.06	6.13%	13.54%	3.31%
2010	16 499.25	13 774.11	214.01	54.19	7.00	89 166	3.281 9	2.4%	572.99	3.24	6.21%	13.52%	3.40%
2011	17 586.91	15 924.71	211.74	66.17	7.72	97 006	2.963 7	1.9%	756.50	39.62	6.69%	14.49%	2.88%
2012	20 293.79	18 396.81	238.16	81.02	7.82	104 335	3.000 7	1.9%	1 001.59	31.54	7.77%	16.53%	2.71%
2013	23 316.56	20 857.80	276.80	102.00	8.09	118 448	3.058 7	1.9%	1 235.91	43.34	8.56%	17.71%	2.67%
2014	24 777.75	23 223.42	317.75	104.39	8.91	118 263	3.052 2	1.9%	1 422.28	58.79	9.04%	18.25%	3.02%
2015	28 149.37	25 994.68	398.34	139.53	12.13	112 059	3.273 9	2.4%	1 603.23	31.00	9.69%	18.59%	4.11%
2016	30 067.03	28 754.04	527.99	177.70	16.01	117 489	3.288 8	3.0%	1 793.57	19.12	10.03%	17.77%	5.60%
2017	30 940.81	31 602.54	564.96	154.90	19.17	113 813	3.371 8	3.0%	1 951.75	14.10	10.52%	18.09%	7.11%

注：数据取自 2009～2017 年《中国统计年鉴》及 2009～2017 年《天津统计年鉴》

表 4.12　2009～2017 年天津市物流业评价指标数据归一化处理结果

年份	铁路营业里程	公路里程	物流业就业人员	物流业就业人员平均工资	货运量	货物周转量	物流业增加值	物流业固定资产投资	物流业增加值占地区生产总值比率	物流业增加值占第三产业比率	物流业就业人员占地区就业人员比率
2009	0.0000	0.0000	0.2402	0.0000	0.1680	0.9977	0.0000	0.0000	0.9635	1.0000	1.0000
2010	0.0000	0.2111	0.2989	0.1572	0.0000	0.9680	0.3696	0.2032	1.0000	0.9969	0.9945
2011	0.2316	0.3463	0.0000	0.3336	0.2628	1.0000	0.5207	0.0830	0.6575	0.7397	0.0000
2012	0.2343	0.4394	0.7402	0.5335	0.5262	0.6961	0.6870	0.9001	0.5251	0.6141	0.3333
2013	0.4932	0.5729	0.8156	0.6863	0.8638	0.4217	0.6594	0.4367	0.2420	0.3675	0.2623
2014	0.5150	0.7330	0.8128	0.7235	0.8071	0.1728	0.8071	0.9760	0.2009	0.3032	0.3224
2015	0.7139	0.9126	1.0000	0.8178	1.0000	0.0464	0.8342	1.0000	0.1233	0.1822	0.4536
2016	0.7602	1.0000	0.9050	0.8656	0.8618	0.0216	0.8219	0.9194	0.0000	0.0000	0.4754
2017	1.0000	0.9053	0.8687	1.0000	0.9838	0.0000	1.0000	0.1948	0.0639	0.0077	0.6230

表 4.13　2009～2017 年天津市金融业评价指标数据归一化处理结果

年份	年末金融机构存款余额	年末金融机构贷款余额	原保险保费收入	原保险保费支出	金融业就业人员	金融业就业人员平均工资	金融相关率	保险深度	金融业增加值	金融业固定资产投资	金融业增加值占地区生产总值比率	金融业增加值占第三产业比率	金融业就业人员占地区就业人员比率
2009	0.0000	0.0000	0.0000	0.0464	0.0000	0.0000	0.8949	0.0909	0.0000	0.0000	0.0000	0.0039	0.1441
2010	0.1532	0.1282	0.1516	0.0000	0.0256	0.3402	0.7797	0.4545	0.0750	0.0378	0.0182	0.0000	0.1644
2011	0.2169	0.2334	0.1461	0.0970	0.0833	0.5169	0.0000	0.0000	0.1981	0.6679	0.1276	0.1913	0.0473
2012	0.3757	0.3543	0.2100	0.2172	0.0913	0.6820	0.0906	0.0000	0.3625	0.5280	0.3736	0.5937	0.0090
2013	0.5529	0.4746	0.3034	0.3871	0.1129	1.0000	0.2329	0.0000	0.5197	0.7324	0.5535	0.8264	0.0000
2014	0.6386	0.5903	0.4024	0.4064	0.1785	0.9958	0.2168	0.0000	0.6448	1.0000	0.6629	0.9329	0.0788
2015	0.8363	0.7258	0.5972	0.6910	0.4363	0.8560	0.7601	0.4545	0.7662	0.5186	0.8109	1.0000	0.3243
2016	0.9488	0.8607	0.9106	1.0000	0.7470	0.9784	0.7966	1.0000	0.8939	0.3128	0.8884	0.8383	0.6599
2017	1.0000	1.0000	1.0000	0.8154	1.0000	0.8956	1.0000	1.0000	1.0000	0.2259	1.0000	0.9014	1.0000

运用熵权法对天津市物流业与金融业评价指标赋权，各指标2009～2017年的权重均值见表4.14和表4.15，权重越大表明该指标在综合评价中的作用越大。表4.14为天津市物流业评价指标权重，表4.15为天津市金融业评价指标权重。从表4.14可以得到，铁路营业里程、货物周转量、物流业固定资产投资、物流业增加值占地区生产总值比率、物流业增加值占第三产业比率和物流业就业人员占地区就业人员比率六个指标的权重高于其他指标，其他指标权重基本分布在0.0400～0.0700。物流业就业人员占地区就业人员比率指标权重为0.1424，能够凸显物流业就业人员的驱动作用；货物周转量指标权重为0.1293，传递了运输对象的数量和运输距离的双重信息，能够全面地反映运输生产成果；物流业固定资产投资指标权重为0.1179，能够直观地描述物流业固定再生产的规模；物流业增加值占地区生产总值比率指标权重为0.1139，能够在一定程度上再现物流业对国内生产总值的贡献程度；物流业增加值占第三产业比率指标权重为0.1064，能够直观地描述物流业对第三产业的拉动作用；铁路营业里程指标权重为0.1021，传递出铁路基础设施建设对物流业绩效的驱动作用。从表4.15可以得到，金融业就业人员、保险深度、金融业就业人员占地区就业人员比率三个指标的权重高于其他指标，其他指标权重基本分布在0.0300～0.0800。保险深度指标权重为0.1553，能够直接地反映保险业在国民经济中的地位；金融业就业人员占地区就业人员比率指标权重为0.1283，能够凸显金融业就业人员的驱动作用；金融业就业人员指标权重为0.1174，表明金融业就业人员对金融业发展的重要作用。

表4.14　天津市物流业评价指标权重

物流业评价指标	权重
铁路营业里程 W1	0.1021
公路里程 W2	0.0609
物流业就业人员 W3	0.0564
物流业就业人员平均工资 W4	0.0612
货运量 W5	0.0662
货物周转量 W6	0.1293
物流业增加值 W7	0.0433
物流业固定资产投资 W8	0.1179
物流业增加值占地区生产总值比率 W9	0.1139
物流业增加值占第三产业比率 W10	0.1064
物流业就业人员占地区就业人员比率 W11	0.1424

表 4.15　天津市金融业评价指标权重

金融业评价指标	权重
年末金融机构存款余额 J1	0.0520
年末金融机构贷款余额 J2	0.0524
原保险保费收入 J3	0.0673
原保险保费支出 J4	0.0775
金融业就业人员 J5	0.1174
金融业就业人员平均工资 J6	0.0328
金融相关率 J7	0.0602
保险深度 J8	0.1553
金融业增加值 J9	0.0584
金融业固定资产投资 J10	0.0608
金融业增加值占地区生产总值比率 J11	0.0741
金融业增加值占第三产业比率 J12	0.0634
金融业就业人员占地区就业人员比率 J13	0.1283

根据式（4.6）和式（4.7）计算天津市的物流业综合发展评价指数 U 与金融业发展评价指数 G，再根据式（4.8）～式（4.10）计算出天津市物流业与金融业的耦合协调度，并基于表 4.2 得到天津市两业的协调等级。表 4.16 为天津市物流业与金融业耦合协同结果。图 4.3 为天津市物流业综合发展评价指数与金融业综合发展评价指数变化曲线图。图 4.4 为天津市物流业与金融业耦合度与耦合协调度变化曲线图。

表 4.16　天津市物流业与金融业耦合协同结果

年份	天津市物流业综合发展评价指数 U	天津市金融业综合发展评价指数 G	耦合度 C	耦合协调度 D	协调等级
2009	0.5122	0.0903	0.7140	0.4638	濒临失调
2010	0.5660	0.1857	0.8626	0.5694	勉强协同
2011	0.3804	0.1475	0.8974	0.4867	濒临失调
2012	0.5584	0.2274	0.9070	0.5970	勉强协同
2013	0.4690	0.3325	0.9854	0.6284	初级协同
2014	0.5142	0.4064	0.9931	0.6761	初级协同
2015	0.5592	0.6124	0.9990	0.7650	中级协同

续表

年份	天津市物流业综合发展评价指数 U	天津市金融业综合发展评价指数 G	耦合度 C	耦合协调度 D	协调等级
2016	0.5141	0.8312	0.9718	0.8085	良好协同
2017	0.4956	0.9289	0.9526	0.8237	良好协同

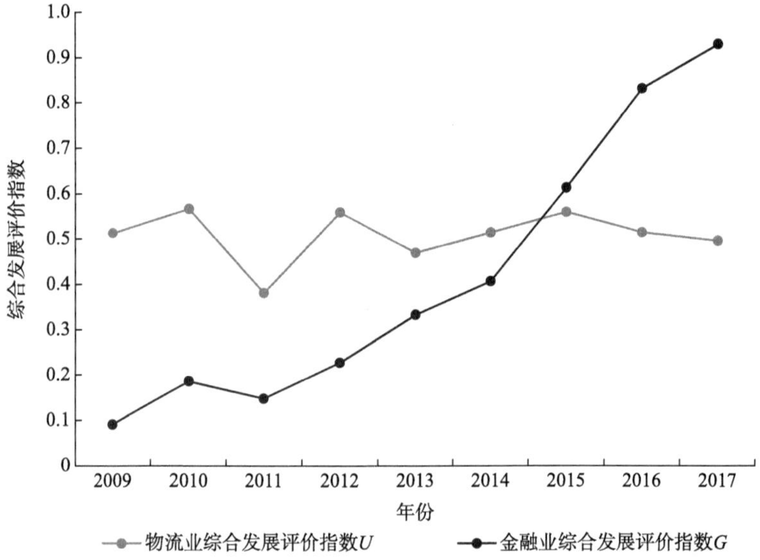

图 4.3　天津市物流业综合发展评价指数与金融业综合发展评价指数变化曲线图

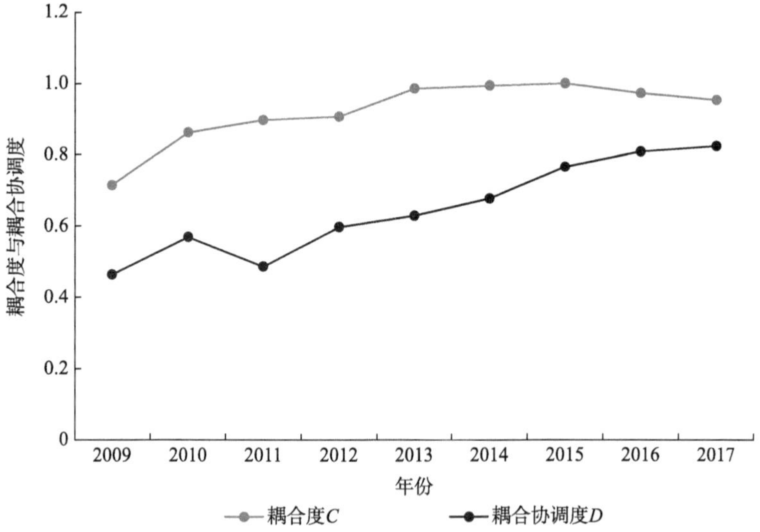

图 4.4　天津市物流业与金融业耦合度与耦合协调度变化曲线图

从表4.16和图4.3可以看出，天津市的物流业综合发展评价指数和金融业综合发展评价指数整体上呈现出波动上升的发展态势。天津市物流业综合发展评价指数变化趋势较为平缓，除2011年跌至0.4000以下以外，其他年份均保持在0.4500～0.6000。另外，通过表4.16和图4.3还可以发现，2012年之前，天津市物流业综合发展评价指数与金融业综合发展评价指数变化趋势基本一致，2015年之前天津市物流业综合发展评价指数一直是大于金融业综合发展评价指数的，而2015年及之后天津市金融业综合发展评价指数大于天津市物流业综合发展评价指数。天津市金融业综合发展评价指数增长趋势明显，除2011年略有下降外，其他年份均保持增长趋势，从2009年的0.0903增长至2017年的0.9289，增长了九倍多，说明天津市金融业发展迅猛。

由表4.16和图4.4可以看出，2009～2017年天津市金融业与物流业耦合度均在0.7以上，最高耦合度达到0.9990，说明该时期天津市物流业与金融业在发展过程中关联程度一直较高。从变化趋势上来看，2016年之前，天津市物流业与金融业耦合度一直保持增长趋势，从2009年的0.7140攀升至2015年的0.9990，上升0.2850，2016年和2017年两年天津市物流业与金融业耦合度出现连续下降，下降至0.9718和0.9526。2009～2017年，天津市物流业与金融业耦合协调度呈现出波动上升的变化趋势，除2011年出现短暂下降外（2011年天津市物流业与金融业耦合协调度为0.4867），其他年份均保持增长趋势，从2009年的0.4638上升至2017年的0.8237，翻了近一番，说明天津市物流业与金融业的协同发展程度从较差向较好发展。从协调等级可以看出，2009年天津市物流业与金融业的协调等级为濒临失调，2010年天津市物流业与金融业的协调等级为勉强协同，2011年天津市物流业与金融业的协调等级重回濒临失调，2012年天津市物流业与金融业的协调等级重回勉强协同，2013年和2014年两年天津市物流业与金融业的协调等级为初级协同，2015年天津市物流业与金融业的协调等级为中级协同，2016年和2017年则为良好协同。

4.3.4　河北省物流业与金融业耦合协调分析

选取河北省2009～2017年的相关统计数据测算物流业与金融业耦合协调度。表4.17为河北省物流业评价指标数据，表4.18为河北省金融业评价指标数据。由于评价指标较多、各指标量纲不统一，需要对评价指标数据进行预处理。运用极值法对评价指标数据进行归一化处理，避免因指标量纲不同而引起评价失真。表4.19为2009～2017年河北省物流业评价指标数据归一化处理结果，表4.20为2009～2017年河北省金融业评价指标数据归一化处理结果。

表 4.17　河北省物流业评价指标数据

年份	铁路营业里程/万公里	公路里程/万公里	物流业就业人员/万人	物流业就业人员平均工资/元	货运量/万吨	货物周转量/亿吨公里	物流业增加值/亿元	物流业固定资产投资/亿元	物流业增加值占地区生产总值比率	物流业增加值占第三产业比率	物流业就业人员占地区就业人员比率
2009	0.215 28	15.21	25.48	30 773	136 804	5 981.61	1 491.92	1 026.16	8.61%	24.52%	5.07%
2010	0.212 41	15.43	25.10	34 208	177 308	7 673.09	1 745.91	1 521.20	8.52%	24.43%	4.83%
2011	0.217 24	15.70	24.38	39 534	212 330	9 840.50	2 046.22	1 433.06	8.34%	24.05%	4.39%
2012	0.217 48	16.30	24.30	45 696	242 886	10 844.84	2 212.93	1 543.25	8.33%	23.51%	3.92%
2013	0.219 34	17.45	27.59	46 599	277 840	12 003.78	2 345.10	2 123.59	8.26%	22.75%	4.22%
2014	0.221 21	17.92	28.96	52 425	238 749	12 968.80	2 396.40	2 046.49	8.14%	21.80%	4.41%
2015	0.224 29	18.46	29.18	57 090	199 192	12 024.94	2 359.09	2 077.54	7.95%	19.63%	4.53%
2016	0.233 02	18.84	28.67	59 527	210 994	12 339.25	2 369.27	2 095.25	7.48%	17.79%	4.48%
2017	0.235 00	19.17	24.27	67 700	229 211	13 383.62	2 497.88	2 135.45	7.34%	16.61%	4.53%

注：数据取自 2009～2017 年《中国统计年鉴》及 2009～2017 年《河北经济年鉴》

表 4.18　河北省金融业评价指标数据

年份	年末金融机构存款余额/亿元	年末金融机构贷款余额/亿元	原保险保费收入/亿元	原保险保费支出/亿元	金融业就业人员/万人	金融业就业人员平均工资/元	金融相关率	保险深度	金融业增加值/亿元	金融业固定资产投资/亿元	金融业增加值占地区生产总值比率	金融业增加值占第三产业比率	金融业就业人员占地区就业人员比率
2009	22 361	13 124	601.09	142.98	23.42	36 989	2.058 8	3.50%	525.67	12.02	3.05%	8.66%	4.66%
2010	26 099	15 756	746.40	147.64	24.20	45 176	2.052 3	3.70%	615.42	12.83	3.02%	8.64%	4.66%
2011	29 564	18 144	732.89	183.47	23.83	53 190	1.946 0	3.02%	746.01	23.14	3.04%	8.79%	4.29%
2012	34 257	21 318	766.16	223.89	24.65	60 304	2.091 3	2.88%	913.66	24.38	3.44%	9.74%	3.98%
2013	39 444	24 423	837.59	315.66	25.64	65 547	2.245 4	2.95%	1 137.72	44.69	4.00%	11.07%	3.92%
2014	43 764	28 052	931.94	395.03	27.66	73 130	2.441 0	3.17%	1 347.58	25.94	4.58%	12.29%	4.22%
2015	48 928	32 608	1 163.10	461.92	29.91	74 795	2.735 5	3.90%	1 480.92	47.87	4.97%	12.36%	4.65%
2016	55 929	37 746	1 491.49	548.24	32.17	75 708	2.920 9	4.70%	1 731.23	93.08	5.40%	13.00%	5.03%
2017	60 451	43 315	1 713.89	547.54	34.64	77 845	3.050 5	4.77%	2 053.44	58.77	6.04%	13.65%	6.47%

注：数据取自 2009～2017 年《中国统计年鉴》及 2009～2017 年《河北经济年鉴》

表 4.19 2009～2017 年河北省物流业评价指标数据归一化处理结果

年份	铁路营业里程	公路里程	物流业就业人员	物流业就业人员平均工资	货运量	货物周转量	物流业增加值	物流业固定资产投资	物流业增加值占地区生产总值比率	物流业增加值占第三产业比率	物流业就业人员占地区就业人员比率
2009	0.1283	0.0000	0.2464	0.0000	0.0000	0.0000	0.0000	0.0000	1.0000	1.0000	1.0000
2010	0.0000	0.0556	0.1690	0.0930	0.2872	0.2285	0.2525	0.4463	0.9291	0.9886	0.7913
2011	0.2124	0.1237	0.0224	0.2373	0.5355	0.5213	0.5510	0.3668	0.7874	0.9406	0.4087
2012	0.2257	0.2753	0.0061	0.4041	0.7522	0.6570	0.7167	0.4661	0.7795	0.8723	0.0000
2013	0.3053	0.5657	0.6762	0.4286	1.0000	0.8136	0.8481	0.9893	0.7244	0.7762	0.2609
2014	0.3894	0.6843	0.9552	0.5863	0.7228	0.9440	0.8991	0.9198	0.6299	0.6561	0.4261
2015	0.5265	0.8207	1.0000	0.7127	0.4424	0.8164	0.8620	0.9478	0.4803	0.3818	0.5304
2016	0.9115	0.9167	0.8961	0.7787	0.5260	0.8589	0.8722	0.9638	0.1102	0.1492	0.4870
2017	1.0000	1.0000	0.0000	1.0000	0.6552	1.0000	1.0000	1.0000	0.0000	0.0000	0.5304

表 4.20 2009～2017 年河北省金融业评价指标数据归一化处理结果

年份	年末金融机构存款余额	年末金融机构贷款余额	原保险保费收入	原保险保费支出	金融业就业人员	金融业就业人员平均工资	金融相关率	保险深度	金融业增加值	金融业固定资产投资	金融业增加值占地区生产总值比率	金融业增加值占第三产业比率	金融业就业人员占地区就业人员比率
2009	0.0000	0.0000	0.0000	0.0000	0.0000	0.0000	0.1021	0.3280	0.0000	0.0000	0.0099	0.0040	0.2902
2010	0.0981	0.0872	0.1468	0.0115	0.0695	0.2004	0.0962	0.4339	0.0587	0.0100	0.0000	0.0000	0.2902
2011	0.1891	0.1663	0.1184	0.0999	0.0365	0.3965	0.0000	0.0741	0.1442	0.1372	0.0066	0.0299	0.1451
2012	0.3123	0.2714	0.1483	0.1996	0.1096	0.5707	0.1316	0.0000	0.2540	0.1525	0.1391	0.2196	0.0235
2013	0.4485	0.3743	0.2125	0.4261	0.1979	0.6990	0.2711	0.0370	0.4006	0.4030	0.3245	0.4850	0.0000
2014	0.5619	0.4945	0.2973	0.6219	0.3779	0.8846	0.4482	0.1534	0.5380	0.1717	0.5166	0.7285	0.1176
2015	0.6975	0.6454	0.5050	0.7870	0.5784	0.9253	0.7148	0.5397	0.6253	0.4423	0.6457	0.7425	0.2863
2016	0.8813	0.8155	0.8001	1.0000	0.7799	0.9477	0.8827	0.9630	0.7891	1.0000	0.7881	0.8703	0.4353
2017	1.0000	1.0000	1.0000	0.9983	1.0000	1.0000	1.0000	1.0000	1.0000	0.5767	1.0000	1.0000	1.0000

运用熵权法对河北省物流业评价指标赋权，各指标2009～2017年的权重均值见表4.21和表4.22，权重越大表明该指标在综合评价中的作用越大。表4.21为河北省物流业评价指标权重，表4.22为河北省金融业评价指标权重。从表4.21可以得到，铁路营业里程、公路里程、物流业就业人员三个指标的权重高于其他指标，其他指标权重基本分布在0.0600～0.1000，物流业就业人员指标权重为0.1870，传递出物流业就业人员对物流业发展的重要作用；铁路营业里程和公路里程指标权重分别为0.1166和0.1236，传递出铁路和公路基础设施建设对物流业绩效的驱动作用。从表4.22可以得到，金融业增加值占地区生产总值比率的权重高于其他指标，其他指标权重基本分布在0.0300～0.1000，金融业增加值占地区生产总值比率指标权重为0.1075，能够直观地描述金融业对地区生产总值的贡献程度。

表4.21　河北省物流业评价指标权重

物流业评价指标	权重
铁路营业里程 W1	0.1166
公路里程 W2	0.1236
物流业就业人员 W3	0.1870
物流业就业人员平均工资 W4	0.0968
货运量 W5	0.0619
货物周转量 W6	0.0645
物流业增加值 W7	0.0615
物流业固定资产投资 W8	0.0652
物流业增加值占地区生产总值比率 W9	0.0766
物流业增加值占第三产业比率 W10	0.0777
物流业就业人员占地区就业人员比率 W11	0.0685

表4.22　河北省金融业评价指标权重

金融业评价指标	权重
年末金融机构存款余额 J1	0.0560
年末金融机构贷款余额 J2	0.0602

续表

金融业评价指标	权重
原保险保费收入 J3	0.0743
原保险保费支出 J4	0.0797
金融业就业人员 J5	0.0928
金融业就业人员平均工资 J6	0.0385
金融相关率 J7	0.0774
保险深度 J8	0.0942
金融业增加值 J9	0.0640
金融业固定资产投资 J10	0.0862
金融业增加值占地区生产总值比率 J11	0.1075
金融业增加值占第三产业比率 J12	0.0847
金融业就业人员占地区就业人员比率 J13	0.0845

根据式（4.6）和式（4.7）计算河北省的物流业综合发展评价指数 U 与金融业发展评价指数 G，再根据式（4.8）～式（4.10）计算出河北省物流业与金融业的耦合协调度，并基于表 4.2 得到河北省两业的协调等级。表 4.23 为河北省物流业与金融业耦合协同结果。图 4.5 为河北省物流业综合发展评价指数与金融业综合发展评价指数变化曲线图。图 4.6 为河北省物流业与金融业耦合度与耦合协调度变化曲线图。

表 4.23　河北省物流业与金融业耦合协同结果

年份	河北省物流业综合发展评价指数 U	河北省金融业综合发展评价指数 G	耦合度 C	耦合协调度 D	协调等级
2009	0.2838	0.0647	0.7778	0.3682	轻度失调
2010	0.3268	0.1142	0.8761	0.4395	濒临失调
2011	0.3201	0.0996	0.8508	0.4225	濒临失调
2012	0.3916	0.1680	0.9167	0.5064	勉强协同
2013	0.6382	0.3035	0.9347	0.6634	初级协同
2014	0.7147	0.4275	0.9679	0.7435	中级协同
2015	0.7165	0.6082	0.9967	0.8125	良好协同

续表

年份	河北省物流业综合发展评价指数 U	河北省金融业综合发展评价指数 G	耦合度 C	耦合协调度 D	协调等级
2016	0.7204	0.8374	0.9972	0.8813	良好协同
2017	0.6052	0.9634	0.9736	0.8738	良好协同

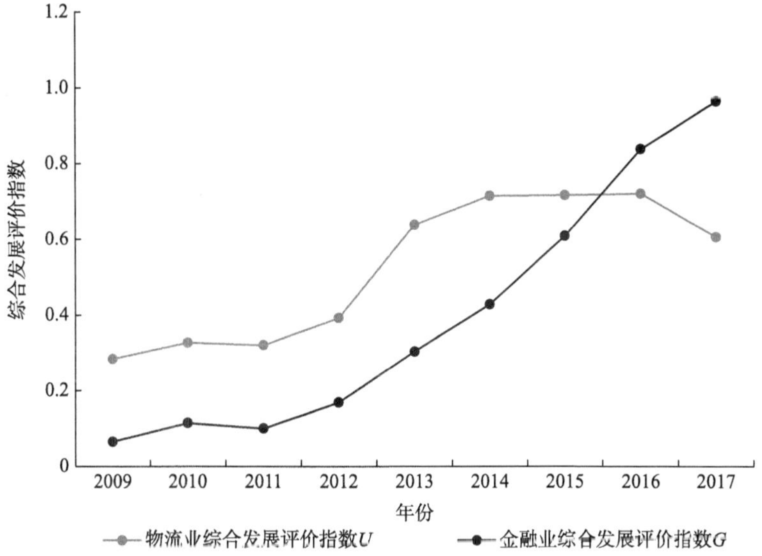

图 4.5　河北省物流业综合发展评价指数与金融业综合发展评价指数变化曲线图

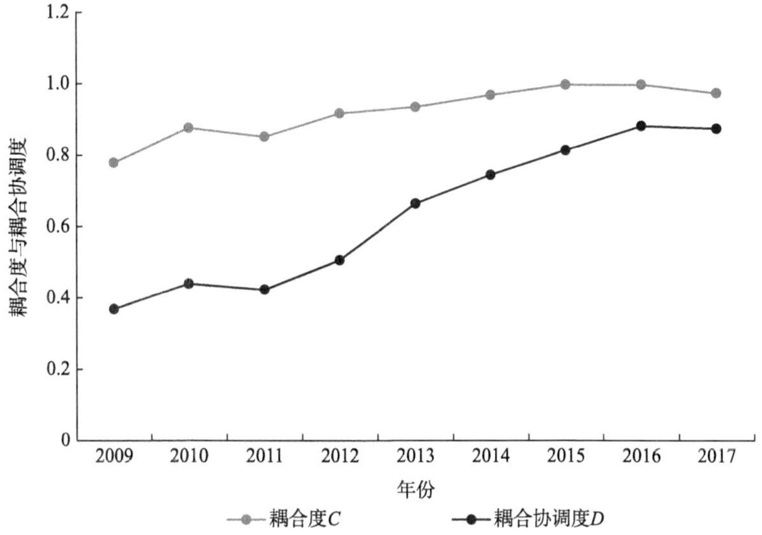

图 4.6　河北省物流业与金融业耦合度与耦合协调度变化曲线图

从表 4.23 和图 4.5 可以看出，河北省的物流业综合发展评价指数和金融业综合发展评价指数整体上呈现出波动上升的发展态势。河北省物流业综合评价指数在 2009～2016 年基本保持增长趋势，从 2009 年的 0.2838 上升至 2016 年的 0.7204，增长了近两倍，2017 年河北省物流业综合评价指数滑落至 0.6052，低于 2013 年的水平。河北省金融业发展状况良好，只有 2011 年出现短暂下降，其他年份均保持增长趋势，从 2009 年的 0.0647 上升至 2017 年的 0.9634，翻了近四番。另外，通过表 4.23 和图 4.5 还可以发现，2016 年之前河北省物流业综合发展评价指数一直是大于河北省金融业综合发展评价指数的，而 2016 年及之后河北省金融业综合发展评价指数大于河北省物流业综合发展评价指数。

由表 4.23 和图 4.6 可以看出，2009～2017 年河北省金融业与物流业耦合度均在 0.77 以上，最高耦合度达到 0.9972，说明该时期河北省物流业与金融业在发展过程中关联程度一直较高。从变化趋势上来看，河北省物流业与金融业耦合度保持波动增长态势，从 2009 年的 0.7778 上升至 2017 年的 0.9736，上升了 0.1958，其中 2011 年和 2017 年河北省物流业与金融业耦合度较前一年有所下降，分别下降至 0.8508、0.9736。2009～2017 年，河北省物流业与金融业耦合协调度呈现出波动上升的变化趋势，除 2011 年和 2017 年出现短暂下降外（2011 年与 2017 年河北省物流业与金融业耦合协调度分别为 0.4225 与 0.8738），其他年份均保持增长趋势，从 2009 年的 0.3682 上升至 2017 年的 0.8738，翻了一番还要多，说明河北省物流业与金融业的协同发展程度从较差向较好发展。从协调等级可以看出，2009 年河北省物流业与金融业的协调等级为轻度失调，2010 年和 2011 年两年河北省物流业与金融业的协调等级为濒临失调，2012 年河北省物流业与金融业的协调等级为勉强协同，2013 年河北省物流业与金融业的协调等级为初级协同，2014 年河北省物流业与金融业的协调等级为中级协同，2015～2017 年河北省物流业与金融业的协调等级为良好协同。

4.3.5　京津冀物流业与金融业耦合协调分析

选取北京市、天津市和河北省三地 2009～2017 年的相关统计数据，测算京津冀物流业与金融业耦合协调度。表 4.24 为京津冀物流业评价指标数据，表 4.25 为京津冀金融业评价指标数据。由于评价指标较多、各指标量纲不统一，需要对评价指标数据进行预处理。运用极值法对评价指标数据进行归一化处理，避免因指标量纲不同而引起评价失真。表 4.26 为 2009～2017 年京津冀物流业评价指标数据归一化处理结果，表 4.27 为 2009～2017 年京津冀金融业评价指标数据归一化处理结果。

表 4.24　京津冀物流业评价指标数据

年份	铁路营业里程/万公里	公路里程/万公里	物流业就业人员/万人	物流业就业人员平均工资/元	货运量/万吨	货物周转量/亿吨公里	物流业增加值/亿元	物流业固定资产投资/亿元	物流业增加值占地区生产总值比率	物流业增加值占第三产业比率	物流业就业人员占地区就业人员比率
2009	0.389 03	18.717 0	87.84	42 856	202 375	16 524.84	2 519.57	2 172.40	6.66%	12.88%	6.63%
2010	0.386 16	19.024 6	88.60	48 226	242 631	18 045.75	3 043.29	2 754.90	6.79%	13.21%	6.46%
2011	0.410 63	19.351 0	93.22	55 509	283 830	20 578.43	3 487.27	2 445.50	6.56%	12.79%	6.18%
2012	0.415 75	19.988 3	96.21	62 858	319 234	19 118.15	3 712.80	2 969.54	6.33%	12.16%	5.92%
2013	0.427 28	21.189 1	101.17	67 571	357 737	18 074.69	3 891.88	3 383.58	6.06%	11.39%	5.96%
2014	0.430 70	21.715 9	103.53	72 156	319 215	16 995.62	4 065.22	3 565.11	5.95%	10.93%	6.06%
2015	0.441 06	22.303 5	104.22	76 367	275 607	14 968.63	4 072.05	3 549.68	5.71%	9.94%	6.07%
2016	0.449 41	22.719 0	101.57	80 926	286 673	15 127.58	4 155.55	3 592.00	5.43%	9.10%	5.91%
2017	0.460 20	23.045 8	96.50	88 061	306 082	16 023.67	4 486.68	3 801.58	5.44%	8.88%	5.97%

表 4.25　京津冀金融业评价指标数据

年份	年末金融机构存款余额/亿元	年末金融机构贷款余额/亿元	原保险保费收入/亿元	原保险保费支出/亿元	金融业就业人员/万人	金融业就业人员平均工资/元	金融相关率	保险深度	金融业增加值/亿元	金融业固定资产投资/亿元	金融业增加值占地区生产总值比率	金融业增加值占第三产业比率	金融业就业人员占地区就业人员比率
2009	93 208.21	55 329.09	1 449.98	398.91	55.48	97 291	3.925 6	3.83%	2 590.47	20.48	6.97%	13.69%	4.19%
2010	109 182.85	66 009.71	1 926.87	401.48	58.40	111 564	3.910 4	4.34%	3 052.01	46.38	6.93%	13.69%	4.26%
2011	122 152.81	73 729.21	1 765.54	482.44	64.42	116 202	3.682 4	3.32%	3 717.91	149.49	7.09%	14.06%	4.27%
2012	139 388.09	82 904.31	1 927.41	591.08	70.03	124 707	3.788 2	3.28%	4 452.15	108.81	7.70%	15.05%	4.31%
2013	154 421.06	93 161.70	2 108.83	735.83	72.87	139 497	3.857 5	3.29%	5 316.83	145.42	8.41%	16.09%	4.29%
2014	168 637.25	104 926.02	2 456.93	906.67	79.73	148 180	4.004 0	3.60%	6 127.66	139.27	9.13%	17.08%	4.67%
2015	205 650.37	117 162.08	2 965.33	1 108.07	89.20	157 550	4.530 1	4.16%	7 010.55	152.18	10.01%	17.75%	5.20%
2016	224 404.93	130 239.44	3 853.73	1 322.60	99.60	160 612	4.633 5	5.05%	7 795.60	162.85	10.31%	17.71%	5.80%
2017	235 477.81	144 473.74	4 251.81	1 280.16	108.26	166 040	4.608 3	5.16%	8 660.59	111.56	10.75%	17.90%	6.69%

表 4.26　2009～2017 年京津冀物流业评价指标数据归一化处理结果

年份	铁路营业里程	公路里程	物流业就业人员	物流业就业人员平均工资	货运量	货物周转量	物流业增加值	物流业固定资产投资	物流业增加值占地区生产总值比率	物流业增加值占第三产业比率	物流业就业人员占地区就业人员比率
2009	0.0378	0.0000	0.0000	0.0000	0.0000	0.2774	0.0000	0.0000	0.9044	0.9238	1.0000
2010	0.0000	0.0711	0.0464	0.1188	0.2591	0.5485	0.2662	0.3575	1.0000	1.0000	0.6667
2011	0.3297	0.1465	0.3284	0.2799	0.5243	1.0000	0.4919	0.1676	0.8309	0.9030	0.3750
2012	0.4000	0.2937	0.5110	0.4425	0.7522	0.7397	0.6066	0.4893	0.6618	0.7575	0.0139
2013	0.5554	0.5711	0.8138	0.5467	1.0000	0.5537	0.6976	0.7434	0.4632	0.5797	0.0694
2014	0.6014	0.6928	0.9579	0.6482	0.7521	0.3613	0.7857	0.8549	0.3824	0.4734	0.2083
2015	0.7419	0.8285	1.0000	0.7413	0.4714	0.0000	0.7892	0.8454	0.2059	0.2448	0.2222
2016	0.8541	0.9245	0.8382	0.8422	0.5426	0.0283	0.8317	0.8714	0.0000	0.0508	0.0000
2017	1.0000	1.0000	0.5287	1.0000	0.6675	0.1881	1.0000	1.0000	0.0074	0.0000	0.0833

表 4.27　2009～2017 年京津冀金融业评价指标数据归一化处理结果

年份	年末金融机构存款余额	年末金融机构贷款余额	原保险保费收入	原保险保费支出	金融业就业人员	金融业就业人员平均工资	金融相关率	保险深度	金融业增加值	金融业固定资产投资	金融业增加值占地区生产总值比率	金融业增加值占第三产业比率	金融业就业人员占地区就业人员比率
2009	0.0000	0.0000	0.0000	0.0000	0.0000	0.0000	0.2557	0.2926	0.0000	0.0000	0.0105	0.0000	0.0000
2010	0.1123	0.1198	0.1702	0.0028	0.0553	0.2076	0.2397	0.5638	0.0760	0.1819	0.0000	0.0000	0.0280
2011	0.2034	0.2064	0.1126	0.0904	0.1694	0.2751	0.0000	0.0213	0.1857	0.9062	0.0419	0.0879	0.0320
2012	0.3246	0.3093	0.1704	0.2080	0.2757	0.3988	0.1112	0.0000	0.3067	0.6204	0.2016	0.3230	0.0480
2013	0.4303	0.4244	0.2351	0.3648	0.3295	0.6139	0.1841	0.0053	0.4491	0.8776	0.3874	0.5701	0.0400
2014	0.5302	0.5564	0.3594	0.5497	0.4595	0.7402	0.3381	0.1702	0.5827	0.8344	0.5759	0.8052	0.1920
2015	0.7903	0.6936	0.5408	0.7677	0.6389	0.8765	0.8913	0.4681	0.7282	0.9251	0.8063	0.9644	0.4040
2016	0.9222	0.8403	0.8615	1.0000	0.8359	0.9210	1.0000	0.9415	0.8575	1.0000	0.8848	0.9549	0.6440
2017	1.0000	1.0000	1.0000	0.9541	1.0000	1.0000	0.9735	1.0000	1.0000	0.6397	1.0000	1.0000	1.0000

运用熵权法对京津冀物流业评价指标赋权，各指标 2009～2017 年的权重均值见表 4.28 和表 4.29，权重越大表明该指标在综合评价中的作用越大。表 4.28 为京津冀物流业评价指标权重，表 4.29 为京津冀金融业评价指标权重。从表 4.28 可以得到，物流业就业人员占地区就业人员比率这个指标的权重（0.1743）明显高于其他指标，其他指标权重基本分布在 0.0500～0.1100，货物周转量指标权重为 0.1063，物流业增加值占地区生产总值比率指标权重为 0.1061，公路里程指标权重为 0.1010。从表 4.29 可以得到，金融业就业人员占地区就业人员比重这个指标的权重明显高于其他指标，其他指标权重基本分布在 0.0300～0.1100，金融业就业人员占地区就业人员比率指标权重为 0.1441，能够凸显金融业就业人员的驱动作用。

表 4.28　京津冀物流业评价指标权重

物流业评价指标	权重
铁路营业里程 W1	0.0868
公路里程 W2	0.1010
物流业就业人员 W3	0.0852
物流业就业人员平均工资 W4	0.0759
货运量 W5	0.0547
货物周转量 W6	0.1063
物流业增加值 W7	0.0531
物流业固定资产投资 W8	0.0673
物流业增加值占地区生产总值比率 W9	0.1061
物流业增加值占第三产业比率 W10	0.0893
物流业就业人员占地区就业人员比率 W11	0.1743

表 4.29　京津冀金融业评价指标权重

金融业评价指标	权重
年末金融机构存款余额 J1	0.0594
年末金融机构贷款余额 J2	0.0570
原保险保费收入 J3	0.0750
原保险保费支出 J4	0.0891
金融业就业人员 J5	0.0695

续表

金融业评价指标	权重
金融业就业人员平均工资 J6	0.0463
金融相关率 J7	0.0754
保险深度 J8	0.1063
金融业增加值 J9	0.0621
金融业固定资产投资 J10	0.0376
金融业增加值占地区生产总值比率 J11	0.0973
金融业增加值占第三产业比率 J12	0.0809
金融业就业人员占地区就业人员比率 J13	0.1441

根据式（4.6）和式（4.7）计算京津冀物流业综合发展评价指数 U 与金融业综合发展评价指数 G，再根据式（4.8）～式（4.10）计算出京津冀物流业与金融业的耦合协调度，并基于表 4.2 得到京津冀两业的协调等级。表 4.30 为京津冀物流业与金融业耦合协同结果。图 4.7 为京津冀物流业综合发展评价指数与金融业综合发展评价指数变化曲线图。图 4.8 为京津冀物流业与金融业耦合度与耦合协调度变化曲线图。

表 4.30　京津冀物流业与金融业耦合协同结果

年份	京津冀物流业综合发展评价指数 U	京津冀金融业综合发展评价指数 G	耦合度 C	耦合协调度 D	协调等级
2009	0.3856	0.0514	0.6443	0.3752	轻度失调
2010	0.4425	0.1336	0.8440	0.4931	濒临失调
2011	0.4706	0.1285	0.8210	0.4959	濒临失调
2012	0.4667	0.2093	0.9246	0.5590	勉强协同
2013	0.5304	0.3161	0.9674	0.6399	初级协同
2014	0.5509	0.4653	0.9964	0.7116	中级协同
2015	0.4965	0.6921	0.9864	0.7656	中级协同
2016	0.4428	0.8796	0.9439	0.7900	中级协同
2017	0.5009	0.9804	0.9462	0.8371	良好协同

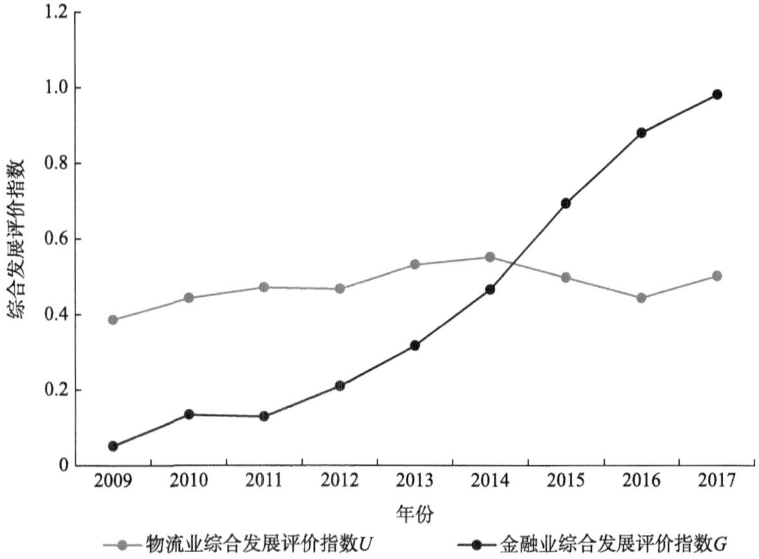

图 4.7　京津冀物流业综合发展评价指数与金融业综合发展评价指数变化曲线图

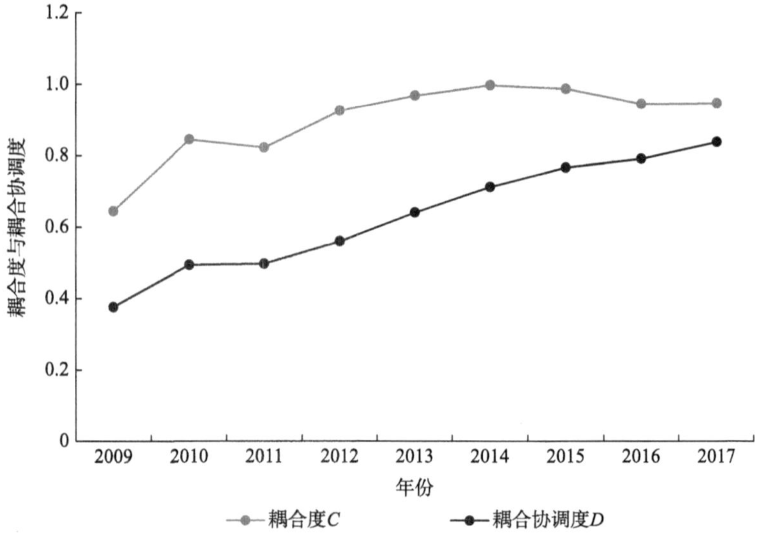

图 4.8　京津冀物流业与金融业耦合度与耦合协调度变化曲线图

从表 4.30 和图 4.7 可以看出，2009～2017 年，京津冀的物流业综合发展评价指数和金融业综合发展评价指数整体上呈现出波动上升的发展态势。京津冀物流业综合发展评价指数变化趋势较为平缓，从 2009 年的 0.3856 上升至 2017 年的 0.5009，增长了 0.1153，其中 2012 年、2015 年和 2016 年三年同比前一年略有下降，京津冀物流业综合发展评价指数分别从 2011 年的 0.4706 下降至 2012 年的

0.4667，从 2014 年的 0.5509 下降至 2015 年的 0.4965 而后又下降至 2016 年的 0.4428。京津冀金融业发展态势迅猛，只有 2011 年京津冀金融业综合发展评价指数出现短暂下降，其他年份均保持增长趋势，从 2009 年的 0.0514 攀升至 2017 年的 0.9804，大约增长了 16 倍。另外，通过表 4.30 和图 4.7 可以发现，2014 年及之前京津冀物流业综合发展评价指数一直大于金融业综合发展评价指数，而 2014 年之后京津冀金融业综合发展评价指数大于物流业综合发展评价指数。

由表 4.30 和图 4.8 可以看出，2009～2017 年，京津冀金融业与物流业耦合度均在 0.64 以上，最高耦合度达到 0.9964，说明该时期京津冀物流业与金融业在发展过程中关联程度一直较高。从变化趋势上来看，京津冀物流业与金融业耦合度保持波动增长态势，从 2009 年的 0.6443 上升至 2017 年的 0.9462，上升了 0.3019，其中 2011 年、2015 年和 2016 年三年京津冀物流业与金融业耦合度较前一年有所下降，分别下降至 0.8210、0.9864 和 0.9439。2009～2017 年，京津冀物流业与金融业耦合协调度总体呈现出上升的变化趋势，从 2009 年的 0.3752 上升至 2017 年的 0.8371，翻了一番还要多，说明京津冀物流业与金融业的协同发展程度从较差向较好发展。从协调等级可以看出，2009 年京津冀物流业与金融业均处于轻度失调状态，2010～2011 年两年京津冀物流业与金融业的协调等级为濒临失调，2012 年京津冀物流业与金融业的协调等级为勉强协同，2013 年京津冀物流业与金融业的协调等级为初级协同，2014～2016 年三年京津冀物流业与金融业的协调等级为中级协同，2017 年京津冀物流业与金融业的协调等级为良好协同。

4.4　京津冀物流业与金融业协同效率研究

4.4.1　以时间为决策单元

1. 北京市物流业与金融业协同效率计算与分析

以时间为决策单元的北京市物流业与金融业指标数据，如表 4.31 所示。其中，物流业增加值以交通运输、仓储及邮政业增加值代替。

表 4.31　2009～2017 年北京市物流业与金融业指标数据

年份	物流业评价指标		金融业评价指标	
	物流业增加值/亿元	货运量/万吨	金融业固定资产投资/亿元	金融业增加值/亿元
2009	556.64	22 017	7.40	1 603.6
2010	712.01	23 712	30.31	1 863.6

续表

年份	物流业评价指标		金融业评价指标	
	物流业增加值/亿元	货运量/万吨	金融业固定资产投资/亿元	金融业增加值/亿元
2011	808.95	26 849	86.73	2 215.4
2012	816.31	28 650	52.89	2 536.9
2013	871.76	28 294	57.39	2 943.2
2014	948.10	29 518	54.54	3 357.8
2015	983.87	23 236	73.31	3 926.4
2016	1 060.97	24 099	50.65	4 270.8
2017	1 208.40	23 879	38.69	4 655.4

注：物流业增加值、货运量、金融业固定资产投资数据取自《北京统计年鉴 2019》，http://nj.tjj.beijing.gov.cn/nj/main/2019-tjnj/zk/indexch.htm[2021-11-11]；金融业增加值数据取自 http://www.stats.gov.cn/[2021-11-11]

1）协同效率计算

首先，以北京市金融业指标为投入指标、物流业指标为相应的产出指标，使用 DEAP2.1 软件计算得到金融业为投入条件下 2009～2017 年协同效率，如表 4.32 所示。

表 4.32　金融业为投入条件下 2009～2017 年协同效率

年份	综合效率	技术效率	规模效率	规模收益
2009	1.000	1.000	1.000	不变
2010	1.000	1.000	1.000	不变
2011	0.956	1.000	0.956	递减
2012	0.867	1.000	0.867	递减
2013	0.775	0.962	0.806	递减
2014	0.739	1.000	0.739	递减
2015	0.656	0.840	0.781	递减
2016	0.674	0.889	0.758	递减
2017	0.725	1.000	0.725	递减

然后，以北京市物流业指标为投入指标、金融业指标为相应的产出指标，使用 DEAP2.1 软件计算得到物流业为投入条件下 2009～2017 年协同效率，如表 4.33 所示。

表 4.33　物流业为投入条件下 2009～2017 年协同效率

年份	综合效率	技术效率	规模效率	规模收益
2009	0.716	1.000	0.716	递增
2010	0.654	0.959	0.682	递增
2011	1.000	1.000	1.000	不变
2012	0.817	0.945	0.864	递增
2013	0.862	0.952	0.905	递增
2014	0.885	0.927	0.954	递增
2015	1.000	1.000	1.000	不变
2016	1.000	1.000	1.000	不变
2017	1.000	1.000	1.000	不变

根据表 4.32 与表 4.33，得到北京市物流业与金融业协同发展的系统有效性，如表 4.34 所示。

表 4.34　北京市物流业与金融业协同发展的系统有效性

年份	两业协同发展的系统有效性	金融业为投入条件下的综合效率	物流业为投入条件下的综合效率
2009	系统无效	DEA 有效	DEA 无效
2010	系统无效	DEA 有效	DEA 无效
2011	系统无效	DEA 无效	DEA 有效
2012	系统无效	DEA 无效	DEA 无效
2013	系统无效	DEA 无效	DEA 无效
2014	系统无效	DEA 无效	DEA 无效
2015	系统无效	DEA 无效	DEA 有效
2016	系统无效	DEA 无效	DEA 有效
2017	系统无效	DEA 无效	DEA 有效

2）结果分析

A. 以金融业指标为投入指标的分析

由表 4.32 和表 4.34 可知，2009 年和 2010 年金融业为投入条件下的综合效率均为 DEA 有效，表明 2009～2010 年，在物流业产出不变的前提下，北京市金融业投入与物流业相匹配。2011～2017 年的综合效率均为 DEA 无效，其中，2011 年、2012 年、2014 年和 2017 年 4 个年份的技术效率值为 1.000 且规模效率小于 1.000，为弱有效状态，说明在 DEA 无效的年份中，技术水平并不是制约北京市物流业与金融业协同发展的唯一原因。从规模收益的角度看，除综合效率为 DEA

有效的年份外，其他所有年份的规模效率值均处于无效状态，且表现为规模收益递减。其中，2009～2012 年、2014 年和 2017 年 6 个年份的纯技术水平达到有效状态，而导致这些年份无法达成 DEA 有效的原因主要在于规模效率处于无效状态，因此在这些年份中，金融业技术效率对物流业产出的影响并不是主要的，规模效率的不足才是原因。而其他年份中，技术效率与规模效率均未达到有效，说明在这些年份中无论是技术效率还是规模效率距离最优都存在一定差距，证明在这些年份中，北京市金融业的投入对于物流业的产出的增加效果在不断下降。

B. 以物流业指标为投入指标的分析

根据表 4.33 和表 4.34 可知，2011 年与 2015～2017 年，物流业为投入条件下的综合效率为 DEA 有效，表明这些年份中，在金融业产出不变的前提下，北京市物流业投入与金融业相匹配。其他年份的综合效率均为 DEA 无效，其中，2009 年的技术效率值为 1.000 且规模效率值小于 1.000，为弱有效状态，说明在 DEA 无效的年份中，物流业技术效率并不是制约北京市物流业与金融业协同发展的主要原因，而需要改善物流业投入规模。

从规模收益的角度看，除综合效率有效的年份外，其他年份的规模效率值均处于无效状态，但规模收益除了 2011 年不变外，在 2009～2010 年及 2012～2014 年均处于递增状态，之后该指标转为不变。说明前期北京市物流业以扩大规模的方式可以有效提升金融业产出水平，也证明了北京市物流业对金融业的促进作用，但后期北京市单纯地增加物流业投入对金融业起不到促进的作用，无法继续带动金融业的发展。

C. 综合分析

由表 4.34 可知，当北京市物流业与金融业均在投入或产出端达到 DEA 有效时，该决策单元才可以被认为是 DEA 有效的，此时二者才真正达到协同发展，仅在一种情况下达到 DEA 有效不能称为协同发展。由此可知，2009～2017 年，北京市物流业与金融业协同发展均处于系统无效状态。

2. 天津市物流业与金融业协同效率计算与分析

以时间为决策单元的天津市物流业与金融业指标数据，如表 4.35 所示。其中，物流业增加值以交通运输、仓储及邮政业增加值代替。

表 4.35 2009～2017 年天津物流业与金融业指标数据

年份	物流业评价指标		金融业评价指标	
	物流业增加值/亿元	货运量/万吨	金融业固定资产投资/亿元	金融业增加值/亿元
2009	471.01	43 554	1.06	461.20
2010	585.37	41 611	3.24	572.99

续表

年份	物流业评价指标		金融业评价指标	
	物流业增加值/亿元	货运量/万吨	金融业固定资产投资/亿元	金融业增加值/亿元
2011	632.10	44 651	39.62	756.50
2012	683.56	47 698	31.54	1 001.59
2013	675.02	51 603	43.34	1 235.91
2014	720.72	50 948	58.79	1 422.28
2015	729.09	53 179	31.00	1 603.23
2016	725.31	51 580	19.12	1 793.57
2017	780.40	52 992	14.10	1 951.75

注：物流业增加值、货运量、金融业固定资产投资数据取自《天津统计年鉴 2019》，http://stats.tj.gov.cn/nianjian/2019nj/zk/indexch.htm[2021-11-11]；金融业增加值数据取自 http://www.stats.gov.cn/[2021-11-11]

1）协同效率计算

首先，以天津市金融业指标为相应的投入指标，物流业的对应指标为相应的产出指标，使用 DEAP2.1 软件计算得到金融业为投入条件下 2009～2017 年协同效率，如表 4.36 所示。

表 4.36　金融业为投入条件下 2009～2017 年协同效率

年份	综合效率	技术效率	规模效率	规模收益
2009	1.000	1.000	1.000	不变
2010	1.000	1.000	1.000	不变
2011	0.818	1.000	0.818	递减
2012	0.668	1.000	0.668	递减
2013	0.535	1.000	0.535	递减
2014	0.496	1.000	0.496	递减
2015	0.445	1.000	0.445	递减
2016	0.396	0.912	0.434	递减
2017	0.391	1.000	0.391	递减

然后，以天津市物流业指标为投入指标、金融业指标为相应的产出指标，使用 DEAP2.1 软件计算得到物流业为投入条件下 2009～2017 年协同效率，如表 4.37 所示。

表 4.37 物流业为投入条件下 2009～2017 年协同效率

年份	综合效率	技术效率	规模效率	规模收益
2009	0.392	1.000	0.392	递增
2010	1.000	1.000	1.000	不变
2011	0.769	1.000	0.769	递增
2012	0.699	0.905	0.772	递增
2013	0.890	0.987	0.902	递增
2014	1.000	1.000	1.000	不变
2015	0.953	0.974	0.978	递增
2016	1.000	1.000	1.000	不变
2017	1.000	1.000	1.000	不变

根据表 4.36 与表 4.37 结果，得出天津市物流业与金融业协同发展的系统有效性，如表 4.38 所示。

表 4.38 物流业与金融业协同发展的系统有效性

年份	两业协同发展的系统有效性	金融业为投入条件下的综合效率	物流业为投入条件下的综合效率
2009	系统无效	DEA 有效	DEA 无效
2010	系统有效	DEA 有效	DEA 有效
2011	系统无效	DEA 无效	DEA 无效
2012	系统无效	DEA 无效	DEA 无效
2013	系统无效	DEA 无效	DEA 无效
2014	系统无效	DEA 无效	DEA 有效
2015	系统无效	DEA 无效	DEA 无效
2016	系统无效	DEA 无效	DEA 有效
2017	系统无效	DEA 无效	DEA 有效

2）结果分析

A. 以金融业指标为投入指标的分析

由以金融业指标为投入指标的分析结果可知，2009 年与 2010 年综合效率为 DEA 有效，表明在这些年份在物流业产出不变的前提下，金融业投入与物流业相匹配。其他 7 个无效的决策单元中，其中，2011～2015 年、2017 年 6 个年份的技术效率值为 1.000 且规模效率值小于 1.000，为弱有效状态，说明在 DEA 无效的年份中，技术水平并不是制约物流业与金融业协同发展的唯一原因。

从规模收益的角度看，除综合效率有效的年份外，其他所有年份的规模效率值均处于无效状态，且表现为规模收益递减。其中，2009～2017 年中除了 2016 年的纯技术水平未达到有效状态，其余 8 个年份的纯技术水平均达到有效状态，而导致这些年份无法达成 DEA 有效的原因主要在于规模效率处于无效状态，因此在这些年份中，金融业技术效率对物流业产出的影响并不是主要的，规模效率的不足才是原因。而 2016 年中，技术效率与规模效率均未达到有效，说明在 2016 年无论是技术效率还是规模效率距离最优都存在一定差距，证明在 2016 年金融业的投入增加物流业的产出的效果在不断下降。

B. 以物流业指标为投入指标的分析

由以物流业指标为投入指标的分析结果可知，2010 年、2014 年和 2016～2017 年综合效率为 DEA 有效，表明这些年份在金融业产出不变的前提下，物流业投入与金融业相匹配。其他 5 个无效的决策单元中，2009 年和 2011 年的技术效率值为 1.000 且规模效率值小于 1.000，为弱有效状态，说明物流业技术效率并不是制约两业协同发展的主要原因，而需要改善物流业投入规模。

从规模收益的角度看，除综合效率有效的年份外，其他所有年份的规模效率值均处于无效状态，其中 2009～2015 年的规模收益，除了 2010 年与 2014 年表现为不变，其他均表现为递增。2016～2017 年的规模收益又转为不变状态，说明前期物流业以扩大规模的方式可以有效增提升金融业产出水平，也证明了物流业对金融业的促进作用，但后期单纯地增加物流业投入对金融业起不到促进的作用，无法继续带动金融业的发展。

C. 综合分析

子系统指标在输入与输出两端都处于 DEA 有效状态时，才能判定整体系统协同效率有效。单个子系统协同效率的提高并不会提高复合系统的协同发展的有效性，当物流业与金融业均在投入或产出端达到 DEA 有效时，该决策单元才可以被认为是 DEA 有效，此时二者才真正达到协同发展，仅在一种情况下达到 DEA 有效不能称为协同发展。由此可得，自 2009～2017 年，仅有 2010 年处于系统有效状态，其他年份均处于系统无效状态。

3. 河北省物流业与金融业协同效率计算与分析

以时间为决策单元的河北省物流业与金融业指标数据，如表 4.39 所示。其中，物流业增加值以交通运输、仓储及邮政业增加值代替。

表 4.39　2009～2017 年河北省物流业与金融业指标数据

年份	物流业指标		金融业指标	
	物流业增加值/亿元	货运量/万吨	金融业固定资产投资/亿元	金融业增加值/亿元
2009	1 491.92	136 804	12.02	525.67
2010	1 745.91	177 308	12.83	615.42
2011	2 046.22	212 330	23.14	746.01
2012	2 212.93	242 886	24.38	913.66
2013	2 345.10	277 840	44.69	1 137.72
2014	2 396.40	238 749	25.94	1 347.58
2015	2 359.09	199 192	47.87	1 480.92
2016	2 369.27	210 994	93.08	1 731.23
2017	2 497.88	229 211	58.77	2 053.44

注：物流业增加值、货运量、金融业固定资产投资数据取自《河北经济年鉴 2018》，http://tjj.hebei.gov.cn/res/nj2018/indexch.htm[2021-11-11]；金融业增加值数据取自 http://www.stats.gov.cn/[2021-11-11]

1）协同效率计算

首先，以河北省金融业指标为投入指标、物流业指标为相应的产出指标，使用 DEAP2.1 软件计算得到金融业为投入条件下 2009～2017 年协同效率，如表 4.40 所示。

表 4.40　金融业为投入条件下 2009～2017 年协同效率

年份	综合效率	技术效率	规模效率	规模收益
2009	1.000	1.000	1.000	不变
2010	1.000	1.000	1.000	不变
2011	0.988	1.000	0.988	递减
2012	0.923	1.000	0.923	递减
2013	0.848	1.000	0.848	递减
2014	0.679	1.000	0.679	递减
2015	0.561	0.809	0.693	递减
2016	0.482	0.714	0.675	递减
2017	0.429	1.000	0.429	递减

然后，以河北省物流业指标为投入指标、金融业指标为相应的产出指标，使用 DEAP2.1 软件计算得到物流业为投入条件下 2009～2017 年协同效率，如表 4.41 所示。

表 4.41　物流业为投入条件下 2009～2017 年协同效率

年份	综合效率	技术效率	规模效率	规模收益
2009	0.429	1.000	0.429	递增
2010	0.429	0.888	0.483	递增
2011	0.449	0.804	0.558	递增
2012	0.502	0.790	0.636	递增
2013	0.621	0.819	0.759	递增
2014	0.684	0.848	0.806	递增
2015	0.841	0.978	0.860	递增
2016	1.000	1.000	1.000	不变
2017	1.000	1.000	1.000	不变

根据表 4.40 与表 4.41，得出河北省物流业与金融业协同发展的系统有效性（表 4.42）。

表 4.42　物流业与金融业协同发展的系统有效性

年份	两业协同发展的系统有效性	金融业为投入条件下的综合效率	物流业为投入条件下的综合效率
2009	系统无效	DEA 有效	DEA 无效
2010	系统无效	DEA 有效	DEA 无效
2011	系统无效	DEA 无效	DEA 无效
2012	系统无效	DEA 无效	DEA 无效
2013	系统无效	DEA 无效	DEA 无效
2014	系统无效	DEA 无效	DEA 无效
2015	系统无效	DEA 无效	DEA 无效
2016	系统无效	DEA 无效	DEA 有效
2017	系统无效	DEA 无效	DEA 有效

2）结果分析

A. 以金融业指标为投入指标的分析

由以金融业指标为投入指标的分析结果可知，2009 年与 2010 年综合效率为 DEA 有效，表明这些年份在物流业产出不变的前提下，金融业投入与物流业相匹配。其他 7 个无效的决策单元中，其中，2011～2014 年和 2017 年 5 个年份的技术效率值为 1.000 且规模效率值小于 1.000，为弱有效状态，说明在 DEA 无效的年份中，技术水平并不是制约物流业与金融业协同发展的唯一原因。

从规模收益的角度看，除综合效率有效的年份外，其他所有年份的规模效率值均处于无效状态，且表现为规模收益递减。在 2009～2017 年，有 7 个年份纯技术水平达到有效状态，而导致 2011～2014 年和 2017 年无法达成 DEA 有效的原因主要在于规模效率处于无效状态，因此在这些年份中，金融业技术效率对物流业产出的影响并不是主要的，规模效率的不足才是原因。而其他年份中，技术效率与规模效率均未达到有效，说明在这些年份中无论是技术效率还是规模效率距离最优都存在一定差距，证明在这些年份中金融业的投入增加物流业的产出的效果在不断下降。

B. 以物流业指标为投入指标的分析

由以物流业指标为投入指标的分析结果可知，2016 年与 2017 年综合效率为 DEA 有效，表明这些年份在金融业产出不变的前提下，物流业投入与金融业相匹配。其他 7 个无效的决策单元中，2009 年的技术效率值为 1.000 且规模效率值小于 1.000，为弱有效状态，说明物流业技术效率并不是制约两业协同发展的主要原因，而需要改善物流业投入规模。

从规模收益的角度看，除综合效率有效的年份外，其他所有年份的规模效率值均处于无效状态，规模收益在 2009～2015 年处于递增状态，之后该指标转为不变。说明前期物流业以扩大规模的方式可以有效增提升金融业产出水平，也证明了物流业对金融业的促进作用，但后期单纯地增加物流业投入对金融业起不到促进的作用，无法继续带动金融业的发展。

C. 综合分析

子系统指标在输入与输出两端都处于 DEA 有效状态时，才能判定整体系统协同效率有效。单个子系统协同效率的提高并不会提高复合系统的协同发展的有效性，当物流业与制造业均在投入或产出端达到 DEA 有效时，该决策单元才可以被认为是 DEA 有效，此时二者才真正达到协同发展，由此可得，所有年份均处于系统无效状态。

4. 京津冀物流业与金融业协同效率计算与分析

以时间为决策单元的京津冀物流业与金融业指标数据，如表 4.43 所示。其中，物流业增加值以交通运输、仓储及邮政业增加值代替。

表 4.43　2009～2017 年京津冀物流业与金融业指标数据

年份	物流业指标		金融业指标	
	物流业增加值/亿元	货运量/万吨	金融业固定资产投资/亿元	金融业增加值/亿元
2009	2 519.57	202 375	20.48	2 590.47
2010	3 043.29	242 631	46.38	3 052.01

续表

年份	物流业指标		金融业指标	
	物流业增加值/亿元	货运量/万吨	金融业固定资产投资/亿元	金融业增加值/亿元
2011	3 487.27	283 830	149.49	3 717.91
2012	3 712.80	319 234	108.81	4 452.15
2013	3 891.88	357 737	145.42	5 316.83
2014	4 065.22	319 215	139.27	6 127.66
2015	4 072.05	275 607	152.18	7 010.55
2016	4 155.55	286 673	162.85	7 795.60
2017	4 486.68	306 082	111.56	8 660.59

注：物流业增加值、货运量、金融业固定资产投资数据由北京市、天津市、河北省统计局网站数据计算得出；金融业增加值数据由国家统计局网站数据计算得出

1）协同效率计算

首先，以京津冀金融业指标为投入指标、物流业指标为相应的产出指标，使用 DEAP2.1 软件计算得到金融业为投入条件下 2009～2017 年协同效率，如表 4.44 所示。

表 4.44　金融业为投入条件下 2009～2017 年协同效率

年份	综合效率	技术效率	规模效率	规模收益
2009	1.000	1.000	1.000	不变
2010	1.000	1.000	1.000	不变
2011	0.960	1.000	0.960	递减
2012	0.902	1.000	0.902	递减
2013	0.846	1.000	0.846	递减
2014	0.665	1.000	0.665	递减
2015	0.583	0.885	0.658	递减
2016	0.535	0.856	0.625	递减
2017	0.524	1.000	0.524	递减

然后，以京津冀物流业指标为投入指标、金融业指标为相应的产出指标，使用 DEAP2.1 软件计算得到物流业为投入条件下 2009～2017 年协同效率，如表 4.45 所示。

表 4.45 物流业为投入条件下 2009～2017 年协同效率

年份	综合效率	技术效率	规模效率	规模收益
2009	0.533	1.000	0.533	递增
2010	0.524	0.903	0.524	递增
2011	1.000	1.000	1.000	不变
2012	0.728	0.899	0.810	递增
2013	0.913	0.948	0.963	递增
2014	0.862	0.927	0.929	递增
2015	0.972	1.000	0.972	递增
2016	1.000	1.000	1.000	不变
2017	1.000	1.000	1.000	不变

根据表 4.44 与表 4.45，得到京津冀物流业与金融业协同发展的系统有效性（表 4.46）。

表 4.46 物流业与金融业协同发展的系统有效性

年份	两业协同发展的系统有效性	金融业为投入条件下的综合效率	物流业为投入条件下的综合效率
2009	系统无效	DEA 有效	DEA 无效
2010	系统无效	DEA 有效	DEA 无效
2011	系统无效	DEA 无效	DEA 有效
2012	系统无效	DEA 无效	DEA 无效
2013	系统无效	DEA 无效	DEA 无效
2014	系统无效	DEA 无效	DEA 无效
2015	系统无效	DEA 无效	DEA 无效
2016	系统无效	DEA 无效	DEA 有效
2017	系统无效	DEA 无效	DEA 有效

2）结果分析

A. 以金融业指标为投入指标的分析

由以金融业指标为投入指标的分析结果可知，2009 年与 2010 年综合效率为 DEA 有效，表明这些年份在物流业产出不变的前提下，金融业投入与物流业相匹配。其他 7 个无效的决策单元中，2011～2014 年和 2017 年 5 个年份的技术效率值为 1.000 且规模效率值小于 1.000，为弱有效状态，说明在 DEA 无效的年份中，技术水平并不是制约物流业与金融业协同发展的唯一原因。

从规模收益的角度看，除综合效率有效的年份外，其他所有年份的规模效率值均处于无效状态，且表现为规模收益递减。其中，2011～2014 年和 2017 年 5 个年份的技术效率值为 1.000，即纯技术水平达到有效状态，而导致这些年份无法达成 DEA 有效的原因主要在于规模效率处于无效状态，因此在这些年份中，金融业技术效率对物流业产出的影响并不是主要的，规模效率的不足才是原因。而其他年份中，技术效率与规模效率均未达到有效，说明在这些年份中无论是技术效率还是规模效率距离最优都存在一定差距，证明在这些年份中金融业的投入增加物流业的产出的效果在不断下降。

B. 以物流业指标为投入指标的分析

由以物流业指标为投入指标的分析结果可知，2011 年和 2016～2017 年综合效率为 DEA 有效，表明这些年份在金融业产出不变的前提下，物流业投入与金融业相匹配。其他 6 个无效的决策单元中，其中，2009 年和 2015 年的技术效率值为 1.000 且规模效率值小于 1.000，为弱有效状态，说明物流业技术效率并不是制约两业协同发展的主要原因，而需要改善物流业投入规模。

从规模收益的角度看，除综合效率有效的年份外，其他所有年份的规模效率值均处于无效状态，但在 2009～2015 年，除了 2011 年规模收益不变，其他年份规模收益均处于递增状态，2015 年后该指标转为不变。说明前期物流业以扩大规模的方式可以有效增提升金融业产出水平，也证明了物流业对金融业的促进作用，但后期单纯地增加物流业投入对金融业起不到促进的作用，无法继续带动金融业的发展。

C. 综合分析

子系统指标在输入与输出两端都处于 DEA 有效状态时，才能判定整体系统协同效率有效。单个子系统协同效率的提高并不会提高复合系统的协同发展的有效性，当物流业与金融业均在投入或产出端达到 DEA 有效时，该决策单元才可以被认为是 DEA 有效，此时二者才真正达到协同发展，由此可得，所有年份均处于系统无效状态。

4.4.2　以空间为决策单元

1. 京津冀物流业与金融业协同效率计算

以空间为决策单元的京津冀物流业与金融业指标数据，如表 4.47 所示。

表 4.47　2017 年京津冀各市物流业与金融业指标数据

城市	物流业企业数/个	货运量/万吨	物流业固定资产投资/亿元	金融机构存款余额/亿元	金融机构贷款余额/亿元	原保险保费收入/亿元
北京市	10 440	23 879	1 129.11	144 086.00	69 556.20	1 972.96
天津市	18 512	52 992	537.02	30 940.81	31 602.54	564.96

续表

城市	物流业企业数/个	货运量/万吨	物流业固定资产投资/亿元	金融机构存款余额/亿元	金融机构贷款余额/亿元	原保险保费收入/亿元
石家庄市	6 118	40 635	435.10	11 703.00	892.50	395.50
邢台市	1 711	20 190	99.57	3 746.27	2 324.84	96.00
邯郸市	4 635	38 744	220.30	5 039.90	3 385.00	154.21
保定市	3 222	26 042	64.90	6 424.60	3 406.60	242.10
张家口市	1 411	12 188	135.41	3 461.80	2 401.10	68.60
唐山市	4 421	38 965	450.30	8 748.40	5 212.90	232.60
秦皇岛市	1 564	7 700	90.94	2 884.35	1 720.30	78.33
衡水市	1 400	7 770	28.17	2 801.00	1 708.60	79.70
廊坊市	1 768	10 384	109.36	6 170.60	5 869.30	70.64
承德市	1 094	8 326	114.30	2 505.20	1 916.50	62.96
沧州市	3 178	21 728	162.31	4 640.80	2 798.54	152.45

注：数据取自国家统计局网站、北京市统计局网站、天津市统计局网站、河北省统计局网站及各地市统计年鉴

首先，以京津冀金融业指标为投入指标、物流业指标为相应的产出指标，使用 DEAP2.1 软件计算得到金融业为投入条件下各城市协同效率，如表 4.48 所示。

表 4.48　金融业为投入条件下各市协同效率

城市	综合效率	技术效率	规模效率	规模收益
北京市	0.290	1.000	0.290	递减
天津市	1.000	1.000	1.000	不变
石家庄市	1.000	1.000	1.000	不变
邢台市	0.837	1.000	0.837	递增
邯郸市	1.000	1.000	1.000	不变
保定市	0.608	0.726	0.837	递增
张家口市	1.000	1.000	1.000	不变
唐山市	1.000	1.000	1.000	不变
秦皇岛市	0.741	1.000	0.741	递增
衡水市	0.592	1.000	0.592	递增
廊坊市	0.946	1.000	0.946	递增
承德市	0.935	1.000	0.935	递增
沧州市	0.804	0.897	0.897	递增

然后，以京津冀物流业指标为投入指标、金融业指标为相应的产出指标，使用 DEAP2.1 软件计算得到物流业为投入条件下各城市协同效率，如表 4.49 所示。

表 4.49　物流业为投入条件下各市协同效率

城市	综合效率	技术效率	规模效率	规模收益
北京市	1.000	1.000	1.000	不变
天津市	0.955	0.956	1.000	不变
石家庄市	0.428	0.431	0.992	递增
邢台市	0.400	0.747	0.536	递增
邯郸市	0.274	0.314	0.871	递增
保定市	1.000	1.000	1.000	不变
张家口市	0.288	0.807	0.357	递增
唐山市	0.247	0.298	0.831	递增
秦皇岛市	0.414	1.000	0.414	递增
衡水市	1.000	1.000	1.000	不变
廊坊市	0.871	0.875	0.996	递增
承德市	0.276	1.000	0.276	递增
沧州市	0.402	0.436	0.923	递增

根据表 4.48 与表 4.49，得到京津冀物流业与金融业协同发展的系统有效性（表 4.50）。

表 4.50　物流业与金融业协同发展的系统有效性

城市	两业协同发展的系统有效性	金融业为投入条件下的综合效率	物流业为投入条件下的综合效率
北京市	系统无效	DEA 无效	DEA 有效
天津市	系统无效	DEA 有效	DEA 无效
石家庄市	系统无效	DEA 有效	DEA 无效
邢台市	系统无效	DEA 无效	DEA 无效
邯郸市	系统无效	DEA 有效	DEA 无效
保定市	系统无效	DEA 无效	DEA 有效
张家口市	系统无效	DEA 有效	DEA 无效
唐山市	系统无效	DEA 有效	DEA 无效
秦皇岛市	系统无效	DEA 无效	DEA 无效
衡水市	系统无效	DEA 无效	DEA 有效

续表

城市	两业协同发展的系统有效性	金融业为投入条件下的综合效率	物流业为投入条件下的综合效率
廊坊市	系统无效	DEA 无效	DEA 无效
承德市	系统无效	DEA 无效	DEA 无效
沧州市	系统无效	DEA 无效	DEA 无效

2. 京津冀物流业与金融业协同效率结果分析

1）以金融业指标为投入指标的分析

在金融业指标为投入指标，物流业为产出指标的条件下，天津市、石家庄市、邯郸市、张家口市、唐山市为 DEA 有效，此时投入产出效率达到 DEA 有效状态，金融业投入的提升可以有效促进物流业产出。

北京市、邢台市、秦皇岛市、衡水市、廊坊市、承德市为弱 DEA 有效，应主要从调整投入规模角度出发，除了北京市的规模收益均为递减状态，其余城市的规模收益均为递增状态，说明北京市的金融业投入对物流业的促进作用下降，应减少在金融业上的投入。其余城市的金融业投入对物流业的促进作用上升，应该继续在金融业上增加投入。

沧州市为 DEA 无效，规模效率与纯技术效率都有较大的调整空间。规模报酬递减的北京市应该对金融业的发展进行合理引导，推进金融业生产流程与物流业的合理分工，完善企业间的沟通交流机制。规模报酬递增的邢台市、秦皇岛市、衡水市、廊坊市、承德市金融业投入还无法满足物流业的发展需求，应该从产业规模入手加大力度，促进金融业的持续发展。

2）以物流业指标为投入指标的分析

在物流业指标为投入指标，金融业为产出指标的条件下，北京市、保定市、衡水市为 DEA 有效，达到最佳投入产出效率，物流业投入对金融业发展促进作用明显。

秦皇岛市、承德市为弱 DEA 有效，应主要从调整投入规模角度出发。秦皇岛市、承德市呈现规模报酬递增状态，说明物流业投入对金融业拉动作用效果较好，应该适当增加投入。

天津市、石家庄市、邢台市、邯郸市、张家口市、唐山市、廊坊市、沧州市为 DEA 无效，规模效率与纯技术效率都需要进行调整。除了天津市的规模收益不变外，石家庄市、邢台市、邯郸市、张家口市、唐山市、廊坊市、沧州市的规模报酬递增，应当继续扩大这些城市的物流业规模。

3）综合分析

综合两业互为投入产出的结果来看，京津冀各市均属于无效状态，而绝大部分地区系统无效的原因都在于规模效率的低下，因此当地政府需要对当地产业进行更加细致而有效的规划，来促进两业协同发展。

4.5　本章小结

本章主要对京津冀物流业与金融业协同发展进行实证研究。①京津冀物流业与金融业协同发展的动力机制研究。首先，分析了京津冀物流业与金融业协同发展的内外部动力源及动力反馈机制，结果表明，京津冀物流业与金融业协同发展的内部动力源为：北京市物流业与金融业发达，协同发展能够有助于提升城市竞争力；天津市打造先进物流业与金融业协同发展研发基地，核心举措是加快转型升级；河北省为自己赢得发展机会，实现借势发展。京津冀物流业与金融业协同发展的外部动力源为：中央将京津冀物流业与金融业协同发展上升为国家战略；京津冀地区环境质量持续恶化，倒逼京津冀物流业与金融业协同发展。京津冀物流业与金融业协同发展的动力反馈机制为：京津冀物流业与金融业协同发展的主体有京津冀三地的政府、企业和居民个人。在居民个人方面，参与京津冀物流业与金融业协同发展活动是期望提高其收入水平和生活质量，其效用评估较为简单，由居民个人自我掌握、自我评估完成；在企业方面，参与京津冀物流业与金融业协同发展活动是期望通过其来增加企业收入，减少企业成本，实现利润最大化，其效用结果和偏差分析由企业各部门自主完成，形成分析报告，上报董事会等决策层，实现自我反馈。京津冀物流业与金融业协同发展的动力因素包括政府管制放松、技术创新与扩散、协同效应三个方面，从政府管制放松分析可知，京津冀需要打破行政壁垒、制定物流业与金融业协同发展政策；从技术创新与扩散分析可知，技术创新是京津冀物流业与金融业协同发展的主要内生动力；从协同效应分析可知，京津冀物流业与金融业协同发展的协同效应表现在三个层面，行政区政府间的协同、物流业与金融业产业间的协同和物流业与金融业产业间企业主体的协同效应。其次，从要素市场建设一体化与交通一体化两个方面分析了京津冀物流业与金融业协同发展政策引导方面的动力生成机制，结果表明，要素市场建设一体化方面，应推动京津冀地区物流业与金融业人力资源市场一体化政策不断落实完善，推动京津冀地区金融业市场一体化政策需要深化落实；交通一体化方面，需要京津冀政府制定较为完善的政策，鼓励社会资金投入，引导投入方向。②主要从信息传导机制、组织协调机制、利益保障机制三方面研究了京津冀物流业与金融业协同发展的保障机制。从信息传导机制分析可知，现有信息共享平台缺乏整合、功能发挥不足；从组织协调机制分析可知，组织协调机构不断完善，法律法规及规划陆续出台；从利益保障机制分析可知，生态补偿机制雏形已现，利益分享机制不断完善。③物流业与金融业耦合协调度研究，首先，构建物流业与金融业评价指标体系，选取熵值赋权法定量评价指标权重，在此基础上，构建物流业与金融业耦合协调度评价模型，分别对北京市、天津市、河北省和京津冀的物流业与金融业耦合协调度进行测算，结果表明，2009～2017 年北京市、天津市、河北省、京津冀的耦合协调度都是从轻度失调或濒临失调发展到良好协同，其物流业与金融业的协同发展程度均从较差向较好发展。④物流业与金融业协同效率研究，首先，以时间为决策单元，在构建物流业与金融业的协同效率评价指标体系的基础上，分别对北京市、天津市、河北省和京津冀的物流业与金融业协同效率进行测算；其次，以空间为决策单元，以北京市、天津市，以及河北省的 11 市为研究对象，分别对北京市、天津市，以及河北省的 11 市的物流业与金融业协同效率进行测算；结果表明，无论以时间为决策单元还是以空间为决策单元，京津冀两业整体协同效率都属于系统无效状态。无论是以金融业指标为输入指标还是以物流业指标作为输入指标，规模效率低下都是导致系统整体综合效率较差的主要因素。

第 5 章　京津冀物流业与金融业预测研究

5.1　物流业与金融业预测方法

预测是根据事物过去发展变动的客观过程和某些规律性，参照当前已经出现和正在出现的各种可能性，运用现代管理的、数学的和统计的方法，对事物未来可能出现的趋势和可能达到的水平或者现在已经发生但我们尚未观察到的事件做出的一种科学推测（胡旭呈，2000；王玉荣，2014）。目前，用于物流业和金融业的预测方法有很多，按照建模理念不同，可将物流业和金融业预测方法分为传统预测方法和智能预测方法。传统预测方法以统计理论为基础，通过一些假设条件对数据样本进行分析与预测。智能预测方法是随着计算机科学和信息技术的发展而产生的一种新型预测方法，是以智能计算为基础的方法。智能计算可以利用对不精确性、不确定性和部分真值的容错，来实现易于处理、具有鲁棒性、低求解成本和更好的、与现实更接近的目的。传统预测方法发展较早，解决的问题也相对简单，与智能预测方法根本性的不同就是不适用于不确定性问题的求解。但是传统的预测方法在其适用范围内仍然发挥着重要的作用，具有原理简单、易于操作等优点。

5.1.1　传统预测方法

1. 回归预测法

回归预测法是指利用数据统计原理，对大量统计数据进行数学处理，并确定因变量与某些自变量的相关关系，建立一个相关性较好的回归方程（函数表达式），并加以外推，用于预测因变量未来发展变化的分析方法。回归预测法的一般形式如下。

$$y = f(x) \tag{5.1}$$

其中，y 表示预测对象（因变量）；x 表示相关因素（自变量）；$f(x)$表示预测对象与其相关因素之间的关系。通常回归预测需要满足三个假设条件：一是方差齐性，即不同自变量取值下因变量的方差相等。二是独立性，因变量取值相互独立，也就是预测误差相互独立。三是正态分布，任意自变量固定时所对应的因变量服从正态分布。回归预测法是建立在收集的历史统计数据上的，这些数据往往存在一定的偏差。因此，回归预测法在用于实际预测之前，需要检验其模型的拟合程度和参数的显著性，通过有关检验后才可以用于外推预测。常用的检验方法有回归标准差检验、回归方程的显著性检验、相关系数检验等。

一元线性回归模型是最简单的回归预测法，它描述了一个自变量和一个因变量之间的线性关系，其一般形式可表示为

$$y = ax + b \tag{5.2}$$

其中，y 表示因变量；x 表示自变量；a 和 b 表示回归参数，通常由最小二乘法确定 a 与 b 的值。

若因变量与多个自变量相关，需要建立多元线性回归模型进行分析与预测。多元线性回归模型一般形式如下：

$$y = k_0 + k_1x_1 + k_2x_2 + \cdots + k_nx_n \tag{5.3}$$

其中，y 表示因变量；$x_1, x_2, \cdots, x_n$ 表示自变量；$k_0, k_1, k_2, \cdots, k_n$ 表示回归参数，同样可由最小二乘法确定回归参数的值。在实际问题中，有时因变量和自变量之间的相互关系并非都是线性形式，而是非线性形式，这时需要引入非线性回归模型，这里不再详述。

回归预测法的主要优点在于能够清晰地表达自变量与因变量之间的显著关系，可靠性高，实用价值大。但它对历史数据质量要求高，且要求系统的结构稳定，当影响因素错综复杂时，回归预测法的误差较大、外推特性较差（张晓峒，2005）。

值得注意的是，运用回归方法进行预测属于推断统计，需要对数据的模式进行建模，考虑到随机性并从中推断大样本的性质，这些推断可以是回答是或否的检验、数字特征的估计、未来观测值的预测、关联性的描述，以及对随机变量之间的关系建模等（李元章和何春雄，2016）。

2. 时间序列预测法

时间序列是按照时间排序的一组随机变量，它通常是在相等间隔的时间段内，依照给定的采样率对某种潜在过程进行观测的结果。时间序列数据从根本上是体现一种或多种无因果规律的随时间发生变化的趋势。时间序列预测法是指通过数

据处理分析挖掘出这种规律，进而利用其对将来数据做出估计的方法，其本质主要是根据前 T 个时刻的观测数据推算出 $T+1$ 时刻的时间序列的值。

时间序列预测法主要有两大类：确定型时间序列预测方法和随机型时间序列预测方法。确定型时间序列预测方法是依据历史数据的特征来预测将来数据的特征，是对过去数据的一种确定型的预测方法。随机型时间序列预测方法将预测对象看成无规律的随机过程，通过构造数学模型来预测数据。普遍使用的时间序列预测方法包括：自回归（autoregression，AR）模型、移动平均（moving average，MA）模型、自回归移动平均（autoregression moving average，ARMA）模型、自回归积分移动平均（autoregression integrated moving average，ARIMA）模型。

1）AR 模型

AR 模型从线性回归模型发展而来，属于线性时间序列预测方法。它是以时间序列的历史值和当前随机误差值来线性地表示时间序列的当前值。AR（p）模型表达如下：

$$Y_t = \sum_{i=1}^{p} \varphi_i Y_{t-i} + \varepsilon_t \tag{5.4}$$

其中，Y_t 表示预测值；ε_t 表示时间 t 的随机误差值，其均值为 0，标准差为 σ，且 σ 对任何 t 均保持不变；φ_i 表示自回归系数；p 表示自回归阶数。AR 模型需要的变量很少，只需要本身的时间序列即可，输入形式简单，但是所受限制较大，不能普遍适用于各种序列，而且变量必须达到自相关的要求，且自相关系数大于 0.5 才行，否则预测效果难以保证。

2）MA 模型

MA 模型是以时间序列的历史随机误差值与当前随机误差值来线性地表示时间序列的当前值。MA（q）模型的表达式如下：

$$Y_t = \sum_{i=1}^{q} \alpha_i \varepsilon_{t-i} + \varepsilon_t \tag{5.5}$$

其中，Y_t 表示预测值；ε_t 表示时间 t 的随机误差值，其均值为 0，标准差为 σ，且 σ 对任何 t 均保持不变；α_i 表示加权系数；q 表示移动平均阶数。

3）ARMA 模型

ARMA 模型是由 AR 项和 MA 项两部分构成的，其中，AR 项对时间序列的历史值进行自回归，而 MA 项对时间序的历史随机误差值与当前随机误差值进行线性组合。ARMA（p，q）模型的表达式如下：

$$Y_t = \sum_{i=1}^{p} \varphi_i Y_{t-i} + \sum_{i=1}^{q} \alpha_i \varepsilon_{t-i} + \varepsilon_t \tag{5.6}$$

其中，Y_t 表示预测值；ε_t 表示时间 t 的随机误差值，其均值为 0，标准差为 σ，且 σ 对任何 t 均保持不变；φ_i 表示自回归系数；α_i 表示加权系数；p 表示自回归阶数；q 表示移动平均阶数。

4）ARIMA 模型

ARIMA 模型由 Jenkins 和 Box 于 1979 年首先提出，该模型以 ARMA 模型为基础，通过增加有限次的差分，将原始非平稳时间序列变为平稳序列，并以时间序列的历史值及若干随机误差项的线性组合来预测未来值。ARIMA（p，d，q）模型的表达式如下：

$$\left(1-\sum_{i=1}^{p}\varphi_i L^i\right)(1-L)^d Y_t=\left(1+\sum_{i=0}^{q}\alpha_i L^i\right)\varepsilon_t \tag{5.7}$$

其中，Y_t 表示预测值；ε_t 表示时间 t 的随机误差值，其均值为 0，标准差为 σ，且 σ 对任何 t 均保持不变；φ_i 表示自回归系数；α_i 表示加权系数；p 表示自回归阶数；q 表示移动平均阶数；d 表示原始非平稳时间序列通过 d 阶（次）差分后变为平稳时间序列的差分次数，$d \in Z, d>0$；L 表示滞后算子，$L^i=Y_{t-i}$。

3. 灰色预测法

灰色系统理论认为，对既含有已知信息又含有未知或非确定信息的系统进行预测，就是对在一定方位内变化的、与时间有关的灰色过程进行预测。这种灰色过程表现是随机、无规律的，但其本质是有序且有界的，因此这一数据集合具备潜在的规律，灰色预测法就是利用这种规律建立灰色模型对灰色系统未来状态进行预测的方法。

在众多灰色模型中，GM(1,1) 模型是最简单、最普遍使用的灰色模型，它是在对原始数据累加生成基础上，利用微分拟合建立的单变量一阶常系数微分方程。GM(1,1) 模型构建过程如下：

设 $X^{(0)}=\left\{X^{(0)}(1),X^{(0)}(2),\cdots,X^{(0)}(k)\right\}$ 为原始非负时间序列，对其进行一次累加生成运算，得到新序列 $X^{(1)}=\left\{X^{(1)}(1),X^{(1)}(2),\cdots,X^{(1)}(n)\right\}$，其中，

$$X^{(1)}(k)=\sum_{i=1}^{k}X^{(0)}(i),\quad k=1,2,\cdots,n \tag{5.8}$$

由此，得到 GM(1, 1) 模型的微分方程为

$$\frac{\mathrm{d}X^{(1)}}{\mathrm{d}k}+aX^{(1)}=u \tag{5.9}$$

其中，a、u 表示待定参数；a 表示发展系数；u 表示灰色作用量。

设 a 为参数向量，$a=(a,u)^{\mathrm{T}}$，通过最小二乘法求解方程 $Ba=Y$，解得参数估

计值为

$$\hat{a}=\begin{bmatrix} a \\ u \end{bmatrix}^{\mathrm{T}}(B^{\mathrm{T}}B)^{-1}B^{\mathrm{T}}Y \qquad (5.10)$$

其中，$B=\begin{bmatrix} -0.5\left[X^{(1)}(1)+X^{(1)}(2)\right] & 1 \\ -0.5\left[X^{(1)}(2)+X^{(1)}(3)\right] & 1 \\ \vdots & \vdots \\ -0.5\left[X^{(1)}(n-1)+X^{(1)}(n)\right] & 1 \end{bmatrix}$，$Y=\begin{bmatrix} X^{(0)}(2) \\ X^{(0)}(3) \\ \vdots \\ X^{(0)}(4) \end{bmatrix}$。

将参数估计值 $\hat{a}$ 代入 GM(1,1) 模型的微分方程（5.9）求解，即可得到 GM(1,1) 模型的时间响应函数：

$$\hat{X}^{(1)}(k+1)=\left(X^{(0)}(1)-\frac{\hat{u}}{\hat{a}}\right)\mathrm{e}^{-\hat{a}k}+\frac{\hat{u}}{\hat{a}},\quad k=0,1,\cdots,n \qquad (5.11)$$

由式（5.11）对 $X^{(1)}$ 进行预测，并对 $X^{(1)}$ 进行一次累减生成运算，得到原始数据序列的预测值，即

$$\hat{X}^{(0)}(k+1)=\left(1-\mathrm{e}^{\hat{a}}\right)\left(X^{(0)}(1)-\frac{\hat{u}}{\hat{a}}\right)\mathrm{e}^{-\hat{a}k},\quad k=0,1,\cdots,n \qquad (5.12)$$

GM(1,1) 模型是基于最小二乘方法的指数拟合曲线，具有微分、差分和指数相兼容等的性质，所以在建立模型时完全不用大量的时间序列数据就能够取得比较好的预测效果，并且可以达到较高的精度要求。因此被广泛应用于物流金融领域的预测。但 GM(1,1) 模型对于波动性较大的非平稳数据序列的预测精度较低。

5.1.2　智能预测方法

1. 神经网络

神经网络（neural network）是模仿人类大脑的学习过程而构造的智能化数据处理及映射模型。神经网络的学习过程就是对自身进行训练的过程，指的是通过神经网络所在环境的刺激作用调整神经网络的自由参数，使神经网络以一种新的方式对外部环境做出反应的过程。也就是将样本集、训练集输入神经网络的过程，按照一定的方式调整神经元之间的连接权，使得网络能将样本集中的内涵以连接权矩阵的方式存储起来，从而使得网络在接受输入时，可以给出适当的输出。神经网络经过反复学习可以使其对所处的环境更为了解，能够从环境中学习和在学习中提高自身性能是神经网络最有意义的性质。

神经网络具有出色的自学习能力、自适应能力、非线性映射能力。除此之外，神经网络对预测对象的先验信息要求不多，一般不必事先知道有关预测对象的结构、参数、动态特性等方面的知识，只需给出输入、输出数据，通过网络本身的学习功能就可以达到输入与输出的完全符合。神经网络具体又可以分为误差反向传播（back propagation，BP）神经网络、径向基函数（radial basis function，RBF）神经网络、感知器神经网络、自组织神经网络、反馈神经网络等。本章对 BP 神经网络进行详细阐述，其余不再赘述。

图 5.1 给出了 BP 神经网络结构示意图。BP 神经网络由输入层、若干隐含层和输出层构成，每层由若干个节点组成，每一个节点代表一个神经元，上一层节点与下一层节点之间通过权值进行连接，同层内的节点之间没有联系。BP 神经网络是一种前馈式多层神经网络，按照误差反向传播算法训练网络。误差反向传播算法过程简单来说就是，误差计算按照从输入节点到输出节点的正向传播方向进行，误差反向传播则是从输出节点到输入节点方向进行，通过误差反馈信息，调整各层节点之间的连接权值和阈值，沿梯度方向降低误差，最终，在不断的数据训练后确定输出误差最小的神经网络。

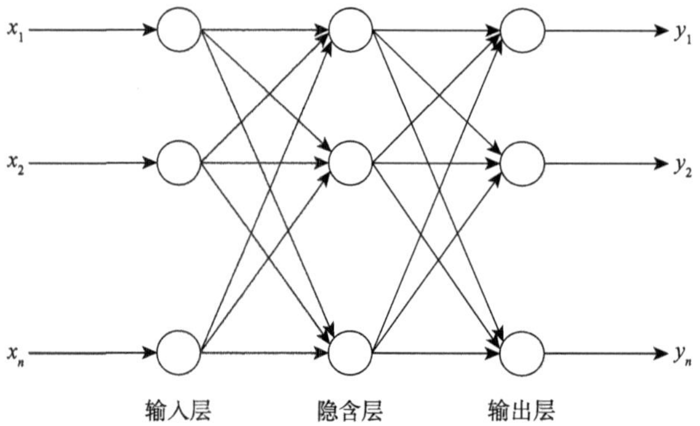

图 5.1　BP 神经网络结构示意图

BP 神经网络的隐含层神经元通常采用 S 型激活函数。S 型激活函数能实现 BP 神经网络输入与输出的非线性关系，具体形式如下：

$$\varphi\left(\mathrm{net}_j\right)=\frac{1}{1+\mathrm{e}^{-\mathrm{net}_j}} \tag{5.13}$$

其中，net_j 表示第 j 个隐含层神经元的输入，$j=1,2,\cdots,m$。输入层或输出层的神经元通常采用线性激活函数，线性激活函数可以使 BP 神经网络的输入与输出成正比，具体形式如下：

$$\varphi\left(\mathrm{net}_j\right)=c\times\mathrm{net}_j \tag{5.14}$$

其中，c 表示常值系数。

尽管 BP 算法具有网络结构简单、自学习能力强，以及具有较好的泛化能力和容错能力等众多优点，且在多个领域有较广泛的应用，但是它自身也存在一定的缺陷与不足，主要包括以下几点：第一，BP 神经网络需要比较长的训练时间。由于 BP 神经网络的学习速率是固定的，其收敛速度较慢，需要较长的训练时间。对于一些复杂的问题，BP 神经网络需要的训练时间可能会非常长。第二，BP 神经网络不一定能实现全局最优解。BP 神经网络可以使权值收敛到某个值，但并不能保证其为误差平面的全局最小值，这是因为采用梯度下降原则时，BP 神经网络的训练通过最初的输入值依照误差函数逐渐靠近误差的最小值，不同的最初输入值可能会产生不同的最小值，就可能存在局部最小值。第三，BP 神经网络的结构难以确定。BP 神经网络隐含层的层数和节点数的选择尚无理论上的指导，一般是根据经验或者通过反复实验确定。因此，BP 神经网络往往存在很大的冗余性，这在一定程度上也增加了网络学习的负担。第四，BP 神经网络的学习和记忆具有不稳定性。当新的记忆网络开始时，会改变原有已经训练好的连接权值，所以，即使利用原有的训练网络和新的记忆网络同时训练，也不能避免其遗忘原有的结构，存在一定的不稳定性。第五，存在多个极值点。由于误差函数的复杂程度使得 BP 算法可能存在多个极值点，即使全局极小通常也不是唯一的。在这种情况下，极小值的误差梯度均为零，这使得以误差梯度下降为权值调整依据的 BP 算法无法判断极小值。

2. 支持向量机

统计学习理论是一种研究小样本机器学习规律的理论，而支持向量机（support vector machines，SVM）是在统计学习理论基础上发展起来的一种分类和回归工具。SVM 最开始由 Vapnik 提出，是以统计学习理论的 VC 维①理论和结构风险最小化原则等理论建模的新兴机器学习方法。SVM 的主要求解思路是，如果解决的问题是线性可分的，SVM 使用一种最大间隔的求解法对其求解；如果求解的问题线性不可分，则 SVM 利用相关核函数将样本从低维空间映射到高维空间中，使样本点在高维空间中是线性可分的。SVM 能将优化问题转化成一个二次寻优求解问题，得到全局最优解，从而解决神经网络中无法避免的全局最小值问题。通过数据分析与学习，SVM 在处理数据量小的样本集、数据之间呈非线性关系，以及低维度向高维度映射等问题中具有优异的性能表现，同时在缓解维数难题和过度学习上起到了推动作用，已成功应用于分类、回归和时间序列预测等领域。

SVM 回归原理如下。

---

① 即 Vapnik-Chervonenkis dimension。

设给定一个训练样本集 $L=\left\{\left(x_i,x_j\right)\mid i=1,2,\cdots,N\right\}$。其中，$x_i\in R^d$ 表示输入向量；$y_i\in R$ 表示相应的输出变量，函数集可表示为

$$E=\left\{g|g:R^d\to R\right\} \tag{5.15}$$

函数的回归问题是要找到一个函数 $g\in E$，使得如下的期望风险最小，即

$$R[g]=\int c\left(y,g(x)\right)\mathrm{d}P(x,y) \tag{5.16}$$

其中，$P(x,y)$ 表示联合概率；$c=\left(y,g(x)\right)$ 表示损失函数，为 y 与 $g(x)$ 之间的偏差。引入线性 ε 不敏感损失函数：

$$c_\varepsilon\left(y,g(x)\right)=\begin{cases}0, & \left|y-g(x)\right|\leqslant\varepsilon\\ \left|y-g(x)\right|-\varepsilon, & 其他\end{cases} \tag{5.17}$$

根据结构风险最小化，有

$$R[g]\leqslant R_{\mathrm{emp}}^{\varepsilon}+R_{\mathrm{reg}} \tag{5.18}$$

其中，$R_{\mathrm{emp}}^{\varepsilon}=\dfrac{1}{v}\sum\limits_{i=1}^{v}c_\varepsilon\left(y_i,g(x)\right)$ 表示经验风险；R_{reg} 表示置信范围，用于控制 $g(x)$ 的复杂程度。

5.2 LSSVM-SIWPSO 预测方法

5.2.1 最小二乘支持向量机

1. 最小二乘支持向量机应用

目前，最小二乘支持向量机（least squares support vector machines，LSSVM）被广泛应用于人工智能、数据分析、图像识别、故障预警、回归估计等不同领域。杨钊等（2021）针对如何选取合适的切削参数来满足期望的加工表面粗糙度的要求这一问题，提出了一种 LSSVM 和粒子群优化算法相结合的表面粗糙度模型。结果表明，与其他模型相比，基于粒子群优化算法的 LSSVM 模型具有较高的预测精度和较快的收敛速度。梁涛等（2021）为了降低电厂燃煤锅炉的 NO_x 排放浓度，提出了一种基于改进多元宇宙优化算法（improved multi-verse optimizer algorithm，IMVOA）和加权最小二乘支持向量机（weighted least squares support vector machine，WLSSVM）的锅炉 NO_x 排放优化方法。实证结果表明：所建预测模型的平均绝对百分比误差为 1.09%，相对于其他几种预测模型具有更高的预测

精度。刘东等（2021）将 LSSVM 应用到水电机组状态劣化评估和故障预警中，利用 LSSVM 构建机组状态健康模型，并且提出了一种结合时域与频域特征的机组劣化在线评估方法，实证分析结果验证了该方法的有效性和实用性。吴玉洋等（2020）为了提高液体火箭发动机故障检测的精确性，采用基于粒子群优化算法优化 LSSVM 的方法，通过故障部件的预测变化值与其对应的标准阈值比较，进而检测发动机某一时刻是否发生故障。实证分析结果表明，粒子群优化算法优化后的 LSSVM 预测模型较其他模型具有更好的故障检测精度。李莉和何曙光（2020）针对多元过程监控中过程变量不服从多元正态分布的问题，提出了一种基于 LSSVM 的多元过程非参数监控模型，并讨论了 LSSVM 控制参数和控制阈值的确定方法，实证分析结果表明，该模型能够有效检测出过程偏移。田松峰等（2020）针对不同权重系数确定方法计算综合评判矩阵导致评语集区间划分困难问题，对每个数据点定义惩罚因子，采用可变惩罚因子最小二乘支持向量机（variable penalty factor least square support vector machine，VPF-LSSVM）优化模糊综合评判法，实证分析结果验证了优化后的模糊综合评判法的优越性。马彪（2019）提出利用 LSSVM 定量计算能源消费量的方法，该方法选取诸多影响能源消费的因素作为输入量，将样本的能源消费量数据作为输出量，利用训练好的 LSSVM 模型作为能源消费量定量计算的有效工具，研究结果表明，基于 LSSVM 模型的计算结果与样本值拟合精度较高，能较好且客观地反映各控制因素对能源消费量的影响。王定成等（2019）针对 SVM 回归算法用于复杂系统时训练时间过长并且缺乏实用性这一问题，提出了多输出直觉模糊最小二乘支持向量回归（intuitionistic fuzzy least squares support vector regression，IFLS SVR）模型，仿真结果表明，与其他方法相比，多输出 IFLS-SVR 取得了较好的效果。钟燕华（2018）针对建筑施工事故原始样本少、随机波动大和预测难度大等特点，提出了利用粒子群优化算法优化的 LSSVM 模型预测建筑施工事故的方法，并运用该方法进行仿真实验，结果表明，所提方法具有预测精度高、泛化能力强的特点，能满足工程应用要求。高雄飞（2018）针对具有非线性特征的时间序列难以预测等问题，提出了一种基于混沌最小二乘支持向量机的模型，实证分析结果表明，该预测模型能精确地预测具有非线性特性的时间序列，具有很好的理论和应用价值。莫延彧等（2017）针对有限元法和模态叠加理论分析不确定结构的动力特征时计算效率低等问题，提出了基于 LSSVM 回归的模拟方法，并且通过两个数值算例验证了该模拟方法的有效性。喻其炳等（2017）针对 PM2.5 预测中样本和输入变量的选取对预测模型精度影响较大等问题，提出了一种基于 K-均值聚类与偏最小二乘法的 SVM 的 PM2.5 浓度预测方法，实证分析结果表明，结合 K-均值聚类与偏最小二乘法来提高传统 SVM 在 PM2.5 浓度预测中的精度具有可行性。朱霄珣和韩中合（2016）针对风速的较大波动性导致其难以预测，以及样本特征的嵌入维数与时间延迟的选取达到最优较难的问题，提出了将各个参数共同优化的思想，建立了基于粒子群优化算法优化 LSSVM 参数的预测模型，实证分析结果表明，该模型大大提高了预测的精度。戴永彬（2016）针对非线性预测控制中系统建模和目标函数求解问题，提出了一种基于粒子群优化的非线性预测控制策略，仿真结果表明，其提出的控制策略由于将时间因素引入即时学习算法，并对潜变量 SVM 训练数据进行预处理，提高了 LSSVM 的建模精度，有可行性和有效性。肖行辉等（2016）针对地震中城市桥梁震害状态具有较强的非线性、复杂性的特点，采用具有 RBF 核函数的 LSSVM 算法来建立桥梁的震害预测模型，仿真结果表明，该预测模型具有一定的准确度和可行性，基于 LSSVM 的桥梁震害预测方法是一种可以用于地震中桥梁震害预测的良好方法。赵超和戴坤成（2016）为了提高建筑空调负荷的预测精度，在分析空调负荷主要影响因素的基础上，提出了一种基于自适应加权 LSSVM 的建筑空调负荷预测方法，实证分析结果表明，自适应加权 LSSVM 具有较高的预测精度和较好的泛化能力，是建筑空调负荷预测的一种有效方法。孙慧芳等（2016）针对水电机组状态参量具有小样本、非线性和非平稳性等特点，以及传统预测理论很难对其实现状态趋势预测等问题，提出了建立基于时间序列的组合预测模型，先利用 LSSVM 理论和自回归模型分别进行趋势预测，然后与其他模型组合预测，实证分析结果表明，组合预测模型的预测值与实测值基本一致，具有较高的预测精度。耿立艳（2015）为提高金融波动率的预测精度，提出一种将相空间重构技术、LSSVM 与变加速系数粒子群优化算法相结合的波动率预测方法，首先对原始波动率序列进行相空间重构，然后利用 LSSVM 优良的非线性映射特性对重构后的序列进行建模及预测，并采用变加速系数粒子群优化算法选择 LSSVM 最优参数，最后将该方法应用于上海证券综合指数股票指数收益的波动率预测，应用结果显示，此方法获得了较高的波动率预测精度。田中大等（2015）针对 LSSVM 预测模型中最优参数难以确定的问题，提出一种基于改进自由搜索算法确定 LSSVM 最优参数的方法。实证分析结果表明：相较于其他算法，基于改进自由搜索算法确定 LSSVM 最优参数的方法具有更高的预测精度与更小的预测误差。戢小辉（2016）为提高道路交通事故的预测精度及建模速度，在分析道路交通事故影响因素基础上，提出了基于灰色关联分析法的 LSSVM 道路交通事故预测模型，该模型采用灰色关联分析法筛选出影响因素作为 LSSVM 的输入变量，然后运用动态改变惯性权重自适应粒子群算法对 LSSVM 参数进行优化选取，实证分析结果表明，相较于其他预测模型，该模型具有较快的收敛速度，并能明显提高道路交通事故预测的精度。

在交通分析方面，LSSVM 主要用于交通流量和物流需求的预测研究。余丽洁等（2021）提出利用 LSSVM 建立预测车站高峰客流偏差系数的模型，通过引入车站高峰客流偏差系数来准确预测城市高峰小时客流与车站高峰小时客流的差异，从而合理确定车站设计客流。实证分析结果表明，LSSVM 能够很好地预测车站高峰客流偏差系数。朱永强和王小凡（2020）为提高道路交通流量预测的精确性，提出一种基于互补型集成经验模态分解、遗传算法和 LSSVM 的交通流量预测模型，该模型使用互补型集成经验模态分解原始数据，将分解后的本征模态函数分量分别用遗传算法优化参数后的 LSSVM 进行预测，叠加全部本征模态函数分量值作为模型最终的预测结果，实证分析结果表明，该模型平均相对误差仅为 6.51%，相较于其他模型拥有更好的预测效果，可为交通流的预测提供一定的参考。耿立艳和张占福（2019）针对单一智能预测法很难准确揭示铁路货物周转量月度数据显著的季节性、趋势性、随机性等特征的问题，提出了一种基于 LSSVM 的铁路货物周转量智能组合预测法。该方法先通过季节调整法分解出铁路货物周转量月度数据中的趋势变化分量、季节变化分量和随机变化分量，再利用灰色预测法、小波神经网络和 SVM 分别预测这三种分量，最后通过 LSSVM 将三种分量的预测值组合为最终预测值，实例分析结果表明，LSSVM 智能组合预测法预测性能优于其他算法，适用于月度铁路货物周转量的短期预测。殷礼胜等（2019）针对短时交通流时间序列数据的非平稳、非线性特点，提出了一种基于集合经验模态分解和改进型粒子群算法优化的 LSSVM 的组合预测模型，实证分析结果表明，该组合模型提高了预测精度，并且能够快速地预测交通流时间序列。王盛和杨信丰（2019）为提高大型公共交通短期客流预测精度，提出了一种在利用集成经验模态分解原始数据的条件下，采用灰狼优化算法优化 LSSVM 的预测方法，通过对西安地铁二号线北客站一个月进出站人数进行训练预测，证明了该算法与其他算法相比具有更加精确的预测结果。郭战坤等（2019）基于时间序列可能存在异常值的问题，提出了一个基于局部异常因子的奇异谱分析的 LSSVM 预测模型，该预测模型首先对原始时间序列进行 X12 加法季节分解，对于分解得到的不规则序列，采用局部异常因子算法进行异常值检测，确定异常数据的位置，利用 LSSVM 的预测值修正原始时间序列中的异常值，然后将修正后的季节调整序列与季节因子序列加和，得到新的待预测序列，再采用奇异谱分析将新的待预测序列进行分解重构，剔除序列中的噪声，最后再使用 LSSVM 对其进行预测。实证结果表明，其建立的模型相比其他模型有着更好的预测精度。徐钦帅等（2019）为了提高预测模型的精度，提出基于改进引力搜索算法寻优的 LSSVM 模型，并选取 2016 年贵州省高速公路真实交通流数据进行预测实验，结果表明，该模型具有更好的预测精度、鲁棒性和泛化能力。杨刚等（2017）为实现具有明显周期性特点的交通流量的精确预测，提出了一种基于自适应惯性权重的粒子群优化 LSSVM 的短时交通流量预测方法，通过引入粒子种群多样性，设计自适应惯性权重调节方法，借助粒子群优化算法的寻优能力实现 LSSVM 参数的优化，减少人为因素对参数选择的影响，提高 LSSVM 的泛化能力和预测精度。实验结果表明，与其他方法相比，该方法具有精度高、泛化能力强的特点。康军等（2018）针对短时交通流在线预测时存在的计算复杂性问题，提出了一种基于 LSSVM 的在线式短时交通流预测方法。该方法简化了在线学习过程中拉格朗日乘子的求解过程，利用训练数据集滑动时间窗口的移动来控制新样本的加入和旧样本的移除，通过线性运算完成拉格朗日乘子的更新，进而完成预测模型的在线更新。测试结果表明，相对已有方法，其提出的方法在保证预测精度的条件下，能够将在线模型更新时间平均降低约 62.64%，是一种有效的在线式短时交通流预测方法。商强等（2016）为了提高短时交通流预测的精度，提出了基于奇异谱分析和组合核函数 LSSVM 的短时交通流预测模型。该模型用奇异谱分析方法降噪后的交通流数据训练 LSSVM，并通过粒子群优化算法确定 LSSVM 参数，实证分析结果表明，与其他三个模型相比，该模型具有较好的预测效果，能够有效提高短时交通流预测精度。耿立艳和郭斌（2015）针对 LSSVM 在物流需求预测中参数选择的随意性、耗时性等问题，将 LSSVM 与动态加速系数粒子群优化算法结合，构建了一种基于动态加速系数粒子群优化算法调整 LSSVM 参数的物流需求预测模型，该模型运用 LSSVM 的非线性运算能力对物流需求量进行预测，以动态加速系数粒子群优化算法的寻优能力选择 LSSVM 最佳参数，并以我国物流需求为例验证所建模型的预测性能，结果表明，所建模型获得了更高的预测精度和更快的建模速度。

在金融分析方面，LSSVM 主要用于信用评估、风险控制、成本管理的预测研究。温廷新和孔祥博（2020）为提高金融市场极端风险识别及预警能力，采用沪深 300 指数作为研究数据，利用少数类样本过采样算法解决样本不均衡问题，再通过因子分析提取特征，通过粒子群优化算法优化的 LSSVM 算法构建预测模型。研究结果表明，该模型对金融风险数据识别能力较强，能够较为精准地识别风险样本，且求解速度快，运行效率高，比传统 BP 网络和 SVM 等方法性能更优良，该研究结论对金融市场的风险识别、市场趋势把控、股市交易管制及投资者决策具有一定意义。任歌（2013）从供应链金融的视角，基于 LSSVM 模型，设计了中小企业的信用风险评估指标体系，以帮助商业银行对中小企业的信用风险进行贷前评估，实证分析结果表明，LSSVM 模型与其他模型相比评估效果更为准确，稳定性也更高，并且在我国商业银行供应链金融业务发展尚缺乏数据积累的情况下更具现实意义。孙德山等（2010）将 LSSVM 应用于具有明显聚集性波动特征的金融时间序列预测中，通过结合广义自回归条件异方差（generalized autoregressive conditional heteroskedasticity，GARCH）模型更有效地提取金融时间序列中的残差信息、提高预测精度。利用实际股票市场预测的比较分析证实了 LSSVM 与 GARCH 模型相结合的方法是可行的、有效的。辛治运和顾明（2008）为解决神经网络预测海量金融时间序列数据时出现的训练速度慢、占用内存大等问题，提出了一种基于 LSSVM 的复杂金融数据时间序列预测方法，LSSVM 将传统 SVM

中的不等式约束改为等式约束，且将误差平方和的损失函数作为训练集的经验函数，这样就把二次规划问题转化为求解线性方程组问题，提高求解问题的速度和收敛精度，实证分析结果表明，LSSVM 在大批量金融数据时间序列预测的训练时间、训练次数和预测误差上都有了明显提高，对复杂金融时间序列具有较好的预测效果。周敏（2019）为提高信用评估的精度，提出了一种用改进灰狼优化算法优化 LSSVM 参数的方法，并将其应用于信用评估中，结果表明，在公开的德国和澳大利亚真实信用数据集上，相较于传统的 K 近邻、朴素贝叶斯、决策树、SVM 和 LSSVM 等信用评估方法，其提出的方法在信用评估精度方面有明显的提升。唐碧秋等（2019）为了有效控制工程投资风险、有预见性地采取风险应对策略，利用粒子群优化算法优化 LSSVM 的核函数参数和正则化参数，构建了一种工程投资风险评价模型，实证分析结果表明，粒子群优化算法改进 LSSVM 预测模型的预测平均误差为 2.48%，能够较准确地评价投资风险等级，为工程投资风险控制提供参考依据。林红华（2006）针对上市公司财务危机数据样本数目有限导致大多统计学方法的前提条件不能满足的情况，提出用 LSSVM 来研究上市公司财务危机预测的方法，并且给出了预测模型。实证分析结果表明，与多元判别分析、评定模型、神经网络方法相比，所提方法可行、有效，预测精度高，具有实用价值。Wang 和 Shang（2014）针对金融市场的复杂性导致预测股票指数走势难度较大的问题，将 LSSVM 应用于股票指数走势的预测。通过对中证 300 的日移动方向预测的实证分析，得出 LSSVM 方法在训练精度和测试精度上都优于概率神经网络、线性判别分析和二次判别分析，是一种非常有前途的定向预测方法的结论。谢颖和何东坡（2008）为快速、准确地进行公路建设项目投资估算，提出了一种基于独立分量分析技术-LSSVM 的公路建设项目投资估算模型，该模型首先基于独立分量分析技术，根据最小互信息原理，有效分离出公路建设项目投资估算的独立影响因素源，然后将这些独立影响因素源用于 LSSVM 的训练。该模型将独立分量分析技术的盲信号分离能力与 LSSVM 处理有限样本条件下非线性回归问题的优势有机结合，实证分析论证了该模型的准确性。熊志伟等（2021）针对神经网络用于变电站全寿命周期成本的预测容易出现局部最优、数据病态的问题，提出了基于量子粒子群优化算法优化LSSVM的变电站全寿命周期成本预测模型，该模型将变电站全寿命周期内相关特征指标作为模型的输入变量，得到的输出结果为变电站全寿命周期成本。仿真结果表明，通过量子粒子群优化算法优化 LSSVM 模型具有更好的预测精度，在变电站设计建设时能够快速准确地对全寿命周期成本进行预测评估，提高变电站建设的经济性。乔国华等（2015）针对中国变电站建设项目一直处于高成本、低收益的状态，提出了基于遗传算法优化 LSSVM 的变电站全寿命周期成本预测模型。实证分析结果验证了该预测模型性能的优越性，研究结论有助于实现快速、高效的对变电站全寿命周期成本的预测和对电网规划时变电站的经济技术评估。樊文广（2018）针对建筑工程造价成本数据较多时，利用 SVM 预测成本的学习速度比较慢甚至无法实现等问题，提出了基于数据挖掘的建筑工程造价成本预估模型，该模型采用 LSSVM 对建筑工程造价成本预估数学模型进行求解，并采用改进粒子群算法对模型再优化，最后通过具体建筑工程造价成本预估实验对模型的有效性进行验证。

2. 最小二乘支持向量机回归理论

SVM 是求解一个二次规划的问题，有唯一的最优解，但是对于二次规划模型的求解的计算量较大。为了解决这个问题，1999 年，Suykens 根据正则化理论提出了 LSSVM。LSSVM 将误差的二次平方项作为损失函数，用等式约束代替 SVM 方法中的不等式约束，从而将 SVM 中的求解二次规划问题转化成求解一组线性关系式，降低了拉格朗日乘子的求解难度，进而大幅度地降低了计算复杂程度。并且由于采用了最小二乘法，相对一般的 SVM，其运算速度明显提升，并降低了运算内存需求。大量实验证明，LSSVM 在准确性及泛化性能两者之间取得了良好的折中。LSSVM 和 SVM 有一定的差异，主要表现在以下几个方面。

1）构造过程

SVM 和 LSSVM 两种算法在优化问题的构造上，采用不同的目标函数，且约束条件也不同。这两方面的不同使得求解也有所不同。

2）求解过程

SVM 是求解二次规划问题，求解过程相对复杂。当处理一些比较大的数据时，SVM 的求解时间会更长，终止得到的结果并不是很好。针对这个问题，许多专家学者研究使用不同的算法对其进行优化改进，以简化 SVM 的求解过程，更快得到最优解。而 LSSVM 则不存在这个问题，它是求解线性方程得到决策函数，这样求解使得求解过程变得简单快速。

3）解的稀疏性

SVM 最终是为了得到一个全局最优解，求解的过程是解决二次规划问题。引入的拉格朗日函数，其函数乘子的值等于零，这样求得的函数只与少数样本点有关，即支持向量。由此得到的解有一定的稀疏性。但 LSSVM 算法则不同，其目标函数使用了误差平方项及等式约束条件，将 SVM 的二次规划问题转化为线性方程组求解，使得拉格朗日乘子与误差项为占比关系，但此关系会导致最终的决策函数与所有的样本点都有关系，这样就会失去 SVM 方法中解的稀疏性的特点，但可以通过改进 LSSVM 算法克服解的稀疏性问题。

LSSVM 回归原理描述如下。

给定一个训练样本集 $L=\left\{\left(x_i,x_j\right)\mid i=1,2,\cdots,N\right\}$，其中，$x_i\in R^d$ 为输入向量，

$y_i \in R$ 为相应的输出变量。对于非线性回归函数 $y=\omega^{\mathrm{T}}\varphi(x)+b$，LSSVM 基于结构风险最小化准则的思想构造目标函数为

$$\min \frac{1}{2}\omega^{\mathrm{T}}\omega+\frac{1}{2}\gamma\sum_{i=1}^{N}e_i^2 \tag{5.19}$$

满足如下等式约束：

$$y_i=\omega^{\mathrm{T}}\varphi(x_i)+b+e_i,\quad i=1,2,\cdots,N \tag{5.20}$$

其中，ω 表示权向量；b 表示偏差值；$\gamma \in R^{+}$ 表示正则化参数；$e_i \in R$ 表示误差值；$\varphi(\cdot)$ 表示非线性函数，用于将输入变量变换到高维特征空间中。对于 LSSVM 回归，上述优化问题的拉格朗日函数定义为

$$L(\omega,b,e,\alpha)=\frac{1}{2}\omega^{\mathrm{T}}\omega+\frac{1}{2}\gamma\sum_{i=1}^{N}e_i^2-\sum_{i=1}^{N}\alpha_i\left(\omega^{\mathrm{T}}\varphi(x_i)+b+e_i-y_i\right) \tag{5.21}$$

其中，$\alpha=[\alpha_1,\cdots,\alpha_N]^{\mathrm{T}}$ 表示拉格朗日乘子向量，$\alpha_i \geqslant 0$，$i=1,2,\cdots,N$。分别求 $L(\omega,b,e,\alpha)$ 对 ω,b,e,α 的偏微分，并使其等于零，得到的最优条件如下：

$$\begin{cases}\dfrac{\partial L}{\partial \omega}=0 \Rightarrow \omega=\sum\limits_{i=1}^{N}\alpha_i\varphi(x_i)\\ \dfrac{\partial L}{\partial b}=0 \Rightarrow \sum\limits_{i=1}^{N}\alpha_i=0\\ \dfrac{\partial L}{\partial e_i}=0 \Rightarrow \alpha_i=\gamma\sum\limits_{i=1}^{N}e_i\\ \dfrac{\partial L}{\partial \alpha_i}=0 \Rightarrow \omega^{\mathrm{T}}\varphi(x_i)+b+e_i-y_i=0\end{cases},\quad i=1,2,\cdots,N \tag{5.22}$$

消除 $R[g]\leqslant R_{\mathrm{emp}}^{\varepsilon}+R_{\mathrm{reg}}$ 中的 ω 和 e，得到如下矩阵方程

$$\begin{bmatrix}0 & 1^{\mathrm{T}}\\ 1 & ZZ^{\mathrm{T}}+\dfrac{1}{\gamma}\end{bmatrix}\begin{bmatrix}b\\ \alpha\end{bmatrix}=\begin{bmatrix}0\\ y\end{bmatrix} \tag{5.23}$$

其中，$1=[1,\cdots,1]^{\mathrm{T}}$；$y=[y_1,\cdots,y_N]^{\mathrm{T}}$；$Z=\left[\varphi(x_1),\varphi(x_2),\cdots,\varphi(x_N)\right]^{\mathrm{T}}$；$ZZ^{\mathrm{T}}$ 表示一个 $N\times N$ 方阵，第 k 行 i 列元素为 $\varphi(x_k)^{\mathrm{T}}\varphi(x_i)$。为避免空间映射后维数增加引起的计算复杂性增加，直接采用核函数 $k(x_i,x)$ 代替内积运算 $\left(\varphi(x_i)^{\mathrm{T}}\varphi(x)\right)$。

采用最小二乘法求解上述矩阵方程，得到 α 和 b 的值，最后 LSSVM 的非线性回归函数为

$$g(x)=\sum_{i=1}^{N}\alpha_i k(x_i,x)+b \tag{5.24}$$

在 LSSVM 计算中，不必求出样本特征空间的维数、$\varphi(\cdot)$ 的表达式及其变换形式，只需求出样本在当前特征空间的内积，然后通过核函数转换到高维特征空间，使其变为线性回归，这样只需将高维特征空间的内积用当前样本的内积替代，而不必关心样本被变换到几维空间。同时，在 LSSVM 中，需要计算的数据向量是以内积形式出现的，而核函数能起到简化映射空间中内积运算的作用，进而简化了 LSSVM 的计算复杂度，将非线性回归问题变为线性回归估计。所以，核函数的选择对 LSSVM 非常重要，选择适当的核函数是回归分析中的重要步骤。

理论上讲，只要满足 Mercer 条件（瓦普尼克，2000）的函数均可以作为核函数，但核函数的选取不同，LSSVM 获得的性能也有所不同，因而核函数的选择也是改善 LSSVM 性能的一个重要方面。几种常用的核函数有线性核函数、多项式核函数、径向基核函数、多层感知机核函数、傅里叶核函数。

（1）线性核函数

$$K\left(x,x_i\right)=x^{\mathrm{T}}x_i \tag{5.25}$$

（2）多项式核函数

$$K\left(x,x_i\right)=\left(x^{\mathrm{T}}x_i+c\right)^d \tag{5.26}$$

其中，$c\geqslant 0$ 表示截距；d 表示多项式的阶数，可取任意的正整数。

（3）径向基核函数

$$k\left(x,x_i\right)=\exp\left(-\frac{\left\|x-x_i\right\|^2}{2\sigma^2}\right) \tag{5.27}$$

其中，σ^2 表示径向基核函数的参数。

（4）多层感知机核函数

$$k\left(x,x_i\right)=\left(z\cdot\left(x^{\mathrm{T}}x_i\right)+c\right) \tag{5.28}$$

其中，$z>0$ 表示斜率；$c>0$ 表示截距。

（5）傅里叶核函数

$$k\left(x,x_i\right)=\frac{1-q^2}{2(1-2q\cos\left(x-x_i\right)+q^2)}，\quad 0<q<1 \tag{5.29}$$

其中，q 表示满足 $0<q<1$ 的常数。

5.2.2 随机惯性权重粒子群优化算法

1. 粒子群优化算法

粒子群优化（particle swarm optimization，PSO）算法是一种基于群智能（swarm

intelligence）方法的演化计算技术（林伟琦，2006）。由于 PSO 算法参数较少，收敛速度快，精度高，计算流程简洁，速度、位移变化公式简单易操作，在求解复杂优化问题时表现出明显的优越性与适应性，已经被广泛应用于函数优化、模式分类、神经网络的训练等领域。受到人工生命（artificial life）的研究结果启发，粒子群算法的基本概念源于对鸟群捕食行为的研究。设想这样一个场景：一群鸟在随机搜寻食物，在这个区域里只有一块食物，所有的鸟都不知道食物在哪里，但是它们知道当前的位置离食物还有多远，那么找到食物最简单有效的策略就是搜寻目前离食物最近的鸟的周围区域。PSO 算法就是从这种模型中得到启示并用于解决优化问题。PSO 算法中，每个优化问题的潜在解都是搜索空间中的一只“鸟”，称之为“粒子”。所有的粒子都有一个由被优化的函数决定的适应值（fitness value），每个粒子还有一个速度决定它们飞翔的方向和距离。然后粒子们就追随当前的最优粒子在解空间中搜索。PSO 算法初始化为一群随机粒子（随机解），然后通过迭代找到最优解。在每一次迭代中，粒子通过跟踪两个极值更新自己。一个极值是粒子本身所找到的最优解，这个解称为个体极值；另一个极值是整个种群目前找到的最优解，这个解是全局极值。

设粒子的群体规模为 M，每个粒子在 D 维空间中寻找优化问题的最优解。第 i 个粒子的位置向量为 $U_i=\left(u_{i1},\cdots,u_{iD}\right)$，速度向量为 $V_i=\left(v_{i1},\cdots,v_{iD}\right)$，每个粒子的位置就是一个潜在的解。通过评价各粒子的适应度值，确定每个粒子所经过的个体最优位置 $P_{i\text{best}}=\left(u_{i1\text{best}},\cdots,u_{iD\text{best}}\right)$ 及整个种群寻找到的全局最优位置 $G_{\text{best}}=\left(u_{1\text{best}},\cdots,u_{D\text{best}}\right)$。每个粒子根据式（5.30）和式（5.31）更新自己的速度与位置：

$$V_{i,t+1}=\eta V_{i,t}+c_1 r_{1,t}\times\left(P_{i\text{best},t}-U_{i,t}\right)+c_2 r_{2,t}\times\left(G_{\text{best},t}-U_{i,t}\right) \tag{5.30}$$

$$U_{i,t+1}=U_{i,t}+V_{i,t} \tag{5.31}$$

其中，η 表示惯性权重，控制过去速度对现在速度的影响；$V_{i,t}$ 表示粒子 i 在第 t 次迭代中的速度向量；$U_{i,t}$ 表示粒子 i 在第 t 次迭代中的位置向量；$P_{i\text{best},t}$ 与 $G_{\text{best},t}$ 分别表示粒子 i 在第 t 次迭代中的个体最优位置与全局最优位置；c_1 与 c_2 表示两个加速度系数；$r_{1,t}$ 与 $r_{2,t}$ 为两个在[0，1]上均匀分布的随机数。粒子 i 的速度向量 $V_{i,t}$ 被一个最大速度 $V_{i,\max}$ 所限制，若对粒子的加速导致它的当前速度超出最大速度 $V_{i,\max}$，则速度被限制为最大速度 $V_{i,\max}$。

式（5.30）中，第一部分 $\eta V_{i,t}$ 表示粒子先前行为的惯性；第二部分 $c_1 r_{1,t}\times\left(P_{i\text{best},t}-U_{i,t}\right)$ 为认知部分，表示粒子本身的思考，可以理解为粒子 i 的当前位置与本身最优位置之间的距离；第三部分 $c_2 r_{2,t}\times\left(G_{\text{best},t}-U_{i,t}\right)$ 为社会部分，表示粒子间的信息共享和相互合作，可以理解为粒子 i 的当前位置与整个种群最优位置之间的距离。认知部分可由 Thorndike 的效应法则解释，即一个得到加强的随机行为在将来更有可能出现，这样的一个模型假定粒子被激励着去减小误差。社会部分可以由 Bandura 的替代强化解释，即最佳微粒的行为将被其他微粒所模仿。PSO 算法使用如下心理学假设：在寻求一致的认知过程中，个体不仅会记住自身的信念，而且考虑同事的信念。当察觉同事的信念较好的时候，个体将进行适应性调整。

惯性权重 η 描述了粒子前一代速度对当代速度的影响，用于协调粒子群的局部搜索能力与全局搜索能力，其取值直接影响到 PSO 算法的行为和性能，较大的惯性权重有利于进行全局寻优，较小的惯性权重有利于局部寻优，通常将惯性权重设为在 0.9～0.1 呈线性递减变化，变化公式如下：

$$\eta = \eta_{\max} - \frac{t \times \left(\eta_{\max} - \eta_{\min}\right)}{t_{\max}} \tag{5.32}$$

其中，t 和 $t_{\max}$ 分别表示当前迭代次数和最大迭代次数；$\eta_{\max}$ 和 $\eta_{\min}$ 分别表示最大惯性权重和最小惯性权重。

2. 随机惯性权重粒子群优化算法基本原理

为了使 PSO 算法在求解问题时获得较快的收敛速度与较高的求解精度，研究者通过对 η 赋予不同的值，提出了基于改进惯性权重的粒子群优化算法，典型的改进形式是将 η 设定为随着进化代数的增加而线性递减。但在实际应用中，对于不同的问题，其每一代所需的比例关系并不相同。所以，η 的线性递减只能对某些问题很有效。此外，在进化初期，若搜索不到最优点，随着 η 的逐渐减小，PSO 算法的局部收敛能力加强，从而容易使算法陷入局部最优；若在进化初期搜索到次优点，η 的相对较小就可使 PSO 算法很快搜索到最优点，而 η 的线性递减则减慢了算法的收敛速度。为此，龚纯和王正林（2009）提出了随机惯性权重粒子群优化（stochastic inertia weight PSO，SIWPSO）算法，以进一步改善 PSO 算法的收敛速度与求解精度。SIWPSO 算法将标准 PSO 算法中的 η 设定为服从某种随机分布的随机数，这样在一定程度上能够克服 η 的线性递减所带来的不足。首先，如果在进化初期接近最优点，随机变化的惯性权重可能产生相对较小的 η 值，加快算法的收敛速度；其次，若在算法初期找不到最优点，η 的线性递减将使得算法最终收敛不到此最优点，而惯性权重的随机生成可以克服这种局限。惯性权重 η 的更新公式为

$$\begin{cases} \eta = \bar{\eta} + \mathrm{var} \cdot N(0,1) \\ \bar{\eta} = \bar{\eta}_{\min} + \left(\bar{\eta}_{\max} - \bar{\eta}_{\min}\right) \cdot \mathrm{rand} \end{cases} \tag{5.33}$$

其中，$\bar{\eta}$ 与 var 分别表示 δ 的平均值与方差；$\bar{\eta}_{\max}$ 与 $\bar{\eta}_{\min}$ 分别表示最大、最小惯性权重平均值；$N(0,1)$ 表示服从标准正态分布的随机数；rand 表示[0，1]均匀分布

的随机数。

3. 随机惯性权重粒子群优化算法流程

步骤 1：随机初始化粒子群参数及各粒子的位置和速度。

步骤 2：评价每个粒子的适应度，将当前各粒子的位置和适应度值存储在各粒子的 $P_{i\text{best}}$ 中，将所有 $P_{i\text{best}}$ 中适应度值最优个体的位置和适应度值存储于 G_{best} 中。

步骤 3：更新粒子的速度与位置，更新惯性权重的值。

步骤 4：将每个粒子的适应度值与其经历过的最好位置做比较，若更优，则将其作为当前的最好位置，比较当前所有 $P_{i\text{best}}$ 和 G_{best} 的值，若更优，则更新 G_{best}。

步骤 5：判断是否达到预设的迭代次数或期望误差，若是，则停止搜索，输出结果；否则，返回步骤 2，继续搜索。

5.2.3 LSSVM-SIWPSO 模型构建

基于 5.2.1 节对 LSSVM 的理论分析，运用 LSSVM 求解实际问题时，首先要确定正则化参数 γ 和核函数参数 σ 的值。这两个关键参数对 LSSVM 的复杂程度、预测准确率、稳定性及泛化能力都有较大影响，下面具体分析两个关键参数对 LSSVM 的影响。

1. 核函数

LSSVM 的应用首先需要选择核函数，核函数是 SVM 实现非线性分类复杂计算的关键，其无需知道非线性变换函数的形式和参数，避免在高维空间中的复杂计算。5.2.1 节中给出了常用的几种核函数的具体形式，其应用的关键原理是满足 Mercer 条件。研究表明核函数的形式影响不大，但内核参数的设定决定了 SVM 的学习性能（樊晓雪，2012）。

学者在经过大量的对比和研究后，发现 RBF 是性能最为优越的一个核函数（Tang et al.，2010）。RBF 相对其他形式的核函数具有偏差小、泛化能力强、径对称及具有良好的光滑性等优点，因而被广泛采用，其核函数宽度参数 σ 控制了函数的径向作用范围，核函数宽度参数 σ 的取值过大会导致支持向量的减少，在简化模型的同时也降低了精确度，反之核函数宽度参数 σ 值过小则会使模型过饱和，因此，核函数宽度参数 σ 在某一值时模型才具有最佳的泛化能力。

2. 正则化参数

LSSVM 的正则化参数 γ 也称惩罚系数，可以调节置信范围与经验风险之间的比例，进而控制模型精度与模型复杂的平衡度，实现模型结构风险最小化。当γ取值较小时，经验风险在基于结构风险最小化参数优化原则中所占的比重弱，模型的复杂度会相应地下降，而精度会变差，造成机器的欠学习现象；反之，当γ取值较大时，结构风险则更侧重经验风险项，模型的精度会提高，但会更复杂，出现过学习现象（陈刚等，2011）。因此γ值不能过大或过小，否则会降低模型的泛化性能。

综上分析可知，参数的优化对 LSSVM 性能起着关键作用，如何确定核函数宽度参数和正则化参数是构建 LSSVM 模型研究的关键问题之一，而对于这两个超参数的优化选取，国际上尚未形成统一公认的最优方法，通常按照经验或试凑法确定超参数的取值（郭辉等，2006），这些方法不仅耗时、费力、试验复杂，并且搜寻方向不清晰，模型预测精度及泛化能力较低，达不到预期效果。

为获得最佳的 LSSVM，这里采用搜索性能优越的 SIWPSO 算法选择 LSSVM 最优参数。LSSVM 的最优参数选择过程实质上是一个优化搜索过程，在由参数$\left(\gamma,\sigma^2\right)$构成的搜索空间中，每个点都是最优 LSSVM 的一个潜在解，并可根据优化目标函数值进行评估。因此，求解 LSSVM 最优参数的过程就是最小化 LSSVM 训练误差的过程。SIWPSO 算法选择 LSSVM 最优参数（记为 LSSVM-SIWPSO 模型）的具体步骤设计如下。

步骤 1：数据预处理。对原始数据样本进行归一化处理，以消除不同数据量纲对 LSSVM-SIWPSO 模型训练效率的影响。为计算方便，这里采用 0-1 归一法，将原始数据样本归一化到[0，1]范围内，计算公式如下：

$$\bar{\delta}=\frac{\delta-\delta_{\min}}{\delta_{\max}-\delta_{\min}} \tag{5.34}$$

其中，δ与$\bar{\delta}$分别表示原始数据与归一化后的数据样本；$\delta_{\max}$与$\delta_{\min}$分别表示原始数据样本的最大值与最小值。

步骤 2：粒子群初始化。在 LSSVM-SIWPSO 模型中，每个粒子的位置与速度均由两维参数$\left(\gamma,\sigma^2\right)$决定，因此，在两维搜索空间中随机产生一组初始参数$\left(\gamma,\sigma^2\right)$，并确定群体规模$M$的大小，设置两个加速系数$c_1$、$c_2$及最大、最小惯性权重$\eta_{\max}$、$\eta_{\min}$的值，并分别设定粒子的位置与速度范围。

步骤 3：适应度函数定义。采用适应度函数指导 LSSVM 最优参数的搜寻，由于参数优化的目的是提高 LSSVM 的预测精度，这里将适应度函数定义为 LSSVM 的训练误差，计算公式如下：

$$F=\frac{1}{N}\sum_{i=1}^{N}\left(\hat{y}_i-y_i\right)^2 \tag{5.35}$$

其中，y_i与$\hat{y}_i$分别表示实际值与预测值；N表示训练样本个数。将粒子的当前位置作为初始个体最优位置，利用适应度函数计算各粒子的适应度值，将其最好的粒子所对应的个体最优位置作为最初的全局最优位置。

步骤 4：粒子群进化。更新粒子的个体最优位置 $P_{i\text{best}}$ 为 $\min\left(F\left(U_i\right),F\left(P_{i\text{best}}\right)\right)$ 所对应的位置，更新粒子的全局最优位置 G_{best} 为 $\min\left(F\left(U_i\right),F\left(G_{\text{best}}\right)\right)$ 所对应的位置。按式（5.30）与式（5.31）更新粒子的速度与位置，按式（5.33）更新惯性权重 η 。

步骤 5：终止条件判断。若所有粒子最优位置对应的适应度值或者迭代次数满足要求，则停止计算。此时，全局最优位置 G_{best} 即 LSSVM 的最优参数组合 $\left(\gamma^*,\sigma^{2*}\right)$；否则，$t=t+1$，转到步骤 3。

步骤 6：模型构建与预测。利用最优参数 $\left(\gamma^*,\sigma^{2*}\right)$ 计算出参数 $\alpha_i\left(i=1,2,\cdots,N\right)$ 和 b 的值后，建立 LSSVM 并进行预测，再将预测值进行逆归一化处理，得到原始数据的预测值，逆归一化计算公式如下：

$$\delta=\bar{\delta}\left(\delta_{\max}-\delta_{\min}\right)+\delta_{\min} \tag{5.36}$$

5.3 京津冀物流业与金融业发展趋势预测

5.3.1 京津冀物流业发展趋势预测

1. 指标选取

利用 LSSVM-SIWPSO 模型对京津冀物流业的未来发展趋势进行预测，预测的指标包括京津冀物流业增加值和京津冀货运量两项，选取 2009～2017 年以上指标的统计数据训练并检验 LSSVM-SIWPSO 模型的有效性，再运用通过检验的 LSSVM-SIWPSO 模型预测未来京津冀物流业两项指标，所用数据见表 4.43。

2. 模型训练与检验

根据式（5.34），将京津冀物流业两项指标的全部数据样本归一化到[0，1]范围内，然后利用归一化后的数据样本构建 LSSVM-SIWPSO 模型并检验其预测性能。LSSVM-SIWPSO 模型中，SIWPSO 算法的自身参数分别设为：群体规模 M=30，加速系数 $c_1=c_2=2$ ，最大、最小惯性权重 $\eta_{\max}=0.9$、$\eta_{\min}=0.1$ ，惯性权重的方差 var =0.02，最大迭代次数 $t_{\max}=30$ 。利用 SIWPSO 算法选择 LSSVM 最优参数时，将仿真多次的最优结果对应的参数作为最优参数组合 (γ^*,σ^{2*}) ，基于最优参数组合 (γ^*,σ^{2*}) 构建 LSSVM，并利用 LSSVM 分别预测 2010～2017 年的京津冀物流业两项指标。最后根据式（5.36）将获得的预测值逆归一化为原始数据的预测值。

为检验 LSSVM-SIWPSO 模型的有效性，基于相同的数据样本集，分别利用 PSO 算法优化参数的 LSSVM（记作 LSSVM-PSO 模型）和 CV 法确定参数的 LSSVM（记作 LSSVM-CV 模型）预测京津冀物流业两项指标，并将两模型的预测结果与 LSSVM-SIWPSO 模型进行比较。其中，LSSVM-PSO 模型中，PSO 算法的自身控制参数设为：群体规模 M=20，加速系数 $c_1 = c_2 = 2$，最大、最小惯性权重 $\eta_{\max} = 0.9$、$\eta_{\min} = 0.1$，最大迭代次数 $t_{\max} = 30$；LSSVM-CV 模型中，采用 5 折交叉验证（five-fold cross-validation，5-CV）法确定 LSSVM 的最优参数组合。

3. 检验结果分析

采用两种不同的方法全面比较和评价 LSSVM-SIWPSO 模型、LSSVM-PSO 模型和 LSSVM-CV 模型的预测性能。

第一种方法是利用预测相对误差（forecasting relative error，FRE）检验三模型的预测精度，FRE 定义如下：

$$\text{FRE}=\frac{\hat{y}_\tau - y_\tau}{y_\tau}\times 100\% \tag{5.37}$$

其中，y_τ 与 $\hat{y}_\tau$ 分别表示京津冀物流业指标的实际值与预测值，$\tau = 1,2,\cdots,T$；T 表示预测样本数。FRE 的绝对值越小，表明模型的预测精度越高。FRE 为正值，表示模型的预测值高于实际值；FRE 为负值，表示模型的预测值低于实际值；FRE 为零，表示模型的预测值与实际值相等。

第二种方法是利用预测性能评价指标对三模型的预测性能进行综合检验，选取的指标包括均方根误差（root mean squared error，RMSE）、平均绝对误差（mean absolute error，MAE）、平均绝对百分比误差（mean absolute percentage error，MAPE）、西尔（Theil）统计量，计算公式如下：

$$\text{RMSE} = \left[T^{-1}\sum_{\tau=1}^{T}\left(\hat{y}_\tau - y_\tau\right)^2 \right]^{1/2} \tag{5.38}$$

$$\text{MAE} = T^{-1}\sum_{\tau=1}^{T}\left|\hat{y}_\tau - y_\tau\right| \tag{5.39}$$

$$\text{MAPE} = T^{-1}\sum_{\tau=1}^{T}\left|\hat{y}_\tau - y_\tau / y_\tau\right| \tag{5.40}$$

$$\text{Theil} = \frac{\text{RMSE}}{\left(T^{-1}\sum_{\tau=1}^{T}(\hat{y}_\tau)^2\right)^{1/2} + \left(T^{-1}\sum_{\tau=1}^{T}(y_\tau)^2\right)^{1/2}} \tag{5.41}$$

其中，y_τ 和 $\hat{y}_\tau$ 分别表示京津冀物流业指标的实际值和预测值，$\tau = 1,2,\cdots,T$；T

表示预测样本数。RMSE、MAE、MAPE、Theil 统计量值越小，表明模型的预测性能越好。

此外，还通过 time 指标分别记录了 AIWPSO 算法、PSO 算法和 5-CV 算法搜索 LSSVM 最优参数所需的时间。time 指标值越小，表明算法的搜索能力越强。

表 5.1 列出了 2010～2017 年京津冀物流业增加值预测结果，同时图 5.2 给出了 2010～2017 年京津冀物流业增加值预测值曲线图。由表 5.1 结合图 5.2 可知，相比于 LSSVM-PSO 模型和 LSSVM-CV 模型，LSSVM-SIWPSO 模型能更准确地预测出京津冀物流业增加值逐年稳定增长的变动趋势，预测值较其他两模型更接近实际值。LSSVM-SIWPSO 模型的最大、最小 FRE 绝对值为 2.01%和 0.00%，分别小于 LSSVM-PSO 模型和 LSSVM-CV 模型的对应值，表明 LSSVM-SIWPSO 模型对京津冀物流业增加值的预测精度高于 LSSVM-PSO 模型和 LSSVM-CV 模型。此外，LSSVM-SIWPSO 模型 2010～2017 年的 FRE 绝对值具有波动变化特征，2010～2012 年的 FRE 绝对值相对较小，分别为 0.00%、0.02%和 0.19%，2013～2015 年、2017 年的 FRE 绝对值相对较大，均超过了 1.00%，从 2013 年的 1.05%增加到 2014 年的 2.01%之后，减少到 2016 年的 0.31%，2017 年绝对值又增加到 1.03%，说明 LSSVM-SIWPSO 模型适合于京津冀物流业增加值的中短期预测。

表 5.1　2010～2017 年京津冀物流业增加值预测结果

年份	物流业增加值/亿元	LSSVM-SIWPSO 模型		LSSVM-PSO 模型		LSSVM-CV 模型	
		预测值/亿元	FRE	预测值/亿元	FRE	预测值/亿元	FRE
2010	3043.29	3043.41	0.00%	3042.51	−0.03%	3041.76	−0.05%
2011	3487.27	3486.65	−0.02%	3487.57	0.01%	3431.36	−1.60%
2012	3712.80	3705.74	−0.19%	3738.06	0.68%	3764.10	1.38%
2013	3891.88	3932.85	1.05%	3856.63	−0.91%	3933.92	1.08%
2014	4065.22	3983.45	−2.01%	3997.38	−1.67%	4069.12	0.10%
2015	4072.05	4153.32	2.00%	4210.24	3.39%	4200.28	3.15%
2016	4155.55	4168.61	0.31%	4220.62	1.57%	4205.46	1.20%
2017	4486.68	4440.53	−1.03%	4361.69	−2.79%	4268.74	−4.86%

表 5.2 列出了 2010～2017 年京津冀物流业货运量预测结果，同时图 5.3 给出了 2010～2017 年京津冀货运量预测值曲线图。由表 5.2 结合图 5.3 可知，相比于 LSSVM-PSO 模型和 LSSVM-CV 模型，LSSVM-SIWPSO 模型能更准确地预测出京津冀货运量先增长后下降再增长的变动趋势，预测值较其他两模型更接近于实际值。2010～2017 年，LSSVM-SIWPSO 模型的最小 FRE 绝对值为 0.03%，虽然稍大于 LSSVM-PSO 模型的最小 FRE 绝对值 0.02%，但明显小于 LSSVM-CV 模型

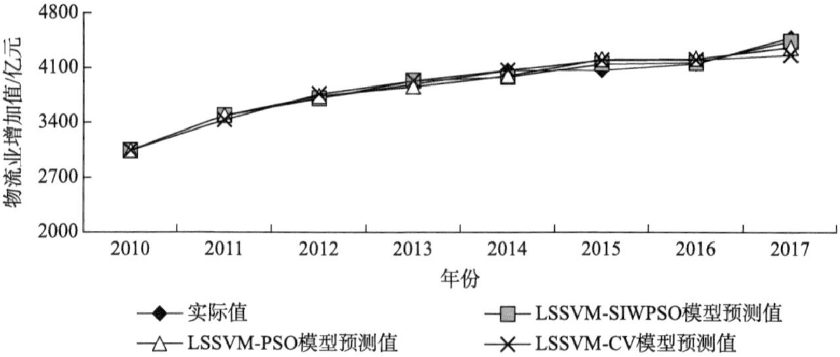

图 5.2 2010～2017 年京津冀物流业增加值预测值曲线图

的最小 FRE 绝对值 1.64%；LSSVM-SIWPSO 模型最大 FRE 绝对值为 14.87%，小于 LSSVM-PSO 模型和 LSSVM-CV 模型的最大 FRE 绝对值，这表明 LSSVM-SIWPSO 模型对京津冀货运量的预测精度整体上高于 LSSVM-PSO 模型和 LSSVM-CV 模型。此外，LSSVM-SIWPSO 模型 2010～2017 年的 FRE 绝对值呈波动变化趋势，2010 年、2011 年、2014 年、2016 年的 FRE 绝对值相对较小，不超过 0.50%；2012 年、2013 年、2015 年、2017 年的 FRE 绝对值相对较大，均超过了 1.00%，2015 年达到最大 FRE 绝对值，2017 年减少到 1.24%，说明 LSSVM-SIWPSO 模型适用于京津冀货运量的短期预测。

表 5.2 2010～2017 年京津冀物流业货运量预测结果

年份	物流业货运量/万吨	LSSVM-SIWPSO 模型		LSSVM-PSO 模型		LSSVM-CV 模型	
		预测值/万吨	FRE	预测值/万吨	FRE	预测值/万吨	FRE
2010	205 181	205 452	0.13%	208 068	1.41%	253 859	23.72%
2011	283 830	283 031	−0.28%	280 817	−1.06%	255 298	−10.05%
2012	319 234	314 274	−1.55%	306 888	−3.87%	295 565	−7.41%
2013	357 737	316 791	−11.45%	316 795	−11.44%	313 629	−12.33%
2014	319 215	319 308	0.03%	319 162	−0.02%	333 208	4.38%
2015	275 607	316 578	14.87%	316 849	14.96%	313 620	13.79%
2016	286 673	287 844	0.41%	291 163	1.57%	291 363	1.64%
2017	306 082	309 876	1.24%	313 864	2.54%	297 017	−2.96%

表 5.3 列出了三模型对京津冀物流业指标预测性能比较结果。由表 5.3 可知，LSSVM-SIWPSO 模型的 RMSE、MAE、MAPE 和 Theil 统计量值均小于 LSSVM-PSO 模型和 LSSVM-CV 模型的对应值，说明 LSSVM-SIWPSO 模型在预测京津冀物流业指标方面的性能优于其他两模型。LSSVM-PSO 模型的 RMSE、MAE、MAPE

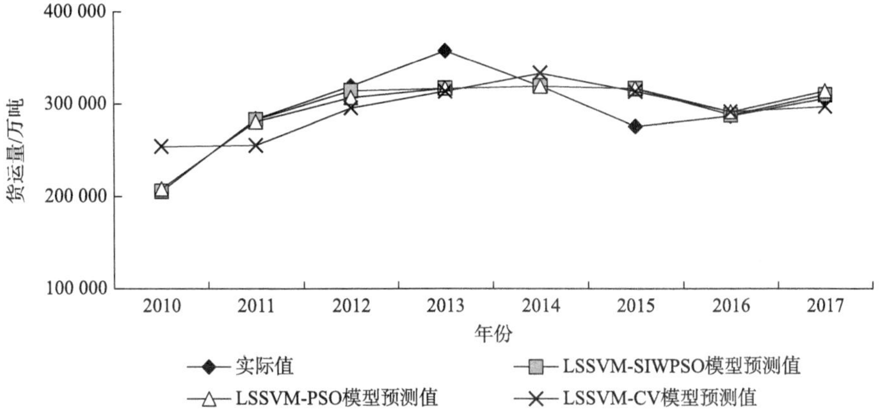

图 5.3　2010～2017 年京津冀货运量预测值曲线图

和 Theil 统计量值均小于 LSSVM-CV 模型的对应值，表明 LSSVM-PSO 模型的京津冀物流业指标预测性能优于 LSSVM-CV 模型。由 time 可知，对于京津冀物流业两项指标，SIWPSO 算法和 PSO 算法搜索 LSSVM 最优参数的时间只有 5～8 秒，显著少于 5-CV 法的 44～48 秒，这主要是由于 SIWPSO 算法和 PSO 算法具有较强的全局搜索能力，提高了 LSSVM 最优参数的搜寻速度，而 5-CV 由于计算的复杂程度较高，增加了 LSSVM 最优参数的搜寻时间。SIWPSO 算法搜索 LSSVM 最优参数所用时间虽稍多于 PSO 算法 0～3 秒，但使 LSSVM 获得了更优良的预测性能。因此，从总体上，利用 SIWPSO 算法优化选择 LSSVM 最优参数，不仅可以提高 LSSVM 的预测精度，而且能够加快运算速度，减少 LSSVM 建模时间。

表 5.3　三模型对京津冀物流业指标预测性能比较结果

京津冀物流业指标	模型	RMSE	MAE	MAPE	Theil 统计量	time/秒
物流业增加值	LSSVM-SIWPSO	46.530 4	33.876 8	0.008 3	0.006 0	5.890 6
	LSSVM-PSO	75.362 5	57.209 2	0.013 8	0.009 7	5.609 4
	LSSVM-CV	96.159 3	68.844 0	0.016 8	0.012 4	47.250 0
货运量	LSSVM-SIWPSO	20 604.45	11 625.506	0.037 4	0.034 7	7.640 6
	LSSVM-PSO	21 294.82	14 094.556	0.046 1	0.035 9	5.437 5
	LSSVM-CV	30 484.15	26 343.308	0.095 4	0.051 5	44.171 9

4. 外推预测

上述检验结果证实，LSSVM-SIWPSO 模型是一种有效的京津冀物流业指标预测方法。本节利用 LSSVM-SIWPSO 模型分别预测 2022～2025 年京津冀物流业的两项指标。

表 5.4 列出了 2022～2025 年京津冀物流业指标预测值。由表 5.4 可知，2022～2025 年，京津冀物流业增加值将具有波动性下降的变化趋势，预计从 2022 年的 7023 亿元减少到 2023 年的 7018 亿元，在增加到 2024 年的 7020 亿元后，减少到 2025 年的 7019 亿元，仍低于 2022 年的京津冀物流业增加值。京津冀物流业货运量在 2022～2025 年将出现波动性上升的变化趋势，预计从 2022 年的 290 654 万吨增加到 2023 年的 323 504 万吨，在减少到 2024 年的 303 941 万吨之后，又增加到 2025 年的 341 123 万吨，但仍高于 2022 年的京津冀货运量。

表 5.4 2022～2025 年京津冀物流业指标预测值

京津冀物流业指标	2022 年	2023 年	2024 年	2025 年
物流业增加值/亿元	7 023	7 018	7 020	7 019
货运量/万吨	290 654	323 504	303 941	341 123

5.3.2 京津冀金融业发展趋势预测

1. 指标选取

利用 LSSVM-SIWPSO 模型对京津冀金融业的未来发展趋势进行预测，预测的指标包括京津冀金融业增加值和京津冀金融业固定资产投资两项，选取 2009～2017 年以上指标的统计数据训练并检验 LSSVM-SIWPSO 模型的有效性，再运用通过检验的 LSSVM-SIWPSO 模型预测未来京津冀金融业两项指标，所用数据见表 4.43。

2. 模型训练与检验

根据式（5.34），将京津冀金融业两项指标的全部数据样本归一化到[0，1]范围内，然后利用归一化后的数据样本构建 LSSVM-SIWPSO 模型并检验其预测性能。LSSVM-SIWPSO 模型中，SIWPSO 算法的自身参数分别设为：群体规模 M=20，加速系数 $c_1 = c_2 = 2$，最大、最小惯性权重 $\eta_{\max} = 0.9$、$\eta_{\min} = 0.1$，惯性权重的方差 var =0.02，最大迭代次数 $t_{\max} = 30$。利用 SIWPSO 算法选择 LSSVM 最优参数时，将仿真多次的最优结果对应的参数作为最优参数组合 (γ^*, σ^{2*})，基于最优参数组合 (γ^*, σ^{2*}) 构建 LSSVM，并利用 LSSVM 分别预测 2010～2017 年的京津冀金融业两项指标。最后根据式（5.36）将获得的预测值逆归一化为原始数据的预测值。

为检验 LSSVM-SIWPSO 模型的有效性，基于相同的数据样本集，分别利用 PSO 算法优化参数的 LSSVM（记作 LSSVM-PSO 模型）和 CV 法确定参数的

LSSVM（记作 LSSVM-CV 模型）预测京津冀金融业两项指标，将两模型的预测结果与 LSSVM-SIWPSO 模型进行比较。其中，LSSVM-PSO 模型中，PSO 算法的自身控制参数设为：群体规模 M=20，加速系数 $c_1 = c_2 = 2$ ，最大、最小惯性权重 $\eta_{\max} = 0.9$、$\eta_{\min} = 0.1$ ，最大迭代次数 $t_{\max} = 30$ ；LSSVM-CV 模型中，采用 5-CV 法确定 LSSVM 的最优参数组合。

3. 检验结果分析

采用 FRE 和预测性能评价指标 RMSE、MAE、MAPE 和 Theil 统计量全面比较和评价 LSSVM-SIWPSO 模型、LSSVM-PSO 模型和 LSSVM-CV 模型的预测性能。

表 5.5 列出了 2010～2017 年京津冀金融业增加值预测结果，同时图 5.4 给出了 2010～2017 年京津冀金融业增加值预测值曲线图。由表 5.5 结合图 5.4 可知，相比于 LSSVM-PSO 模型和 LSSVM-CV 模型，LSSVM-SIWPSO 模型能更准确地预测出京津冀金融业增加值逐年稳定增长的变动趋势，预测值较其他两模型更接近于实际值。2010～2017 年，LSSVM-SIWPSO 模型的最小 FRE 绝对值为 0.25%，虽然大于 LSSVM-PSO 模型的最小 FRE 值 0.08%和 LSSVM-CV 模型的最小 FRE 值 0.13%，但其最大 FRE 绝对值为 1.16%，小于 LSSVM-PSO 模型和 LSSVM-CV 模型的最大 FRE 绝对值，除 2012 年和 2015 年外，LSSVM-SIWPSO 模型的 FRE 值均小于 LSSVM-PSO 模型和 LSSVM-CV 模型的对应值，这表明 LSSVM-SIWPSO 模型对京津冀金融业增加值的预测精度整体上高于 LSSVM-PSO 模型和 LSSVM-CV 模型。此外，LSSVM-SIWPSO 模型 2010～2017 年的 FRE 绝对值呈波动下降的变化趋势，2010 年和 2011 年的 FRE 绝对值相对较大，分别为 1.04%和 1.16%，2012～2017 年的 FRE 绝对值相对较小，不超过 0.80%，从 2012 年的 0.44%增加到 2014 年的 0.72%，之后逐年减少，2017 年减少到 0.25%，说明 LSSVM-SIWPSO 模型可用于京津冀金融业增加值的长期预测。

表 5.5　2010～2017 年京津冀金融业增加值预测结果

年份	金融业增加值/亿元	LSSVM-SIWPSO 模型		LSSVM-PSO 模型		LSSVM-CV 模型	
		预测值/亿元	FRE	预测值/亿元	FRE	预测值/亿元	FRE
2010	3052.01	3083.89	1.04%	3106.92	1.80%	3114.10	2.03%
2011	3717.91	3674.63	−1.16%	3669.83	−1.29%	3668.10	−1.34%
2012	4452.15	4471.68	0.44%	4448.58	−0.08%	4440.72	−0.26%
2013	5316.83	5283.24	−0.63%	5264.38	−0.99%	5257.75	−1.11%

续表

年份	金融业增加值/亿元	LSSVM-SIWPSO 模型		LSSVM-PSO 模型		LSSVM-CV 模型	
		预测值/亿元	FRE	预测值/亿元	FRE	预测值/亿元	FRE
2014	6127.66	6171.80	0.72%	6175.78	0.79%	6176.89	0.80%
2015	7010.55	6970.20	−0.58%	6993.46	−0.24%	7001.56	−0.13%
2016	7795.60	7839.18	0.56%	7858.06	0.80%	7865.19	0.89%
2017	8660.59	8638.67	−0.25%	8616.28	−0.51%	8608.99	−0.60%

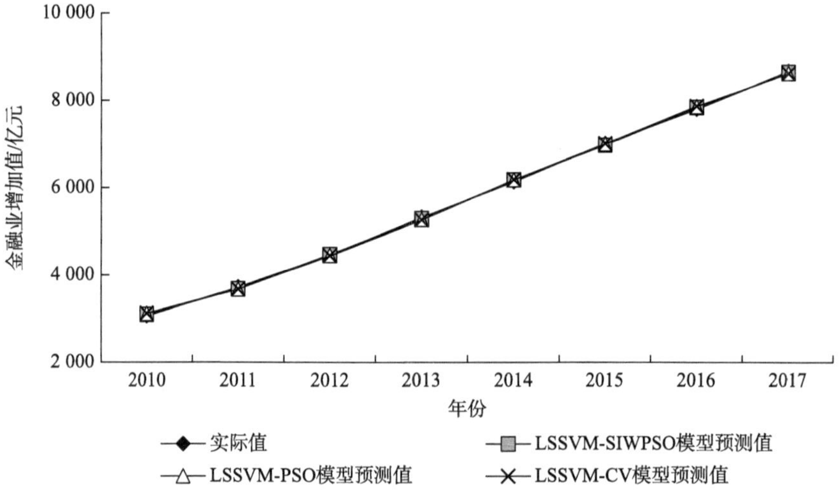

图 5.4　2010～2017 年京津冀金融业增加值预测值曲线图

表 5.6 列出了 2010～2017 年京津冀金融业固定资产投资预测结果，同时图 5.5 给出了 2010～2017 年京津冀金融业固定资产投资预测值曲线图。由表 5.6 结合图 5.5 可知，相比于 LSSVM-PSO 模型和 LSSVM-CV 模型，LSSVM-SIWPSO 模型能更准确地预测出京津冀金融业固定资产投资的波动下降的变化趋势，预测值较其他两模型更接近于实际值。LSSVM-SIWPSO 模型的最大、最小 FRE 绝对值为 25.27%和 0.18%，分别小于 LSSVM-PSO 模型和 LSSVM-CV 模型的对应值，表明 LSSVM-SIWPSO 模型的京津冀金融业固定资产投资预测精度高于 LSSVM-PSO 模型和 LSSVM-CV 模型。此外，LSSVM-SIWPSO 模型 2010～2017 年的 FRE 绝对值具有波动变化趋势，除 2014 年的 FRE 绝对值相对较小以外，其余年份的 FRE 绝对值相对较大，均超过了 2.00%，从 2010 年的 3.83%减少到 2011 年的 2.35%，增加到 2012 年的最大值之后，又波动减少到 2017 年的 5.86%，但仍大于 2010 年的 FRE 绝对值，说明 LSSVM-SIWPSO 模型适用于京津冀金融业固定资产投资的短期预测。

表 5.6　2010～2017 年京津冀金融业固定资产投资预测结果

年份	金融业固定资产投资/亿元	LSSVM-SIWPSO 模型		LSSVM-PSO 模型		LSSVM-CV 模型	
		预测值/亿元	FRE	预测值/亿元	FRE	预测值/亿元	FRE
2010	46.38	48.16	3.83%	61.10	31.74%	65.47	41.16%
2011	149.49	145.97	−2.35%	123.77	−17.20%	118.03	−21.04%
2012	108.81	136.31	25.27%	133.85	23.01%	134.86	23.94%
2013	145.42	151.25	4.01%	165.99	14.15%	164.86	13.37%
2014	139.27	139.53	0.18%	138.46	−0.58%	140.00	0.52%
2015	152.18	142.99	−6.04%	144.94	−4.76%	146.86	−3.50%
2016	162.85	133.67	−17.92%	130.67	−19.76%	131.21	−19.43%
2017	111.56	118.10	5.86%	117.17	5.03%	114.68	2.80%

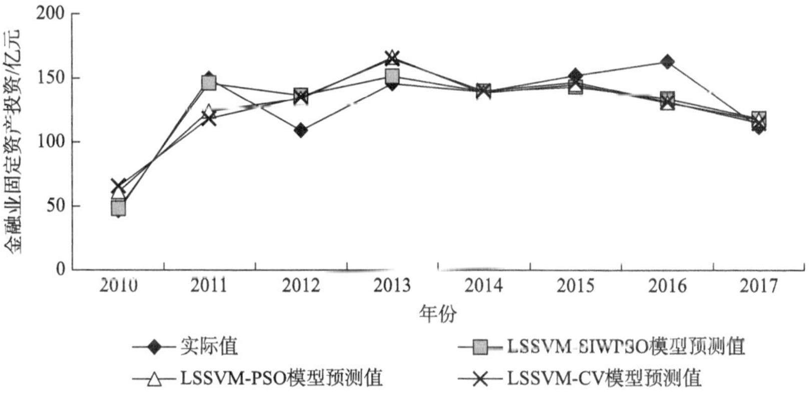

图 5.5　2010～2017 年京津冀金融业固定资产投资预测值曲线图

表 5.7 列出了三模型对京津冀金融业指标预测性能比较结果。由表 5.7 可知，LSSVM-SIWPSO 模型的 RMSE、MAE、MAPE 和 Theil 统计量值均小于 LSSVM-PSO 模型和 LSSVM-CV 模型的对应值，说明 LSSVM-SIWPSO 模型在预测京津冀金融业指标方面的性能优于其他两模型。LSSVM-PSO 模型的 RMSE、MAE、MAPE 和 Theil 统计量值均小于 LSSVM-CV 模型的对应值，表明 LSSVM-PSO 模型的京津冀金融业指标预测性能优于 LSSVM-CV 模型。由 time 值可知，对于京津冀金融业两项指标，SIWPSO 算法和 PSO 算法搜索 LSSVM 最优参数的时间在 5～6 秒，显著少于 5-CV 法的 43～45 秒，这主要是由于 SIWPSO 算法和 PSO 算法具有较强的全局搜索能力，提高了 LSSVM 最优参数的搜寻速度，而 5-CV 法由于计算复杂程度较高，增加了 LSSVM 最优参数搜寻时间。SIWPSO 算法搜索 LSSVM 最优参数所需时间整体上稍少于 PSO 算法，表明 SIWPSO 具有更强的全局搜索能

力。因此，从总体上，利用 SIWPSO 算法优化选择 LSSVM 最优参数，不仅可以提高 LSSVM 的预测精度，而且能够加快运算速度，减少 LSSVM 建模时间。

表 5.7　三模型对京津冀金融业指标预测性能比较结果

京津冀金融业指标	模型	RMSE	MAE	MAPE	Theil 统计量	time/秒
金融业增加值	LSSVM-SIWPSO	35.9779	34.7837	0.0067	0.0030	5.5625
	LSSVM-PSO	45.5006	41.3733	0.0081	0.0038	5.9844
	LSSVM-CV	49.9595	45.2289	0.0090	0.0041	43.7344
金融业固定资产投资	LSSVM-SIWPSO	17.1082	14.7461	0.1184	0.0652	5.7656
	LSSVM-PSO	19.5201	16.4856	0.1453	0.0745	5.7656
	LSSVM-CV	20.7672	17.1056	0.1572	0.0793	44.8438

4. 外推预测

上述检验结果证实,LSSVM-SIWPSO 模型是一种有效的京津冀金融业指标预测方法。本节利用 LSSVM-SIWPSO 模型分别预测 2022～2025 年京津冀金融业的两项指标。

表 5.8 列出了 2022～2025 年京津冀金融业指标预测值。由表 5.8 可知，京津冀金融业两项指标在 2022～2025 年将呈现不同的变化趋势，其中，京津冀金融业增加值将出现逐年稳步增长的变化趋势，预计从 2022 年的 14 629 亿元增加到 2025 年的 15 965 亿元。京津冀金融业固定资产投资将具有波动性下降的变化趋势，预计从 2022 年的 143.88 亿元减少到 2023 年的 136.46 亿元，在增加到 2024 年的 141.60 亿元之后，又减少到 2025 年的 138.01 亿元，仍低于 2022 年的京津冀金融业固定资产投资。

表 5.8　2022～2025 年京津冀金融业指标预测值　　单位：亿元

京津冀金融业指标	2022 年	2023 年	2024 年	2025 年
金融业增加值	14 629	15 609	15 930	15 965
金融业固定资产投资	143.88	136.46	141.60	138.01

5.4 本章小结

本章对京津冀物流业与金融业指标的未来发展趋势进行了预测。①归纳总结了物流业和金融业的预测方法，根据建模思路的不同，将物流业和金融业的预测方法分为传统预测方法和智能预测方法两大类，并详细介绍了普遍使用的传统预测方法（回归预测法、时间序列预测法和灰色预测法）和智能预测方法（神经网络和 SVM），以及它们各自的应用特点。②在介绍 LSSVM 算法和 SIWPSO 算法原理基础上，构建了 LSSVM-SIWPSO 模型，通过 SIWPSO 算法优化选择 LSSVM 最优参数，设计了 SIWPSO 算法选择 LSSVM 最优参数的具体步骤。③利用 LSSVM-SIWPSO 模型预测了京津冀物流业两项衡量指标（物流业增加值和货运量）和京津冀金融业两项指标（金融业增加值和金融业固定资产投资），根据预测性能检验标准 FRE、RMSE、MAE、MAPE、Theil 统计量和 time，检验了 LSSVM-SIWPSO 模型的预测性能。结果证实，相比于 LSSVM-PSO 模型和 LSSVM-CV 模型，LSSVM-SIWPSO 模型能更准确地预测出京津冀物流业和金融业的变化趋势，预测精度和预测效率更高，可用于京津冀物流业与金融业指标的外推预测。④利用 LSSVM-SIWPSO 模型对 2022～2025 年京津冀物流业与金融业指标进行了预测。结果表明，在 2022～2025 年，京津冀物流业增加值呈现出波动下降的趋势，京津冀货运量呈现出波动上升的趋势，京津冀金融业增加值呈现出波动上升的趋势，京津冀金融业固定资产投资呈现出波动下降的趋势。

第 6 章　京津冀物流业与金融业协同发展对策研究

6.1　京津冀物流业与金融业协同发展中存在问题

6.1.1　促进物流金融发展的配套环境不佳

在我国，物流金融产业是近些年才发展起来的新兴产业，相关法律制度并没有跟上其发展的步伐，存在不完善、不健全的现象。京津冀地区的物流金融产业相关法律制度状况更是如此。郭文等（2019）认为西方国家的物流金融发展相对成熟，相关立法已经比较完备，比如美国早在 20 世纪 50 年代就颁布并实行了 *Uniform Commercial Code*（《统一商典法》)。该部法律的各项规定基本囊括了物流金融行业所涉及的业务，极大地促进了美国物流业与金融业的协同发展。而我国到目前为止，国家层面并没有出台针对物流金融行业的相关法律制度，没有形成独立的法律体系。行业内遵循的法律制度也是散见于其他各类法律规定中，呈现零散、重合，甚至互相矛盾的局面。任何新兴产业在发展过程中，都需要完善的法律体系进行保障，物流金融产业也不例外。

除此之外，京津冀物流金融行业缺乏规范的行业标准。郭文等（2019）认为从总体上看，国家虽然出台了多部相关的行业标准，但还是处于相对杂乱无章的局面。例如，京津冀三地不同企业在物流单据方面没有统一的标准，具体要求、具体操作不明确等。

6.1.2　协同发展观念需进一步加强

京津冀物流业与金融业协同发展的市场经济体制和运行机制尚未形成。当前，京津冀包括三个独立的行政区，这就决定了三方政府在制定政策时，仅将其他利益主体和整个区域的利益作为影响自己利益实现的因素来考虑，不会将其他主体的利益和整个区域利益作为行动目标来考虑，三地物流业与金融业协同发展的实现仍受行政区域目标的制约。因此，当自身利益与区域利益发生矛盾时，三地区更多考虑自身的利益，这样就谈不上物流业与金融业的整体规划与协同发展，更别说形成超越行政区域的协同力量了。因此，三地政府协同发展观念需进一步加强。除此之外，京津冀物流业与金融业协同发展进程中物流企业的金融服务意识需要进一步加强。目前，京津冀大多数物流企业普遍缺乏金融服务的意识。京津冀地区的物流企业发展较为迅猛，已初步形成一定的规模。但是起步较晚，在迅猛发展的同时也产生了一些问题，诸如发展模式不健全、有关法律不完善、与经济发展不相匹配等。尤其是在近些年国家大力提倡物流金融协同发展的背景下，物流企业仍没有意识到与金融机构协同发展的重要性，物流企业普遍缺乏金融服务意识的问题更加突出。

6.1.3　协同发展中存在的风险

京津冀物流业与金融业协同进程中衍生出来的物流金融业务虽然能带来“共赢”效果，但却面临着各种各样的风险及在实际操作过程中的不可控性。比如，出质人（客户）和质权人（银行等金融机构）之间、出质人和监管人（物流企业）之间均存在着不同程度的信用风险，质权人和监管人之间也存在着风险转嫁。因此质押物和出质人本身的风险对监管人尤为重要，有效地分析和控制这些风险是物流金融业务持续健康发展的关键。

许学亮和袁小彩（2020）认为，金融风险主要包括八大类，其中物流金融面临的金融风险主要是信用风险、市场风险、操作风险等。一是信用风险。目前，我国的信用体系虽然日趋完善，但较为完整的信用评价体系还没有形成，金融机构面临着融资企业和物流企业双方带来的信用风险。这些风险大都是物流业与金融业在协同发展过程中，参与主体较多且互相之间因为利害关系提供不真实数据或者历史数据造成的信息不对称所致。二是市场风险。物流金融的市场风险主要包括库存质押物的市场价格风险，以及市场汇率波动的风险。这部分风险属于系统性风险，一般难以避免。三是操作风险。物流业与金融业协同发展过程中衍生出来的物流金融业务的流程较为复杂，步骤繁多，对参与服务的工作人员要求较高。金融机构如果本身缺乏防范风险的经验，或是内部人员存在操作不规范或者失误的情况等都会引起操作风险。

6.1.4 缺乏物流金融复合型人才

京津冀物流业与金融业协同发展过程中，势必需要有人才的支撑。行业发展，人才先行，适应经济需求的物流金融人才是否充足决定了未来行业水平的高低，决定了物流业与金融业协同发展的程度。张淑丽和周学明（2020）指出，而目前，京津冀地区存在着对相关人才的培养模式尚不健全，物流金融专业人才缺乏的普遍现象。京津冀地区对于物流金融人才的培养主要存在如下问题：一是人才培养定位不够准确。京津冀地区各大高校本身开设物流金融专业的就不多，而开设物流金融专业的学校在教学中又存在极为严重的人才培养与行业错配的现象。二是校企合作较少，与行业联系不够紧密。当前教学模式多围绕课堂展开，缺乏岗位技能综合训练，社会实践活动偏少。多数相关专业学生学习生活都是在校园内展开，很少接触到社会实践活动，这导致学生缺乏对职业技能的锻炼，实际操作能力依然普遍薄弱。

6.1.5 中小物流企业融资难

由于金融机构在提供物流金融服务时会涉及大量的资金流动，为了保证在金融服务中资金的安全，降低金融机构面临的风险，金融机构在贷款、抵押等环节中往往更加谨慎。首先，银行等金融机构建立了一套手续繁杂的审批程序，同时实行严格的财产抵押担保制度。在办理财产抵押过程中，抵押登记和评估费用较高，而贷款抵押率较低。一般房产抵押率为 70%，生产设备抵押率为 50%左右，动产抵押率为 20%～30%，而专用设备抵押率只有 10%。物流企业的资产主要由专用设备构成，贷款抵押率明显较低。其次，金融机构注重盈利性，在信贷过程中倾向于“短、平、快”项目，而物流企业属于国民经济基础行业，投资回收期较长，金融机构不愿对其贷款。

6.1.6 信息不对称导致物流金融信用体系脆弱

孟魁（2013）指出，物流金融的发展需要物流企业、融资企业、金融机构紧密配合，相互信任。但是在物流业与金融业协同发展的进程中，由参与主体较多导致的信息不对称问题一直存在。物流企业可能为了业务的扩展等自身利益而向金融机构隐瞒融资企业的重要信息，甚至编造虚假数据，从而帮助融资企业获得金融机构的融资；同样地，融资企业更会为了获得资金来实现自身规模扩大、未来发展等目的向物流企业和金融机构提供不完整甚至不实信息。在这种情况下，虽然物流企业作为融资企业与金融机构之间的媒介可以参与融资企业的业务体系，但仍无法完全避免融资企业的这类行为。如果任由信息不对称导致的信用体系的脆弱问题发展下去，整个物流金融市场环境将会逐渐恶化。

6.1.7　物流信息化水平低下

物流金融服务涉及信息流、实物流、资金流的综合运作，在实时性和准确性等方面都提出了极高的要求，任意一个环节的疏忽都会影响到物流金融业务的完成。京津冀地区，尤其是河北省，大多数物流企业基础设施薄弱，缺乏统一的电子支付系统，内部的信息化水平极低，物流过程联动性差。而且由于没有建立完善的物流信息系统和网络，其无法与银行的信息系统连接，从而无法实现数据接口、货款结算及货物状态跟踪等功能，这将不利于银行对业务的监管和客户对服务过程的跟踪，极易引起物流金融服务局部失控和效率低下的问题，甚至会造成物流金融业务中止。整体上看，我国金融机构和物流企业跨领域信息互联互通水平较低，物流金融业务全过程的信息联通还有限制，金融机构也还没有形成针对物流企业进行全过程监管的信息体系。

6.2　京津冀物流业与金融业协同发展总体思路与发展对策建议

6.2.1　京津冀物流业与金融业协同发展总体思路

孙寿亮（2008）认为物流业与金融业是京津冀经济运行中两个重要的服务行业，两者相互促进，互相影响。金融业能为物流业提供资金存贷、结算、划转等基础服务，也能为物流业提供投融资渠道和资金支持；物流业能为金融业提供坚实的产业基础和实业支撑，也能促使金融业衍生出新的业务模式，开发新的客户群体。由此可见，物流业与金融业的协同发展具有十分重要的意义。京津冀物流业与金融业协同发展是一项长期且艰巨的系统工程，不仅要求物流业和金融业两个子系统各自有序发展，同时要求两个子系统之间能够协调、同步发展。

京津冀物流业与金融业协同发展的总体思路是：一方面，金融机构需加大政策倾斜力度，增强对物流企业的信贷支持，为京津冀物流业发展定制金融服务，创新金融产品；另一方面，物流企业练好“内功”，健全制度，不仅要满足银行授信条件，更要创新发展，增强实力，从而推动京津冀物流业与金融业的协同、稳步、可持续发展。

6.2.2 京津冀物流业与金融业协同发展对策建议

1. 完善物流金融发展的法规环境

康子希（2019）认为，首先，京津冀三地政府应该联合建立完善的法律法规制度，如建立客户信用评级制度、质押物担保制度等，只有有这样一个良好的环境基础，京津冀物流业与金融业的协同才能稳步推进。其次，三地政府还应该尽快制定一套物流业与金融业协同发展过程中遵循的标准，对于不同地区、不同企业统一标准和规范，对于不明确的地方进行补充完善，并且要求所有参与物流金融的主体必须严格按照标准办事，这样才能够保证物流金融服务的效率，更好地促进京津冀地区物流业与金融业的协同发展。

2. 发挥政府部门对两业协同发展的引导作用

京津冀三地政府可以从以下三个方面制定物流业与金融业协同发展的相关引导政策。首先，三地应充分认识到两业协同发展的重要性，建立相对应的协同管理政策体系，形成京津冀三地统一的物流业与金融业协同发展的主管部门，对两业的协同发展直接负责，打破区域封锁、行业垄断、市场分割的状况，为京津冀三地物流业与金融业协同发展提供管理机构方面的保障。其次，加强区域宏观政策的引导作用，制定完善的京津冀物流业与金融业协同发展的相关政策，构建两业协同发展的良好环境，进而缩短两业协同发展的进程。最后，政府可充分发挥其独特的对产业发展方向的把控指引作用，使得物流企业提高物流金融意识。意识决定发展方向，具有正确的物流金融服务意识对于物流业与金融业的协同发展具有很大的促进作用。物流企业对于物流金融仍保持观望态度，没有积极主动地参与进来。金融机构对于中小物流企业存在忽视的现象，更加注重大型物流企业的发展，限制了中小物流企业的规模与发展。无论是物流企业还是金融机构，在政府建立京津冀物流业与金融业协同发展的主管部门，以及制定相关政策之后，都会意识到两业协同发展是各自行业发展的方向与趋势，进而可以提高其物流金融意识，转变其物流金融观念，加强其对物流金融的学习，最终促进两业的协同发展。

3. 找出应对协同发展风险的对策

高路和刘柳（2019）指出，一是加强信贷风险管理，构建完善的征信系统。银行等金融机构在开展信贷的同时，应该加强对信贷的管理。首先，针对物流企业的评估应该根据其实际发展状况、企业规模、银行信誉度等全面进行。其次，针对客户的信贷需要建立失信资料档案，明确客户的守信情况。最后，银行等金融机构应完善优质企业的资信管理制度、信用分级贷款等制度，搭建企业征信信息平台，进而能够全方面管理用户的资金，降低风险发生的概率。二是建立快速、权变的市场信息反馈体系。物流公司必须与银行等金融机构建立有效的实时沟通与反馈制度，以便及时了解质押物的市场价格及市场汇率波动情况，从而把握降低风险的最佳时机。三是增强内部环节的操作规范化。京津冀三地各个金融机构实施的操作流程各有不同，因此，三地的物流公司和金融机构之间应该协商确定一套针对业务流程的规范并且有效地落实执行，相关单据实行签字人员终身负责制，从而降低操作风险发生的概率。

4. 加强物流金融人才培养与开发力度

要想推动京津冀地区物流业与金融业协同发展的进程，必须把人才培养放到重要的位置，人才是推动一个行业进步的基本。首先，京津冀三地高校应该结合自身特色，精准确定物流金融人才的培养定位。物流金融人才的培养应该在重视理论知识的同时，也注重综合实践能力的培养，建立课上理论与课下实践、校内基础与校外融合相结合的人才培养模式，进而培养出物流金融综合型、应用型人才。其次，物流金融行业是典型的行业先行，相关的理论知识存在一定程度的滞后。张淑丽和周学明（2020）认为，一方面，应鼓励教师走向物流金融行业的第一线，时刻了解该行业发展的状态，提高自身的金融物流业务实践能力；另一方面，注重教师的在职培训，提高教师的行业综合能力，促使其在专业研究、教学方面有更好的发展和突破。最后，傅为忠和李孟雨（2016）指出，通过多种渠道和方式，积极面向国内外引进和吸收高素质的物流金融专业人才，加大对物流金融人才引进力度；打破现有户口管理制度和社会保障制度，实现物流金融人才在京津冀三地内部的自由流动。

5. 设立京津冀物流产业引导基金

王宁等（2018）认为京津冀中小物流企业融资难的问题，可以通过三地政府牵头设立物流产业引导基金的方式得到改善。京津冀物流产业引导基金可通过其政府牵头的特性充分发挥杠杆作用，为物流产业的运输车辆、设备等基础设施建设，以及物流企业的并购组合等提供有力的大规模资金支持。产业引导基金一般投向具有高增长潜力的未上市企业进行股权或准股权投资，在投资企业发育成熟后通过股权转让等方式实现资本的溢价和增值，以及股权的退出。产业引导基金的投资期限长，持续期通常在 5 年以上，这与物流产业基础设施建设的投资回收期是契合的。基金的投资为权益性或准权益性投资，与银行等金融机构的企业流动性贷款有本质上的区别，相较于流动性贷款，基金具有没有固定的收回期限，投资方只能依法转让出资而不能随便地直接从接受投资企业撤回投资的特点，这种特点在很大程度上缓解了物流企业定期还本付息的短期资金压力，物流企业可以在资金有保障的前提下，按照其长期规划稳步发展。不难看出，设立引导基金在各方面都是与物流产业的发展需求相匹配的。物流产业引导基金宜采用政府引导、市场化运作方式。由京津冀三地政府或行业主管部门等作为投资主体发起设立，基金成立后吸引其他资本加入，选择支持的物流企业或者相关项目进行股权投资。基金运作成熟后，政府逐步退出基金运作。

6. 加强物流金融信用体系建设

孟魁（2013）指出，信息不对称导致的物流金融体系脆弱的问题，可以从以下三点加以解决。第一，建立以法制为基础的信用体系。要想从根本上杜绝上述现象，就必须把上述隐瞒甚至造假的行为上升到法治的高度。对失信企业和失信人实行信用等级管理，加大惩罚力度，加大引用违约成本，从而减少违约事件的发生。第二，张国良（2019）指出，建立信息共享平台，形成信息共享机制。物流业与金融业协同发展的过程中涉及的物流金融业务中，至少存在三方主体，导致不确定的因素增多。建立物流金融行业信息共享平台，形成信息共享机制，让业务过程更加透明公开，可以有效避免失信行为。第三，大力发展专业的第三方物流企业。第三方物流企业作为融资企业与金融机构之间的媒介，能够有效建立融资企业与金融机构之间的长效合作机制。从博弈论的角度出发，信用违约事件通常是短期博弈中出现的情况，如果将短期博弈发展为长期博弈，物流金融各参与方基于更丰厚的长期利益的考虑，会放弃短期博弈中的信用违约行为，从而巩固物流金融的信用机制。

7. 加强物流信息化建设

姜旭（2020）强调物流金融业务的有效运作须建立在功能完善的物流信息平台的基础上，因为物流企业要想实现对质押物有效的监管，就必须随时掌握质押物和客户的动态，需要及时收集和处理大量的信息，因此信息化是开展物流金融服务的基础条件。尤其是京津冀跨区域、跨企业物流金融运作更离不开信息技术的应用与信息共享机制的建立。

在物流金融服务方面加快信息化建设主要包括三个方面：一是物流企业要加强自身的基础信息系统的建设，要充分利用 电子订货系统、仓储管理信息系统、运输管理信息系统、货物跟踪、在线支付、客户关系管理、物联网等智能信息技术，通过物流信息平台等标准化信息手段促使物流模式不断创新，提高企业的综合信息化管理水平，为开展增值服务创造硬件条件。二是要建设集金融服务、智能配送、货物跟踪、数据交换、在线交易、系统管理、专业咨询等功能于一身的信息共享交互平台。物流企业应建立能连接电子政务系统和物流公共信息的平台，并能与金融机构、合作伙伴、客户实现互联互通。通过该信息平台与银行及客户协同作业，并能高效地与客户及银行沟通，以减少信息不对称所带来的风险。该信息平台也能方便银行对质押物进行监管，且利于物流企业有效地监控物流过程、库存商品市场价值、客户运营状况等，进而提高其对风险的处理效率，为客户提供更完善的物流增值服务。三是要保证信息交互平台的安全性。郑寒秀（2017）指出，参与京津冀物流业与金融业协同发展的企业在信息共享的过程中担心由技术问题和合作伙伴不诚信等导致涉及商业机密的信息泄露，使自身在竞争中处于不利的位置，所以企业不愿意参与信息交互平台的建立。因而确保信息共享安全、对共享信息的合理管理和加密在信息交互平台的建立中十分重要。要实现信息共享安全，首先，可以在信息共享过程中使用虚拟专用网络等技术手段，在这种方式下，参与两业协同发展的企业通过专用网络隧道进行信息传递，利用密钥管理、加密解密等技术确保信息安全。其次，在进行合作企业间签订相应的协议，协议内容除了包含信息共享的范围之外，还应有相应的约束和处罚机制。企业若是泄露了信息，除了要有相应的赔偿之外还要接受一定的惩罚。

6.3　本章小结

本章在分析京津冀物流业与金融业协同发展中存在问题的基础上，提出了促进京津冀物流业与金融业协同发展的总体思路和对策建议。①京津冀物流业与金融业近些年在国家政策的带动下有所发展，但仍存在着促进物流金融发展的配套环境不佳、协同发展观念需进一步加强、协同发展中的风险问题、缺乏物流金融复合型人才、中小物流企业融资难、信息不对称导致物流金融信用体系脆弱、物流信息化水平低下等七个方面的问题。②京津冀物流业与金融业协同发展的总体思路是：一方面，金融机构需加大政策倾斜力度，增强对物流企业的信贷支持，为京津冀物流业发展定制金融服务，创新金融产品；另一方面，物流企业要练好“内功”，健全制度，不仅要满足银行授信条件，更要创新发展，增强实力，从而推动京津冀物流业与金融业的协同、稳步、可持续发展。在此基础上，本章从七个方面提出了促进京津冀物流业与金融业协同发展的对策建议，分别是完善物流金融发展的法规环境、发挥政府部门对两业协同发展的引导作用、找出应对协同发展风险的对策、加强物流金融人才培养与开发力度、设立京津冀物流产业引导基金、加强物流金融信用体系建设、加强物流信息化建设。

第 7 章　总结与展望

7.1　总　　结

本书在分析京津冀物流业与金融业状况的基础上，深入研究京津冀物流业与金融业的互动作用与内在关联性；探讨京津冀物流业与金融业协同发展的动力机制，实证分析京津冀物流业与金融业的协同发展状态；构建随机惯性权重优化算法优化的 LSSVM 预测模型，预测京津冀物流业与金融业的未来发展趋势；基于京津冀物流业与金融业协同发展中存在的问题，提出促进两业协同发展的对策建议。

（1）京津冀普通公路里程、公路网密度、高速公路里程、高速公路网密度、铁路里程、铁路网密度虽呈现上升趋势，但增长幅度变缓，说明京津冀地区普通公路与铁路运输的基础设施建设逐渐趋于饱和；京津冀机场数量稳步上升，航空运输发展潜力较大；管道里程和内河航道里程变化幅度不大，还有一定的发展空间。运输方式中，公路运输分担了京津冀绝大部分货运量，铁路运输也贡献了相当多的货运量；水路运输分担了一定比例的货运量；北京市作为内陆城市，航空运输弥补了其运输方式的不足。京津冀物流业供需状况良好，具有广阔发展空间；京津冀物流网络建设不平衡，北京和天津两个城市强、河北省 11 个城市弱，三地物流业发展均衡性有待提高。京津冀金融机构年末存款、金融机构年末贷款、证券交易额、基金交易额、股票交易额、金融业就业人员平均工资、金融业固定资产投资、金融业增加值和金融业城镇就业人口等相关数据呈现出此消彼长的变化趋势，但三地总量均呈现出稳定上升的变化趋势，说明京津冀金融业发展趋势向好，发展空间广阔；但京津冀金融业同样存在发展不均衡的问题，北京市的金融总量远多于天津市和河北省的金融总量，北京市金融总量甚至可以占到京津冀三地金融总量的 60%以上，金融业发展差距比较明显。

（2）北京市、天津市、河北省，以及京津冀的物流业和金融业发展均存在线性相关性。京津冀金融业发展对物流业发展的影响程度中，京津冀金融机构年末存款余额、金融机构年末贷款余额和保险收入在很大程度上影响物流业的发展水平和发展潜力，京津冀保费支出、金融业增加值和股票市价总值与京津冀物流业增加值的关联度稍逊，京津冀金融业固定资产投资对京津冀物流业的影响甚微。京津冀物流业发展对金融业发展的影响程度中，京津冀物流业增加值和公路里程在很大程度上影响京津冀金融业的发展水平和发展潜力，京津冀物流业固定资产投资、公路里程和物流业就业人员与京津冀物流业增加值的关联度稍逊，京津冀铁路营业里程对京津冀金融业增加值的影响甚微。因此，京津冀物流业要取得良好的发展，需要金融业的扶持和促进，同样，京津冀金融业的发展也离不开物流业的稳定和繁荣。

（3）京津冀物流业与金融业协同发展的内部动力源方面，北京市物流业与金融业发达，协同发展有助于提升城市竞争力；天津市打造先进物流业与金融业协同发展研发基地，核心举措是加快转型升级；河北省为自己赢得发展机会，实现借势发展。京津冀物流业与金融业协同发展的外部动力源方面，中央将京津冀物流业与金融业协同发展上升为国家战略；京津冀地区环境质量持续恶化，倒逼京津冀物流业与金融业协同发展。京津冀物流业与金融业协同发展的动力反馈机制为：京津冀物流业与金融业协同发展的主体有京津冀三地的政府、企业和居民个人。在居民个人方面，参与京津冀物流业与金融业协同发展活动是期望提高其收入水平和生活质量，其效用评估较为简单，由居民个人自我掌握、自我评估完成；在企业方面，参与京津冀物流业与金融业协同发展活动是期望通过增加企业收入，减少企业成本，实现利润最大化，其效用结果和偏差分析由企业各部门自主完成，形成分析报告，上报董事会等决策层，实现自我反馈；在政府方面，参与京津冀物流业与金融业协同发展是为了增加就业及税收，提高政府绩效，实现经济社会的健康稳定发展，政府机构负责京津冀协同发展的效果评估和偏差分析，高校和研究机构等智库参与京津冀物流业与金融业协同发展课题的研究，根据反馈，实现制度的自我完善。京津冀物流业与金融业协同发展的动力因素包括政府管制放松、技术创新与扩散、协同效应三方面因素。政府管制放松方面，京津冀需要打破行政壁垒、制定物流业与金融业协同发展政策；技术创新与扩散方面，技术创新是京津冀物流业与金融业协同发展的主要内生动力；协同效应方面，京津冀物流业与金融业协同发展的协同效应表现在三个层面，行政区政府间的协同、物流业与金融业产业间的协同和物流业与金融业产业间企业主体的协同效应。

（4）京津冀物流业与金融业协同发展动力生成机制中的政策引导涉及要素市场建设一体化和交通一体化两方面的政策引导。要素市场建设一体化方面，应推动京津冀地区物流业与金融业人力资源市场一体化政策不断落实完善，推动京津冀地区金融业市场一体化政策需要深化落实；交通一体化方面，需要京津冀政府制定较为完善的政策，鼓励社会资金投入，引导投入方向。京津冀物流业与金融业协同发展的保障机制包括信息传导机制、组织协调机制和利益保障机制。其中，信息传导机制方面，现有信息共享平台缺乏整合、功能发挥不足；组织协调机制方面，组织协调机构不断完善、法律法规及规划陆续出台；利益保障机制方面，生态补偿机制雏形已现，利益分享机制不断完善。

（5）北京市、天津市、河北省、京津冀的耦合协调度都是从失调到协同的过程，其物流业与金融业的协同发展程度均从较差向较好发展，其中，北京市、天津市、河北省、京津冀的耦合协调度都达到了良好协同。无论以时间为决策单元还是以空间为决策单元，京津冀两业整体协同效率属于系统无效状态。无论是以金融业为输入指标还是以物流业作为输入指标，规模效率低下都是导致系统整体综合效率较差的主要因素。

（6）LSSVM-SIWPSO 模型能准确地预测出京津冀物流业和金融业的变化趋势，预测精度和预测效率更高，可用于京津冀物流业与金融业指标的外推预测。未来五年，京津冀物流业增加值和京津冀货运量两项指标具有波动上升的变化趋势；京津冀金融业两项指标将呈现不同的变化趋势，其中，京津冀金融业增加值将出现逐年稳步增长的变化趋势，京津冀金融业固定资产投资将具有波动上升的变化趋势。

（7）京津冀物流业与金融业近些年在国家政策的带动下有所发展，但仍存在着促进物流金融发展的配套环境不佳、协同发展观念需进一步加强、协同发展中存在风险、缺乏物流金融复合型人才、中小物流企业融资难、信息不对称导致物流金融信用体系脆弱、物流信息化水平低下等七个方面的问题。为促进京津冀物流业与金融业协同发展，金融机构需加大政策倾斜力度，增强对物流企业的信贷支持，为京津冀物流业发展定制金融服务，创新金融产品；物流企业应练好“内功”，健全制度，不仅要满足银行授信条件，更要创新发展，增强实力，从而推动京津冀物流业与金融业的协同、稳步、可持续发展。具体来说，需从七个方面开展工作，包括完善物流金融发展的法规环境、发挥政府部门对两业协同发展的引导作用、找出应对协同发展风险的对策、加强物流金融人才培养与开发力度、设立京津冀物流产业引导基金、加强物流金融信用体系建设、加强物流信息化建设。

7.2 展　　望

本书在分析京津冀物流业与金融业发展状况的基础上，研究了两业发展的互动作用和内在关联性，剖析了两业协同发展的机制与动力因素，探究了两业协同发展的程度与协同效率，并分析了京津冀物流业与金融业协同发展中存在的问题，提出了促进京津冀物流业与金融业协同发展的总体思路与对策建议。由于京津冀物流业与金融业之间关系存在复杂性，以及笔者研究水平有限，本书还存在以下几个方面的问题，需进一步改进和探讨。

（1）京津冀物流业和金融业的协同发展涉及内容较多，两业间交叉作用，相互合作较为复杂，由于笔者知识水平有限，对两业协同发展动力机制、保障机制、动力因素的认识、梳理与分析可能较浅显，未来有待进一步深入研究。

（2）物流业与金融业的协同是两个产业系统的协同，要准确地把握二者协同发展状况，指标体系的构建非常重要。测算京津冀物流业与金融业耦合协调度的过程中，本书结合其他学者的研究成果，以及笔者对物流业与金融业关系的理解，分别构建了京津冀两业的评价指标体系，具有一定的理论意义。但该指标体系仅根据指标数据的可获得性构建，具有一定的局限性。今后还需加强对京津冀物流业与金融业协同发展水平的定量研究，使得评价指标体系更加完善。

（3）本书选择以京津冀地区为例进行了实证研究，缺乏横向对比分析，研究不够全面。这是由于目前我国物流数据尚缺乏统一的统计口径，各省区市有关物流的统计分类不一致，在统计指标和统计数据的完整性上均无法同时满足研究需要。今后随着物流统计工作的完善，需进一步进行区域性和全国性的比较研究，为促进物流业与金融业的协同发展提供更完善的理论指导。

参 考 文 献

白华，韩文秀. 2000. 复合系统及其协调的一般理论[J]. 运筹与管理，（3）：1-7.

蔡婉贞，黄翰. 2019. 基于 BP-RBF 神经网络的组合模型预测港口物流需求研究[J]. 郑州大学学报（工学版），40（5）：85-91.

常玉苗，朱九龙. 2017. 水资源环境与区域工业经济耦合协调度的空间差异——以我国 31 省市为例[J]. 工业安全与环保，43（12）：55-58，90.

陈刚，闫飞，龚啸，等. 2011. 基于参数优化的最小二乘支持向量机状态估计方法[J]. 电力系统保护与控制，39（19）：83-88.

陈佳媛，吴佩君. 2020. 基于熵权灰色关联模型的广州物流业与制造业联动发展实证研究[J]. 物流工程与管理，42（8）：24-27.

陈姗姗，胡文迪，陆兴宇，等. 2021. 我国第四方物流体系的构建与优化[J]. 物流工程与管理，43（5）：10-12.

陈书明. 2013. 中国大型制造企业物流资源整合研究[D]. 武汉：华中科技大学.

陈雪莹，段瑞娟. 2020. 基于模糊物元分析法的宁夏绿色物流发展水平评价[J]. 宁夏农林科技，61（2）：35-37.

陈云霞. 2019. 旅游经济与交通运输耦合协调发展与优化路径——以陕西省为例[D]. 西安：长安大学.

程艺. 2019. 河北省城市基础设施与经济协调发展评价[D]. 保定：河北大学.

储雪俭，钱赛楠. 2019. 基于耦合协调度和灰色关联度的中国物流业与金融业协调发展研究[J]. 工业技术经济，38（7）：93-100.

崔向阳. 2005. 对马克思流通理论的新认识[J]. 商业研究，（15）：12-15.

戴永彬. 2016. 多目标粒子群优化的非线性预测解耦策略[J]. 控制工程，23（9）：1356-1360.

邓红雷，戴栋，李述文. 2017. 基于层次分析-熵权组合法的架空输电线路综合运行风险评估[J]. 电力系统保护与控制，45（1）：28-34.

董小君，石涛. 2020. “重灾区”互联网金融风险指数及其影响要素分析[J]. 现代经济探讨，（3）：1-10.

董战峰，郝春旭，刘倩倩，等. 2016. 基于熵权法的中国省级环境绩效指数研究[J]. 环境污染与防治，38（8）：93-99.

段军山. 2012. 通货膨胀、股票市场波动与我国固定资产投资——基于灰色关联度和 VAR 模型的经验证据[J]. 中央财经大学学报，（2）：41-46.

樊文广. 2018. 基于数据挖掘的建筑工程造价成本预估模型[J]. 现代电子技术，41（7）：170-173.
樊晓雪. 2012. 最小二乘支持向量机的参数选择[D]. 保定：河北大学.
范思遐，吴斌. 2018. 基于复合核模的物流需求预测研究[J]. 工业工程与管理，23（2）：40-44.
冯春，杨波. 2019. 电子商务环境下生鲜农产品“云物流”的发展模式与选择[J]. 农业经济，(5)：132-134.
傅为忠，李孟雨. 2016. 京津冀区域物流与区域经济协同发展评价研究[J]. 合肥工业大学学报（社会科学版），30（6）：1-8.
高路，刘柳. 2019. 物流金融风险现状及对策研究[J]. 金融理论与教学，（3）：15-17.
高晓燕. 2020. 京津冀经济协同发展的金融支持研究[J]. 山西大学学报（哲学社会科学版），43（4）：78-88.
高雄飞. 2018. 基于混沌最小二乘支持向量机的时间序列预测研究[J]. 数学的实践与认识，48（8）：239-244.
高一铭，徐映梅，季传凤，等. 2020. 我国金融业高质量发展水平测度及时空分布特征研究[J]. 数量经济技术经济研究，37（10）：63-82.
葛馨童. 2020. 京津冀产城融合政企策略博弈分析[D]. 天津：天津科技大学.
耿立艳. 2015. 股指波动率的最小二乘支持向量机预测方法[J]. 统计与决策，（9）：90-92.
耿立艳，郭斌. 2015. 基于 LSSVM-DACPSO 模型的物流需求预测[J]. 统计与决策，(14)：78-81.
耿立艳，张占福. 2019. 铁路货物周转量的 LSSVM 智能组合预测法[J]. 统计与决策，35（24）：77-80.
耿立艳，张占福，高伟. 2020. 河北省物流业与金融业耦合协同发展研究[J]. 物流工程与管理，42（9）：1-3.
耿爽爽，沙昉奕，张军锋. 2020. 乡村振兴战略背景下农村电商物流发展对策[J]. 现代经济信息，（14）：142-143.
龚纯，王正林. 2009. 精通 MATLAB 最优化计算[M]. 北京：电子工业出版社.
龚志起，丁锐，陈柏昆. 2011. 废弃混凝土处理方式的环境影响比较[J]. 工程管理学报，25（3）：266-270.
顾淑红，周燕蓉. 2019. 基于灰色关联分析的广西区域物流与经济发展的互动研究[J]. 数学的实践与认识，49（2）：35-42.
桂寿平. 2004. 物流基础理论[M]. 广州：华南理工大学出版社.
郭海红. 2016. 基于灰关联模型的流通业与区域经济关联研究——以广东省河源市为例[J]. 武汉商学院学报，30（5）：76-79.
郭辉，刘贺平，王玲. 2006. 最小二乘支持向量机参数选择方法及其应用研究[J]. 系统仿真学报，（7）：2033-2036，2051.
郭美晨. 2019. ICT 产业与产业结构优化升级的关系研究——基于灰关联熵模型的分析[J]. 经济问题探索，（4）：131-140.
郭文，张爽，许慧. 2019. 我国物流金融的发展现状及对策分析[J]. 现代商贸工业，40（9）：31-33.
郭艳蕾. 2008. 大型活动需求框架研究与应用[D]. 天津：天津财经大学.
郭战坤，金永威，梁小珍，等. 2019. 基于异常值检测的港口集装箱吞吐量预测模型[J]. 数学的实践与认识，49（17）：26-34.

郭子雪，程涛，张雅辉. 2019. 基于模糊组合预测的河北省物流人才需求预测[J]. 河北农业大学学报（社会科学版），21（1）：125-129.

哈肯 H. 1989. 高等协同学[M]. 郭治安，译. 北京：科学出版社.

贺琳. 2020. 区域物流系统空间演化特征关联调度方法研究[J]. 淮阴工学院学报，29（1）：18-21，31.

宏江. 2013. 公共项目管理过程的系统动力学研究[D]. 北京：中国地质大学（北京）.

侯彦全. 2016. 京津冀流通产业协同发展研究[D]. 北京：首都经济贸易大学.

胡锦娟. 2015. 现代物流与金融关系的实证研究——基于广东省 1984—2013 年的数据[J]. 物流技术，34（9）：186-189.

胡旭呈. 2000. 市场预测方法百种[M]. 北京：首都经济贸易大学出版社.

胡旸. 2014. 基于创业板的金融监管体制的法律思考[J]. 中国电子商务，（4）：219-220.

胡玉奎. 1988. 系统动力学：战略与策略实验室[M]. 杭州：浙江人民出版社.

胡玉洲，麦健清. 2017. 基于系统动力学的佛山市物流能力与经济互动发展关系研究[J]. 物流科技，40（12）：99-103.

黄达. 2009. 金融学[M]. 2 版. 北京：中国人民大学出版社.

黄明凤，郭凯江. 2017. 新疆物流与金融协同发展预测评估[J]. 铁道运输与经济，39（3）：1-6.

黄速建，李倩，王季. 2017. 我国不同所有制工业企业效率比较评价——基于熵权法和灰色关联分析法的分析[J]. 河北经贸大学学报，38（3）：72-79.

戢晓峰，普永明，张雪，等. 2017. 中国区域物流系统脆弱性评估研究[J]. 中国安全生产科学技术，13（8）：80-86.

戢小辉. 2016. 基于灰色关联的 LS-SVM 道路交通事故预测[J]. 计算机应用研究，33（3）：806-809.

纪红任，等. 2007. 物流经济学[M]. 北京：机械工业出版社.

贾仁安，丁荣华. 2002. 系统动力学反馈动态性复杂分析[M]. 上海：高等教育出版社.

贾小卫，于树会. 2012. 河北省金融业发展现状、问题及对策研究[J]. 中小企业管理与科技（上旬刊），（4）：236-238.

贾玉敏. 2014. 美国物流业发展分析[D]. 长春：吉林大学.

江元，唐婧. 2019. 雄安新区金融业发展的机遇与对策——基于深圳特区与浦东新区的经验[J]. 河北金融，（1）：62-65，68.

姜旭. 2020. 我国物流行业发展与建议[J]. 河北企业，（12）：88-89.

矫利艳，王秀繁. 2019. 现代金融业与物流业融合发展探讨[J]. 商业经济研究，（18）：101-103.

康军，段宗涛，唐蕾，等. 2018. 一种 LS-SVM 在线式短时交通流预测方法[J]. 计算机应用研究，35（10）：2965-2968.

康子希. 2019. 促进我国物流金融发展的对策研究[J]. 船舶物资与市场，（5）：73-74.

兰虹，熊雪朋，胡颖洁. 2019. 大数据背景下互联网金融发展问题及创新监管研究[J]. 西南金融，（3）：80-89.

李浩，童帮裕，韦博. 2021. 基于双向评价的物流规划方法应用——以潢川县为例[J]. 物流技术，40（4）：90-93.

李宏亮. 2012. 灰关联视角下产业集群与 FDI 互动关系研究——以泛长三角地区制造业为例[J].

铜陵学院学报，11（6）：26-30.
李慧明. 2020. 京津冀金融协同发展模式选择及发展机制构建[J]. 河北金融，（4）：14-17.
李丽萍. 2012. 区域物流系统动力学模型构建与应用研究[D]. 哈尔滨：东北林业大学.
李莉，何曙光. 2020. 基于LSSVM的多元过程非参数监控方法研究[J]. 工业工程，23（1）：18-22，34.
李林汉，岳一飞，田卫民. 2019. 基于PCA与Markov残差灰色模型的京津冀物流能力评价和预测[J]. 北京交通大学学报（社会科学版），18（2）：129-142.
李露. 2018. 动态耦合视角下金融供给侧与产业协调发展研究[J]. 技术经济与管理研究，（12）：95-101.
李湘洲. 1997. 协同学的产生与现状[J]. 科技导报，（4）：38-40.
李晓惠. 2019a. 物流产业与经济增长的关系研究——以新疆为例[J]. 连云港职业技术学院学报，32（3）：29-33.
李晓惠. 2019b. 我国金融业与物流业的协调发展研究——基于熵权法耦合模型[J]. 甘肃金融，（11）：58-61，21.
李新光，张永起. 2013. 基于SVAR模型的金融支持对物流业发展的互动关联性研究——以福建省为例[J]. 山东理工大学学报（社会科学版），29（4）：15-21.
李雪地. 2019. 昆明市物流业发展规划评价指标体系构建的必要性分析[J]. 中国物流与采购，（7）：68.
李燕. 2019. "一带一路"国内沿线十八省区市金融业与物流业联动发展研究[J]. 河南社会科学，27（11）：87-92.
李元章，何春雄. 2016. 线性回归模型应用及判别[M]. 广州：华南理工大学出版社.
李竹薇，刘森楠，李小凤，等. 2021. 互联网金融与传统金融之间的广义动态风险溢出——基于Copula-ARMA-GARCH-CoVaR的实证研究[J]. 系统工程，（4）：126-138.
梁昌勇，陈帅，赵树平. 2018. 基于改进灰色关联分析和模糊物元的物流业竞争力评价研究[J]. 物流科技，41（11）：1-5.
梁仁鸿，刘颖，闫超，等. 2021. 大同市物流业发展现状、问题及规划方案研究[J]. 中国物流与采购，（8）：35-36.
梁涛，靳云杰，姜文，等. 2021. 基于改进MVO和WLSSVM的燃煤锅炉NO_x排放优化[EB/OL]. http://kns.cnki.net/kcms/detail/51.1714.TB.20210326.0934.002.html[2021-08-15].
林红华. 2006. 上市公司财务危机预测的最小二乘支持向量机方法研究[J]. 商场现代化，（28）：346-348.
林莉芳. 2019. 我国农村互联网金融的运作模式及发展对策研究[J]. 农业经济，（2）：85-87.
林伟琦. 2006. 多变量图像解析与定量结构活性相关性研究的化学计量学新算法[D]. 长沙：湖南大学.
林小芳. 2019. 江苏省物流业与制造业联动发展研究——基于耦合模型及灰色关联模型[J]. 长春理工大学学报（社会科学版），32（2）：98-104.
林燕婷，李友林. 2020. 厦门市物流需求量预测及发展对策分析[J]. 市场观察，（9）：75.
刘东，赖旭，胡晓，等. 2021. 基于振动信号的水电机组状态劣化在线评估方法研究[J]. 水利学报，52（4）：461-473.

刘佳刚，袁宇心. 2015. 我国战略性新兴产业发展环境的灰关联分析[J]. 经济问题探索，(6)：137-143.
刘雷，滕稳稳. 2019. 基于灰色—熵权的贵州物流业发展水平评价研究[J]. 安顺学院学报，21(4)：105-109.
刘萍，马隽. 2016. 常州区域物流与区域经济发展的灰关联分析[J]. 中国乡镇企业会计，(10)：22-23.
刘倩倩，陈岩. 2016. 基于熵权法的流域水资源脆弱性评价——以淮河流域为例[J]. 长江科学院院报，33(9)：10-17.
刘秀光. 2017. 金融创新环境、路径和内容的国际比较——金融创新的"西方模式"与"中国特色"[J]. 西南金融，(3)：21-25.
刘长新，石云明，梁石清. 1997. 协调理论与方法[M]. 大连：大连理工大学出版社.
柳劲松. 2009. 民族地区金融发展与经济增长的灰关联分析[J]. 武汉金融，(4)：26-28.
龙泽海，杨毅，赵月丽. 2016. 中国区域金融竞争力测度与比较研究[J]. 广西科技大学学报，27(4)：99-104.
卢锐，许彩国. 2006. 中外物流理论的演变[J]. 财贸经济，(3)：91-94.
罗苑玮，乔博. 2016. 广西城市金融竞争力实证研究[J]. 广西社会科学，(5)：22-27.
吕剑凤. 2018. 京津冀协同发展下天津承接产业转移的研究[D]. 北京：首都经济贸易大学.
吕鹰飞. 2012. 我国金融业投入产出关联及效率分析[D]. 长春：吉林大学.
马彪. 2019. 基于最小二乘支持向量机的我国能源消费计算方法[J]. 工业技术经济，38(6)：139-144.
马东. 2015. 海南省物流业与三次产业的灰关联分析[J]. 物流技术，34(12)：132-134，159.
马光霞. 2020. 我国物流业发展水平评价及溢出效应分析[J]. 商业经济研究，(11)：126-129.
马克思 K H，恩格斯 F. 1972. 马克思恩格斯全集第二十四卷[M]. 中共中央马克思恩格斯列宁斯大林著作编译局，译. 北京：人民出版社.
马克思 K H，恩格斯 F. 1975. 马克思资本论第二卷[M]. 中共中央马克思恩格斯列宁斯大林著作编译局，译. 北京：人民出版社.
马天山. 2005. 我国物流业发展战略研究[D]. 西安：长安大学.
毛毅. 2020. 金融业与实体经济行业间工资差距对中国经济增长的影响研究[J]. 财贸研究，31(12)：49-60.
孟魁. 2013. 促进我国物流金融发展的对策研究[J]. 经济纵横，(10)：75-78.
孟现娣. 2020. 贵州省物流业发展与经济增长关系的实证研究[J]. 产业与科技论坛，19(2)：76-77.
孟宇婷. 2019. 我国东部地区金融竞争力评价和提升探析[J]. 当代经济，(10)：38-40.
莫延彧，郭书祥，唐承. 2017. 有界不确定结构基于最小二乘支持向量机回归的动力特性分析方法[J]. 振动与冲击，36(7)：199-207，233.
牟秀文. 2013. 耦合图式理论与《诗经》解码研究[D]. 长春：东北师范大学.
潘加军，刘焕明. 2019. 新时代环境利益冲突协同共治的运行机制与制度保障[J]. 贵州社会科学，(12)：11-17.
庞敏，夏周培. 2020. 金融创新对产业结构升级的影响机制与效应分析——基于中介效应和空间效应的解析[J]. 工业技术经济，39（9）：30-38.
庞庆华，杨田田，李涵. 2018. 城市碳排放、产业结构和区域创新的空间联系——基于江苏省13个地级市的数据分析[J]. 华东经济管理，32（12）：20-26.
彭红枫，杨柳明，王黎雪. 2016. 基于演化博弈的金融创新与激励型监管关系研究[J]. 中央财经大学学报，（9）：92-100.
彭俞超，彭丹丹. 2018. 金融业相对盈利性与经济增长——来自121个国家的国际经验[J]. 国际金融研究，（8）：23-32.
彭志磊. 2011. 基于系统动力学的战略项目管理研究[D]. 武汉：武汉理工大学.
钱龙. 2013. 中国金融业与实体经济互动发展的实证检验[J]. 统计与决策，（4）：109-112.
乔国华，郭路遥，吴一敌，等. 2015. 基于遗传优化最小二乘支持向量机的变电站全寿命周期成本预测模型[J]. 中国电力，48（11）：142-148.
乔瑞. 2020. 内蒙古金融支持地方经济发展对策研究[J]. 北方经济，（7）：77-80.
邱陆旸，张丽萍，陆芳春，等. 2016. 基于熵权法的林下土壤抗蚀性评价及影响因素分析[J]. 水土保持学报，30（4）：74-79.
权飞过，王晓芳. 2017. 供给侧结构性改革与金融创新选择[J]. 财经问题研究，（1）：48-54.
任歌. 2013. 供应链金融中小企业风险评估模型[J]. 统计与决策，（17）：176-179.
沙颖，钟伟. 2015. 物流学[M]. 北京：清华大学出版社.
商强，杨兆升，张伟，等. 2016. 基于奇异谱分析和CKF-LSSVM的短时交通流量预测[J]. 吉林大学学报（工学版），46（6）：1792-1798.
尚娟. 2019. 基于复合系统论的区域物流系统协同度评价研究[J]. 区域治理，（50）：86-88.
邵四华. 2007. 天津滨海新区金融业发展模式的新探讨[J]. 中国房地产金融，（9）：11-16.
邵扬. 2009. 物流业对中国经济增长的影响研究[D]. 长春：吉林大学.
宋润宇. 2020. 河南自由贸易区开封片区物流发展对策研究[J]. 农家参谋，（23）：137-138.
孙德山，李海清，姜成玉. 2010. 最小二乘支持向量机在条件异方差模型中的应用[J]. 统计与决策，（6）：158-160.
孙慧芳，桂中华，李林扬，等. 2016. 基于时间序列组合模型的水电机组状态趋势预测[J]. 水力发电学报，35（1）：79-86.
孙可，年子仪，崔晓艺. 2020. 互联网金融的运作模式与发展策略研究[J]. 商讯，（6）：89.
孙玲. 2009. 协同学理论方法及应用研究[D]. 哈尔滨：哈尔滨工程大学.
孙平军，丁四保，修春亮. 2012. 北京市人口-经济-空间城市化耦合协调性分析[J]. 城市规划，36（5）：38-45.
孙润，陈鹏飞，耿立艳，等. 2020. 河北省物流业与金融业协同发展实证研究[J]. 中国市场，（25）：164-166，179.
孙寿亮. 2008. 物流业与金融业的协同发展机制研究[D]. 北京：北京交通大学.
孙伟岑. 2019. 京津冀区域金融一体化发展研究[D]. 石家庄：河北科技大学.
孙希华，高志强. 1996. 济南可持续发展对策研究系统动力学模型[J]. 山东师范大学学报（自然科学版），（1）：65-69.
唐碧秋，韩佳，郭国峰，等. 2019. 基于粒子群算法改进最小二乘支持向量机的工程投资风险评价模型[J]. 土木工程与管理学报，36（2）：98-103.

唐建荣，姜翠芸. 2017. 物流业与金融业协同演化机制及路径优化研究[J]. 商业研究，（8）：175-183.

田松峰，魏言，王傲男，等. 2020. 基于改进 LSSVM 和模糊综合评判法的设备可靠性状态评价[J]. 武汉大学学报（工学版），53（3）：255-260.

田雪，王丹丹，王锐月，等. 2018. 基于灰色关联度分析的北京市物流业与制造业联动发展[J]. 中国储运，（5）：122-124.

田媛，卢建昌. 2012. 基于主成分聚类的河北省物流发展能力分析[J]. 物流科技，35（11）：54-57.

田中大，李树江，王艳红，等. 2015. IFS-LSSVM 及其在时延序列预测中的应用[J]. 电机与控制学报，19（11）：104-110.

瓦普尼克 V N. 2000. 统计学习理论的本质[M]. 张学工，译. 北京：清华大学出版社.

王定成，陆一祎，邹勇杰. 2019. 多输出直觉模糊最小二乘支持向量回归算法[J]. 计算机科学，46（5）：163-168.

王方宏，杨海龙. 2020. 我国自贸区金融创新的特点、主要任务、成效与展望[J]. 海南金融，（2）：12-20，38.

王芳菲. 2016. 广西文化产业与旅游产业耦合协调度研究[D]. 南宁：广西大学.

王国华，等. 2004. 中国现代物流大全：现代物流管理[M]. 北京：中国铁道出版社.

王家明，丁浩，郑皓. 2018. 基于改进耦合协调模型的山东省城镇化协调发展研究[J]. 科技进步与对策，35（24）：29-35.

王林辉，董直庆，等. 2016. 中国技术进步方向及其对要素收入分配结构的影响[M]. 北京：经济科学出社.

王宁，吴明，李曼音. 2018. 用新型金融业态打造京津冀商贸物流产业群[J]. 河北青年管理干部学院学报，30（1）：78-80.

王其藩. 1994. 系统动力学[M]. 北京：清华大学出版社.

王晴，徐立为，王新，等. 2017. 犹豫模糊语言多属性决策灰关联分析方法及其应用[J]. 重庆工商大学学报（自然科学版），34（6）：16-22.

王盛，杨信丰. 2019. 基于 EEMD-GWO-LSSVM 的公共交通短期客流预测[J]. 计算机工程与应用，55（20）：216-221，239.

王爽. 2017. 信息资源共享对物流联盟稳定性的影响研究[D]. 哈尔滨：哈尔滨工程大学.

王伟，陈伟成，黄莉，等. 2010. 基于协同学理论的区域物流与区域经济协调度度量研究[J]. 中国市场，（15）：6-8.

王小丽，李昱彤. 2020. 河南省区域物流能力测评及实证研究——基于熵权模糊物元模型[J]. 郑州航空工业管理学院学报，38（3）：54-66.

王晓宇，黄铭. 2020. 基于熵权灰色关联法的物流发展水平评价——以安徽省为例[J]. 黑河学院学报，11（9）：50-53.

王艳，李思一，吴叶君，等. 1998. 中国可持续发展系统动力学仿真模型——社会部分[J]. 计算机仿真，（1）：5-7.

王玉芳，曹娟娟. 2017. 大小兴安岭林区社会经济转型发展与生态建设耦合协调度研究[J]. 林业经济问题，37（6）：1-6，97.

王玉荣. 2014. 商务预测方法[M]. 3 版. 北京：对外经济贸易大学出版社.

王玥. 2019. 滇桂黔三省（区）物流业与区域经济增长关系研究[J]. 物流工程与管理，41（12）：53-54.
王长琼. 2004. 绿色物流[M]. 北京：化学工业出版社.
温廷新，孔祥博. 2020. 不平衡样本下的金融市场极端风险预警研究[J]. 计算机工程与应用，56（8）：256-260.
温卫娟，邬跃，李石柱. 2016. 京津冀协同背景下的北京物流系统重构[J]. 中国流通经济，30（6）：46-51.
文魁，祝尔娟. 2015. 京津冀发展报告（2015）——协同创新研究[M]. 北京：社会科学文献出版社.
翁钢民，李凌雁. 2016. 中国旅游与文化产业融合发展的耦合协调度及空间相关分析[J]. 经济地理，36（1）：178-185.
吴丹，王弘跻，刘帅. 2019. 北京市经济发展与水资源消耗利用关联性分析[J]. 中国集体经济，（11）：32-33.
吴孟霖. 2019. 基于物联网和云计算的物流发展模式分析[J]. 现代营销（下旬刊），（11）：96-97.
吴欣欣. 2019. 京津冀物流业协同发展研究[D]. 北京：首都经济贸易大学.
吴旭，庞世明. 2017. 旅游产业与区域经济的耦合协调度分析——以北京为案例地[J]. 商业经济研究，（24）：150-152.
吴亚超，周凌云，范钦满，等. 2017. 区域物流生态系统耗散结构演化机理及过程调控分析[J]. 生态经济，33（10）：85-88，99.
吴玉洋，李宁宁，薛薇，等. 2020. 改进 PSO 优化 LSSVM 的液体火箭发动机故障检测[J]. 计算机仿真，37（5）：49-54.
吴庄莹. 2004. 从马克思资本周转理论看现代物流[J]. 理论观察，（5）：49-50.
西泽修. 1999. 物流コスト[M]. 东京：白桃书房株式会社.
夏春玉. 1997. 马克思的流通理论及其评价[J]. 当代经济科学，（3）：26-33.
夏冠群. 2018. 从深圳港的发展探讨我国港口物流发展模式[J]. 中国水运，（9）：8-11.
夏云鹏，余依桐，吕乐. 2018. 物流与金融协同发展关系的应用研究——以一带一路海上丝绸之路核心区福建省为例的实证分析[J]. 物流工程与管理，40（8）：6871-6876.
肖行辉，高惠瑛，孙海，等. 2016. 基于最小二乘支持向量机的城市桥梁震害预测模型研究[J]. 震灾防御技术，11（1）：93-99.
谢颖，何东坡. 2008. 基于独立分量分析——最小二乘支持向量机的公路建设项目投资估算新模型[J]. 数学的实践与认识，（6）：41-46.
辛治运，顾明. 2008. 基于最小二乘支持向量机的复杂金融时间序列预测[J]. 清华大学学报（自然科学版），（7）：1147-1149.
邢虎松. 2020. 城市物流业规划存在的主要问题及对策[J]. 北京交通大学学报（社会科学版），19（4）：110-115.
熊晓炼，周迎丰. 2016. 西南地区金融发展水平评价与比较研究[J]. 西部论坛，26（5）：61-70.
熊志伟，熊元新，熊一. 2021. 基于量子粒子群优化最小二乘支持向量机的变电站全寿命周期成本预测研究[J]. 电测与仪表，58（6）：76-81.
徐剑，殷艳娜，马文璇. 2019. 区域物流系统状态评估方法研究——基于熵权法和双基点法[J].

技术经济与管理研究，（9）：9-13.
徐钦帅，何庆，魏康园. 2019. 改进引力搜索最小二乘支持向量机交通流预测[J]. 计算机应用研究，36（12）：3718-3724.
徐妍. 2018. 京津冀协同发展中的税收协调问题刍议[J]. 税务研究，（8）：95-99.
徐勇谋. 2003. 现代物流管理基础[M]. 北京：化学工业出版社.
许学亮，袁小彩. 2020. 物流金融风险与创新研究综述[J]. 物流工程与管理，42（3）：90-91.
闫肃. 2012. 中国金融业税收政策研究[D]. 北京：财政部财政科学研究所.
杨帆. 2011. 中国现代物流业对区域经济的影响分析[D]. 长春：吉林大学.
杨刚，王乐，戴丽珍，等. 2017. 自适应权重粒子群优化 LS-SVM 的交通流预测[J]. 控制工程，24（9）：1838-1843.
杨宏伟，孙善祥. 2015. 金融支持现代物流发展的联动关系研究——以丝绸之路经济带核心区建设为例的实证分析[J]. 物流技术，34（14）：159-162.
杨笠. 2018. 耗散结构视阈下江苏省知识产权保护水平评价研究[D]. 镇江：江苏大学.
杨扬，纪有福. 2019. 城市群物流发展与经济耦合演化关系研究——以滇中城市群为例[J]. 物流工程与管理，41（3）：33-38.
杨玉金. 2012. 我国物流业对国民经济发展的影响研究[D]. 大连：大连海事大学.
杨钊，路超凡，刘安黎. 2021. 基于 PSO-LSSVM 算法的表面粗糙度预测模型与应用[J]. 机床与液压，49（6）：47-50，59.
姚慧，吴文联，吴靖. 2015. 一种基于自耦原理检查多抽头电流互感器二次接线的方法[J]. 浙江电力，34（11）：1-4.
叶存军，方亮. 2017. 我国互联网发展与产业结构升级协同演化的研究[J]. 科技和产业，17（10）：19-23，79.
叶效鹏. 1998. 综合交通枢纽协调规划的研究[D]. 北京：北京交通大学.
殷礼胜，唐圣期，李胜，等. 2019. 基于 EEMD-IPSO-LSSVM 的交通流组合预测模型[J]. 电子测量与仪器学报，33（12）：126-133.
尹海员，王盼盼. 2015. 我国互联网金融监管现状及体系构建[J]. 财经科学，（9）：12-24.
尹向来，黄彩虹. 2018. 基础设施与城市化水平耦合协调关系演变——基于 285 个地级市的实证研究[J]. 世界地理研究，27（6）：77-87，97.
游细斌，杨青生，付远方. 2017. 区域交通系统与城镇系统耦合发展研究——以潮州市域为例[J]. 经济地理，37（12）：96-102.
于博，孙安国，陈丽萍，等. 2018. 基于指数平滑法的云南省物流需求预测[J]. 物流工程与管理，40（12）：39-40，38.
于谨凯，李宝星. 2007. 现代金融服务业发展模式研究——以青岛为例[J]. 环渤海经济瞭望，（4）：30-34.
于涛，丁一，林国龙. 2017. 基于熵权法的东北航道 LNG 船舶经济效益评价[J]. 大连海事大学学报，43（3）：50-57.
余丽洁，肖娜，陈宽民，等. 2021. 城市轨道交通车站高峰客流偏差研究[J]. 城市轨道交通研究，24（1）：97-100.
郁星. 2016. 日本物流业发展对其经济增长的影响研究[D]. 长春：东北师范大学.

喻其炳，李勇，白云，等. 2017. 基于聚类分析与偏最小二乘法的支持向量机 PM2. 5 预测[J]. 环境科学与技术，40（6）：157-164.

袁旭梅，韩文秀. 1998. 复合系统协调及其判定研究[J]. 天津纺织工学院学报，（1）：16-21.

岳琪. 2019. 基于物流竞争力的我国地区物流发展水平评价[J]. 商业经济研究，（9）：96-99.

曾文涛. 2005. 协同理论与协同物流管理[J]. 商场现代化，（13）：86.

张存萍. 2019. 我国互联网金融风险防范及政策建议[J]. 技术经济与管理研究，（11）：78-83.

张帆. 2021. 重庆物流金融发展与经济增长协同效应研究[D]. 重庆：重庆工商大学.

张国良. 2019. 新时代背景下我国物流金融的发展现状及风险研究[J]. 物流工程与管理，41（10）：69-70，44.

张含，尹盼盼. 2019. 陕西经济高质量增长动力机制研究——基于物流业与金融业协同发展视阈[J]. 对外经贸，（10）：78-81.

张建军，赵启兰. 2018. 基于典型相关分析和耦合协调度的中国物流业与金融业协调发展研究[J]. 工业技术经济，37（8）：12-19.

张沛爽. 2019. 港口物流企业竞争力评价指标及提升策略分析[J]. 物流工程与管理，41（3）：39-40.

张启贤，宋秀金. 2018. 福建省三明市物流规划的多元统计分析[J]. 榆林学院学报，28（6）：87-91.

张淑丽，周学明. 2020. 黑龙江省物流金融人才培养模式研究[J]. 现代营销（信息版），（5）：180-181.

张万学，乔刚，加依娜. 2016. 互联网+下应用第五方物流理论构建新疆区域物流体系[J]. 石河子科技，（4）：10-14.

张晓峒. 2005. 计量经济学基础[M]. 2 版. 天津：南开大学出版社.

张晓朴. 2015. 互联网金融监管的原则：探索新金融监管范式[J]. 当代金融家，（12）：24-30.

张欣莹，解建仓，刘建林，等. 2017. 基于熵权法的节水型社会建设区域类型分析[J]. 自然资源学报，32（2）：301-309.

张旭，袁旭梅，王亚娜，等. 2020. 基于云 PDR 的区域物流能力评价研究[J]. 北京交通大学学报（社会科学版），19（2）：108-117.

张中强. 2008. 区域物流发展要素中的物流基础、经济基础协调发展研究[D]. 徐州：中国矿业大学.

张中强. 2011. 区域物流协调发展[M]. 北京：中国物资出版社.

赵超，戴坤成. 2016. 自适应加权最小二乘支持向量机的空调负荷预测[J]. 重庆大学学报，39（1）：55-64.

赵峰，孙艺，张杰. 2019. 互联网金融服务实体经济的运作模式与效应研究[J]. 产业科技创新，1（23）：1-2.

赵国利，郭垂江. 2020. 区域铁路运输与四川省产业发展相关性研究[J]. 物流工程与管理，42（9）：39-42.

赵恒鑫，李磊，张书娴，等. 2020. 昆山金融业高质量发展评价指标体系构建[J]. 产业与科技论坛，19（4）：103-104.

赵莉. 2013. 中国物流产业与区域经济协调发展研究[D]. 哈尔滨：哈尔滨商业大学.

赵晓敏，佟洁. 2019. 基于 VAR 模型的中国物流业与经济发展互动关系研究[J]. 工业技术经济，

38（3）：123-130.
赵亚雄，唐立新. 2019. 基于粗糙集多元回归的湖北物流需求预测[J]. 现代商贸工业，40（2）：31-32.
赵元鹏. 2019. 海南自贸港（区）背景下金融业发展存在的问题及对策研究[J]. 现代经济信息，（24）：278，280.
郑寒秀. 2017. 福建省制造业、物流业、金融业三业协同发展研究[D]. 福州：福建师范大学.
郑磊，汪旭晖. 2015. 金融业FDI对东道国经济增长的直接和间接机制——基于亚洲主要国家的实证分析[J]. 宏观经济研究，（12）：137-152.
郑小荣，何瑞铧，曹源. 2018. 基于熵权法的中国政府审计结果公告信息含量研究[J]. 当代财经，（12）：123-132.
钟燕华. 2018. 基于PSO-LSSVM的建筑施工事故预测方法研究[J]. 重庆理工大学学报（自然科学），32（12）：157-161.
钟韵，阎小培. 2003. 我国生产性服务业与经济发展关系研究[J]. 人文地理，（5）：46-51.
周飞媚. 2019. 粤港澳大湾区背景下中山市金融业发展的对策及建议——基于广东三大自贸区金融业发展扶持政策比较研究[J]. 金融经济，（4）：20-21.
周敏. 2019. 基于灰狼优化算法和最小二乘支持向量机的信用评估[J]. 成都理工大学学报（自然科学版），46（4）：507-512.
周巧凤. 2017. 基于熵理论和耗散理论的资源型地区绿色发展评价研究[D]. 太原：山西大学.
周泰，袁波，陈煜. 2017. 基于TOPDIS的区域物流能力提升方法研究[J]. 北京交通大学学报（社会科学版），16（1）：97-101.
朱霄珣，韩中合. 2016. 基于PSO参数优化的LS-SVM风速预测方法研究[J]. 中国电机工程学报，36（23）：6337-6342，6598.
朱永强，王小凡. 2020. 基于互补型集成经验模态分解和遗传最小二乘支持向量机的交通流量预测模型[J]. 科学技术与工程，20（17）：7088-7092.
祝恩元，李俊莉，刘兆德，等. 2018. 山东省科技创新与可持续发展耦合度空间差异分析[J]. 地域研究与开发，37（6）：23-28.
邹辉，王嘉丽，张敏. 2017. 基于ANP的区域物流能力评价指标体系及模型研究[J]. 巢湖学院学报，19（3）：10-15，34.
Arsić M，Jovanović Z，Tomić R，et al. 2020. Impact of logistics capacity on economic sustainability of SMEs[J]. Sustainability，12（5）：1911.
Babarinde G F，Gidigbi M O，Ndaghu J T，et al. 2020. Digital finance and the future of Nigerian banking system：a review[J]. Nile Journal of Business and Economics，6（16）：24-35.
Bensassi S，Márquez-Ramos L，Martínez-Zarzoso I，et al. 2015. Relationship between logistics infrastructure and trade：evidence from Spanish regional exports[J]. Transportation Research Part A：Policy and Practice，72：47-61.
Cardenas I，Borbon-Galvez Y，Verlinden T，et al. 2017. City logistics，urban goods distribution and last mile delivery and collection[J]. Competition and Regulation in Network Industries，18（1/2）：22-43.
Cerchiello P，Giudici P. 2016. Big data analysis for financial risk management[J]. Journal of Big

Data, 3（1）: 1-12.

Coker M A, Adams J A. 2012. Challenges of managing local government finance in Nigeria[J]. Research on Humanities and Social Sciences, 2（3）: 1-12.

Crainic T G, Gobbato L, Perboli G, et al. 2016. Logistics capacity planning: a stochastic bin packing formulation and a progressive hedging meta-heuristic[J]. European Journal of Operational Research, 253（2）: 404-417.

de Marco A D, Cagliano A C, Mangano G, et al. 2014. Factor influencing logistics service providers efficiency' in urban distribution systems[J]. Transportation Research Procedia, 3: 499-507.

Fisher P J, Yao R. 2017. Gender differences in financial risk tolerance[J]. Journal of Economic Psychology, 61: 191-202.

Goldsmith R W. 1969. Financial Structure and Development[M]. New Haven: Yale University Press.

Kouvelis P, Rosenblatt M J. 2002. A mathematical programming model for global supply chain management: conceptual approach and managerial insights[C]//Geunes J, Pardalos P M, Romeijn H E. Supply Chain Management: Models, Applications, and Research Directions. London: Kluwer Academic Publishers: 245-277.

Kovalchuk Y. 2020. Determination of the features and basic principles of finance of railway transport in conditions of energy conservation[J]. Technology Audit and Production Reserves, 4（53）: 22-27.

Kraljic P. 1983. Purchasing must become supply management[J]. Harvard Business Review, 61（5）: 109-117.

Lam H K S, Zhan Y Z, Zhang M H, et al. 2019. The effect of supply chain finance initiatives on the market value of service providers[J]. International Journal of Production Economics, 216: 227-238.

Larrodé E, Muerza V, Villagrasa V. 2018. Analysis model to quantify potential factors in the growth of air cargo logistics in airports[J]. Transportation Research Procedia, 33: 339-346.

Luciano E, Wihlborg C. 2018. Financial synergies and systemic risk in the organization of bank affiliates[J]. Journal of Banking & Finance, 88（1）: 208-224.

McCann P. 1996. Logistics costs and the location of the firm: a one-dimensional comparatives static approach[J]. Location Science, 4（1/2）: 101-116.

McKinnon R I. 1973. Money and Capital in Economic Development[M]. Washington, D.C.: The Brookings Institution.

Meadows D H, Meadows D L, Randers J. 1992. Beyond the Limits: Confronting Global Collapse Envisioning a Sustainable Future[M]. New York: Chelsea Green Publishing Company.

Miodrag Z, Tesch C, Clausen U. 2012. Improving resource management of large logistics facilities[J]. Procedia-Social and Behavioral Sciences, 54: 12-18.

Modlin S. 2012. County government finance practices: what independent auditors are finding and what makes local government susceptible[J]. Journal of Public Budgeting, Accounting & Financial Management, 24（4）: 558-578.

Morisi T L. 1996. Commercial banking transformed by computer technology[J]. Monthly Labor

Review，119：30-36.

Moşteanu N R. 2020. Digital finance in the era of economic and social turmoil[J]. The International EFAL-IT BLOG，1（6）：1-2.

Munim Z H，Schramm H J. 2018. The impacts of port infrastructure and logistics performance on economic growth：the mediating role of seaborne trade[J]. Journal of Shipping and Trade，3（1）：1-19.

Nassani A A，Aldakhil A M，Abro M M Q，et al. 2017. Environmental Kuznets curve among BRICS countries：spot lightening finance，transport，energy and growth factors[J]. Journal of Cleaner Production，154：474-487.

Owen R，Brennan G，Lyon F. 2018. Enabling investment for the transition to a low carbon economy：government policy to finance early stage green innovation[J]. Current Opinion in Environmental Sustainability，31：137-145.

Ozili P K. 2018. Impact of digital finance on financial inclusion and stability[J]. Borsa Istanbul Review，18（4）：329-340.

Pellegrino R，Costantino N，Tauro D. 2019. Supply chain finance：a supply chain-oriented perspective to mitigate commodity risk and pricing volatility[J]. Journal of Purchasing and Supply Management，25（2）：118-133.

Popkova E G，Sergi B S. 2020. A digital economy to develop policy related to transport and logistics. predictive lessons from Russia[J]. Land Use Policy，99：105083.

Rahaman M M，Rau P R，Zaman A A. 2020. The effect of supply chain power on bank financing[J]. Journal of Banking and Finance，114：105801.

Raimbault N，Andriankaja D，Paffoni E. 2012. Understanding the diversity of logistics facilities in the Paris region[J]. Procedia-Social and Behavioral Sciences，39：543-555.

Ramanathan R，Ramanathan U，Ko L W L. 2014. Adoption of RFID technologies in UK logistics：moderating roles of size，barcode experience and government support[J]. Expert Systems with Applications，41（1）：230-236.

Sakai T，Beziat A，Heitz A. 2020. Location factors for logistics facilities：location choice modeling considering activity categories[J]. Journal of Transport Geography，85（3）：102710.

Sakai T，Kawamura K，Hyodo T. 2017. Spatial reorganization of urban logistics system and its impacts：case of Tokyo[J]. Journal of Transport Geography，60：110-118.

Semeraro M，Giannelli M，Bogliotti C，et al. 2013. End aid now：a prospect of financial synergies for a long-term Euro-Mediterranean cooperation on science，technology and innovation[EB/OL]. https://om.ciheam.org/om/pdf/b71/00006796.pdf[2021-11-11].

Shabbir M S. 2018. The combine synergies between islamic micro finance portfolio and various structured finance solutions[J]. Global Review of Islamic Economics and Business，6（2）：117.

Shaw A W. 1915. Some Problems in Marketing Distribution：Illustrating the Application of a Basic Philosophy of Business[M]. Cambrige：Harvard University Press.

Shaw E S. 1973. Financial Deepening in Economic Development[M]. New York：Oxford University Press.

Silva W，Kimura H，Sobreiro V A. 2017. An analysis of the literature on systemic financial risk：a survey[J]. Journal of Financial Stability，28（2）：91-114.

Stiglitz J E，Weiss A. 1981. Credit rationing in markets with imperfect information[J]. The American Economic Review，71（3）：393-410.

Tang X L，Zhuang L，Cai J，et al. 2010. Multi-fault classification based on support vector machine trained by chaos particle swarm optimization[J]. Knowledge-Based Systems，23（5）：486-490.

Wang S，Shang W. 2014. Forecasting direction of China security index 300 movement with least squares support vector machine[J]. Procedia Computer Science，31：869-874.

Witkowski J，Kiba-Janiak M. 2014. The role of local governments in the development of city logistics[J]. Procedia-Social and Behavioral Sciences，125：373-385.

Yoshino N，Abidhadjaev U，Nakahigashi M. 2019. Inducing private finance to water supply and inland water transport using spillover tax revenues[R]. ADBI Working Paper Series No.996.